运输与时空经济论丛

经济管理领域的中文时空词汇研究

唐永忠 著

中国财经出版传媒集团
中国财政经济出版社

图书在版编目（CIP）数据

经济管理领域的中文时空词汇研究／唐永忠著．——北京：中国财政经济出版社，2020.9
ISBN 978-7-5095-9873-3

Ⅰ.①经… Ⅱ.①唐… Ⅲ.①经济管理—研究—中国 Ⅳ.①F123

中国版本图书馆 CIP 数据核字（2020）第 108083 号

责任编辑：彭　波　　　　责任印制：史大鹏
封面设计：陈宇琰　　　　责任校对：张　凡

中国财政经济出版社 出版

URL：http://www.cfeph.cn
E-mail：cfeph@cfemg.cn

（版权所有　翻印必究）

社址：北京市海淀区阜成路甲 28 号　邮政编码：100142
营销中心电话：010-88191537
北京财经印刷厂印装　各地新华书店经销
710×1000 毫米　16 开　26.25 印张　459 000 字
2020 年 9 月第 1 版　2020 年 9 月北京第 1 次印刷
定价：78.00 元
ISBN 978-7-5095-9873-3
（图书出现印装问题，本社负责调换）
本社质量投诉电话：010-88190744
打击盗版举报热线：010-88191661　QQ：2242791300

序

经过数年潜心的文献搜集、梳理与分析，永忠博士的这部《经济管理领域的中文时空词汇研究》终于出版了。本书不仅是永忠博士自己的学术成果，也是北京交通大学经济管理学院《运输与时空经济论丛》中的最新1部。永忠博士邀请我为这部学术专著作序，我欣然应允。

北京交通大学经济管理学院主编的《运输与时空经济论丛》，原名为《现代运输经济学丛书》，2017年改为现名。该丛书中的著作原来主要包括的是北京交通大学经济学团队多年来在学校优势特色学科——运输经济领域的研究成果，并在相关学界和业界已经形成很好的口碑。令人高兴的是，北京交通大学的运输经济学科在自身理论与政策研究不断推陈出新的同时，最近10年来还逐渐扩展到时空经济研究。时空经济分析是被主流经济学长期忽视的内容，但时空问题在现实社会经济生活中却占有非常重要的地位。我们很庆幸能从原来提供客货空间位移服务的运输活动，迅速切入时间距离、时间价值、时空匹配、时空转换等分析视角，帮助经济学的时空研究创新了一批宝贵的分析工具和方法。在取得一批出色成果的同时，我们也吸引到更多经济管理学院的同仁和学生，并把经济时空分析扩展到经济管理领域的时空分析，永忠博士的这部《经济管理领域的时空词汇》就是其中的最新成果之一。

永忠博士原本的专业是房地产开发，他一直希望为房地产开发找到坚实的理论基础，通过不断交流，我们知道他认为经济管理领域时空分析或许是最合适的理论基础，于是主动加入研究。在研究过程中，永忠博士很快便发现词汇研究具有特别重要的意义，并集中精力聚焦词汇研究，于是有了这部很有新意的学术专著。

永忠博士通过研究发现，即使限定在CSSCI检索期刊，（截至2018年年底）中国经济管理领域的学者也已经采用了770条时空词汇，而且这些词汇存在着多达8个维度的内部结构。通过这部学术成果，中文经济管理领域时空的内部结构已经清晰地显现了出来。

这部专著的研究结论表明，中国经济管理领域时空研究已经是热点领域，近年来，每年有300多篇高水平中文学术论文发表在CSSCI检索期刊上。但通过词汇分析，我们发现这一学术研究体系依然处于未成熟期，这突出体现在存在着大量同义词，如时空演化、时空演变、时空演进、时空演替等。

词汇是学术研究体系的基础，形成相对统一的核心词汇体系是一门新型学术研究体系成熟的前提。希望永忠博士的这部学术专著有助于推进中国经济管理领域时空研究这一新型学术研究体系形成相对统一的核心词汇体系，从而推进这一学术研究体系的成熟。

荣朝和

2020年3月25日

于北京交通大学

目　录

| 基础篇 |

第1章　研究领域 ··· 3
1.1　经济管理领域时空分析简要说明 ·· 3
1.2　经济管理领域学术关系时空分析 ·· 4
1.3　经济管理领域组织关系时空分析 ·· 8
1.4　本章小结 ··· 19

第2章　研究对象 ··· 21
2.1　重要大型词典选择 ·· 21
2.2　"时空"的词汇分析 ··· 23
2.3　"词汇"的词汇分析 ··· 29
2.4　"时空"与"词汇"这两条词汇的结合分析 ··································· 31
2.5　本章小结 ··· 33

第3章　研究素材 ··· 34
3.1　相关依据确定缘由 ·· 34
3.2　确定研究素材过程的说明 ··· 38
3.3　研究素材的简述 ··· 42
3.4　本章小结 ··· 46

第4章　研究范式 ··· 48
4.1　时空分析范式剖析 ·· 48
4.2　主客观分析的范式说明 ··· 52

4.3　主客观的二重时空分析范式说明 ················ 55
　　4.4　本章小结 ··· 57

第5章　研究意义 ··· 58
　　5.1　夯实研究基础的意义 ······························ 58
　　5.2　开创研究方向的意义 ······························ 61
　　5.3　树立研究范式的意义 ······························ 64
　　5.4　构建研究体系的意义 ······························ 66
　　5.5　本书潜在研究意义总览 ···························· 69
　　5.6　本章小结 ··· 70

｜ 主观时空分析篇 ｜

第6章　时空词汇数量的主观时空分析 ·················· 73
　　6.1　关于时空词汇研究的初始目标 ··················· 73
　　6.2　关于时空词汇数量的探索历程 ··················· 75
　　6.3　关于时空词汇数量探索面临的挑战与主观应对 ··· 80
　　6.4　本章小结 ··· 83

第7章　时空词汇位置的主观时空分析 ·················· 85
　　7.1　时空词汇其他词汇位置的初始判断 ·············· 85
　　7.2　关于时空词汇中其他词汇位置的探索历程 ······ 88
　　7.3　关于时空词汇位置探索面临的挑战与主观应对 ··· 90
　　7.4　本章小结 ··· 94

第8章　时空词汇格式的主观时空分析 ·················· 96
　　8.1　关于时空词汇格式研究的初始判断 ·············· 96
　　8.2　关于时空词汇格式的探索历程 ··················· 99
　　8.3　关于时空词汇格式探索面临的挑战与主观应对 ··· 101
　　8.4　本章小结 ··· 104

第9章　时空词汇结构的主观时空分析 ·················· 106
　　9.1　关于时空词汇结构研究的初始判断 ·············· 106

9.2　关于时空词汇结构的探索历程 ………………………………… 110
　　9.3　关于时空词汇结构探索面临的挑战与主观应对 ……………… 111
　　9.4　本章小结 ……………………………………………………… 115

第 10 章　时空词汇词性的主观时空分析 ……………………………… 116
　　10.1　关于时空词汇词性研究的初始判断 ………………………… 116
　　10.2　关于时空词汇词性的探索历程 ……………………………… 119
　　10.3　关于时空词汇词性探索面临的挑战与主观应对 …………… 123
　　10.4　本章小结 ……………………………………………………… 124

第 11 章　时空词汇层次的主观时空分析 ……………………………… 126
　　11.1　关于时空词汇层次研究的初始判断 ………………………… 126
　　11.2　关于时空词汇层次的探索历程 ……………………………… 130
　　11.3　关于时空词汇层次探索面临的挑战与主观应对 …………… 132
　　11.4　本章小结 ……………………………………………………… 135

第 12 章　时空词汇间语义关系的主观时空分析 ……………………… 137
　　12.1　关于时空词汇间语义关系主观研究的初始判断 …………… 137
　　12.2　关于时空词汇间语义关系主观时空分析的探索历程 ……… 144
　　12.3　关于词汇间语义关系探索面临的挑战与主观应对 ………… 146
　　12.4　本章小结 ……………………………………………………… 147

第 13 章　时空词汇间连锁关系的主观时空分析 ……………………… 149
　　13.1　关于时空词汇间连锁关系主观研究的初始判断 …………… 149
　　13.2　关于时空词汇间连锁关系主观时空分析的探索历程 ……… 153
　　13.3　关于词汇间连锁关系探索面临的挑战与主观应对 ………… 155
　　13.4　本章小结 ……………………………………………………… 159

第 14 章　本篇总结 ……………………………………………………… 161
　　14.1　第 6 章时空词汇数量主观时空分析总结 …………………… 161
　　14.2　第 7 章时空词汇位置主观时空分析总结 …………………… 162
　　14.3　第 8 章时空词汇格式主观时空分析总结 …………………… 165
　　14.4　第 9 章时空词汇结构主观时空分析总结 …………………… 166

14.5　第 10 章时空词汇词性主观时空分析总结 …………………… 167
14.6　第 11 章时空词汇层次主观时空分析总结 …………………… 168
14.7　第 12 章时空词汇间语义关系主观时空分析总结 …………… 170
14.8　第 13 章时空词汇间连锁关系主观时空分析总结 …………… 171
14.9　本篇研究综述 …………………………………………………… 173

客观时空分析篇

第 15 章　时空词汇数量的客观时空分析 ……………………… 179
15.1　时空词汇数量的总体空间客观分析 …………………………… 179
15.2　时空词汇数量主要问题的客观时空分析 ……………………… 195
15.3　本章小结 ………………………………………………………… 199

第 16 章　时空词汇位置的客观时空分析 ……………………… 200
16.1　时空词汇位置的总体空间客观分析 …………………………… 200
16.2　时空词汇位置主要问题的客观时空分析 ……………………… 206
16.3　本章小结 ………………………………………………………… 210

第 17 章　时空词汇格式的客观时空分析 ……………………… 211
17.1　时空词汇格式的总体空间客观分析 …………………………… 211
17.2　时空词汇格式主要问题的客观时空分析 ……………………… 219
17.3　本章小结 ………………………………………………………… 223

第 18 章　时空词汇结构的客观时空分析 ……………………… 224
18.1　时空词汇结构的总体空间客观分析 …………………………… 224
18.2　时空词汇结构的总体空间客观分析 …………………………… 225
18.3　时空词汇结构主要问题的客观时空分析 ……………………… 239
18.4　本章小结 ………………………………………………………… 242

第 19 章　时空词汇词性的客观时空分析 ……………………… 244
19.1　时空词汇词性的总体空间客观分析 …………………………… 244
19.2　时空词汇词性主要问题的客观时空分析 ……………………… 253

19.3　本章小结 …………………………………………………… 257

第20章　时空词汇层次的客观时空分析 …………………………… 258
　　20.1　时空词汇层次的总体空间客观分析 ……………………… 258
　　20.2　时空词汇层次主要问题的客观时空分析 ………………… 273
　　20.3　本章小结 …………………………………………………… 276

第21章　时空词汇间语义关系的客观时空分析 …………………… 277
　　21.1　时空词汇间语义关系的总体空间客观分析 ……………… 277
　　21.2　时空词汇间语义关系主要问题的客观时空分析 ………… 288
　　21.3　本章小结 …………………………………………………… 294

第22章　时空词汇间连锁关系的客观时空分析 …………………… 295
　　22.1　时空词汇间连锁关系的总体空间客观分析 ……………… 295
　　22.2　时空词汇间连锁关系主要问题的客观时空分析 ………… 306
　　22.3　本章小结 …………………………………………………… 312

第23章　本篇总结 ……………………………………………………… 313
　　23.1　第15章时空词汇数量客观时空分析的总结 ……………… 313
　　23.2　第16章时空词汇位置客观时空分析的总结 ……………… 314
　　23.3　第17章时空词汇格式客观时空分析的总结 ……………… 315
　　23.4　第18章时空词汇结构客观时空分析的总结 ……………… 316
　　23.5　第19章时空词汇词性客观时空分析的总结 ……………… 317
　　23.6　第20章时空词汇层次客观时空分析的总结 ……………… 318
　　23.7　第21章时空词汇间语义关系客观时空分析的总结 ……… 319
　　23.8　第22章时空词汇间连锁关系客观时空分析的总结 ……… 320
　　23.9　本篇研究综述 ……………………………………………… 322

| 附录 |

本书研究素材 ……………………………………………………………… 327
参考文献 …………………………………………………………………… 393

基础篇

　　本书研究主题是时空词汇，研究领域是经济管理领域，研究对象是时空词汇，研究素材是截至 2018 年年底的 CSSCI 期刊发表的以时空为主题的经济管理领域学术论文，研究范式是时空分析范式。

　　本书研究成果将为中国经济管理领域时空研究奠定学术研究的词汇基础。

　　本书研究主题包括五个关键词：经济管理领域、时空、词汇、中文、CSSCI。

第 1 章

研究领域

按一般理解,经济管理领域就是经济学(Economics)+管理学(Management)。

如果经济学与管理学是两门独立学科,且边界非常清晰,则本书的研究内容也可以再细分:经济学时空词汇的时空分析、管理学时空词汇的时空分析。

本书恪守时空分析范式,通过这种时空分析,发现在现阶段,将经济管理领域作为整体进行时空分析是最合理的选择。

1.1 经济管理领域时空分析简要说明

时空分析的详细解读见本书第 3 章研究范式。这里只对经济管理领域时空分析思路进行简要说明。

经济管理领域时空分析依托两个因素:学术关系和组织关系。

1.1.1 学术关系层面时空分析简要说明

学术关系是指经济学和管理学的学科地位以及这两者之间的学科关系。

从学术关系看,由于经济学和管理学都是学科,则学科目录就可以看成其所作的空间。在学科目录中,可以看出经济学和管理学的学科地位以及与其他学科的相互关系。如果学科目录亘古不变,也就不需要时间分析。由于学科目录不断变化,这就构成了时间分析依据。对不同学科目录进行历史比较分析,就是本书的时空分析。

本书经济管理领域学术关系时空分析的基本思路就是,将经济学和管理学作为分析对象，把所在（国内外）不同学科目录作为其空间，将学科地位的变迁作为其时间，进行不同学科的目录历史比较分析。

1.1.2　组织关系层面时空分析简要说明

组织关系是指经济学与管理学在组织层面的关系，包括这两门学科设置的实体之间的关系，还有在学术评价体系中的关系。

经济学和管理学的学术组织者，主体是大学（与独立的学院），此外还有专门的学术研究机构，如科学院、研究所。这些学术组织者关于经济学与管理学的组织，对于本书关于经济管理领域界定意义重大。

学术评价者就是各个学术评价体系的组织者，如美国《科学引文索引》（Science Citation Index，SCI）评价体系组织者——美国科学信息研究所（The Information Sciences Institute，ISI）。学术评价者对经济学和管理学的评价，也是本书的重要参考因素。

从组织关系看，经济学和管理学所在学术组织者可以看成其空间，从中可以看出这两门学科组织关系。由于这两门学科组织关系不断变化，这种变化就构成了时间分析依据。对不同学术组织者进行历史比较分析，就是本书的时空分析。

本书经济管理领域组织关系时空分析的基本思路就是，将经济学和管理学作为分析对象，其所在（国内外）不同学术组织者作为其空间，其组织关系变迁作为其时间，进行不同学术组织者历史比较分析。

关于学术评价者分析，采用与学术组织者相同的思路。

1.2　经济管理领域学术关系时空分析

关于经济管理领域学术关系时空分析，本书先进行国内分析，再进行国际分析，最后进行综述。

1.2.1　中国官方学科目录经济管理领域的时空分析

中国关于学科目标就有至少四种版本（北京大学中国教育财政科学研究所，2012）。[1]

第一种版本是中华人民共和国国家标准：学科分类与代码（简称学科分

类国标），由国家标准化管理委员会颁布。截至2018年年底，学科分类国标共颁布过两版，分别是1992年版（国标代码：GB/T 13745-92）[2]和2009年版（国标代码：GB/T 13547-2009）[3]。学科分类国标这两版均设置5个学科门类。经济学是一级学科，代码是790，属于人文与社会科学门类。管理学也是一级学科，代码是630，属于工程与技术科学类。从一级学科看，经济学和管理学分别是相互独立的一级学科，边界清晰。但从三级学科看，管理学中的所有三级学科均与经济学无关，但经济学中，就有城市经济管理学（代码：790.4710）、工业企业经营管理学（代码：790.5520）、农业企业经营管理（代码：790.5950）、商业企业管理学（代码：790.6315）、旅游经济管理学（代码：790.6720）、旅游企业管理学（代码：790.6730）、财政管理学（代码：790.7170）、税务管理学（代码：790.7180）、银行经营管理学（代码：790.7325）、保险管理（代码：790.7510）共10个三级学科，从名称看，就属于管理学范畴。因此，从三级学科看，经济学与管理学边界并不严格。

第二种版本是学位授予和人才培养学科目录（简称学科目录），是由教育部①和国务院学位委员会联合发布的一种学科目录[4]。截至2018年年底，学科目录共颁布过五版，分别是1983年版、1990年版[5]、1997年版[6]、2011年版[7]和2018年版[8]。在这五版学科目录中，经济学始终是学科门类，而管理学上升为学科门类则经历了漫长过程。在1983年版和1990年版这两版学科目录中，管理学中的工商管理是经济学学科门类的二级学科，管理学的其他部分则分散在教育学、工学、农学等学科门类里。从1997年版学科目录起，管理学才升为学科门类，且实现了学科的相对统一。按照学科目录的历史演变，管理学的重要组成部分，即工商管理曾经是经济学的二级学科。

第三种版本是中国图书馆分类法（简称中图法），是由中国国家图书馆牵头制定的一种学科目录。截至2018年年底，中图法共颁布过五版，分别是1975年版、1980年版、1990年版、1999年版和2010年版。前四版中图法未能找到，本书以最新版分析经济学和管理学的学科地位。经济学在中图法中属于学科门类，代码是F。管理学属于学科门类——社会学（代码是C）下属的二级学科，代码是C93。此外，管理学各个分支分散在社会学、政治与

---

① 中华人民共和国教育部（Ministry of Education of the People's Republic of China）在1985年6月~1998年3月间曾被改组为中华人民共和国国家教育委员会（State Education Commission of the People's Republic of China）。

法律（代码 D）、经济学、文化科学教育体育（代码 G）、环境科学与安全科学（代码 X）学科门类中，其中，分散在经济学学科门类的管理学分支就有：计划管理（四级学科，代码是：F123.1）、国有资产管理与评估（四级学科，代码是：F123.7）、国民经济管理（二级学科，代码：F20）、企业行政管理（四级学科，代码是：F272.9）、企业生产管理（三级学科，代码是：F273）、企业财务管理（三级学科，代码是：F275）、城市经济管理（三级学科，代码是：F293）、农业企业组织与管理（三级学科，代码是：F325）、电信企业组织与经营管理（三级学科，代码是：F626）、市场管理（五级学科，代码是：F713.56）、商业企业组织与管理（三级学科，代码是：F715）共计 11 个不同层次的学科[9]。

第四种版本是两大基金学科代码，是指国家自然科学基金和国家社会科学基金所指定的项目申报所必须采用的学科代码（分别简称自科代码和社科代码）。在两大基金官网上找不到各自学科代码的历史演变说明，本书就以现有代码作为分析对象。在自科代码中，将学科划分为 8 个学科门类，其中包括管理学，代码是 G[10]。管理学下设 4 个一级学科，其中包括经济科学，代码是 G03。在国家自然科学基金学科分类目录中，经济学是管理学的下级学科[11]。在社科代码中，未设学科门类，设有 26 个一级学科，经济学包括理论经济学、应用经济学 2 个一级学科，管理学是 1 个一级学科。在社科代码中，经济学与管理学边界分明[12]。

1.2.2 联合国与美国学科目录经济管理领域的时空分析

世界一些国家以及联合国也制定了学科目录。由于联合国和美国被公认代表了学科分类的最高水平，本书就选择了联合国和美国的学科目录。

联合国国际教育标准分类法（International Standard Classification of Education, ISCED）是联合国教育、科学及文化组织（简称，联合国教科文组织，United Nations Educational, Scientific and Cultural Organization, UNESCO）颁布的教育与学科分类标准。截至 2018 年年底，ISCED 共颁布过三版，分别是 1977 年版、1997 年版和 2011 年版。由于 ISCED1977 年版在官网上未能找到，本书就依据 1997 年版[13]和 2011 年版这两版进行分析[14]。1997 年版和 2011 年版均设置了 10 个学科门类、26 个一级学科。经济学是社会科学、商业和法律学科门类下的社会与行为科学一级学科下的二级学科，管理学（又细分为管理、公共管理、机构管理和人事管理 4 个学科）是社会科学、商业和法律学科门类下的商业与管理一级学科下的二级学科。在 ISCED 最新的 2 个版本中，经济学与管理学属于同一学科门类的不同一级学科。

美国学科专业目录（Classification of Instructional Programs，CIP）[15]是美国教育部下属国家教育统计中心（National Center for Education Statistics，NCES）颁布的美国高校学科分类目录[16]。截至2018年年底，ISCED共颁布过四版，分别是1980年版、1985年版、1990年版和2000年版。由于CIP前3个版本未能在官网上找到，本书就依据CIP2000年版分析。2000年版设置了17个学科门类。经济学是社会科学学科门类下的1级学科。在这1版中，管理学不是统一学科，工商管理和公共管理均为学科门类。管理学的其他学科分散于交叉学科门类、社会科学门类、理学门类、医学门类、教育学门类、农学门类、法学门类、图书馆学门类、职业技术门类中[17]。

关于国内外7份学科目录经济管理领域时空分析的综述，详见表1-1。

表1-1　　　　国内外学科目录经济管理领域时空分析

学科目录	版本变迁	统一性	学科地位	独立性
学科分类国标	1992年版~2009年版	经济学和管理学均具有统一性	均为一级学科	管理学有较多学科属于经济学
学科目录	1983年版~1990年版~1997年版~2011年版~2018年版	经济学具有统一性，管理学逐步实现统一	均为学科门类	管理学中工商管理曾属于经济学
中图法	1975年版~1980年版~1990年版~1999年版~2010年版	经济学具有统一性，管理学不具有统一性	经济学为学科门类	管理学有较多学科属于经济学
自科代码	未知	经济学和管理学均具有统一性	管理学为学科门类，经济学为一级学科	经济学属于管理学
社科代码	未知	经济学不具有统一性，管理学具有统一性	经济学分成2个一级学科，管理学为一级学科	经济学与管理学相互独立
ISCED	1977年版~1997年版~2011年版	经济学具有统一性，管理学不具有统一性	经济学是二级学科，管理学是二级学科	经济学与管理学相互独立
CIP	1980年版~1985年版~1990年版~2000年版	经济学具有统一性，管理学不具有统一性	经济学是一级学科，工商管理、公共管理是学科门类	经济学与管理学相互独立

通过对经济学和管理学学术关系时空分析，可以看出，在国内5个学科目录中，前4个中的经济学与管理学并不是完全独立的两个学科，存在高度关联性。在国外，管理学不是统一学科，但它与经济学完全独立。

1.3　经济管理领域组织关系时空分析

关于经济管理领域组织关系时空分析，展开方式与1.2节相同。

1.3.1　中国经济管理领域组织关系时空分析

在中国，经济管理领域组织关系时空分析可以从高校、研究院、学术评价体系和学术期刊数据库四个层面展开。学术评价体系将在本书第2章——研究素材详细说明，这里只进行高校、研究院和学术期刊数据库三个层面的分析。

中国知名高校数量众多。以教育部最新知名高校评价体系——"双一流"建设高校为例，中国知名高校（世界一流建设高校）就有42所[18]。

这一高校评价体系的前身是"985工程"[19]。按照签约时间看，前9所高校分别是：北京大学、清华大学、南京大学、复旦大学、上海交通大学、中国科学技术大学、西安交通大学、浙江大学、哈尔滨工业大学[20]。这9所高校是当时教育部认可的中国最好的9所高校。从时空分析视角，本书选择这9所高校，外加新创办的国科大（虽然未进教育部的世界一流建设高校名单，但其潜力巨大），共计10所中国知名大学进行分析。

北京大学下设7个学部，其中包括经济与管理学部（下设经济学院、光华管理学院、人口研究所、国家发展研究院），但政府管理学院和信息管理系属于社会科学学部。从历史看，光华管理学院1985年从经济学院分出来[21]。清华大学设有经济管理学院，另设有公共管理学院、五道口金融学院，建设管理系设在土木水利学院，环境规划与管理系设在环境学院[22]。南京大学设有商学院（1978年恢复经济学系，1986年成立管理学系，先下设经济学院和管理学院）[23]、政府管理学院、信息管理学院、工程管理学院[24]。复旦大学设有经济学院、管理学院、国际关系与公共事务学院、社会发展与公共政策学院、泛海国际金融学院、中国研究院[25]，经济学院[26]和管理学院[27]均源于复旦大学1917年创建的商科，1985年，2个学院分别设立。上海交通大学设有安泰经济与管理学院、国际与公共事务学院、上海交通大学上海国家金融学院[28]。中国科学技术大学设有管理学院（下设工商管理系、管理科学系、统计与金融系）、公共事务学院[29]。西安交通大学设有经济与金融学院、金禾经济中心、管理学院、公管学院、创新创业学院[30]。浙江大学设有经济学院、管理学院、公共管理学院[31]。哈尔滨工业大学设有经济与管理学院[32]。中国科学院大学设有经济与管理学院、公共政策与管理学院、创新创业学院等3个经济管理相关学院[33]。

这10所中国知名高校经济管理领域组织情况见表1-2。

表1-2　　中国10所知名高校经济管理领域组织时空分析

大学	设有经济管理学院（学部）	组织统一性	历史关联
北京大学	是	经济学和管理学均不具有组织统一性	关联
清华大学	是	经济学和管理学均不具有组织统一性	关联
南京大学	是	经济学具有组织统一性，管理学不具有组织统一性	关联
复旦大学	否	经济学和管理学均不具有组织统一性	关联
上海交通大学	是	经济学和管理学均不具有组织统一性	关联
中国科学技术大学	否	没有独立经济学院、管理学不具有组织统一性	无
西安交通大学	否	经济学和管理学均不具有组织统一性	无
浙江大学	否	经济学具有组织统一性，管理学不具有组织统一性	无
哈尔滨工业大学	是	经济学和管理学统一组织	关联
中国科学院大学	是	经济学具有组织统一性，管理学不具有组织统一性	关联

可以看出，这10所高校中，6所高校设置了经济管理学院（商学院）或学部。但管理学基本上都没有设置为单一的学院或学部。

中国国家研究院是指中国科学院、中国工程院和中国社会科学院。中国科学院设有科技战略咨询研究院，系2016年由科技政策与管理科学研究所更名，在政策科学、公共管理、管理科学与工程、技术经济及管理等四大学科建设成效显著[34]。中国工程院设有工程管理学部，既没有管理学领域研究机构，也没有经济学相关研究机构[35]。中国社会科学院设有经济学部，没有管理学部以及管理学相关研究机构[36]。从中国三大研究院学科组织看，中国科学院将经济学与管理学统一组织，但以管理学为主，中国工程学仅有工程管理相关机构，中国社会科学院对经济学进行统一组织，但没有管理学。

中国三大数据库是中国知识基础设施工程数据库（National Knowledge Infrastructure，CNKI，中文简称知网）、万方数据库、维普资讯中文期刊服务平台。前两个数据库包括多种数据库。由于本书研究素材限定于学术期刊论文，因此，只分析知网期刊数据库（以下简称"知网库"）、万方期刊数据库（以下简称"万方库")和维普期刊数据库(以下简称"维普库")。知网库文献分类目录见图 1-1[37]。万方库文献分类目录见图 1-2[38]。维普库文献分类目录见图 1-3[39]。

图 1-1　知网库文献分类　　　　图 1-2　万方数据库文献分类

可以看出,除万方库外,另外两大数据库均将经济学与管理学归为 1 个统一文献板块。由于万方库采用中图法,经济学中包含工商管理,也算是将经济学与管理学合并在 1 个学科门类里。

1.3.2　外国经济管理领域组织关系时空分析

对外国经济管理领域组织关系时空分析,同样可以从四个层面展开。

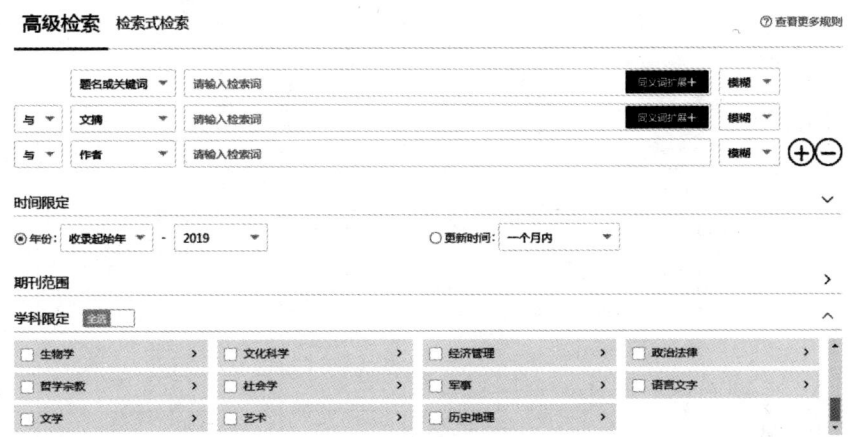

图1-3 维普库文献分类

对外国知名高校的选择,无法沿用中国知名高校的选择方法,本书决定依托目前公认的世界高校排行榜进行选择。目前,已有四大公认的世界高校排行榜[40],分别是软科世界大学学术排名(Academic Ranking of World Universities,世界首家全球大学排行榜,中文简称软科排名,英文简称 ARWU ranking,2003年由中国上海交通大学高等教育研究所创办,2009年由上海软科教育信息咨询有限公司接手发布)[41]、USnews 世界大学排名(US News Best Global Universities,简称 US ranking,由美国 U. S. News & World Report 期刊发布)[42]、泰晤士高等教育世界大学排名(Times Higher Education World University Ranking,简称 THE ranking,由英国 Times Higher Education 期刊发布)[43]、QS 世界大学排名(QS World University Rankings,简称 QS ranking,由英国 Quacquarelli Symonds Company 发布)[44]。

在四大世界高校最新排行榜名列前10名的高校名单见表1-3。

表1-3　　　　　四大世界高校最新排行榜前10名高校

大学	软科排名[45]	usnews ranking[46]	THE ranking[47]	QS ranking[48]
Harvard University	1	1	6	3
Stanford University	2	3	2	2
University of Cambridge	3	7	3	7
Massachusetts Institute of Technology(MIT)	4	2	5	1

续表

大学	软科排名[45]	usnews ranking[46]	THE ranking[47]	QS ranking[48]
University of California – Berkeley	5	4		
Princeton University	6	9	7	
University of Oxford	7	5	1	4
Columbia University	8	8		
California Institute of Technology（Caltech）	9	6	4	5
University of Chicago	10		10	10
University of Washington		10		
Yale University			8	
Imperial College London			9	9
ETH Zurich Swiss Federal Institute of Technology				6
University College London（UCL）				8

可以看出，只有哈佛大学、斯坦福大学、马萨诸塞理工学院（国内通常称为麻省理工学院）、加州理工学院、牛津大学、剑桥大学这6所高校名列全部四大最新世界高校排行榜前10名中。因此，本书就选择这6所高校。

哈佛大学设有商学院（工商管理）、肯尼迪学院（公共管理）[49]，其经济系设在文理学院[50]。斯坦福大学设有商学院（工商管理）[51]、工程学院（管理科学与工程）[52]，其经济系也设在文理学院[53]。马萨诸塞理工学院设有管理学院，其经济系设在其人文、艺术和社会科学学院[54]。加州理工学院设有人文社会科学学部，经济学和管理学均在此学部中[55]。牛津大学设有社会科学学部（经济系在此学部），商学院（工商管理）、政府学院（公共管理）[56]。剑桥大学设有6个学部[57]，其经济系和土地经济学设在其人文与社会科学学部[58]，其商学院设在技术学部[59]。

这6所外国知名高校经济管理领域组织情况见表1-4。

表1-4　外国6所高校经济管理领域组织时空分析

大学	经济学组织机构	管理学组织机构	历史关联
哈佛大学	文理学院	分散在商学院、肯尼迪学院	无关联
斯坦福大学	文理学院	分散在商学院、工程学院	无关联
马萨诸塞理工学院	人文、艺术和社会科学学院	管理学院	无关联
加州理工学院	人文社会科学学部	人文社会科学学部	有关联
牛津大学	社会科学学部	分散在商学院、政府学院	无关联
剑桥大学	人文与社会科学学部	技术学部	无关联

可以看出，在外国6所知名高校中，只有加州理工学院将经济学与管理学放在一个学部中，其余5所高校，经济学与管理学均是分属不同组织机构，还有3所将管理学分散到不同组织机构中。

在英语作为国际通用语言的时代，美国和英国在高等教育上雄踞世界前两名，这在六大世界知名高校的国别发布中早已显露端倪。因此，本书选择外国国家研究院时，也只选择美国和英国的国家研究院。比照中国国家研究院的选择标准，关于美国和英国国家研究院，本书也选择科学院、工程院和社会科学院。

没有发现美国设立社会科学院，因此只选择美国国家科学院和国家工程院。美国关于科学、工程和医学研究，设有统一的研究院——美国国家科学、工程与医学院（The National Academies of Sciences，Engineering，and Medicine，NASEM），NASEM有纵横2个分部体系[60]。第1个分部体系是下设美国3个分院，分别是国家科学院（The National Academies of Sciences，NAS）、美国国家工程院（The National Academies of Sciences，Engineering，NAE）与美国国家医学院（The National Academies of Medicine，NAE）。第2个分部体系是下设7个学部。其中第1个学部是行为、社会科学与教育学学部（Division of Behavioral and Social Sciences and Education），经济学就属于这一学部[61]。在7个学部体系中，没有发现管理学的组织机构。本书转向3个研究院体系，发现在美国国家工程院中，下设12个学部，其中第12学部是特殊领域和跨学科学部（Section 12 – Special Fields & Interdisciplinary），经济学和管理学均在此学部中[62]。

英国国家科学院正式名称是皇家学会（The Royal Society）[63]，下设10个专业委员会，没有经济学和管理学组织机构[64]。英国国家学术院（The British Academy）是英国人文社会科学的国家研究院[65]，分设人文科学学部和社会科学分部，经济学在社会科学分部，没有管理学组织机构[66]。英国国家工程院（Royal Academy of Engineering）是英国工程科学的国家研究院，其下设11个分部，既没有经济学组织机构，也没有管理学组织机构[67]。通过对美国、英国的国家科学研究院关于经济学和管理学的组织关系的时空分析，可以发现，经济学组织机构相对健全，管理学组织机构相对并不健全。

在外国学术评价体系中，既有关于学术整体评价体系，其中最著名的两大评价体系就是SCI/SSCI评价体系和EI评价体系，也有专门关于经济管理领域顶级期刊的学术评价体系，其中最著名的就是美国得克萨斯大学达拉斯分校的Top24顶级经济管理学术期刊体系（以下简称"UTD Top24"）[68]和英国《金融时报》的Top50顶级经济管理学术期刊体系（以下简称"FT

Top50")[69]。由于 SCI/SSCI 评价体系和 EI 评价体系都有自己的学术期刊数据库，本书将在第 2 章再对 SCI/SSCI 学术期刊数据库（以下简称"S 库"）和 EI 学术期刊数据库（以下简称"E 库"）进行分析，这里只进行两大顶级经济管理学术期刊体系分析。这两大评价体系推出，均源于世界顶级商学院（Business School）排名。商学院是以培养各类 MBA 为主要教学工作的学院，既可以作为大学下属的学院，也可以是独立的商学院。由于世界绝大多数巨型企业都以世界知名商学院 MBA 作为其职业经理人的主要来源，因此，世界知名商学院在世界商业界占据十分重要的地位。巨大利益带来激烈竞争，世界各个知名商学院为了在世界巨型企业职业经理人领域占据更大份额，必然想方设法提高自己的声誉，这就为世界商学院排名提供了市场。

在世界商学院排名诸多指标中，重要一项是经济管理领域顶级学术期刊。UTD Top24 和 FT Top50 就是最有影响力的两大评价体系。

这两大评价体系均针对顶级经济管理学术期刊，既有所重叠，又有差异，见表 1-5。

表 1-5　　UTD Top24 和 FT Top50 顶级经济管理学术期刊

Journal	UTD Top24	FT Top50
Academy of Management Journal	Y	Y
Academy of Management Review	Y	Y
Accounting, Organizations and Society		Y
Administrative Science Quarterly	Y	Y
American Economic Review		Y
Contemporary Accounting Research		Y
Econometrica		Y
Entrepreneurship Theory and Practice		Y
Harvard Business Review		Y
Human Relations		Y
Human Resource Management		Y
Information Systems Research	Y	Y
Journal of Accounting and Economics	Y	Y
Journal of Accounting Research	Y	Y
Journal of Applied Psychology		Y
Journal of Business Ethics		Y
Journal of Business Venturing		Y
Journal of Consumer Psychology		Y

续表

Journal	UTD Top24	FT Top50
Journal of Consumer Research	Y	Y
Journal of Finance	Y	Y
Journal of Financial and Quantitative Analysis		Y
Journal of Financial Economics	Y	Y
Journal of International Business Studies	Y	Y
Journal of Management Information Systems		Y
Journal of Management Studies		Y
Journal of Management		Y
Journal of Marketing	Y	Y
Journal of Marketing Research	Y	Y
Journal of Operations Management	Y	Y
Journal of Political Economy		Y
Journal of the Academy of Marketing Science		Y
Journal on Computing	Y	
Management Science	Y	Y
Manufacturing and Service Operations Management	Y	Y
Marketing Science	Y	Y
MIS Quarterly	Y	Y
Operations Research	Y	Y
Organization Science	Y	Y
Organization Studies		Y
Organizational Behavior and Human Decision Processes		Y
Production and Operations Management	Y	Y
Quarterly Journal of Economics		Y
Research Policy		Y
Review of Accounting Studies		Y
Review of Economic Studies		Y
Review of Finance		Y
Review of Financial Studies		Y
Sloan Management Review		Y
Strategic Entrepreneurship Journal		Y
Strategic Management Journal	Y	Y
The Accounting Review	Y	Y
The Review of Financial Studies	Y	

从表 1-5 看，两份顶级学术期刊评价体系都是既关注经济学顶级期刊，也关注管理学顶级期刊。这表明，国际学术界在很大程度上，依然将经济学与管理学作为高度密切相关的两门学科。

国外学术情况数据库建设已经非常完善，几乎所有主要学科都有自己专门的数据库。本书只选择两个最重要的数据库，即 S 库和 E 库。前者是 SCI/SSCI 学术评价体系开设的学术期刊数据库，是国际自然科学期刊论文/国际社会科学期刊论文最高水平的学术期刊数据库。从门类看，S 库分为 3 个学科门类[70]，分别是 Science Technology（自然科学与工程技术）、Social Science（社会科学）和 Arts Humanities（艺术与人文）。如果再细分，还可以再细分到超过 100 个研究方向。如果将 Economics、Management 和 Administration 作为关键词进行检索，可以发现，S 库关于经济学的研究方向只有 Business Economics（工商经济学），关于管理学的研究方向包括两个：分别是 Operation Research Management Science（运筹学管理学）和 Public Administration（公共管理）[71]。

为了更深入了解 S 库关于经济学和管理学的界定，本书在顶级经济管理领域学术期刊（只要名列 UTD Top24 和 FT Top50 任何 1 份评价体系中的期刊，均视为顶级经济管理领域学术期刊，共计 52 份期刊）对 S 库的学科类别进行了全面分析，见表 1-6。

表 1-6　　　　52 份顶级经济管理学术期刊学科类别

Journal	Category 1	Category 2	Category 3	Category 4
Academy of Management Journal	Business	Management		
Academy of Management Review	Business	Management		
Accounting, Organizations and Society	Business, Finance			
Administrative Science Quarterly	Business	Management		
American Economic Review	Economics			
Contemporary Accounting Research	Business, Finance			
Econometrica	Economics	Mathematics, Interdisciplinary Applications	Social Sciences, mathematical methods	Statistics & Probability
Entrepreneurship Theory and Practice	Business			
Harvard Business Review	Business	Management		
Human Relations	Management	Social Sciences, Interdisciplinary		

续表

Journal	Category 1	Category 2	Category 3	Category 4
Human Resource Management	Management	Psychology, Applied		
Information Systems Research	Information Science and Library Science	Management		
Journal of Accounting and Economics	Business, Finance	Economics		
Journal of Accounting Research	Business, Finance			
Journal of Applied Psychology	Management	Psychology, Applied		
Journal of Business Ethics	Business	Ethics		
Journal of Business Venturing	Business			
Journal of Consumer Psychology	Management	Psychology, Applied		
Journal of Consumer Research	Business			
Journal of Finance	Business, Finance	Economics		
Journal of Financial and Quantitative Analysis	Business, Finance	Economics		
Journal of Financial Economics	Business, Finance	Economics		
Journal of International Business Studies	Business	Management		
Journal of Management Information Systems	Computer Science, Information Systems	Information Science and Library Science	Management	
Journal of Management Studies	Business	Management		
Journal of Management	Business	Management	Psychology, Applied	
Journal of Marketing	Business			
Journal of Marketing Research	Business			
Journal of Operations Management	Management	Operations Research & Management Science		
Journal of Political Economy	Economics			
Journal of the Academy of Marketing Science	Business			

续表

Journal	Category 1	Category 2	Category 3	Category 4
Journal on Computing	Computer Science, Interdisciplinary Applications	Operations Research & Management Science		
Management Science	Management	Operations Research & Management Science		
Manufacturing and Service Operations Management	Management	Operations Research & Management Science		
Marketing Science	Business			
MIS Quarterly	Computer Science, Information Systems	Information Science and Library Science	Management	
Operations Research	Management	Operations Research & Management Science		
Organization Science	Management			
Organization Studies	Management			
Organizational Behavior and Human DecisionProcesses	Management	Psychology, Applied	Psychology, Social	
Production and Operations Management	Engineering, Manufacturing	Operations Research & Management Science		
Quarterly Journal of Economics	Economics			
Research Policy	Management			
Review of Accounting Studies	Business, Finance			
Review of Economic Studies	Economics			
Review of Finance	Business, Finance	Economics		
Review of Financial Studies	Business, Finance	Economics		
Sloan Management Review	Business	Management		
Strategic Entrepreneurship Journal	Business	Management		
Strategic Management Journal	Business	Management		
The Accounting Review	Business, Finance			
The Review of Financial Studies	Business, Finance	Economics		

从表 1-6 可以看出，这 52 份期刊属于 S 库 5 个学科类别，分别是：Business（商学）；Business，Finance（商学/金融学）、Economics（经济学）、Management（管理学）、Operations Research & Management Science（运筹学和管理科学），没有 Public Administration。再深入分析，学科类别属于 Economics 期刊有 12 份，其中只有 4 份期刊学科类别仅为 Economics，其余期刊中，有 7 份期刊学科类别还涉及 Business，Finance，另外 1 份同时涉及 Mathematics 和 Statistics。学科类别属于 Management 或 Management Science 的期刊有 27 份，其中，只有 3 份期刊学科类别仅为 Management，其余期刊中，有 9 份期刊学科类别还涉及 Business，有 1 份涉及 Information Science（信息科学），有 1 份涉及 Computer Science（计算机科学），有 1 份涉及 Engineering, Manufacturing（工程与制造）、有 4 份涉及 Operations Research，有 3 份涉及 Psychology, Applied（应用心理学）、有 1 份涉及 Social Sciences, Interdisciplinary（社会科学跨学科），有 2 份同时涉及 Information Science 和 Computer Science，有 1 份同时涉及 Psychology, Applied 和 Psychology, Social（社会心理学），有 1 份同时涉及 Psychology, Applied 和 Business。其余 13 份学术期刊中，7 份只属于 Business，5 份只属于 Business，Finance，最后 1 份同时属于 Business 和 Ethics（伦理学）。

E 库未对上述 52 份顶级经济管理领域学术期刊进行学科分类。

1.4 本章小结

通过学术关系和组织关系的时空分析可以发现，从学术关系看，经济学和管理学是两门独立学科，但从组织关系看，特别是从学术期刊数据库学科分类和学术期刊评价体系看，经济学和管理学密切相关，国内三大数据库中的两个，将经济管理作为 1 个学科类别，国外 S 库，将经济学和管理学作为不同的学科类别，但两者之间依然关系密切，而 UTD Top 24 和 FT Top 50 这两个学术期刊评价体系就把经济管理领域顶级学术期刊作为一个整体。

对于时空分析这样一个新兴的、天然带有跨学科性质的学术研究体系来说，在现阶段，将经济管理领域作为一个整体才是最合理的选择。

首先，在国内外学术期刊数据库检索相关学术论文，很难将经济学领域的时空分析和管理学领域的时空分析有效分别开来。

其次，时空分析天然具有跨学科特征，经济学时空分析难以完全回避人为干扰因素，而人为因素都可以视为管理因素，无论是积极的有效管理因素，还是消极的无效干预因素。从这个意义上讲，对经济管理领域进行统一的时空分析，可能是更好地解读时空影响的研究思路。

最后，中国学术界对经济学和管理学的区别不像西方那样分明，相当多的涉及经济学和管理学研究的学院都以经济管理学院的方式组建，这种学术组织方式也客观上促进经济学和管理学的相互交融。因此，在中国，将经济管理领域时空分析作为一个整体，符合中国相当多经济管理学院的组织运作。

当然，随着时空分析的不断深入，经济管理领域时空分析再细分为经济学时空分析和管理学时空分析也是可能的，甚至还会细分。

综上所述，本书确定将经济管理领域作为统一的研究领域。（从下文起，经济管理领域时空分析简称"时空分析"）。

第 2 章

研究对象

本书研究对象是时空词汇，它又包括"时空"和"词汇"。

本书先分析"时空"，然后再分析"词汇"，最后再将"时空"与"词汇"结合起来分析。

词汇分析需要引用借助重要大型词典。

2.1 重要大型词典选择

重要大型词典数量庞大，本书只选择其中有代表性的。

2.1.1 重要大型词典选择思路

本书选择重要大型词典依据三个维度：合理降低研究强度、考虑词典读者群层次、类型符合需要。由于涉及多条词汇的查阅，如果选择词典数量过多，将极大增加本书的研究强度。而且，相对成熟词汇的解读，不同重要词典会有所不同，但不可能出现完全不同的情况，可以把少数几部重要词典作为代表。本书决定将重要中英文大型词典的数量控制在 10 部以内。

不同词典都有着不同的读者群。由于中型词典，如《现代汉语词典》《新华词典》，以及同样层次的汉英词典和英语词典，其读者群通常是普通读者，而本书研究具有相对专业性，适合相对专业性读者的词典是大型词典。进一步分析，本书也没有选择层次更高的百科全书，包括《中国大百科全书》、Encyclopedia Britannica、Encyclopedia Americana，因为其读者群通常是各个学科专业人士，本书研究具有跨学科性质，不需要对相关词汇进行专业化研究，而且各个百科全书篇幅宏大，工作量也超大。

根据本书对词汇的研究，需要三种大型词典，分别是中文大型词典、汉英大型词典、英语大型词典。

综合上述，本书决定各选择三部，共九部有代表性的大型词典。

2.1.2 九部重要大型词典基本信息

关于中文词典，本书选择了《现代汉语大词典》《中华大词典》《辞海（第6版）》①，这三部词典用于相关中文词汇的拆分与合成分析。关于汉英词典，本书选择了《汉英大词典（第3版）》《新世纪汉英大词典（第2版）》和《新时代汉英大词典（第2版）》，这三部词典用于相关中文词汇的英文对应词汇的翻译。关于英语词典，本书选择了《牛津高阶英语词典（第9版）》《韦氏高阶英语词典》和《朗文当代高级英语词典（第4版）》，这三部词典用于相关中文词汇对应英文词汇的分析。

这九部国内外重要大型词典的基本信息见表2-1。

表2-1　　　　　　　　九部词典基本信息

词典名称	性质	出版时间	出版社	编纂组织或主编
《现代汉语大词典》	中文大型词典	2009年	上海世纪出版股份有限公司和上海辞书出版社	《现代汉语大词典》编辑委员会
《中华大词典》		2018年	四川辞书出版社	汉语大字典编纂处
《辞海（第6版）》		2009年	上海世纪出版股份有限公司和上海辞书出版社	辞海编辑委员会
《汉英大词典（第3版）》	汉英大词典	2010年	上海译文出版社	《汉英大词典》（第3版）修订委员会
《新世纪汉英大词典（第2版）》		2016年	外语教学与研究出版社	杜瑞清
《新时代汉英大词典（第2版）》		2017年	商务印书馆	潘绍中
《牛津高阶英语词典》(Oxford Advanced Learner's Dictionary) 第9版	英语大型词典	2016年	商务印书馆和牛津大学出版社（中国）有限公司	Albert Sidney Hornby

---

① 本书在汉语大词典中选择了三部重要词典，由于选择了《现代汉语大词典》，本书就不再选择作为其源头的《汉语大词典》（由于同源，词汇解释不会有编制区别），而选择了《中华大词典》。

续表

词典名称	性质	出版时间	出版社	编纂组织或主编
《韦氏高阶英语词典》（Merriam – Webster's Advanced Learner's English Dictionary）	英语大型词典	2010 年	中国大百科全书出版社（美国 Merriam – Webster Inc. 授权）	Stenphen J. Perrault
《朗文当代高级英语词典》（Longman Dictionary of Contemporary English）第 4 版		2009 年	外语教学与研究出版社（英国 Pearson Education Publishing Asia Limited 授权）	Stenphen Bullon

2.2 "时空"的词汇分析

关于"时空"的分析，首先，它是否是一个专有词汇的分析，然后，其含义的分析。

2.2.1 "时空"作为一条词汇的分析

"时空"是否是一个标准的词汇，需要依据所选的词典来判断。

在《现代汉语大词典》中，收录了"时空"词汇，解释是：时间和空间[72]。在《中华大词典》和《辞海（第 6 版）》中，均未收录"时空"词汇。在《汉英大词典（第 3 版）》中，收录了"时空"词汇，其英文翻译：Space – Time[73]。在《新世纪汉英大词典（第 2 版）》中，收录了"时空"词汇，其英文翻译：Space and Time[74]。在《新时代汉英大词典（第 2 版）》中，收录了"时空"词汇，其英文翻译：Time and Space，Spacetime[75]。这说明，关于"时空"是否是标准词汇，三部重要中文大型词典意见并不一致，这说明，"时空"作为标准词汇，并未得到中国国内重要词典的普遍认可。"时空"的英文翻译，国内三部重要汉语词典也各不相同。

这三部汉英大型词典关于"时空"中文词汇给出了 4 种对应的英语词汇，分别是：space – time，space and time，time and space，spacetime。

在《牛津高阶英语词典（第 9 版）》中，收录了"Space – Time"词汇，并将其界定为 physics noun（物理学名词），其解释是"the universe considered a CONTINUUM with four measurements – length, width, depth and time – inside which any event or physical object is located"（宇宙被认为是一个具有四个测量

值——长度、宽度、深度和时间——的连续体,任何事件或物理对象都位于其中)[76]。在《韦氏高阶英语词典》和《朗文当代高级英语词典(第4版)》中,上述4条英语词汇均未收录。

《牛津词典》《韦氏词典》和《朗文词典》是公认的三部具有权威性的英语大型词典,但其中仅有《牛津词典》收录了"Space - Time",而另外两部词典并未收录上述4条英语词汇中的任何1条。这说明,关于"Space - Time""Spacetime""Space and Time""Time and Space"是否是标准词汇,几部重要英语词典意见并不一致,"时空"这一中文词汇对应的英语词汇,并没有得到重要英语词典的普遍认可。

2.2.2 "时空"相关中文词汇时空分析

如果从更深的文化背景分析,可以发现,"时空"在中文有2个含义极为接近的词汇,这就是"世界"和"宇宙"。

本书对这两条中文词汇进行时空分析。空间就是指这两条词汇所出现的词典和典籍,时间就是这两条词汇形成的历史。词典就是前文所列的九部重要中英文大型词典。典籍则是指最早出现相关中文词汇的古代典籍。

由于每部词典对这两条中文词汇的解释都可能有多种,且这两条词汇均为合成词,"世界"由"世"和"界"两个汉字合成,而"宇宙"由"宇"和"宙"两个汉字合成。因此,对这两条中文词汇分析,还要分析构成它们的汉字。

由于涉及九部词典,且每部词典关于每条词汇(或汉字)都可能有多种解释,为了避免陷入过于繁多词汇解释中,并且第1种解释通常代表原始含义,也基本上是最重要含义,所以关于这两条中文词汇及其组成的汉字的解释,都只选择第1种解释。

由于这两条中文词汇都有对应的英文词汇,还需要对对应的英文词汇进行分析。考虑到英文词汇的形成轨迹与中文词汇的形成轨迹并不相同,本书对这两条中文词汇对应的英文词汇不再进行时空分析,只进行空间分析,即不再追溯其历史最初含义,只分析三部英文词典关于这些词汇的现有含义。

本书首先引用三部中文辞典关于"世""界"和"世界"的解释。

《现代汉语大词典》中,"世"的解释是:父子相承为世[77],"界"的解释是:地界[78],"世界"的解释是:佛教语,犹宇宙,世指时间,界指空间[79]。可见,在《现代汉语大词典》中,"世"是指时间、"界"是指空间、"世界"则是指时空。

《中华大词典》中,"世"的解释是:人的一生[80],"界"的解释是:相交的地方（界限）[81]，"世界"的解释是：指自然界和人类社会一切事物的总和[82]。可见，在《中华大词典》中，"世"是指时间、"界"是空间概念，但"世界"则并不是指时空。

《辞海（第6版）》中，"世"的解释是：三十年称为一世[83]，关于"界"的解释是：地域的限隔[84]，关于"世界"的解释是：全地球所有地方[85]。可见，在《辞海（第6版）》中，"世"是指时间、"界"是空间概念，但"世界"并不是指时空。

《汉英大词典（第3版）》中，"世"的解释是：人的一辈子，对应的英文翻译是：lifetime[86]，"界"的解释是：相交的地方（划分的界限），对应的英文翻译是：boundary[87]，"世界"没有解释，只有对应的英文翻译：world[88]。可见，在《汉英大词典（第3版）》中，"世"是指时间、"界"是空间概念，但"世界"并不是指时空（这取决于英语"world"的含义）。

《新世纪汉英大词典（第2版）》中，关于"世"没有解释，对应的英文翻译是：generation[89]，关于"界"没有解释，对应的英文翻译是：boundary[90]，关于"世界"没有解释，只有对应的英文翻译：world[91]。可见，在《新世纪汉英大词典（第2版）》中，"世"是时间概念、"界"是空间概念，但"世界"并不是指时空（同上）。

《新时代汉英大词典（第2版）》中，关于"世"没有解释，对应的英文翻译是：lifetime[92]，关于"界"没有解释，对应的英文翻译是：boundary[93]，关于"世界"没有解释，只有对应的英文翻译：world[94]。可见，《新世纪汉英大词典（第2版）》中，"世"是时间概念、"界"是空间概念，但"世界"并不是指时空（同上）。

上述分析属于空间分析，接下来进行时间分析，即对中文词汇"世界"的起源进行分析。

据考证①，"世界"这一中文词汇最早出现在佛经《楞严经》②中[95]，原文是"何名为众生世界。世为迁流。界为方位。"[96,97]。可见，在《楞严经》中，"世"就是"时间"，"界"就是"空间"，而"世界"就是"时空"。因此，从起源来看，"世界"这条中文词汇的原始含义就是"时空"。

由于"world"这一英文词汇是单个英语 word，不能再拆解，就只对其本

---

① 关于"世界"和"宇宙"这两条中文词汇起源的考证，本书并非专业人士，就以网络作为检索源，通过对所有相关说明网页的甄别，特别是对原文出现的时代及其原文是否出现相关词汇的判断来确定。

② 网络关于最早出现"世界"这一中文词汇及其解释的经典是统一的，均指明为佛经《楞严经》。

身进行分析。考虑工作量,将不再限定为第一解释,但也并非罗列所有解释,而是选择排列在前且与这一词汇含义直接相关的解释。

在《牛津高阶英语词典(第9版)》中,"world"的解释是:"the earth, with all its countries, people and natural features"(地球及其上的所有国家、人与自然物)[98]。在《韦氏高阶英语词典》中,"world"的解释是:"the earth and all the people and things on it"(地球及其上所有人与物)[99]。在《朗文当代高级英语词典(第4版)》中,"world"的解释是:"the planet we live on, and all the people, cities, and countries on it."(我们生活的行星,以及其上的所有人、城市和国家)[100]。可见,在三部英语词典中,"world"基本上等同于"earth",体现空间含义,并不涉及时间。因此,英语"world"词汇并没有"时空"含义。

本书首先引用三部中文辞典关于"宇""宙界"和"宇宙"的解释。

《现代汉语大词典》中,"宇"的解释是:屋檐[101],"宙"的解释是:古往今来的时间[102],"宇宙"的解释是:天地[103]。可见,在《现代汉语大词典》中,"宇"是建筑概念(建筑是一种人造空间结构,因此,建筑概念可以看成是与空间概念相关的概念)。"宙"是指时间,而"宇宙"并不是指时空。

《中华大词典》中,"宇"的解释是:屋檐[104],"宙"的解释是:古往今来的时间[105],"宇宙"的解释是:包括地球和其他一切天体的无限空间[106]。可见,在《中华大词典》中,"宇"是建筑概念(同上)、"宙"是指时间,而"宇宙"却是指空间。

《辞海(第6版)》中,"宇"的解释是:屋檐[107],关于"宙"的解释是:时间的总称[108],"宇宙"的解释是:天地万物的总称[109]。可见,《辞海(第6版)》中,"宇"是建筑概念(同上)、"宙"是指时间,而"宇宙"是指天地万物。

《汉英大词典(第3版)》中,"宇"的解释是:屋檐,对应的英文翻译是:eaves[110],"宙"的解释是:古往今来的时间,对应的英文翻译是:time[111],关于"宇宙"没有解释,只有对应的英文翻译:universe[112]。可见,《汉英大词典(第3版)》中,"宇"是建筑概念、"宙"是指时间,而"宇宙"并不是指时空(这取决于英语"universe"的含义)。

《新世纪汉英大词典(第2版)》中,关于"宇"没有解释,对应的英文翻译是:eaves[113],"宙"的解释是:古往今来的时间,对应的英文翻译是:time[114],关于"宇宙"没有解释,只有对应的英文翻译:universe[115]。可见,《新世纪汉英大词典(第2版)》中,"宇"是建筑概念(同上)、"宙"是指时间,而"宇宙"并不是指时空(同上)。

《新时代汉英大词典（第2版）》中，关于"宇"没有解释，对应的英文翻译是：eaves[116]，"宙"的解释是：古往今来的时间，对应的英文翻译是：time[117]，关于"宇宙"没有解释，只有对应的英文翻译：universe[118]。可见，《新时代汉英大词典（第2版）》中，"宇"是建筑概念（同上），"宙"是指时间，而"宇宙"并不是指时空（同上）。

上述分析属于空间分析，接下来进行时间分析，即对中文词汇"宇宙"的起源进行分析。

据考证，最早出现"宇宙"的中文典籍是《庄子·齐物论》，原文是"奚旁日月，挟宇宙，为其吻合，置其滑涽，以隶相尊？"[119]

而关于最早同时出现"宇"和"宙"这两个汉字并进行了定义的中文典籍，有多种说法：分别是《文子·自然》《尸子·外篇》《庄子·杂篇·庚桑楚》和《淮南子·齐俗训》。

《文子·自然》中，其原文是"往古来今谓之宙，四方上下谓之宇。"[120]

《尸子·外篇》中，其原文是"天地四方曰宇，往古来今曰宙。"[121]

《庄子·杂篇·庚桑楚》中，其原文是"有实而无乎处者，宇也；有长而无本剽者，宙也。"[122]（翻译为现代汉语，其含义就是：确实存在却没有具体位置的是宇，而有长度缺无始无终的是宙。这实际上就是说，宇是无限空间，宙是无限时间）。

《淮南子·齐俗训》中，其原文是"往古来今谓之宙，四方上下谓之宇。"[123]

由于这四篇中文典籍中均同时出现了"宇"和"宙"这两个汉字并进行了定义，本书就对作者的年代进行了检索。文子[124]生存年代难以考证，据称与孔子同时，孔子生存年代是（公元前551年至公元前479年)[125]，尸佼生存年代是（公元前390年至公元前330年）[126]，庄子生存年代是（公元前369年至公元前286年或公元前275年）[127]，刘安[128]（淮南子）[129]生存年代是（公元前179年至公元前122年）。

基于上述信息分析，本书认定最早同时出现了"宇"和"宙"这两个汉字并进行了定义的中文典籍是《文子·自然》。

不过，这四篇公元前的中文典籍对"宇"和"宙"的定义是相同的，"宇"是无限空间，"宙"是无限时间。如果将"宇"和"宙"合成为一条中文词汇，"宇宙"就应该是"无限空间与无限时间"，如果可以简化，则应该简化为"无限空时"或直接简化为"空时"。当然，按照现在汉语的习惯表述，就是"无限时空"或"时空"。

同样，对于"universe"这一英文词汇的分析，也不再限定为第一解释，而是选择排列在前且与这一词汇含义直接相关的解释。

在《牛津高阶英语词典（第9版）》中，"universe"的解释是：the whole of space and everything in it, including the earth, the planets, the stars."（所有空间以及其中的地球、行星、恒星）[130]。在《韦氏高阶英语词典》中，"universe"的解释是："all of space and every things in it including stars, planets and galaxies, etc."（所有空间以及在其中的恒星、行星和星系等）[131]。在《朗文当代高级英语词典（第4版）》中，"universe"的相关解释是："all space, including all the stars and planets."（包括所有恒星和行星的所有空间）[132]。

可见，在三部英语词典中，"universe"这条英语词汇基本上等同于"all space"，完全是空间概念，并不涉及时间。

2.2.3 "时空"词汇的深层分析

通过对"世界"和"宇宙"这两个中文合成词汇的分析，可以知道，虽然"时空"这一中文合成词汇尚未被所有重要中文大型词典所承认，但其所隐含的含义早已通过"世界"和"宇宙"这两个中文合成词汇的原始含义所体现。

逻辑学将不同层次关联概念分为"属概念"[133]和"种概念"[134]，前者包含着后者。

从逻辑学层次看，"时空"是属概念，"世界"的原始含义与"时空"相同，也是属概念，而"宇宙"则是种概念。

而从尺度看，"时空"和"世界"都是"宇宙"的一部分。

中文"世界"和"宇宙"含义的转变，即从"时空"转变为"空间"，主要是受西方文明的影响，特别是在将"世界"翻译为"world"，将"宇宙"翻译为"universe"之后，受这两条英语词汇含义的影响。

从词汇起源看，"时空"这一中文词汇有着悠久的历史，如果从"宇宙"这一中文词汇形成算起，长达2000年。

"时空"就其基本含义，就是时间和空间，这里的"和"并非简单的加总，而是形成统一的关系，即时间和空间应该结合在一起，形成统一的时空体系。从最大的范围看，"时空"就是原始含义的"宇宙"，即"无限时空"。

从合成的视角看，"世界"是"时空"，而"宇宙"则是"空时"，这就是说，从词汇起源的角度看，"时空"和"空时"都是时间和空间的合成词，而且，在《牛津高阶英语词典（第9版）》中，关于时空对应的英文词汇是"Space-time"这一词汇，如果直译，也应该是"空时"。

早期界定"宇宙"的四部中文典籍，实际上是认可"空时"的，但现在

"时空"取代了"空时",这中间中华文明经历过怎样的变换,是值得研究的大课题,这是因为,时间和空间无疑人类是极为重要的相关概念,关于时间和空间的排序,反映了一个文明对时间和空间意义的深层次思索。

英语中,对应"时空"却是"space – time",而将"space – time"翻译为中文词汇时,均翻译为"时空",这在百度网站翻译频道和谷歌网站翻译频道均是如此,见图 2 – 1[135]、图 2 – 2[136]。

图 2 – 1　百度关于"space – time"的英中翻译

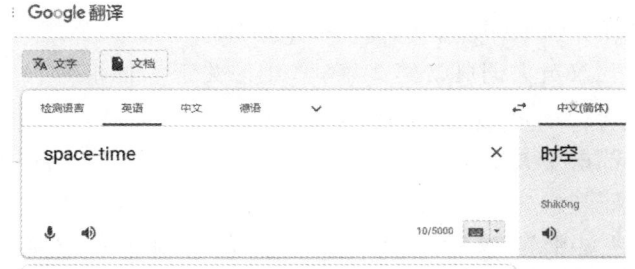

图 2 – 2　美国谷歌网站翻译频道关于"space – time"的英中翻译

同样,英语将"space"放到"time"之前,这也是一个值得研究的大课题。

2.3　"词汇"的词汇分析

对"词汇"这一词汇,本书并不准备对"词汇"追根溯源①,因此,只进行空间分析。

---

① 虽然"词汇"这一词汇也是合成词,但与"世界"和"宇宙"不同,"词汇"中的"词"是名词,而"汇"是动词,两者结合含义实际上很明确,就是"词"的"汇"。基于这一原因,本书不再对其进行历史分析。

关于"词汇"的分析,也不再限定为第一解释,而是选择排列在前且与这一词汇含义直接相关的解释。

2.3.1 "词汇"这一中文词汇的空间分析

在《现代汉语大词典》中,"词汇"的解释是:一种语言里所有的词和固定词组的总汇[137]。

在《中华大词典》中,"词汇"的解释是:一种语言里所使用的词的总称[138]。

在《辞海(第6版)》中,"词汇"的解释是:一种语言里所有的词和固定词组的总汇[139]。

可见,三部重要中文大型词典关于"词汇"的解释完全相同或基本相同。

在《汉英大词典(第3版)》中,关于"词汇"没有解释,只有对应的英文翻译:vocabulary;words and phrases[140]。

在《新世纪汉英大词典(第2版)》中,关于"词汇"没有解释,只有对应的英文翻译:vocabulary;words and phrases[141]。

在《新时代汉英大词典(第2版)》中,关于"词汇"没有解释,只有对应的英文翻译:vocabulary;words and phrases[142]。

可见,三部重要大型汉英词典关于"词汇"的翻译完全相同。

2.3.2 "词汇"这一中文词汇对应英语词汇的空间分析

由于三部重要大型汉英词典关于"词汇"的翻译完全相同,都涉及"vocabulary""word"和"phrase",因此,对"词汇"这一中文词汇对应英文词汇的分析,就只针对这三条英语词汇。

在《牛津高阶英语词典(第9版)》中,"vocabulary"的解释是:"all the words that a person knows or uses"(一个人知道或使用的所有的词)[143],"word"的解释是:"a single unit of language which means sth and can be spoken and written"(能说能写的表述事物的语言单位)[144],"phrase"的相关解释是:"a small group of words without a finite verb that together have a particular meaning and that typically form a part of a sentence"(一小群没有限定动词的词,它们在一起有特定的意义,通常构成句子的一部分)[145]。

在《韦氏高阶英语词典》中,"vocabulary"的相关解释是:"the words that

make up a sentence"（构成句子的词）[146]，"word"的相关解释是："a sound and combination of sounds that has a meaning and is spoken or written"（有含义，可说可写的语音或语音组合）[147]，"phrase"的相关解释是："a group of two or more words that express a single idea but do not form a complete sentence"（两个或更多单词的组合，可以表达一个含义，但并未构成一个完整的句子。）[148]。

在朗文当代高级英语词典（第4版）中，"vocabulary"的相关解释是："all the words that someone knows or uses"（一个人知道或使用的所有单词）[149]，"word"的相关解释是："the smallest unit of language that people can understand if it is said or written on its own"（如果被说出来或被写出来就可以被人理解的最小语言单位）[150]，"phrase"的相关解释是："a group of word together have a particular meaning, especially when they express the meaning well in a few words"（有特定含义的词组，特别是可以用少量单词可以很好表达这个含义的词组）[151]。

对比三部重要英语大型词典关于这三条英语词汇的分析，可以得出如下结论："vocabulary"是指所有的词或词组，而"word"和"phrase"则是指具体的词或词组，其中"word"是英语的最小单位（汉语通常将"word"翻译为单词），"phrase"则是"word"的组合，但还达不到句子的程度。

2.3.3 本书关于"词汇"的界定

关于"词汇"对应的英语词汇，笔者更倾向于"words and phrases"，这是因为，本书关于"词汇"的界定，更关注其内在的性质，而非其范围，笔者倾向于将英语词汇"vocabulary"翻译为"所有词汇"。

将"词汇"这一中文词汇翻译为"words and phrases"，就意味着词汇既有狭义的词，更有词组或短语。

2.4 "时空"与"词汇"这两条词汇的结合分析

本书的研究对象是"时空词汇"，它涉及"时空"和"词汇"这两条中文词汇的结合。

2.4.1 关于"时空词汇"的界定

"时空"这一中文词汇本身属于"时空词汇"，而且，它是"时空词汇"

的核心。

从广义上讲，"空时"、时间和空间、空间和时间、时间空间、空间时间、时间—空间、空间—时间这七条中文词汇，其中文含义与"时空"几乎完全相同，也应纳入"时空词汇"。

关于这一点，本书观点是，一个特定事物的专有词汇，最终将固定下来，就像"世界"或"宇宙"，其英语对应词汇也固定为"world"和"universe"，不会再出现"界世""世和界""界和世""宙宇""宇和宙""宙和宇"这种词汇。

从词汇演化的趋势看，如果"时空"这一中文词汇被公认，其他7种同义词汇就没有存在的可能性。

因此，本书严格限定为"时空"，不再考虑其他7种同义词汇。

刨除"时空"这一中文词汇本身，"时空词汇"通常的含义是指研究"时空"相关性质的词汇，与"经济词汇"类似。

时空分析或时空研究，特别是经济管理领域时空分析或时空研究，还只是一种新兴的探索，远谈不上是一门学科，在这种条件下，谈及"时空词汇"，本书决定采用一种狭义的规定，即必须是含有"时空"这一中文词汇的词汇。

本书采用这种界定，还在于正是要弄清楚究竟有多少研究经济管理领域时空性质的相关词汇，而这首先是一种探索的过程，通常都采用先易后难的探索尝试。清晰地界定出来的"时空词汇"，而将其限定为必须含有"时空"这一中文词汇的词汇，则是可以用较短的时间准确搜集到所有这种相关的"时空词汇"。

2.4.2 关于"时空词汇"的结构

由于将"时空词汇"限定为含有"时空"这一中文词汇的词汇，则这种词汇，刨除"时空"这一中文词汇本身，只能有三种结构。

第一种时空词汇的结构是由前置词汇与时空相结合，词汇位于时空这一中文词汇之前。这种时空词汇，通常是指经济管理领域某种具体要素的时空，如"经济时空""知识时空"等。由于所有事物都不可能脱离时空，因此，任何事物都可以作为前置词汇与时空相结合。这种可以随意结合的特点，反而导致这种时空词汇通常并不能成为"时空词汇"的主流。

第二种时空词汇的结构是由时空与后置词汇相结合，词汇位于时空这一中文词汇之后。这种时空词汇，通常是指时空领域某种品质的词汇，如"时空收缩""时空特征"等。由于这种时空词汇才是真正针对时空性质的词汇，因此，这种时空词汇才可能成为时空词汇的主流。

第三种时空词汇的结构是时空这一中文词汇居中，既有前置词汇，也有后置词汇。

这种词汇是前两种时空词汇的符合，可以看成是复杂程度最高的时空词汇，既源于特定的经济管理领域的事务，又针对时空的特定品质，将是专有化程度最高的时空词汇。

2.5　本章小结

本书研究对象是"时空词汇"。

"时空"现在还不是一个公认的中文词汇，但已经得到相当多重要的中文大型词典承认。其对应的英语词汇同样不是公认的中文英语词汇，得到的承认程度比中文词汇还低一些。

从历史看，"世界"和"宇宙"这两条中文词汇都是"时空"或有"时空"含义。本书将"时空"限定为统一的时空体系，从最大的范围看，"时空"就是原始含义的"宇宙"，即"无限时空"。

在相同含义的 8 个时间和空间的复合词汇中，本书只选择"时空"这一中文词汇。将"词汇"这一中文词汇翻译为"words and phrases"，就意味着词汇既有狭义的词，更有词组或短语。

本书将"时空词汇"划分为"时空"这一中文词汇本身和其他词汇，后者必须是含有"时空"这一中文词汇的词汇。除"时空"这一词汇本身，"时空词汇"有三种结构：前置词汇＋时空、时空＋后置词汇、前置词汇＋时空＋后置词汇。

第 3 章

研究素材

本书的研究素材是截至 2018 年年底的 CSSCI 期刊发表的以时空为主题的经济管理领域的学术论文。

3.1 相关依据确定缘由

本书研究素材涉及两个关键词"中文""CSSCI",还涉及学术期刊论文这种特殊的论文类型。这 3 个因素就构成了本书确定研究素材的三项依据。

3.1.1 确定中文作为工作语言的缘由

当今世界学术研究的主导工作语言依然是英语,本书也并不会将时空分析的工作语言限定为中文。

本书将中文确定为研究素材的工作语言,源于如下两项理由。

第一项理由是符合学术研究的通常演进逻辑,即先易后难。

以数学为例。数学大体上可以分为四个发展阶段:形成时期、常量数学时期、变量数学时期、现代数学时期[152]。常量(constant),也称"常数",是反映事物相对静止状态的量;变量(variable)亦称"变数",是反映事物运动变化状态的量。常量和变量是数学中反映事物量的一对概念[153]。在事物特定运动过程中,某量若保持不变,则称之为常量;反之,则称之为变量。变量研究难度要低于常量研究,因此,数学先从常量研究起步,再进入到变量研究,体现了从易到难的发展历程。

再以化学为例。最初出现的化学分支是无机化学。最初化学所研究的多为无机物,所以近代无机化学的建立就标志着近代化学的创始,其历史可以追溯到17世纪[154]。到19世纪初，化学家才创立了有机化学[155]。由于18世纪有机物无法通过人工制造出来，科学家竟然提出了一种生命力学说，认为有机物与生命现象密切相关，是生物体内一种特殊的、神秘的"生命力"作用下产生的，只能从生物体内得到，不能人工合成[156]。后来，化学家们人工合成了一些有机物，这一学说被废止。化学从无机化学到有机化学，也是学术研究从易到难的经典例证。

对于学术研究者，先易后难的演进逻辑还体现在其学术研究工作语言上。如果母语就是英语，或者是日常学术工作语言就是英语，将英语作为学术工作语言是一种自然而然的选择。但对于中国学者，使用中文才是最容易的语言，将中文作为其学术研究的首要工作语言符合先易后难的演进逻辑。

本书不会将时空研究素材仅仅局限在中文学术期刊，也不会仅仅将研究视野落在中国大地。先从中文学术期刊入手，从中国实际经济管理现象出发，探究经济管理领域时空的奥秘，获得初步研究成果后，依然可以选择英语学术期刊，依然会放眼于全球经济管理领域。

从时空分析这项新兴学术研究的发展路径，本书将沿用先中文再英语、先聚焦中国再放眼世界的学术演进逻辑。

第二项理由是经济管理领域中文时空文献学术研究素材已足够丰富。

学术研究采用先易后难的演进逻辑，先易部分也须具备足够丰富可研究的内容。

以数学为例，从常量数学到变量数学，期间延续了近2000年。再以化学为例，从无机化学到有机化学，期间延续近200年。没有足够丰富的可研究内容，常量数学和无机化学是不可能延续如此之长的研究时间的。

尽管与常量数学和无机化学相比，中文时空分析不大可能延续如此之长的研究时间，但其可研究内容已经足够丰富。

以知网库为例，文献类型包括：学术期刊、博士学位论文和硕士学位论文、国际学术会议论文、报纸文章、图书等，检索时间是2019年11月16日20时，检索项目是：篇名，检索关键词是：时空，学科类型：经济与管理科学，检索结果见图3-1[157]。

从图3-1可以看出，截至2019年11月16日，仅篇名中含有"时空"这条中文词汇的中文各类文献已达10047条。因此，从进行文献梳理的学术研究看，经济管理领域时空相关中文文献已超过万篇，研究素材已足够丰富了。

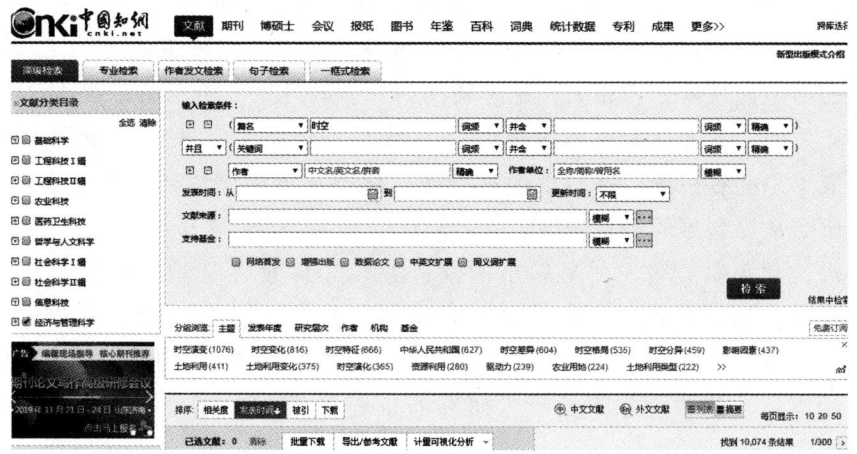

图3-1 知网库关于篇名含有"时空"的中文文献检索情况

3.1.2 确定学术期刊论文作为研究素材类型的缘由

在学术文献类型中,本书将学术期刊论文确定为研究素材类型,源于如下两项理由。

第一项理由——学术期刊论文是学术文献的主体。

同样是对知网库进行检索,其他条件(检索时间、检索项目、检索关键词、学科类型)均相同,仅将文献类型限定为期刊,可以检索到8052篇,占中国知网关于经济管理领域时空所有文献的80%,见图3-2[158]。

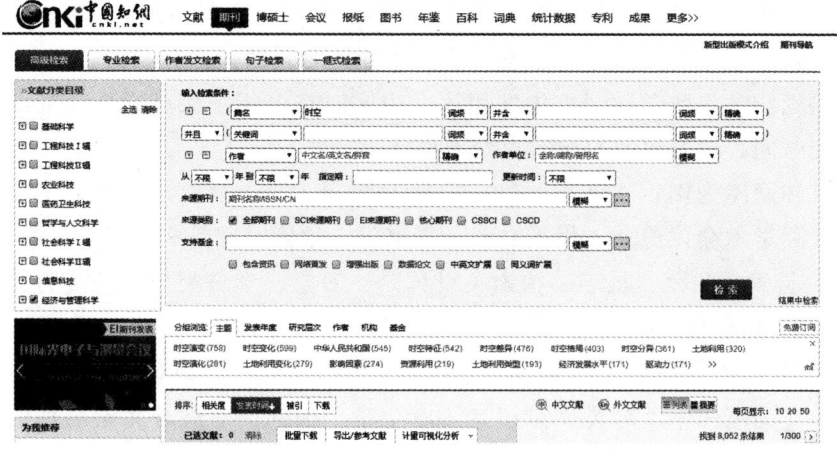

图3-2 知网库关于篇名含有"时空"的中文期刊论文检索情况

第二项理由——学术期刊论文代表了学术文献的最高水平。

从文献的被审核情况看,学术期刊,特别是世界顶级学术期刊,评审机制极为规范和严格,且评审周期漫长,通常可达 2 年之久,这使得这些学术期刊所刊载的学术论文的水平得到严格确认。虽然知名出版社也对拟出版的学术专著进行规范和严格的评审,但规范性和严格性还是无法与世界顶级学术期刊相比。

而且,关于学术论文期刊,世界上形成了相对权威的评价体系,这就是 SCI/SSCI 学术期刊评价体系(以下简称"SCI 体系")和 EI 学术期刊评价体系(以下简称"EI 体系"),这使得世界上有一定影响的学术期刊(当然,主要是英语学术期刊)都能被评价到,拟投稿的各国学者都了解每份学术期刊在学术圈中的地位。关于世界各家出版社,还没有出现类似的权威的评价体系。因此,从评价体系层面看,世界顶级学术期刊的学术地位也远高于世界知名出版社。

因此,在现在的大学教师职称评定中,特别是在中国大学的教师职称评定中,学术专著已不再被列为学术水平的代表作,只有高水平的学术论文才被认可,虽然现在也追加了高水平的案例分析报告。只要有数量足够且水平达标的学术期刊论文,即使没有学术专著,也可以被评定为相应的职称。大学教师职称评定的相关规定就说明了学术期刊论文代表了学术文献的最高水平。

基于上述两项理由,本书将学术期刊论文作为研究素材的类型。

3.1.3 确定 CSSCI 检索学术期刊作为研究素材载体的缘由

受 SCI 体系等世界学术期刊评价体系的启发,中国也研发了关于中文学术期刊的评价体系。

关于中文社会科学领域的学术期刊,现在已经有两个相对权威的评价体系,分别是 CSSCI 学术期刊评价体系[159]和中文核心期刊评价体系[160],其评价出来的学术期刊分别被称为 CSSCI 检索期刊和中文核心期刊。

在这两个中文社会科学领域学术期刊评价体系所评价出来的期刊中,本书将 CSSCI 检索期刊确定为研究素材载体,源于如下两项理由。

第一项理由是 CSSCI 检索期刊代表了中文社会科学领域学术期刊的最高水平。

CSSCI 的中文全称是"中文社会科学引文索引",英文全称是"Chinese Social Sciences Citation Index",是由南京大学中国社会科学研究评价中心开发研制的中文社会科学领域学术期刊检索体系。

CSSCI 可用来检索中文社会科学领域的论文收录和文献被引用情况，是我国人文社会科学评价领域的标志性工程[161]，是国家、教育部重点课题攻关项目，它遵循文献计量学规律，采取定量与定性评价相结合的方法，从全国 2700 余种中文人文社会科学学术性期刊中精选出学术性强、编辑规范的期刊作为来源期刊。CSSCI 学术期刊检索体系对所收录的学术期刊的数量进行了相对严格的控制，总数控制在 500 多种，分布在法学、管理学、经济学、历史学、政治学等在内的 25 大类的。CSSCI 学术期刊检索体系自 1998 年首次发布，每 1~2 年更新 1 次所收录的期刊目录，目前最新版是 2019~2020 年版。

中文核心期刊检索体系是北京大学图书馆主导，北京多所高校图书馆及中国科学院文献情报中心、中国社会科学院图书馆、中国人民大学书报资料中心、中国学术期刊（光盘版）电子杂志社、中国科学技术信息研究所、北京万方数据股份有限公司、国家图书馆等多个相关单位的专家和期刊工作者参加研究的一项中文学术期刊评价体系。中文核心期刊检索体系并不仅限于社会科学领域中文期刊，收录期刊数量接近 2000 份。中文核心期刊检索体系自 1992 年首次发布，每 3~4 年更新 1 次，目前最新版是 2017 年版[162]。

从所收录期刊数量和更新周期看，CSSCI 学术期刊检索体系所收录的中文社会科学领域学术期刊学术水平更高。这一点也得到了学术圈的公认，比如一些高校将 CSSCI 检索期刊视为 C 级期刊，而将中文核心期刊视为 D 级期刊，还比如一些学术期刊相关网站（如 360 期刊网）[163]就认为 CSSCI 学术期刊检索体系所收录的中文社会科学领域学术期刊学术水平更高。

第二项理由是 CSSCI 检索期刊能检索到的经济管理领域时空论文数量已足够。

国内经济管理领域学者关于时空相关主题的研究已经成为一种较热的研究方向，发表在 CSSCI 检索期刊的经济管理领域的研究主题是"时空"的论文数量也已经超过 1000 篇。如此数量的论文，无论是进行某一领域文献综述，还是进行专题研究，从研究素材来说，数量都已经足够。

（以下将 CSSCI 检索期刊简称 C 刊）。

3.2 确定研究素材过程的说明

本书确定研究素材用整整两年的时间，从 2018 年年初到 2019 年年末。

3.2.1 确定研究素材的路径说明

本书研究素材确定路径涉及检索数据库、检索时间、检索项目、检索词汇、检索准确度这五个关键事项。

中国目前已经形成了知网、万方和维普这三大学术期刊数据库，其所收录的学术论文相差无几，但依然会有差异。基于这个原因，本书以知网作为首选，通过它查找截至 2018 年年底的 C 刊上所发表的研究主题是时空的经济管理领域的学术论文，然后再用万方和维普这两个学术期刊数据库所找到的 C 刊的同类论文作补充。这样，就可以将截至 2018 年年底的 C 刊上所发表的研究主题是时空的经济管理领域的学术论文全部找到。

本书原定于 2018 年年底完成写作工作，因此，原定研究素材的检索时间就截至 2017 年年底。然而，在研究素材的确定过程中，不断出现新的未曾预料的新内容，定稿时间不断推迟。在 2019 年 7 月时，笔者决定，再补充 2018 年的研究素材，这就使得素材的数量大幅度增加。

学术期刊数据库，对于学术论文的检索，有多种，以知网为例，见图 3-3[164]。不同的检索项目能够检索出来的论文数量相差较大。为了确保一篇学术期刊论文的确以"时空"作为其研究主题，本书确定了复合项目，既检索篇名，也检索关键词，这就意味着，只要在篇名或关键词中出现了"时空"这一词汇的经济管理领域的学术期刊论文，本书就将其纳入研究素材中。

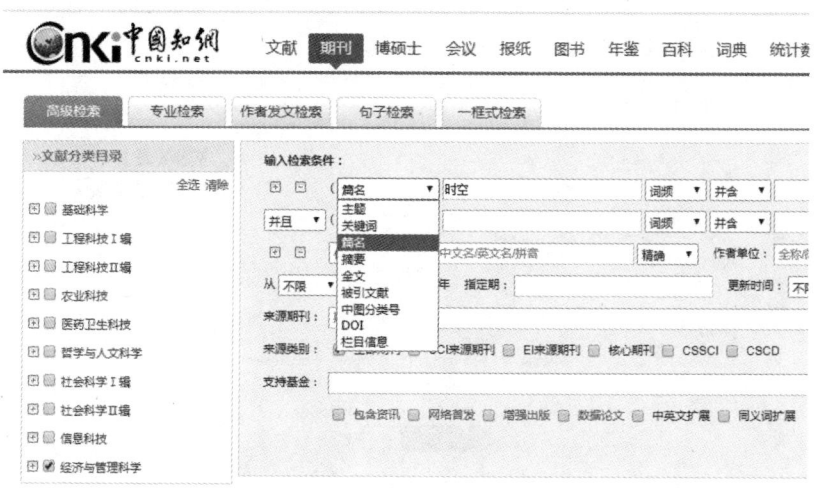

图 3-3　知网库检索项目

本书将检索词严格确定为"时空",一方面确保研究素材的确是基于时空主题的期刊学术论文,另一方面也可以尽快确定研究素材。

三大数据库中,万方数据库和维普数据库均设置了"模糊"和"精确"两个检索准确度选项,见图3-4[165]、图3-5[166]。所谓"模糊"就是同义词扩展。如果本书在采用"模糊"这种检索准确度,则"空时""时间空间""空间时间""时间和空间""空间和时间""时间—空间""空间—时间"这7个含义与"时空"完全相同的词汇均会被检索出来,本书就不可能将检索词严格确定为"时空",而且本书研究素材数量又会增加太多,因此,为了确保将检索词严格确定为"时空",检索准确度只能设定为"精确"。

图3-4 万方库的检索准确度

图3-5 维普库的检索准确度

3.2.2 关于研究素材的整理说明

本书关于研究素材的整理主要是两项工作：复核和排序。

本书关于研究素材的复核分为如下四个步骤。

第一步，剔除被 C 刊目录剔除的那些年份的期刊所发表的学术论文。笔者最初完全依据三大中文学术期刊数据库来验证 C 刊，因为这些数据库均对期刊进行范围设定，依然参见图 3-3。在这些数据库查找 C 刊论文时，只需要将期刊范围设定为 C 刊。

然而，本书在对研究素材复核时，发现这些数据库对 C 刊的更新并不及时。由于 CSSCI 学术期刊评价体系是动态更新的，必然会有一些中文社会科学领域的学术期刊曾经是 C 刊，但现在并不是了，反之，一些曾经不是 CSSCI 检索的期刊，但现在是。

为此，本书不得不对所有期刊依据南京大学中国社会科学研究评价中心官网公布的所有版次 C 刊目录进行复核。

南京大学中国社会科学研究评价中心自 1998 年发布第 1 版起，共计发布 CSSCI 来源期刊目录 12 版，见表 3-1，目前是 2019~2020 年版。

表 3-1　　　　　　　　C 刊目录各版及其适用年份

版次	名称
1	CSSCI 来源期刊目录（1998）[167]
2	CSSCI 来源期刊目录（1999）[168]
3	CSSCI 来源期刊目录（2000~2002）[169]
4	CSSCI 来源期刊目录（2003）[170]
5	CSSCI 来源期刊目录（2004~2005）[171]
6	CSSCI 来源期刊目录（2006~2007）[172]
7	CSSCI 来源期刊目录（2008~2009）[173]
8	CSSCI 来源期刊目录（2010~2011）[174]
9	CSSCI 来源期刊目录（2012~2013）[175]
10	CSSCI 来源期刊目录（2014~2016）[176]
11	CSSCI 来源期刊目录（2017~2018）[177]
12	CSSCI 来源期刊目录（2019~2020）[178]

复核之后，本书所说的 C 刊，就是一种时空分析范式下的 C 刊，也就是说，一份期刊是否为 C 刊，必须考虑年份，当这份期刊在发表年份名列 CSS-

CI 来源期刊目录时，这些论文就是 C 刊论文。而在被剔除年份所发表的学术论文就不再属于 C 刊的学术论文。

经过复核，大约 30%（约 300 篇）的论文最终被排除到本书的研究素材之外。

第二步，剔除被 C 刊所发表的书评和文献综述这两种文献类型。书评和文献综述本质上并不是原创学术论文。由于并不能严格确定这两种文献类型，只能对标题中带有"书评""综述""评述"字样的文献进行复核，发觉其的确是书评或文献综述后，将其删除。

第三步，剔除被 C 刊增刊所发表的学术论文。一是增刊刊载的论文水平要低于正常各期，二是难以对增刊出版时间合理界定。

第四步，剔除主题并非经济管理领域的学术论文。由于难以准确将以技术为主题的论文与以经济管理为主题的论文进行区分，笔者只能凭借个人能力进行甄别，为避免遗漏，将从标题就能看出是非经济管理领域的论文剔除，对于难以甄别的论文，就保留下来。

对如此数量的论文的全面分析需要对这些论文进行合理的排序，从而在对这些论文进行各种分析时，始终可以知道各种分析结论对应的是哪些论文。基于时空分析的范式，按时间排序毫无疑问是一种合理的选择。这些 C 刊出版周期并不一致，共有半月刊、月刊、双月刊和季刊四种不同的出版周期。而且，每份期刊的出版周期并不是固定不变的。许多现在的或曾经的 C 刊在创刊之处是季刊，随着影响力不断扩大，优秀稿件不断增多，这些期刊就会缩短出版周期，从季刊缩短为双月刊，再从双月刊缩短为月刊，有些 C 刊甚至缩短为半月刊。因此，笔者不得不再次实施时空分析，即对所有的 C 刊（这就是期刊的空间）的发展历史（这就是期刊的时间）进行复核，确定其出版周期的变更年份。在确定了所有的 C 刊准确的出版周期后，就可以确定每篇论文的实际发表年份及其具体月份。对于相同年份与月份的学术期刊论文，则采用 Office 软件自带的字母排序法依据学术期刊的字母顺序进行排序。同年同月同一份期刊，则按论文页码的先后顺序排序。本书采用如上方法，对所有找到的 C 刊发表的经济管理领域主题是"时空"的论文进行了编号。

3.3 研究素材的简述

通过长达两年的检索，本书最终确定了全部研究素材。

3.3.1 研究素材整体数量及其简要时间分析

本书最终确定研究素材的数量是 1485 篇。

从这个数量可以看出，即使仅将研究成果限定为 C 刊正常期发表的正式学术论文（不含书评和文献综述），截至 2018 年年底，中国经济管理领域学者关于主题是时空的研究成果就已经非常丰富，可以基于这些研究素材进行全面文献综述，并依据这些研究素材对中国学者关于时空分析的学术研究情况进行总览和展望。

将本书研究素材整体数量作为一个分析对象，空间分析就是指其内部结构，时间分析就是指年份变化。这一部分只进行时间分析，空间分析留在下一部分进行。

本书研究素材整体数量简要时间分析见图 3-6、表 3-2。

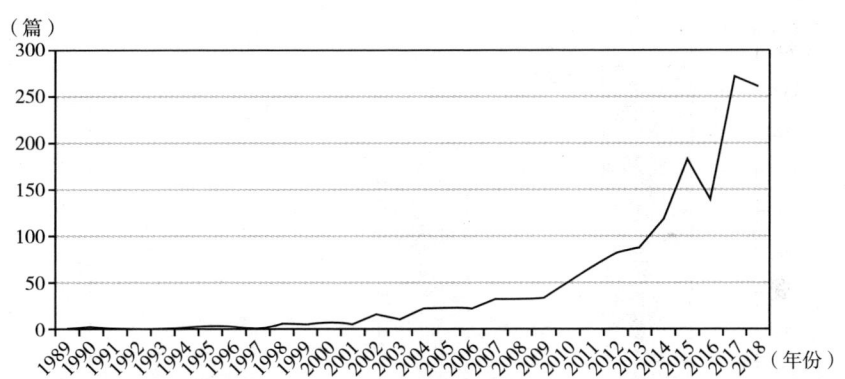

图 3-6　中国学者在 C 刊发表的经济管理领域时空论文历年数量

表 3-2　历年中国学者在 C 刊发表的经济管理领域时空论文数量

年份	篇数	年份	篇数	年份	篇数
1989	1	1999	5	2009	34
1990	2	2000	8	2010	50
1991	0	2001	5	2011	67
1992	0	2002	15	2012	82
1993	0	2003	11	2013	87
1994	2	2004	22	2014	118
1995	4	2005	23	2015	183
1996	3	2006	22	2016	138
1997	0	2007	32	2017	272
1998	6	2008	32	2018	261

从图3-6和表3-2可以看出，中国学者早在30年前的1989年，就在C刊发表了经济管理领域主题为"时空"的学术论文。但直到2002年，论文数量才突破10篇，2014年，论文数量才突破100篇。

进入到2017年，中国学者在C刊发表的经济管理领域主题是"时空"的论文数量均接近300篇，可以初步认定，时空分析已成为经济管理领域中国学者研究的热门方向。

3.3.2 研究素材中"时空"分布情况简要时空分析

本书将"时空"出现在论文标题和论文关键词中情况称为"时空"分布情况。

本书研究素材中"时空"分布情况简要空间分析见图3-7。通过"时空"分布情况，可以判断出论文关于"时空"研究的自觉性。

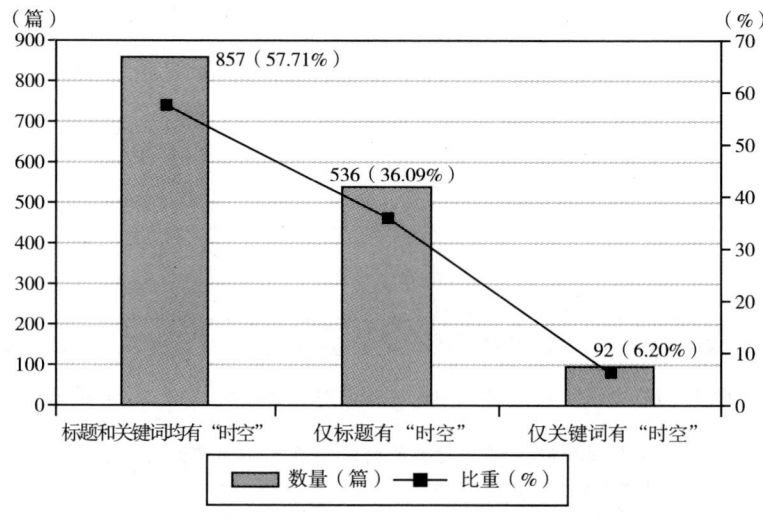

图3-7 研究素材中"时空"分布情况空间分析

并不是所有研究素材的作者均自觉地将论文研究主题确定为"时空"，本书以论文标题和关键词中均出现"时空"作为判断其将自己论文研究主题确定为"时空"的标志。依据这种标志，可以把所有研究素材的作者划分为自觉将"时空"作为论文研究主题的作者和自发将"时空"作为研究内容的作者，在自发将"时空"作为研究内容的作者中，又分两种，一种是只在论文标题中出现"时空"字样，另一种是只在论文关键词中提及"时空"词汇。

由于存在"时空"的不同分布情况，原本作为整体的本书研究素材，就形成了内部结构，可以进行空间分析。如果再进行30年的年度分析，就构成了时空分析。

从图3-7可以看出，在1485篇C刊发表的经济管理领域的"时空"相关研究论文中，自觉将"时空"作为研究主题的论文仅占57.74%。

本书研究素材中"时空"分布情况30年间时空分析见表3-3、图3-8。

从表3-3和图3-8可以看出，在1989~2018年的30个年份里，1991年、1992年、1993年和1997年这4个年份，就没有在C刊发表经济管理领域研究"时空"的学术论文，因此，这4个年份不具备分析条件。

表3-3　　　　研究素材中"时空"分布情况时空分析　　　　单位：篇、%

年份	论文篇数	标题和关键词均有"时空"论文篇数	比率	仅标题有"时空"论文篇数	比率	仅关键词有"时空"论文篇数	比率
1989	1	1	100.00	0	0.00	0	0.00
1990	2	2	100.00	0	0.00	0	0.00
1994	2	1	50.00	1	50.00	0	0.00
1995	4	2	50.00	2	50.00	0	0.00
1996	3	3	100.00	0	0.00	0	0.00
1998	6	3	50.00	3	50.00	0	0.00
1999	5	4	80.00	1	20.00	0	0.00
2000	8	5	62.50	2	25.00	1	12.50
2001	5	3	60.00	0	0.00	2	40.00
2002	15	9	60.60	5	31.25	2	12.50
2003	11	5	45.45	2	18.18	4	36.36
2004	22	9	40.91	9	40.91	4	18.18
2005	23	10	43.48	10	43.48	3	13.04
2006	22	14	63.64	8	36.36	0	0.00
2007	32	18	56.25	14	43.75	0	0.00
2008	32	22	68.75	10	31.25	0	0.00
2009	34	23	67.65	11	32.35	0	0.00
2010	50	32	64.00	18	36.00	0	0.00
2011	67	45	67.16	22	32.84	0	0.00
2012	82	51	62.20	31	37.80	0	0.00
2013	87	47	54.02	40	45.98	0	0.00

续表

年份	论文篇数	标题和关键词均有"时空"论文篇数	比率	仅标题有"时空"论文篇数	比率	仅关键词有"时空"论文篇数	比率
2014	118	79	66.95	39	33.05	0	0.00
2015	183	98	53.55	69	37.70	16	8.74
2016	138	80	57.97	50	36.23	8	5.80
2017	272	157	57.72	98	36.03	17	6.25
2018	261	135	51.72	91	34.87	35	13.41

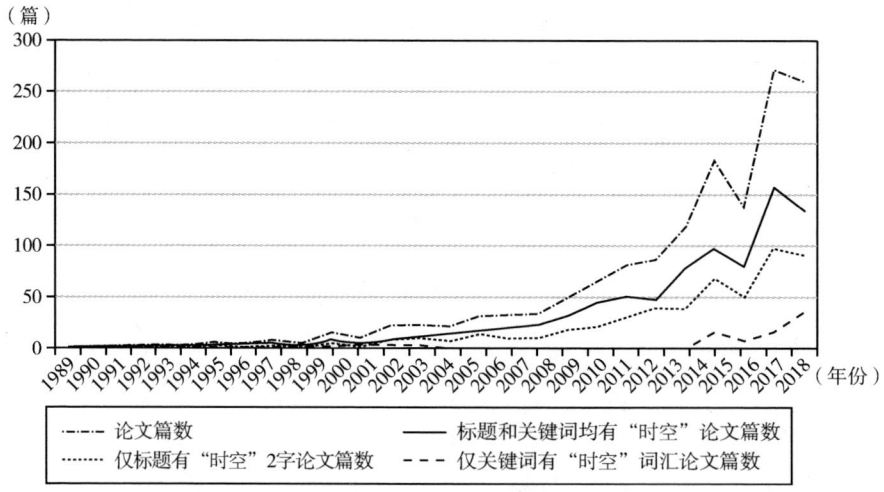

图3-8 研究素材中"时空"分布情况时空分析

此外，1989~1990年，1994~1996年、1998~2001年这13个年份，在C刊发表的经济管理领域研究"时空"的学术论文，数量均不足10篇，样本数量太小，分析误差较大，因此，也可以忽略。

在余下的17年中，自觉将"时空"作为经济管理领域研究主题所发表论文的占比，最高68.75%，最低40.91%，而且最近4年（2015~2018年）的占比一直稳定在55%左右，这表明，即使到了2018年，自觉将"时空"作为其经济管理领域研究主题的论文作者保持相对稳定。

3.4 本章小结

通过长达整整两年的搜集、复核和排序，本书共确定了1485篇发表在C

刊，在论文标题或论文关键词中含有"时空"的经济管理领域的学术论文（不含书评和文献综述）作为本书的研究素材。

通过简单的时空分析可以发现，早在 30 年前，中国学者就开始自觉将"时空"研究纳入经济管理领域的学术研究中，但这种研究在 1989~1998 年依然处于时断时续的状态。随后这种学术研究开始持续开展起来，2002 年论文数量突破 10 篇，2014 年论文数量突破 100 篇。

2017 年和 2018 年，发表的论文数量均超过 200 篇，表明"时空"研究已经成为经济管理领域学术研究的热点方向。

不过，必须指出，自觉将"时空"研究作为其研究主题的经济管理领域的中国学者占比不到 60%。看来，将"时空"研究作为中国经济管理领域明确而公认的学术研究热点方向，还需要取得相关研究者的一致认同。

第 4 章

研究范式

本书的研究范式是主客观的二重时空分析范式。

4.1 时空分析范式剖析

要取得一定研究成果,选取合理的研究范式非常重要,而这需要先对时空分析研究范式进行初步剖析。

从空间角度看,研究范式就是某一学术领域绝大多数研究者共同认同与遵守的研究习惯,正是由于绝大多数研究者都遵守这一研究范式,彼此才能有效交流。从时间角度看,研究范式就是这一学术研究领域不同阶段研究者的研究传统,正是这样的研究传统,使这个学术领域才能代代相传,延续下去。

作为当代中国的学者,从空间上讲,要与同领域学术研究者加强交流,从时间上讲,也要继承中国传统学术习惯的精华。

在中国传统学术成果中,注重时空分析就是最值得继承的精华之一。

4.1.1 中国时空分析范式的古老传统

宏大的国土面积,悠久的历史传统,是中国学者自古注重时空分析的国情基础。

早在春秋战国时期,中国学者就奠定了时空分析的学术传统。前文所列出的"宇宙"的相关文献,就表明先秦诸子对时空的关注,开启了中国文人时空分析的先河。不仅是诸子,那个时代的其他学者也关注时空问题。中国最伟大诗人之一的屈原(约公元前 340~公元前 278 年)[179]在其最著名诗篇——《天问》[180]的开篇，就提出了（哲学层次上的）问题：遂古之初，谁传道之？上下未形，何由考之？……[181]（翻译为现代中文就是"请问远古开始之时，谁将此态流传导引？天地尚未成形之前，又从哪里得以产生？"……)[182]。这篇《天问》，表明屈原并不仅仅是个诗人，也是一个对宇宙、对时空进行着深深思索的学者。

从秦朝统一中国到清朝被推翻这个漫长的历史阶段，中国传统农业生产方式达到成熟并陷于停滞，未能向西方那样走向基于工业化和商业化的现代化。在这种社会体系中，中国未能诞生研究各种科学技术问题的现代学者，而盛产善于赋诗撰文的传统文人。但即使是中国传统文人，特别是在中国诗词最繁盛的唐朝和宋朝，也会在不经意间进行时空分析。唐朝诗人陈子昂（661~702年）[183]在其最负盛名的诗篇——《登幽州台歌》就这样写道：前不见古人，后不见来者。念天地之悠悠，独怆然而涕下[184]！是意识到时间的无限和空间的无边，让这位大诗人感慨良多。宋朝词人李之仪（1048~1128年）[185]的《卜算子·我住长江头》的上阕：我住长江头，君住长江尾。日日思君不见君，共饮长江水[186]。这首词运用了时空分析，巧妙地将时空融为一体，营造了一种美妙的意境。到了清朝末年，一方面，中国传统农业生产方式已到极限，难以为继，另一方面，西方列强强力侵入，中国被迫走向现代化之路，在这种内忧外患之下，形成了一大批具有忧患意识的新型中国学者，他们关注中国未来的走向，提出了有建设性的建议，其中就不乏时空分析。清朝杨毓辉在其《盛世危言》跋》就写下"观其上下五千年，纵横九万里，……"[187]。这两句话影响极为深远，后来又衍化出不同的版本，分别是"上下五千年，纵横八万里"[188]"上下五千年，纵横十万里"[189]。通过百度检索，可以发现这三个版本的普及程度大体相当，见图4-1[190]、图4-2[191]和图4-3[192]。清朝陈澹然在其《寤言二·迁都建藩议》曾写下"不谋万世者，不足谋一时；不谋全局者，不足谋一域"[193]。这句话不仅是时空分析，而且是宏观分析与微观分析的有机结合。

开国领袖毛泽东曾提出这样一个关于新中国发展的理念：古为今用，洋为中用[194]。在他看来，新中国的发展，既要继承中国历史，更要借鉴西方，这正是基于时空分析所做出的治国理念。虽然毛泽东并不是严格意义的中国学者，但是其分析问题的方式值得学者借鉴。

综上所述，时空分析，即将时间和空间结合起来进行分析，是中国学术的研究传统，作为现代中国学者，应该继承这一研究传统，并发扬光大。

图 4-1 "上下五千年 纵横八万里"百度搜索结果

图 4-2 "上下五千年 纵横九万里"百度搜索结果

图 4-3 "上下五千年 纵横十万里"百度搜索结果

4.1.2 西方时空分析范式的启迪

在西方科学技术文化占据世界科学技术文化主导地位的时代,中国学者也应该积极借鉴西方学术研究的优秀范式。在时空分析研究中,也应如此。

美国最伟大的总统之一的第 16 任总统——林肯[195](Abraham Lincoln, 1809~1865 年), 1858 年 9 月 2 日伊利诺伊州的克林顿市, 在著名的林肯——道格拉斯辩论[196]中,说出了那段著名的话:"You can fool all the people some of the time and some of the people all the time, but you cannot fool all the people all the time."(您可以有时候欺骗所有人,也可以总是欺骗某些人,但是却不能一直欺骗所有人)。[197]

林肯是伟大的政治家,并不是严格意义的学者,但是他分析问题的方式值得学者借鉴。

在林肯这段话中,可以直接看出时间分析,但难以直接看出空间分析。这就需要对空间进行广义的理解。

狭义的空间就是物理学意义上的三维空间,广义的空间则广泛应用在不同学科或不同场景中,特别是在互联网时代,网络空间[198]几乎成为与真实空间[199]并驾齐驱的另一个人们切身感受到的空间。

如果借鉴现代数学中的空间概念,则林肯这段名言中的空间就可以呈现出来。在现代数学中,空间就是具备某种结构的集合(In modern mathematics spaces are defined as sets with some added structure)[200]。这样，所有人就可以看成是人的空间，则林肯这段名言就可以翻译为"欺骗可以在局部空间永恒，也可以短暂遍布于所有空间，但不可能永恒遍布于所有空间"。

在现有的成熟的学科中，历史学是时间分析的学科，地理学则是空间分析的学科，将这两门学科进行有机结合，就具备了时空分析的学科基础。

20世纪60年代，瑞典地理学家哈格斯特兰德（Torsten Hägerstrand）创建了时间地理学（Time Geography）或时空地理学（Time – space Geography）[201]，他的研究框架就是时空框架（Time – space Framework）[202]。

时间地理学的诞生，充分表明西方学者已经自觉意识到时空分析的重要性，并尝试"In time – space the individual describes a path"（在时空中，1个人来描述一条路径）。

西方时间地理学的时空分析框架以及其取得的研究成果，为中国时空分析框架的构建和学术研究的开展起到良好的启迪价值。

综上所述，西方学者和政治家也尝试将时间和空间结合起来进行分析，并取得了一些成果，这对于开展经济管理领域时空研究提供了可资借鉴的分析框架和研究基础。

4.1.3 关于时空分析范式的简要界定

通过继承中国时空分析的学术传统和借鉴西方时空分析的学术范式，本书可以对时空分析范式进行简要界定。

如果既进行了时间分析，也进行了空间分析，但并未将这两者有机结合起来，依然不能被称为时空分析。设想这样的情形，一家出版社出版了一套世界各国历史图书，包括中国史、美国史等，但各国的历史之间并没有联系起来，这虽然既有空间分析（各国），也有时间分析（历史），但并不是时空分析，因为时间分析与空间分析彼此并没有联系。如果该出版社出版了一套强调各国相互影响的历史的图书，如英国如何通过发动鸦片战争影响了中国历史，并反过来研究了中国，因此而发生的历史变迁并如何反馈英国历史，这就是时空分析。在中国曾广泛流行这样一种观点，那就是"美国的今天就是中国的明天"，见图4 – 4[203]。不考虑社会制度和宏观体制，单纯考虑现代化的进程，这一观点有一定的道理，如中国汽车普及的进程，相当程度上是美国汽车普及进程的复制。从时空的角度看，这一观点中，既有空间分析（美国和中国），也有时间分析（今天和明天），而且空间分析和时间分析有机结合，可以看成是时空分析最简单的版本。

图 4-4 "美国的今天 中国的明天"百度搜索结果

相对来说，各个学科对时间的理解差距并不大，差距大的是对空间的理解。本书对时空中的空间，采用广义理解，特别是借鉴了现代数学中的空间的理念，将空间就看成具有结构的某类元素的集合。在经济管理领域，空间就是指所要研究的经济管理现象的集合或整体，这一集合或整体，具有必要的结构。

以资本为例，如果将资本再细分为金融资本、商业资本、产业资本和土地资本等类型，并刻画了它们之间的相对地位，就可以把细分的资本视为元素，而将资本看成是资本空间，在这一空间中研究各种细分资本的关系。

将时间与广义空间进行有机结合，就形成了广义时空，而不是狭义的物理学上的四维时空（三维空间+一维时间）。

引入广义时空，对于经济管理领域研究意义非常重要，特别是"互联网+"的大时代里。"互联网+"不仅是当代经济管理领域最重要的技术基础，其本身形成了独特的时空，关于"互联网+"时空的研究，必将成为经济管理领域重要的研究方向，而"互联网+"的时空，只能是广义的时空。

总而言之，本书关于时空分析范式的简要界定就是，将需要研究的经济管理现象依据其不同结构而形成的集合或整体视为其空间（广义空间），将这一空间中元素的历史视为其时间，将时间与空间有机结合起来进行分析。

4.2 主客观分析的范式说明

本书在研究范式方面特别补充了主客观分析，这是笔者在搜集研究素材过程中不断感悟的结果。

与时空分析不同，这里的主客观分析范式，只表明笔者既采用了主观研究范式，也采用了客观研究范式，并不苛求这两者的有机结合。

4.2.1 主观分析范式说明

在通常的语境下，"主观"实际上还有贬义。百度百科关于"主观"的解释是，所谓"主观"就是表面现象，凭借自己的观点。未经分析推算，下结论、决策和行为反应，暂时不能与其他不同看法的人仔细商讨，称为主观[204]。

因此，使用"主观"这一词汇，本书必须要给出简要的界定。

(1) 关于"主观"的界定。将主观（Subjectivity）界定为笔者在进行时空词汇研究过程中必须要做出的定性（Qualitatively）层面的判断时的状态。在一个全新的学术研究方向进行研究，没有相对成熟的研究范式可资遵守或借鉴，研究者必然采用不断试错（Trial and Error）的方式进行难以预知结果的探索。而究竟一次探索是正确还是错误，由于没有明确且公认的判定标准（Standard of Criterion），就只能依据研究者个人的主观判断。正是由于这点，本书才将研究过程中的定性层面判断时的研究状态称为主观。

(2) 关于"主观分析"的界定。即使是依据研究者个人主观的判断，也不能是完全随意的评判，必须预先建立判定标准，然后根据这个标准判断一次探索的正确或错误。这种研究过程就是本书所界定的"主观分析"。由于所研究的方向是全新的，会遇到两种意料不到的情况。第一种情况，虽然建立判断标准，但由于这一标准是主观建立的，没有经过大量研究的检验，是否合理、是否有效都难以判断。在这种情况下，只能对这种判断标准进行主观处理。如果这一判断标准大体上能够自圆其说，就认为判断标准是合理的。如果在学术研究过程中，发现这一标准已经不再自圆其说，就只能修改评定标准。而如何判断某一主观标准是否能够自圆其说，又如何进行修改，都只能借助于主观选择。第二种情况，根本就没有预计会出现某种情况，事先就没有构建评定标准。在这种情况下，只能构建评定标准，这又需要主观分析。

(3) 关于"主观分析范式"的界定。对一项全新的学术研究方向（或领域）进行事先难以预知情况（既不知道前进的方向，也不知道可能获得的成果）的探索，研究者在没有任何可以继承的研究传统和可以借鉴的研究模式的情况下，评价自己主观的判断，开展学术研究，借助于自己主观认定的自圆其说的感觉，设定判断标准，对探索进行正确或错误判断的研究范式，就是本书所界定的"主观分析范式"。

(4) 关于"主观分析范式"运用的说明。"主观分析范式"的第一次运用，就是判断所搜集的研究素材是否真的属于经济管理领域。在最初，由于笔者完全相信3大数据库关于经济管理领域的界定，并没有意识到这是一个问题，但在对研究素材进行梳理时，却发现有些期刊论文明显并不属于经济管理领域，虽然论文发表在经济管理领域的学术期刊上。于是本书认为应该剔除这些论文，但在剔除过程中，却又发现在经济管理领域和非经济管理领域之间,并没有清晰的边界,总有一些论文很难界定究竟是不是属于经济管理领域,在这种情况下,本书先后确定过两个评定标准。第一个评定标准是从宽,在难以确定情况下,就将这篇期刊论文看成是经济管理领域的期刊论文,但坚持这个标准,就发现,只有少数几篇论文可以被剔除。这就使得剔除变得没有什么实质意义。于是,将判断标准修改从严,在难以确定情况下,就将这篇期刊论文看成是非经济管理领域的期刊论文,予以剔除。之所以这样做,一是降低工作量,二是确保研究结论适合经济管理领域。不过,坚持从严标准,又会觉得有些论文被剔除很可惜。在后续研究中,还将多次运用"主观研究范式",以解决大量难以清晰进行界定的难题。

4.2.2 客观分析范式说明

在中文日常的语境下,与"主观"相反,"客观"则是一个褒义词。百度百科关于"客观"的解释是,客观相对于主观,是经过研究推算得出的结论,一种尝试性的减小观念对目前对话内容探讨造成影响的语汇提示。是"中立"的同义词。与公正连用组成短语"客观公正"时,则指一种努力减少"个人成分"参与的叙述或者论证方式[205]。

客观分析范式是现代全世界学术研究的基本范式,本书也必须采用这种范式。由于本书研究主题是一个全新方向,因此,所采用的客观分析范式独具特色。

(1) 关于"客观"的界定。将客观(Objectivity)界定为本书在进行时空词汇研究过程中的定量(Quantitatively)层面的分析结果。只要研究素材的相关数据是确定的,定量分析后的结果也必然是确定的,笔者将研究过程中的定量分析得出的研究结果称为客观。

(2) 关于"客观分析"的界定。本书的定量分析并不涉及复杂的数学模型和电子计算机程序,只是简单的数学四则运算,属于最简单的定量分析。因此,本书关于"客观分析"的界定就是最简单的定量分析。

(3) 关于"客观分析范式"的界定。对研究对象进行定量的研究,研究方法是确定的,研究结果也是确定,就是关于"客观分析范式"的界定。

(4) 关于"客观分析范式"运用的说明。关于"客观分析范式"运用,就是依据所搜集的研究素材,对其论文标题和论文关键词中出现的含有"时空"的词汇进行定量分析,以期得出时空词汇各种性质的定量分析结果。

4.3 主客观的二重时空分析范式说明

本书既采用了时空研究范式，又采用了主客观研究范式，这两种研究范式必然产生联系。由于本书并不苛求主观研究范式与客观研究范式的有机结合，因此，本书的主客观的二重时空分析范式就可以细分为主观的时空分析范式和客观的时空分析范式。

4.3.1 主观的时空分析范式说明

本书所采用的主观的时空分析范式是在本书研究素材搜集过程中逐步形成的。

最初，笔者并未意识到需要采用主观的时空分析。这是因为，时空分析必须既要有时间分析，也要有空间分析，而空间分析的前提是必须要有一个或一种有内部结构的集合，本书所研究的时空词汇（指词汇的单称，英文是word 或 phrase）天然构成一个集合（即词汇的总称，英文是 vocabulary），但本书并未发现这一集合有什么内部的结构，只是一些词汇的汇集。研究素材的搜集过程，可以进行时间分析，但没有内部结构的词汇集合，不可能进行空间分析。

然而，这可能正是学术研究的奇妙之处，在搜集研究素材的过程中，笔者却发现，时空词汇的集合是一个有着复杂内部结构的空间，这为本书进行主观的时空分析补足了空间分析的基础条件。

从最开始并没有发现没有内部结构的集合的各个元素的搜集开始，逐步运用主观判断范式，发现其各个复杂的内部结构的研究范式，就是本书所采用的主观的时空分析范式，简而言之，本书主观的时空分析范式就是主观基础上先时间后空间的分析范式。

在全部研究素材搜集完毕之后，本书也大体揭示了时空词汇这一空间的各种内部复杂结构，见表 4-1。

从表 4-1 可以看出，时空词汇是一个包括至少 8 个维度复杂内部结构的时空词汇的空间。

4.3.2 客观的时空分析范式说明

本书客观的时空分析范式的说明，一是给出其含义，二是给出其应用。

表4-1　　　　　　　　　本书主观时空分析成果

维度序号	维度名称	分析内容	初始判断	实际情况
维度1	数量	论文标题和论文关键词"时空"词汇的数量	唯一	多个
维度2	位置	"时空"词汇中其他词汇相对于"时空"的位置	单纯后缀	全位置
维度3	格式	时空词汇的内部结构	简单词汇	复杂词汇
维度4	结构	时空词汇的构成要素	词汇	词根与词缀
维度5	词性	时空词汇内部其他词汇的词性	不分词性	多种词性
维度6	层次	时空词汇内部其他词汇的层次	不分层次	多个层次
维度7	词汇间语义关系维度	时空词汇的语义关系	单一表述	同义词（近义词）和反义词
维度8	词汇间连锁关系维度	时空词汇的位置关系	自由组合	连锁

本书所采用的客观的时空分析范式，就是笔者运用最简单的定量分析方法，对本书研究素材所包含的所有时空词汇进行时空综合分析。

本书客观的时空分析过程是，先进行空间分析，目的是发现时空词汇空间内部复杂结构的定量分析结果，然后再针对各个复杂结构进行综合的时空分析，即依据历年时空词汇的形成情况，对这些结构进行动态分析。

本书客观的时空分析范式的应用内容见表4-2。

表4-2　　　　　　　　　本书客观时空分析内容

维度序号	维度名称	分析内容	初始判断	实际情况
维度1	词汇数量维度	论文标题和论文关键词"时空"词汇的数量	唯一	多个
维度2	词汇内部其他词汇位置维度	"时空"词汇中其他词汇相对于"时空"的位置	单纯后缀	全位置
维度3	词汇内部结构维度	时空词汇的内部结构	简单词汇	复杂词汇
维度4	词汇内部要素维度	时空词汇的构成要素	词汇	词根与词缀
维度5	词汇内部其他词汇词性维度	时空词汇内部其他词汇的词性	不分词性	多种词性
维度6	词汇内部其他词汇层次维度	时空词汇内部其他词汇的层次	不分层次	多个层次
维度7	词汇间语义维度	时空词汇的语义关系	单一表述	同义词（近义词）和反义词
维度8	词汇间关系维度	时空词汇的位置关系	自由组合	连锁

从表 4-2 可以看出，本书的客观的时空分析范式应用于 8 项时空词汇的内容的分析中。

4.4 本章小结

对于经济管理领域时空研究这一新兴的研究方向，本书决定从词汇作为研究的第一步。

在搜集研究素材过程中，笔者逐步形成了主客观二重时空分析的研究范式。

这种主客观二重时空分析研究范式的形成，既是本书自觉追求的结果，同时也是本书的研究对象——时空分析论文所采用的时空词汇内在时空结构对本书客观的影响，这是因为这些时空词汇还处于逐步形成过程中，在时间角度上，具有不断的生成性，在空间角度看，具有不断的拓展性。

这一研究范式是主客观分析范式与时空分析范式的结合，可以再细分为主观的时空分析范式和客观的时空分析范式。

本书关于时空分析范式的界定是，将需要研究的经济管理现象依据其不同结构而形成的集合或整体视为经济管理领域的空间（广义空间），将这一空间中元素的历史视为时间，将时间与空间有机结合起来进行分析。

本书关于主观的时空分析范式界定为，从一个最开始并没有发现没有内部结构的集合的各个元素的搜集开始，逐步运用主观判断范式，发现其各个复杂的内部结构的研究范式，就是本书所采用的主观的时空分析范式，简而言之就是主观基础上先时间后空间的分析范式。

本书关于客观的时空分析范式界定为，就是本书运用最简单的定量分析方法，对本书研究素材所包含的所有时空词汇进行时空综合分析，简而言之就是客观数据先空间后时间的分析范式。

通过分析，本书初步发现时空词汇是一个包含至少 8 个维度的词汇空间，有了这一基础，再考虑研究的过程，就可以对这一空间进行动态分析，这就是时空分析。从本书的角度，就是主观时空分析，从词汇客观情况的角度，就是客观时空分析。

第 5 章

研究意义

经过初步判断,本书可能具有如下四个层次的研究意义,见表 5-1。

表 5-1　　　　　　　　　本书的意义

针对的研究层次	研究意义
研究基础	夯实学术基础
研究方向	开创备选方向
研究范式	探索可行范式
研究体系	构建研究体系

由于研究基础、研究方向、研究范式和研究体系是本章 4 个关键词,为了确保对四条词汇含义的把握是准确的,本书也查找了对应的英语词汇。

5.1　夯实研究基础的意义

本书第 1 项研究意义就是夯实经济管理领域时空研究的基础。

"研究基础"对应英语词汇是"Research Foundation",见图 5-1[206]、图 5-2[207]。

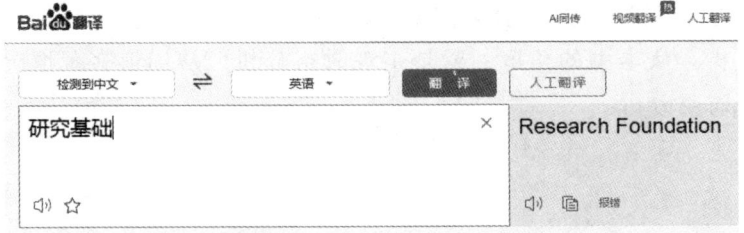

图 5-1　"研究基础"英语对应词汇的百度翻译

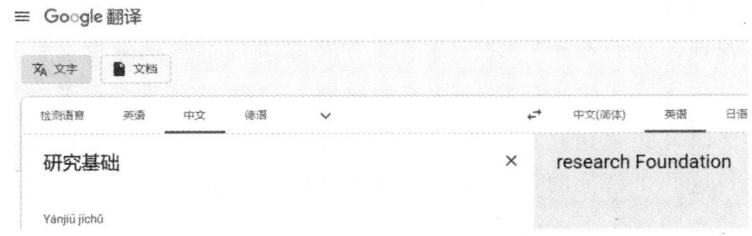

图 5-2 "研究基础"英语对应词汇的 Google 翻译

中美两个权威翻译网站对中文词汇"研究基础"的翻译完全相同，表明三点：第一，这一词汇是公认的学术词汇，第二，其含义是明确的，第三，其英语对应词汇是唯一的。

基础（Foundation）最先源于建筑学。在建筑学中，基础是建筑底部与地基接触的承重构件，它的作用泛指把建筑上部的荷载传给地基[208]（In engineering, a foundation is the element of a structure which connects it to the ground, and transfers loads from the structure to the ground[209]）。基础这一词汇的其他含义均由此延伸而来。

5.1.1 对时空分析的研究基础的界定

建筑是一种极佳的时空分析对象：建成的建筑，是一种有着内部复杂结构的空间系统①，可以进行空间分析；建筑的过程，则是一次周期漫长的操作过程，可以进行时间分析。从空间视角看，基础是立体结构下部的支撑部分。从时间视角看，基础在最先建造的部分。

从时空分析的视角看，研究基础可以分成基于空间视角的研究基础和基于时间视角的研究基础。

基于空间视角的研究基础，就是在研究内容（研究的空间结构）中起到基础作用的内容。如果把一项学术研究的内容看成是一幢建筑，这一立体化的空间结构的下部结构，就是其建筑的基础。

基于时间视角的研究基础，就是研究过程（研究的时间）中的前期的研究成果。

可以成为学术研究空间视角的研究基础的内容很丰富，本书并不准备全

---

① 汉字"字"的最初含义就是建筑。这时建筑就是一种有着复杂内部结构的空间系统，才得以从建筑延伸到空间，再延伸到无形空间。

面论述研究基础的外延，即其内容，而只需要界定其内涵，即什么研究可以成为经济管理领域时空研究的研究基础。借鉴建筑学基础的含义，从空间视角看，可以成为一项学术研究的基础的研究，必须具有两个特征，第一是基础性，其他研究必须建立在它之上，第二是坚实性，它必须能够支撑起其他研究。具备这两个特征的研究，就可以成为一项比其范围更广、层次更高的学术研究的空间视角下的研究基础。

同样，从时间视角看，可以成为一项学术研究的基础的研究，也必须具有两个特征，第一是启动性，其他研究必须建立在它之后，第二是启发性，它必须对后续的研究有启发价值。具备这两个条件的研究，就可以成为一项比其范围更广、层次更高的学术研究的时间视角下研究基础。

综上所述，时空分析的研究基础，从空间视角看，必须要具备基础性和坚实性这两个特征，从时间视角看，必须要具备启动性和启发性这两个特征，这就是本书关于时空分析的研究基础的界定。

5.1.2 词汇研究在时空分析的基础作用

在时空分析整个研究内容中，词汇研究正好起到这种基础作用。词汇是语言文字的基本单元，任何用语言文字表述的内容，词汇都是其语言文字的基础。对于一项学术研究，厘清核心词汇集合的含义，才能有效开展后续研究。词汇研究对于时空分析基础作用中的基础性是毋庸置疑的。

现在中国经济管理领域的学者在 C 刊撰写出了超过 1400 篇的学术论文，但未曾对作为研究基础的时空词汇进行全面的梳理，这就使得经济管理领域时空研究的基础的坚实性难以保障。因此，只有对词汇进行深入而全面的研究，才能为时空分析奠定坚实的研究基础。

本书用如此多时间和精力进行时空词汇的专项研究，就是力争为正成为中国经济管理领域学术研究热点的时空分析奠定真正坚实的研究基础，从而避免这座学术研究大厦因基础不稳而难以为继。

5.1.3 既有研究成果对后续经济管理领域时空研究的基础价值

虽然中国经济管理领域学者开展时空研究已经历时长达 30 年，但时空分析并未成为一门公认学术研究体系或领域，在最新颁布《中华人民共和国学科分类与代码国家标准》（GB/T 13745－2009）中，既没有时空经济学，也没有时空管理学①。

借用建筑学的理念，中国学者现在关于经济管理领域时空的研究，恰好就相当于埋藏在地下的基础，还没有真正显现在地面上。从这个背景看，30年的时空研究，已经处于启动阶段，或者更为准确地表述是经济管理领域时空研究的萌生阶段，是这一学术研究从无到有，从不被承认到成为一门公认的学术研究领域或体系的创生工程。

本书关于时空词汇的研究，是对既有中国学者已采用的时空词汇的梳理和分析，实际上就是对中国既有经济管理领域时空研究成果的梳理和分析的基础项目。

笔者希望通过全面梳理和分析，发现这些词汇背后的奥秘，为本人和其他中国这一相关领域学者的后续研究，有所启发。

5.2 开创研究方向的意义

"研究方向"对应英语词汇是"Research Direction"，见图5-3[210]、图5-4[211]。

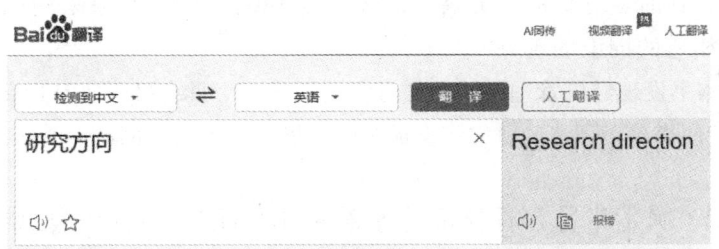

图5-3 "研究方向"英语对应词汇的百度翻译

图5-4 "研究方向"英语对应词汇的google翻译

---

① 由于中国学科国家标准没有交叉性学科这种设置，经济管理领域时空分析要想被纳入中国学科国家标准，只能分设时空经济学和时空管理学。

中美两个权威翻译网站对中文词汇"研究方向"的翻译完全相同，同样表明这一中文词汇是含义明确的且公认的学术词汇，其英语对应词汇是唯一的。

5.2.1 词汇分析可以作为时空分析的重要备选方向

如果将学术体系比喻为一幢大型建筑，则学术研究者就是这幢大厦的建造者。对于一幢规模宏大、结构复杂的建筑，建造者要分成不同层次，会有一位或多位总建造师，他/她或他们全面负责这幢建筑的建造，还会有大量完成具体建筑工作的建造师、设计师、工程师等。

在建造工程中，基础的建造是一项极富技术性和挑战性的子工程，也会有对这一子工程全面负责的建造师，和大量完成具体工作的建造师等人才。对于这些建筑人才来说，建筑基础就是他们的事业，他们可以一生致力于此。

再回到时空分析这一学术研究体系或领域中，词汇分析将永远可以成为一项重要的备选研究方向，即使这项研究在整个研究体系或领域中不占据主流地位，但它依然是不可或缺的。

随着新的研究对象的出现，必须创建对应的学术词汇，而对新创建的学术词汇，有必须对其内涵进行合理的界定，甚至对其表述都应进行合理的限定，这样，在时空分析的研究者，就不再出现同一研究对象采用完全不同且含义难以相通的词汇的现象①。

由于本书发现经济管理领域中文时空词汇是一个具有极强复杂内部结构的体系②，这就使得关于词汇的研究完全成为一项极具挑战性和创造性的研究方向。

5.2.2 词汇中隐含着经济管理领域时空研究潜在的重要研究方向

由于词汇是对某种事物或现象的指定，因此，一个重要学术词汇的形成，就意味着一个重要的研究对象被学术研究者所识别和关注。

在经济管理领域，一个新词汇经常会导致一门全新的学科的诞生。以可持续发展（Sustainable Development）这一词汇为例[212]。这一词汇诞生于1980年，至今40年。在1992年由国家技术监督局③颁布《中华人民共和国学科分类与代码国家标准》（GB/T 13745－1992）中，还没有可持续发展经

---

① 也许，在某一阶段，时空分析和时空研究都必须2选1。
② 由于还未进行经济管理领域英语时空词汇的梳理，还难以断言，这一领域英语时空词汇也是具有内部复杂阶段的体系，但初步估计，也应该是。
③ 中国学科国家标准的颁布单位自1990年至今变更过多次，本书不对这些变更详细说明。

济学这一学科，但到了 2009 年版，就增加了这一学科（学科代码是 79052），是经济学一级学科下 2 级学科。

虽然还没有统计在所搜集的 1485 篇论文中时空词汇的数量，但可以肯定很多，这其中就会隐藏着可能成为未来时空研究重点的词汇。

本书认为，随着研究的深入，特别是研究成果影响力的显现，存在着这种可能的学术前景，即时空经济学有可能成为新的经济学一级学科下的 2 级学科，时空管理学成为新的管理学一级学科下的 2 级学科。

即使达不到上述状态，一些极为重要时空词汇，也完全可以支撑起现在对其进行深入研究的学者在其现有学科范围内基于这些时空词汇所开展的深入研究。

5.2.3 本书将成为后续系列学术成果的开篇之作

在最初，本书并没有纳入笔者研究成果的预期中，最初预期的研究成果是编撰一部中文时空词汇词典，以达到为经济管理领域时空研究夯实研究基础的目标。但随着搜集研究素材数量的不断扩大，研究素材特征的不断涌现，笔者随后改变了学术成果的预期方向，决定先撰写一部时空词汇的学术专著。但编纂词典的愿望依然保留着。

笔者希望开展的时空分析的基础研究共包括九项，见表 5-2。

表 5-2　希望开展的经济管理领域时空分析基础研究项目

序号	预期成果	成果种类
1	中文时空词汇研究	学术专著
2	中文时空词典	词典
3	时空研究中文文献综述	文献综述
4	英语时空词汇研究	学术专著
5	英语时空词典	词典
6	时空研究英语文献综述	文献综述
7	中英文词汇比较研究	学术专著
8	汉英时空词典	词典
9	时空研究中英文献比较研究	文献综述/学术专著

之所以希望开展，是因为如果完全完成上述项目，可能需要 10~20 年的时间。因此，笔者希望本书的出版，能够汇集对时空词汇感兴趣的学者们，共同完成上述项目。

正如任何一部大型词典都需要根据新的词汇的不断涌现而出版新的颁布,上述 10 个项目都是可以永续进行的,可以设定一个周期,如 10 年,到时候就可以出版上述项目的新版本。

5.3 树立研究范式的意义

"研究范式"对应的英语词汇是"Research Paradigm",见图 5 – 5[213]、图 5 – 6[214]。

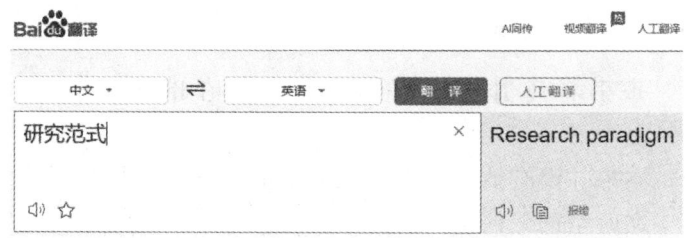

图 5 – 5 "研究范式"英语对应词汇的百度翻译

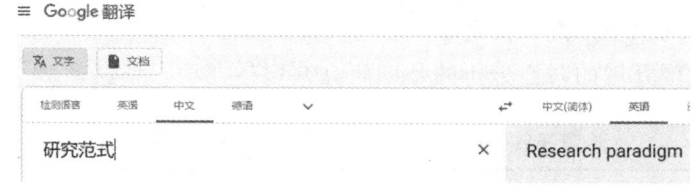

图 5 – 6 "研究范式"英语对应词汇的 google 翻译

中美两个权威翻译网站对中文词汇"研究范式"的翻译完全相同,同样表明这一中文词汇是含义明确的且公认的学术词汇,其英语对应词汇是唯一的。

5.3.1 对时空分析的研究范式的初步探索

范式(Paradigm)[215]这一词汇是美国著名科学哲学家托马斯·库恩(Thomas Kuhn[216],1922~1996)提出并在代表作《科学革命的结构》(The Structure of Scientific Revolutions)中系统阐述的。Kuhn 用 Paradigm 这个词来指代在任何特定时期界定科学学科的一系列概念和实践,赋予了它当代意义。库恩给范式这条词汇下的定义是:"universally recognized scientific achievements that, for a time, provide model problems and solutions for a community of practitioners"（一段时间内为实践者群体提供示范问题和解决方案的公认科学成就)[217]。

在库恩看来，范式是一种对本体论、认识论和方法论的基本承诺，是科学家集团所共同接受的一组假说、理论、准则和方法的总和，这些东西在心理上形成科学家的共同信念。

研究范式是一个具有极其复杂内部结构的体系，对其探索的过程又是漫长的时间过程，因此，对于研究范式完全可以开展时空分析。

关于经济管理领域研究范式的空间探索，已经在本书第4章进行了相对充分的论述（特别是关于主客观的二重时空分析范式的论述），这里，就不再赘述。

在本章，还拟进行关于时空分析的研究范式的时间分析，即探索——成效——影响的分析。这部分内容在本节下面讨论。

5.3.2 关于时空分析研究范式探索的初步成效

按照库恩对范式的理解，内容包括假说、理论、准则和方法，而范式的本质则是学术研究者的共同信念。

对时空分析研究范式探索的核心是推动中国经济管理领域的学者对时空分析形成一种共同的信念。

通过本书所梳理的研究素材，可以使众多自觉和自发应用时空分析范式（主要是时空分析方法）的中国经济管理领域的学者们，基于时空分析研究这一主题，形成了一个学术研究的共同体。

这个学术研究的共同体，人数如此之多，而且分布在不同的经济学和管理学的二级三级学科。这一学术研究的共同体，现在还没有形成任何共同的内部意识，即意识到彼此处于同一个学术研究的共同体中，更没有形成任何共同的内部认同和内部共识。但只要勾勒出这个学术研究的共同体，就为形成内部意识、内部认同和内部共识奠定了可能性。

本书研究过程和研究结果是笔者自觉运用时空分析研究范式的结果，就是这种研究范式取得成效的标志，所采用的研究方法、所确立的研究准则都为中国时空分析的研究范式的形成和成熟提供了一些可资借鉴的案例。

5.3.3 本书研究成果对经济管理领域时空研究范式的可能影响

本书的研究成果可以分成三个层次。

最低层次是梳理出中文时空分析的核心词汇。本书并不准备对这些词汇进行界定,这项工作将由拟编纂的时空词汇词典来完成。但只要将这些词汇梳理出来,给出一份清单,就给中国时空分析提供了一份词汇表,这对那些自觉或自发在这一领域进行时空相关研究的研究者来说,就在词汇选择上提供了一种规范性的集合。

中间层次是分析出这些词汇的相互关系。这会使这一领域的研究者们在自觉或自发采用相关词汇时,扩大了他们对时空词汇的理解,大幅度减少因对词汇相互关系理解不正确而误用词汇的风险。

最高层次就构建出时空词汇的完整体系。这就意味着在词汇这个方面,为中国时空分析夯实了研究基础,而使这一领域的研究更为坚实。更为重要的是,通过本书基于时空分析研究范式所奠定的研究基础,促进中国经济管理领域学者充分认识到时空研究的意义,使已经开展相关研究的研究者们形成对时空分析学术研究的共同意识,从而最终促进时空分析的研究范式的有效确立。

5.4 构建研究体系的意义

"研究体系"对应的英语词汇是"Research System",见图5-7[218]、图5-8[219]。

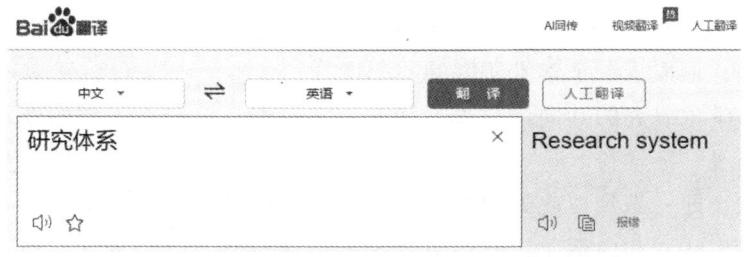

图5-7 "研究系统"英语对应词汇的百度翻译

图5-8 "研究系统"英语对应词汇的google翻译

中美两个权威翻译网站对中文词汇"研究体系"的翻译完全相同,同样表明这一中文词汇是含义明确的且公认的学术词汇,其英语对应词汇是唯一的。

由于时空分析的研究体系的构建必将是一个漫长的学术研究过程,本书也没有形成对这一体系构建过程的清晰规划,因此,就不再进行时空分析研究体系过程的分析,即时间视角的分析,而只进行对这一研究体系内部结构,即空间视角的分析。

本书关于时空分析研究体系空间结构的构想,包括理论体系、方法体系和应用体系这三个子体系的构想。

5.4.1 借助词汇研究成果,可以构建时空分析理论体系

本书学术研究的目标之一就是构建经济管理领域时空方向的理论体系,但这并不是本书的任务,而是后续研究的使命。在本书的研究意义中,关于时空分析的理论体系,是通过对本书所梳理的时空词汇的再利用来实现的。

词汇是概念的表现形式,概念则是理论的基本元素,理论可以视为不同概念之间的相互关系,这种相互关系可能是多维的。

通过对研究素材标题和关键词中的时空相关词汇的全面分析,可以揭示这些词汇的相互关系,虽然并不能直接构建出中国时空分析的理论体系,但至少在形式上为理论体系搭建了框架。

在对研究素材的梳理过程中,也可以将这些研究素材所采用的理论基于对应的时空词汇提炼出来,这其中相当多的理论虽然并不是时空分析可以直接采用的理论,但依然是高度相关的理论,其中一些理论成分依然可以被纳入时空分析的理论体系中。

一些词汇具有潜在拓展空间,对这些理论深入剖析,就可能导致一些重要理论形成,如可持续发展,就直接促进了可持续发展理论的形成和发展。

5.4.2 借助词汇研究成果,可以构建时空分析方法体系

狭义的四维时空是可以绝对精准计量的客观存在,因此,对狭义时空可以进行定量分析,这就为定量研究方法的应用提供了客观条件。

从狭义时空延伸出广义时空,计量的精准程度难以与狭义时空相比,但

依然可以借用合适的数学模型进行刻画，这就需要更为复杂的研究方法的支撑。

方法体系在现代学术研究中的作用越来越重要，因此，本书的另一目标就是构建经济管理领域时空方向的方法体系，当然，但这并不是本书的任务，而是后续研究的使命。

由于构建方法体系超越了本书能力上限，笔者希望与对时空分析感兴趣且精于最新数学和计算机科学的研究者共同参与到这一追求中。

在梳理时空词汇的过程中，本书发现，相当多的词汇正是表示方法的词汇。因此，将本书研究素材，即既有关于时空研究成果中的表示方法的词汇汇总出来，实际上就是对这些词汇所表示的各种既有方法的梳理。

虽然时空分析依然是一门远未成熟的学术研究体系或领域，在研究方法上更需要创新，但将既有方法体系整理出来，依然是为未来的方法体系的创新提供了基础条件。

虽然有些词汇并不是直接表示方法的词汇，但其含义客观上要求与其配套的方法，对这些词汇的梳理和剖析，也为这些词汇所要求的方法的发现和构建提供了合理的前提。

5.4.3 借助词汇研究成果，可以构建时空分析应用体系

本书一贯认为，如果经济管理领域时空方向的研究范式一旦成熟，从理论上讲，是可以适用于经济管理的各个细分应用领域的，包括国民经济体系的各个产业、一个国家的各个区域，甚至可以应用到各种新的经济现象和管理对象，如共享单车的兴衰与管理等。

本书所搜集的研究素材，绝大多数是应用经济学领域和管理学领域的学术论文，理论经济学的学术论文反而是少数。从这一点来看，中国时空分析，就整体而言是应用研究而非理论研究。本书研究素材整体的这种特点，虽然对于中国时空分析的理论体系的构建帮助不是很大，但对于应用体系的构建帮助却是相当大的。

本书并不准备对研究素材应用领域进行全面梳理，这项任务将由拟撰写的那部对中国时空分析既有研究成果进行全面分析的文献综述来完成。

本书只根据所梳理的时空词汇中直接关联的时空分析应用领域进行归集，这就可以为中国经济管理领域拟采用时空分析范式进行学术研究的学者，提供一些他们原先并未想到的新的应用性的研究领域或研究方向。

5.5 本书潜在研究意义总览

本书关于时空分析这些潜在的研究意义并非简单罗列，而是有着内在的逻辑关系的体系，而且这种逻辑关系也是隐含着时空分析范式的。

5.5.1 本书潜在研究意义逻辑框架图

本书潜在研究意义可以绘制为图 5-9 的逻辑框图。

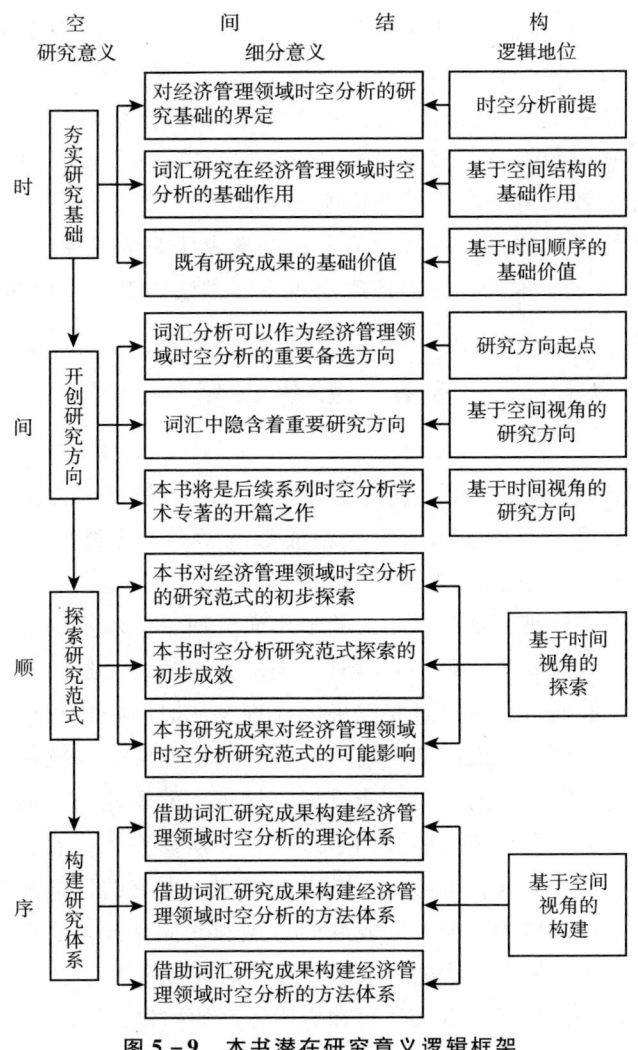

图 5-9 本书潜在研究意义逻辑框架

5.5.2 本书潜在研究意义的逻辑关系

本书四个潜在的研究意义,从时间上看,有着明确的先后顺序,从空间上看,也形成了复杂的内在结构。

从细分层次看,四个潜在的研究意义也呈现时空的逻辑关联。

从空间结构看,词汇是起到基础作用的研究内容,任何时空分析的判断和理论都必须建立在时空词汇基础上。从时间顺序看,本书对现有成果的梳理,为后续研究奠定基础。

对基础深化研究,也可以作为研究备选方向,这源于研究基础复杂内部结构,是空间基础。基于这些研究基础(时空词汇)可以构建深刻的时空研究内容,是空间效果。本书研究将衍生出一系列后续研究,这是时间效果。

关于时空分析的研究范式的内在结构的探索,即空间分析,本书第4章已进行。从时间视角看,本书先进行初步探索,或许可以取得初步的研究成效,希望这些成效又可能产生一些影响。

时空分析的研究体系构建将是笔者长期学术研究的目标。关于研究体系,本书只涉及了三个子体系,分别是理论体系、方法体系和应用体系。

5.6 本章小结

虽然已经历时长达30年,但时空分析依然没有被认可为是一门学科。笔者致力于推进这项新兴的学术研究成为成熟的学科,最终发展成为国家学科标准认可的时空经济学和时空管理学。

关于中国经济管理领域时空相关的学术研究研究,本书的潜在研究意义体现在四个方面。从研究基础看,通过时空词汇的梳理,为这项研究夯实空间视角的研究基础,并通过对既有研究成果的梳理,从时间视角真正启发到其他对这项研究感兴趣的研究者们。从研究方向看,词汇研究本身就可以是这一研究体系中一项值得长期开展的方向。通过词汇梳理,发现相当多词汇本书就隐含着新的研究方向。笔者也拟开展系列后续研究。从研究范式看,本书进行了初步探索,取得了初步成效,也可能会有潜在影响。本书的目标是促进这一新兴的学术研究体系或领域的研究者形成共同意识和共同认同,从而最终促进中国乃至世界时空分析的研究范式的有效确立。从研究体系看,本书通过梳理词汇,可以为这一领域理论体系、方法体系和应用体系的构建,提供一些帮助。

主观时空分析篇

本篇是正文的第一部分，是采用特有的主观的时空分析范式的研究成果。

本书的主观时空分析篇与客观时空分析篇的关系体现在如下五个方面。

1. 主观与客观的关系

虽然在通常的语境下，"主观"就是指非"客观"，含有贬义意味，但在本书中，"主观"是中性的，它只是笔者在没有任何可以继承和可以借鉴的研究范式的背景下，不得不凭借自己主观能力进行探索的过程。

同样，虽然在中文日常的语境下，"客观"是一个褒义词，而且经常与"公正"这一中文词汇组成"客观公正"这一更加褒义的词汇，但在本书中，"客观"也是中性的，它也只是笔者在确定了可以研究的方案后，对中国经济管理领域学者在 C 刊发表的学术论文进行客观分析的过程。

虽然，主客观的研究范式很难成为世界学术研究的主流范式，但本书认为，对于一项全新的学术研究体系或领域，只有坚持主客观的研究范式，才能真正促使这项学术研究体系或领域成熟起来，因为一项全新的学术研究体系或领域，最根本的问题就是没有可以继承或可以借鉴的研究范式，必须鼓励这项学术研究体系或领域的研究者充分发挥主观能力。

只要在学术研究这个时空体系中，依然还有新的领域需要探索，主观研究范式就永远不可能被彻底淘汰。

从时空时间看，主观研究是客观研究的基础，时间视角看，只有主观研究才能启动一项全新的学术研究体系或领域，从空间视角看，一项学术研究体系或领域这个复杂的空间体系，其基本概念、基本判断和基本原理等内容，特别是研究范式的最初部分，都只能通过这项学术研究的第一批研究者的主观能力来确定。

2. 定性与定量的关系

主观研究基本上只能以定性的方式开展，而客观研究则可以充分利用各种现代数学工具和计算机系统进行定量分析。

然而，这丝毫不能降低定性研究的极端重要性，因此，定性研究是定量研究的基础，没有定性研究，定量研究就成为"无本之木、无源之水"。通过定性研究，才能确定一项全新的学术研究体系或领域的众多的研究对象，定量研究才能对这些研究对象进行测量；通过定性研究，才能确定这些研究对象之间的逻辑关系，包括因果关系和相关关系，定量研究才能对这些因果关系和相关关系进行量化分析。

3. 发现与验证的关系

在一项全新的学术研究体系或领域中，主观研究更是一个不断发现新的研究对象、新的学术判断、新的理论原理、新的研究范式的过程，在一定程度上讲，主观研究的过程，就是一个从无到有的创造的过程。

相对而言，客观研究则常常只是一个对主观研究成果进行定量化验证的过程，在创造性方面远远不如主观研究。

简而言之，主观研究的过程是创新的过程，而客观研究的过程则只是验新的过程。

4. 提问与回答的关系

对于涉及必须以数量来回答的问题，主观研究则扮演着提问者的角色，它提出关于量的问题，而客观研究则扮演着回答者的角色，它回答了量的准确值。

在主观时空分析篇与客观时空分析篇的关系中，这种提问与回答的关系将贯穿始终。

5. 过程与结果的关系

对于笔者来说，主观研究，最重要的是它的过程。这一过程中，首先出现的必然是失败，再通过解决失败而迈出下一步，然后又会遇到新的失败，再努力解决新的失败，从而迈出更新的一步。这一过程可以用下图表示。

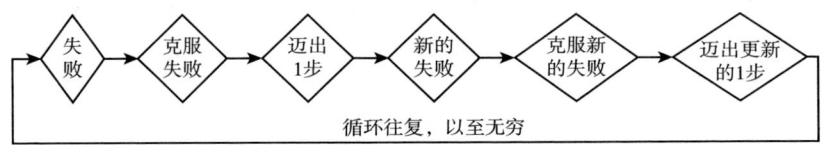

主观学术研究过程示意图

对于笔者来说，这一过程依然具有时空两个方面的意义。从时间角度看，它是关于时空分析的启动范式，是后续学术分析的研究范式的基础，从空间角度看，必然要逐步构建关于时空分析的研究范式，本书所采用的主观研究范式就是其支撑结构，是整个研究范式的基础部分。

这一过程，也是笔者对于自己学术研究历程的回顾，也希望能够"吃一堑，长一智"，从而提高学术研究的效率、效果和效能。

对于其他致力于或涉足于经济管理领域时空相关学术研究的中国研究者，本书主观研究范式所呈现的过程，也会对他们有所启迪，他们可以因受本书的主观研究范式的启发而取得新的研究发现，也可以因借鉴了本书的主观研究范式而少走不必要的弯路。

本书主观研究的过程，对于中国其他经济管理领域时空主题的研究者，在选择研究方向、确立研究范式和构建研究体系这三个方面，都有极为重要的借鉴价值。

在采用了主观的研究范式后，客观的研究就相对简单一些，对于笔者来说，客观研究，最重要的是结果。本书凭借自己主观能力所取得的所有有待验证的想法，都需要客观研究才能得出最后的结果。

从夯实中国时空分析的研究基础的角度看，只有客观研究的结果才能承担起这种重任。本书客观研究的过程与结果，也是本书践行时空分析研究范式的过程和结果，对于中国时空分析树立可行的研究范式会有一定的推定作用。本书客观研究的学术成果，无疑也是中国时空分析的研究体系的重要组成部分之一。

第 6 章

时空词汇数量的主观时空分析

本章是本书关于时空词汇研究的时空基础:从时间看,启动了本书的研究,是研究过程的启动阶段;从空间看,本章是时空词汇这一复杂空间体系的基础。

6.1 关于时空词汇研究的初始目标

从最初关于时空词汇研究的初始目标看,本书并没有被纳入研究计划中。由于笔者发现原定的初始目标的实现,还需要本书奠定基础,才被列为笔者经济管理领域词汇的第一部学术专著。因此,本书也正是笔者采用主观研究范式的成果之一。

6.1.1 不考虑时空结构的初始目标

不考虑时空结构的初始目标可以被称为初级初始目标。

在没有考虑时空结构的条件下,笔者关于时空词汇研究的初始目标,就是编撰一部经济管理领域时空中文词汇的词典,也就是笔者拟定的 11 部学术成果中的第二部(本书是第一部),见表 5-2(在本书第 5 章)。

一部专业性词汇词典的编纂出版,往往是一项学术研究体系成熟的标志。对于时空分析这门全新的学术研究体系或领域,笔者决定反过来,通过编纂词典来推动其成熟。

6.1.2 考虑时空结构的初始目标

笔者致力于自觉运用时空分析这种研究范式,因此,也从更广阔的时空视角对这一初始目标进行了扩展，扩展后的初始目标见图6-1。

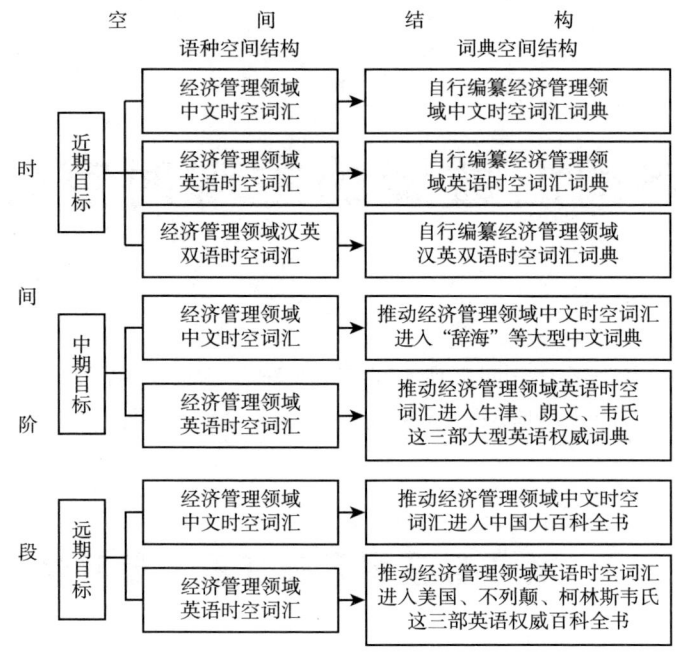

图6-1 时空词汇研究初始目标的时空展开

考虑时空结构的初始目标可以被称为高级初始目标。

在图6-1中，从时间视角，目标从近期扩展到了远期，从空间视角看，既考虑了语种结构（词汇语言文字表述形式的空间），从单纯的中文词汇拓展到了英语词汇，也考虑了词典结构（词汇集中存在的空间），从单纯的自行编纂时空词汇词典到推动这些词汇被纳入中文和英语权威的百科全书中。

6.1.3 初始目标的隐含假设

在经历了不断修改自己的学术研究目标这个过程之后，再回首特别是初级初始目标的前因后果，才发现这其中隐含着一个非常重要且非常复杂的假设体系。

时空词汇研究初级初始目标重要隐含假设体系可以用表6-1表示。

6.1.4 基于隐含假设实现初级初始目标的预期流程

虽然当初并未意识到上述假设，但实际上是基于上述假设，开始了实现初级初始目标的学术研究工作，并设计了研究流程，见图6-2。

第6章 时空词汇数量的主观时空分析

表6-1　　时空词汇研究初始目标重要隐含假设

基本层次	假设内容	具体层次	假设内容
基本假设6-1	每篇C刊发表的经济管理领域时空相关论文的作者均自觉采用了时空词汇	具体假设6-1.1	每篇C刊发表的经济管理领域时空相关论文的标题中均有时空词汇
		具体假设6-1.2	每篇C刊发表的经济管理领域时空相关论文的关键词中均有时空词汇
基本假设6-2	每篇C刊发表的经济管理领域时空相关论文的时空词汇是唯一的	具体假设6-2.1	每篇C刊发表的经济管理领域时空相关论文的标题中的时空词汇是唯一的
		具体假设6-2.2	每篇C刊发表的经济管理领域时空相关论文的关键词中的时空词汇是唯一的
		具体假设6-2.3	每篇C刊发表的经济管理领域时空相关论文的标题中的时空词汇和关键词中的时空词汇是相同的

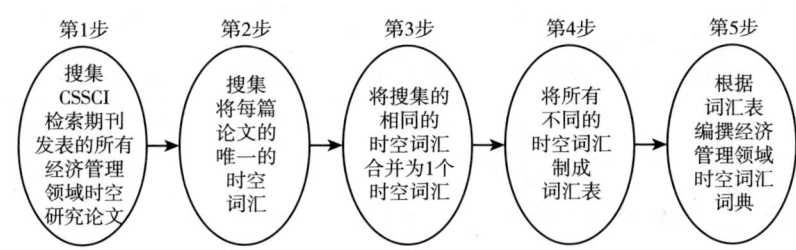

图6-2　基于隐含假设实现初级初始目标的预期流程

6.1.5　关于实现初级初始目标的心理预期

如果中国经济管理领域学者在C刊发表的时空论文均严格遵照笔者的假设，再考虑并不是每篇时空论文都要使用完全不同的时空词汇，则可以肯定，时空词汇的数量必将远远少于论文的数量。如果经济管理领域C刊论文的数量不超过2000篇，则这些论文所采用的时空词汇的数量估计不会超过1000条。

6.2　关于时空词汇数量的探索历程

笔者按照预期的研究流程开始了时空词汇的搜寻过程，却没有预料到，在最初的探索阶段就遇到了尴尬局面。

6.2.1 前三篇论文带来的尴尬局面

在所搜集的前四篇论文中，竟然根本就没有关键词这个选项，见表6－2、图6－3～图6－6。

表6－2 前四篇时空学术研究论文基本信息

序号	标题	第1作者	期刊	发表年份－月份	期：页码	标题中时空词汇	关键词中时空词汇
1	我国社会主义商品经济新秩序的时空结构	袁绪亚	世界经济文汇	1989－07	4：54－56	时空结构	—
2	谈谈应用时空观提高商品流通质量的问题	李卫平	商业经济研究	1990－06	6：12－14	时空观	—
3	价值时空观和成本相对论：兼论重置成本会计	程存芳	上海会计	1990－11	11：15－18	价值时空观	—
4	城乡居民收入差距的时空特征分析	李若建	农业经济问题	1994－06	6：12－15	时空特征分析	—

我国社会主义商品经济新秩序的时空结构

袁绪亚

我国社会主义商品经济的发展在过程与规摸的关系上是内在统一的，分析这种内在统一关系，有助于对我国商品经济新秩序的认识。我认为，我国商品经济发展在过程上可分为三个时间序列，即半商品经济形态、完全商品经济形态和国际商品经济形态。在空间规摸

图6－3 第1篇时空学术研究论文的起始部分

谈谈应用时空观提高商品流通质量的问题

李卫平 孟昭穗

时间与空间这对哲学概念与商品流通有着密不可分的关系。但是，由于商品经营者对时间与空间的认识程度不同，因而显现出明显的经营质量上的差异。本文试图通过分析时间和空间与商品流通的客观联系，谈谈应用时空观来提高商品流通质量的问题。

一、空间和时间是商品运动存在的基本形式

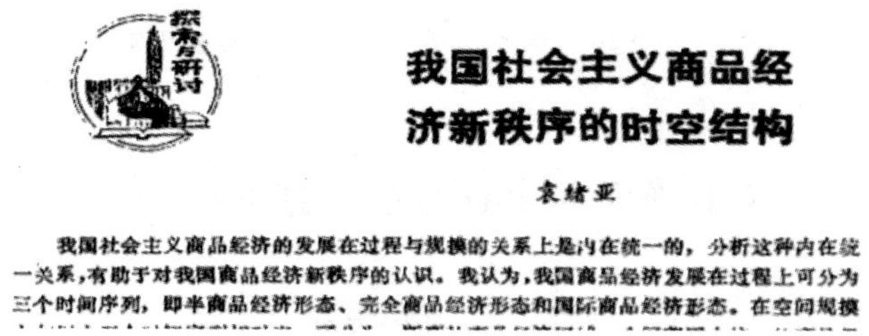

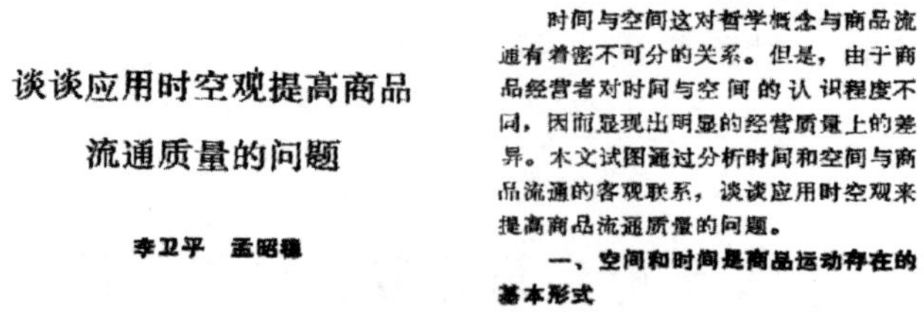

图6－4 第2篇时空学术研究论文的起始部分

价值时空观和成本相对论
——兼论重置成本会计

江西泰和县医药公司 程存芳

会计是一个财务信息系统,它以一定的会计模式对会计资料进行加工处理,输出会计信息。会计系统处于经济运行系统之中,步衍生着四个资本保全分支观念:①"投资金额——货币保全",②"投资金额——一般购买力货币保全",③"投资购买力生产能力

图 6-5　第 3 篇时空学术研究论文的起始部分

● 农民收入问题 ●　　　　　农业经济问题　1994 年第 6 期

城乡居民收入差距的时空特征分析

李若建　F124.7

1993 年中国城镇居民人均生活费收入 2337 元,农民人均纯收入 931 元。城镇居民人均生活费收入是农民人均纯收入的 2.5 倍多,城乡差距比上一年有所扩大。农民收入的增长速度放慢,城乡差距不断扩大,其原因是多方面的,本文仅从时间上的变化和空间上的差距来探讨这一问题。

图 6-6　第 4 篇时空学术研究论文的起始部分

表 6-2 中,序号就是本书附录研究素材中搜集的全部 1485 篇发表在 C 刊上的时空分析论文的序号,本书正式研究内容中涉及论文的表格的序号均为此序号。

这四篇论文之所以缺失关键词这一项,源于这四篇论文均发表于 1994 年年底之前,那时中国学术期刊建设还不够严谨,许多期刊不仅没有关键词这一项,甚至都没有摘要这一项。这种情况在 1995 年之后就逐步减少了。

经过复核,发现序号 6 的论文:中国经济台阶式发展的时空结构与运行机制——学习邓小平经济发展思想的体会(作者:刘多斌;1995 年发表在晋阳学刊第 1 期)也同样没有关键词这一项,见图 6-7。

《晋阳学刊》1995 年第 1 期

中国经济台阶式发展的时空结构与运行机制
——学习邓小平经济发展思想的体会

刘多斌

邓小平同志为我国设计了到建国一百年时的经济发展战略,即"三步走"的发展战

图 6-7　第 6 篇时空学术研究论文的起始部分

6.2.2 第 5 篇论文对预期流程的肯定

第 5 篇 C 刊发表的经济管理领域时空学术研究论文是第 1 篇有关键词这一项的论文,其信息见表 6 - 3、图 6 - 8。

表 6 - 3　　　　　　　第 5 篇时空分析论文的基本信息

序号	标题	第 1 作者	期刊	发表年份 - 月份	期：页码	标题中时空词汇	关键词中时空词汇
5	西环太平洋地带经济性特区发展的时空关系及其类型	娄学萃	北京大学学报（哲学社会科学版）	1994 - 07	4：78 - 83	时空关系	时空关系

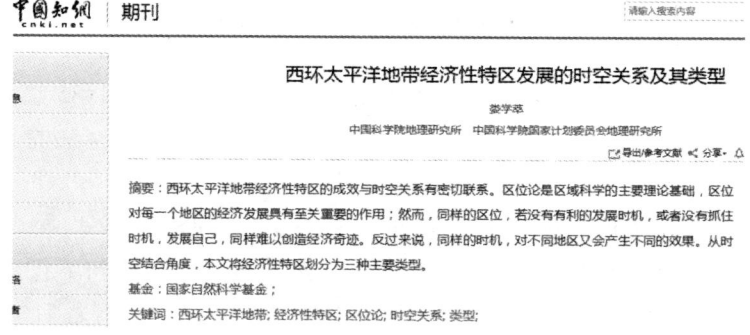

图 6 - 8　第 5 篇时空分析论文的基本信息

可以看出,第 5 篇论文（实际上是第 1 篇同时在论文标题和关键词均出现时空词汇的时空分析论文）,完全符合本书关于时空词汇研究初始目标的重要隐含假设体系。

这给了笔者巨大的鼓励,也更坚信自己当初设计的研究流程是合理的,按照这一流程,很快就可以搜寻所有经济管理领域的中文时空词汇,并制成词汇表。

6.2.3 后续找到的论文对重要隐含假设体系的否定

然而,随后的论文搜寻,却否定了本书关于时空词汇研究初始目标的重要隐含假设体系,见表 6 - 4、图 6 - 9、表 6 - 5、图 6 - 10。

表 6-4　　　　否定初始目标基本假设 1 的论文的信息

序号	标题	第1作者	期刊	发表年份-月份	期：页码	标题中时空词汇	关键词中时空词汇
7	改革开放以来广东省利用外资的时空差异特征	许学强	地理学报	1995-03	2：128-137	时空差异特征	—

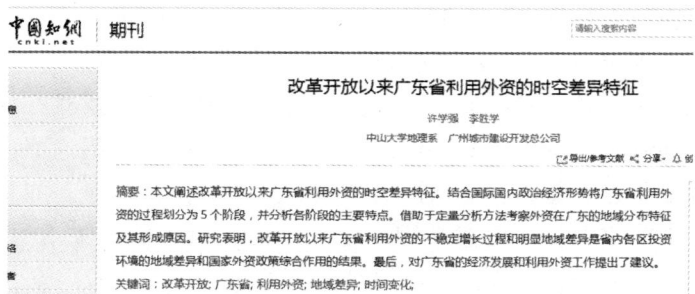

图 6-9　否定初始目标基本假设 1 的论文的信息

表 6-5　　　　否定初始目标基本假设 2 的论文的信息

序号	标题	第1作者	期刊	发表年份-月份	期：页码	标题中时空词汇1	关键词时空词汇1	关键词时空词汇2	关键词时空词汇3
137	论不同时空下企业技术创新的三维伦理边界	易开刚	自然辩证法研究	2007-02	2：97-98，108	时空	自然时空	关系时空	价值时空

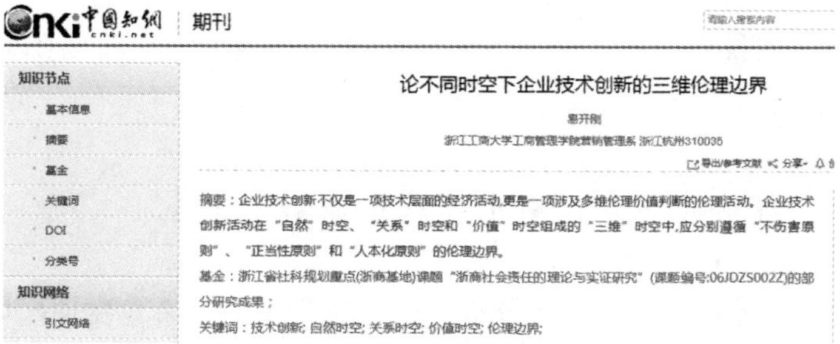

图 6-10　否定初始目标基本假设 2 的论文的信息

表 6-4 和图 6-9 可以看出，至少有 1 篇中国经济管理领域学者发表在 C 刊的时空学术论文，否定了本书关于时空词汇研究初始目标基本假设 1（及其具体假设 1.2），因为这篇论文的关键词中，并没有出现时空词汇。

从表6-5和图6-10可以看出，至少有1篇中国经济管理领域学者发表在C刊的时空学术论文，否定了本书关于时空词汇研究初始目标基本假设1（及其具体假设1.2），因为在这篇论文的关键词中，竟然出现三条时空词汇。

6.2.4 这种否定对笔者预期研究的冲击

如果存在着大量发表在C刊的经济管理领域时空研究论文，都是多时空词汇，则笔者预定的研究就必然受到巨大的冲击。

这首先是对预期研究流程的冲击。预期的研究流程是建立在如下假设的基础上的，那就每篇发表在C刊的经济管理领域的时空分析论文多数只有唯一的时空词汇，这意味着时空词汇的数量远少于论文的数量。如果存在着大量论文都是多时空词汇，则意味着时空词汇的数量可能远大于论文的数量。笔者预期研究流程的第2步就难以如愿实施了。

这更是对预期研究周期的冲击。工作量决定着本书关于时空分析各个项目的研究周期。如果所有搜集的时空词汇数量远远多于预期，则工作量必然也远远多于预期。

不过，即使关于时空词汇研究初始目标基本假设体系被否定，笔者还没有做出根本改变研究方案的决定，依然决定克服困难，坚持预定的研究项目，即搜集词汇，编纂经济管理领域中文时空词汇词典。

6.3 关于时空词汇数量探索面临的挑战与主观应对

笔者并未预料到，上述冲击还只是个开头，接下来，将面临着更为严峻的挑战。

6.3.1 新挑战之一：确定标题中的时空词汇

本书之所以倾向于采用主观分析范式，在于每当笔者自觉回顾研究的历程时，就会发现原先研究中隐含的各种假设和特殊情况。前一节已经通过回顾发现了自己隐含的假设体系，这一节又通过回顾发现了一种极为巧合特殊情况。

再回顾第1篇发表在C刊的时空分析论文的标题，就会发现，它的论文标题呈现出极为特殊的结构，可以简化为如下词汇表达式：

A 的时空 B　　　　　　　　　　　　　　　　　　(6-1)

现在看来，这一标题的词汇表达式有两个特点。

特点 1：标题中只有唯一的词汇。

特点 2：时空词汇在标题中处于最后位置，因此，判断这篇论文中的时空词汇不会产生任何歧义，就是时空 B。

这两个特点是如此契合本书关于时空词汇的预期，以至于，笔者并未意识到这两个特点只是极为偶然的情形。

很快，笔者就找到了这篇论文，其标题是：市场时空理论研究的新进展。其标题结构可以简化为如下词汇表达式：

A 时空 BC 的 D　　　　　　　　　　　　　　　　　　　　　　　　(6-2)

这篇论文的时空词汇可以有 3 种选择：

选择 1：时空理论

选择 2：时空理论研究

选择 3：时空理论研究新进展

究竟哪种选择才是合理的？笔者面临着选择上的挑战。

事后回顾，才发现，这篇论文标题依然有一个巧合，即它只有唯一一条时空词汇。

6.3.2　新挑战之二：确定标题中的时空词汇的数量

关于标题中时空词汇多种选择的挑战，还只是低级的挑战，更高级的挑战是关于标题中时空词汇数量的挑战。

随着论文搜集数量越来越多，笔者惊奇地发现，C 刊发表的时空分析论文标题中的时空词汇，竟然呈现出高度复杂的空间结构，见图 6-11。

图 6-11　时空分析论文标题中的时空词汇的空间结构

从图6-11可以看出，这一空间结构有两个维度，一个连词维度，一个水平维度。

笔者通过对搜集的论文标题的梳理，发现C刊发表的时空分析论文标题中的时空词汇的连词竟然多达5条，见表6-6。

表6-6　　时空分析论文标题中的时空词汇的连词维度

序号	连词	汉字数量
1	和	1
2	与	1
3	及	1
4	与其	2
5	及其	2

这些连词出现在论文标题中，就意味着这篇论文标题中出现的时空词汇可能并不是唯一的。

C刊发表的时空分析论文标题中的时空词汇的连词维度，从理论上分析，存在着体现为如下5条词汇的表达式：

时空A—连词—时空B　　　　　　　　　　　　　　　　　　(6-3)

时空A—连词—B　　　　　　　　　　　　　　　　　　　　(6-4)

C时空A—连词—时空B　　　　　　　　　　　　　　　　　(6-5)

C时空A—连词—B　　　　　　　　　　　　　　　　　　　(6-6)

C—连词—时空A　　　　　　　　　　　　　　　　　　　　(6-7)

如果是词汇表达式（6-3），可以肯定这篇论文的标题中有两条时空词汇，即时空词汇A和时空词汇B。但如果是词汇表达式（6-4）~词汇表达式（6-7），单纯从字面是无法看出这篇论文中究竟是一条时空词汇，还是两条时空词汇。如何判断1篇C刊发表的时空分析论文标题中的时空词汇的数量，是比界定其时空词汇更严峻的挑战。

6.3.3　关于两项挑战的主观应对

面对上述两个挑战，笔者只能发挥自己的主观能力。

应对第1个挑战。在没有连词的情况下，1篇C刊发表的时空分析论文标题出现的时空词汇的基本词汇表达式如下：

时空DEF…M　　　　　　　　　　　　　　　　　　　　　(6-8)

C时空DEF…M　　　　　　　　　　　　　　　　　　　　(6-9)

面对这种情况,笔者有两项选择。

选择1:从严。这时,只选择时空 D 作为该论文标题中的时空词汇。

选择2:从宽。这时,应选择时空 DEF…M 作为该论文标题中的时空词汇。

如果做出选择2,就意味着工作量剧增。

出于对时空词汇全面把握的追求,本书最终决定选择了从宽的时空词汇认定标准。

当然,这也需要本书对该论文标题进行反复阅读和理解,从而更合理地锁定 M 的边界。

应对第2个挑战。与应对第1个挑战同样,本书也面临着两项选择:从严与从宽。最终,本书依然选择了从宽,只为全面掌控时空词汇。

6.3.4 关于时空词汇数量的问题

应用主观分析范式,不仅要发现、选择,也要提问,这也是为后续客观分析提供研究的方向。由于存在着多时空词汇的挑战,要想继续完成编纂时空词汇词典的追求,第一项要求就是必须弄清楚,截至2018年年底发表在 C 刊上的时空分析论文采用的时空词汇的总数量。

此外,从后续完成时空分析文献综述的目标出发,本书还需要弄清楚,与预期假设相反的情形的具体情况,包括:标题中出现不同数量时空词汇的情况、关键词中出现不同数量时空词汇的情况、标题中出现各种连词的情况。

这些情况当然都需要在第15章客观分析中给出定量的回答。

6.4 本章小结

本书最初是基于一项假设系列,才开展了关于 C 刊时空分析论文词汇的研究,所搜集的第1篇论文恰好支撑了本书的假设,但随后关于论文的搜寻,却否定了本书的系列假设。

通过分析,可以确定如下结论:

(1) 在 C 刊时空分析论文的标题中,时空词汇既可能不存在,也可能是不止一条。

(2) 在 C 刊时空分析论文的关键词中,时空词汇既可能不存在,也可能是不止一条。

（3）本书在确定时空词汇时，面临两个挑战：关于词汇的界定的挑战、关于时空的数量的挑战。

（4）由于在论文的标题中出现连词，论文标题中时空词汇呈现出二维空间结构。

（5）在标题中，由于存在着连词，经济管理领域的时空词汇呈现出多种词汇的表达式。

（6）本章为第 15 章所对应的客观分析提出了需要定量分析的四个问题，分别是：截至 2018 年年底发表在 C 刊上的时空分析论文采用的时空词汇的总数量、标题中出现不同数量时空词汇的情况、关键词中出现不同数量时空词汇的情况、标题中出现各种连词的情况。

在进行定量分析时，如果只截至 2018 年年底的总体空间分析，则分析全部四个问题，如果进行包括历史分析的时空分析，考虑到工作量的因素，在现阶段，则只进行前三个主要问题的时空分析。

第 7 章

时空词汇位置的主观时空分析

本书意识到位置是研究时空词汇的重要内容,也是初始判断与后续研究不断冲突的结果。

7.1 时空词汇其他词汇位置的初始判断

关于时空词汇位置的初始判断,依然是建立在笔者当初并未意识到的假设的基础上。

7.1.1 关于时空词汇其他词汇所处位置的初始假设

现在回顾起来,可以发现,笔者关于自己未曾意识到的时空词汇位置的初始假设,实际上包括 2 项隐含假设。

隐含假设 7-1:这些时空词汇符合词汇表达式(7-1)。

$$\text{时空 A} \tag{7-1}$$

进一步分析,可以看出,符合词汇表达式(7-1)的时空词汇包括两部分词汇,第一条词汇是"时空",第二条词汇是其他词汇,即词汇表达式(7-1)中的 A。

本章所言的位置,就是指时空词汇中其他词汇在时空词汇中的位置。

用隐含假设 7-1,还可以对第 6 章的系列假设进行重新诠释。

隐含假设 7-2:词汇表达式(7-1)所表示的时空词汇在论文标题与其前其后的其他词汇有着明确的分割。

7.1.2 关于时空词汇其他词汇位置初始假设深入剖析

由于这两项假设都是隐含的,是笔者潜意识中认为是理所应当的先决条件，因此，在启动时空词汇研究的初始阶段，就没有对这些假设进行严格界定。但如果需要对进行严格界定，就需要对这些假设含义和条件进行深入剖析。

隐含假设 7-1 的含义相对清晰，本书就不再详细分析，但隐含假设 7-2 的含义并非很清晰，需要进行深入剖析。

根据时空词汇在标题中所在的位置，一篇时空分析论文的标题可以表述为多种词汇表达式，见表 7-1。

表 7-1 依据时空词汇所在的位置的论文标题的词汇表达式

时空词汇在论文标题所在的位置	时空分析论文标题的词汇表达式	词汇表达式编号
在标题句首	时空 ABC…M	(7-2)
在标题句中	AB…L 时空 MN…Q	(7-3)
在标题句尾	AB…L 时空 M	(7-4)

在词汇表达式（7-2）、（7-3）、（7-4）中，如果是词汇表达式（7-4），则这篇论文标题中的时空词汇是清楚的，就是时空 M，但如果是词汇表达式（7-2）、词汇表达式（7-3），则这篇论文标题中的时空词汇并不清楚，在这种情况下，隐含假设 7-2 的含义就是，在词汇表达式（7-2）中，时空词汇就是时空 A，A 和 B 之间可以清楚地分割开来，在词汇表达式（7-3）中，时空词汇就是时空 M，M 和 N 之间可以清楚地分割开来。

7.1.3 提出这些初始假设的学术研究初衷

在评析这些初始假设的含义之后，本书需要对提出这些初始假设的学术研究初衷进行分析。

现在回首，才发现本书的学术研究初衷就是编撰一份清清楚楚的时空词汇表，见表 7-2。

表 7-2 时空词汇表基本形式

序号	时空词汇
1	时空 A
2	时空 B
3	时空 C
…	…
n	时空 N

有了这份时空词汇表，编撰时空词汇词典就具备词汇表这个极为重要的前提。

毫无疑问，这是时空词汇的词汇表最简单的形式。为了达到这种最简单的形式，则必须要求词汇表中的时空词汇具有如下两个特点。

特点 1：时空词汇中时空之外的词汇，如 A、B 或 N，是基本词汇。关于基本词汇，本书将在第 8 章进行详细的界定，这里不再赘述。

特点 2：时空词汇中时空之外的词汇，如 A、B 或 N，位置都在"时空"这条中文词汇之后。

现在看来，笔者在潜意识里就将时空词汇表看成其最简单的形式，为了达到这一点，就必须满足假设 7-1 和假设 7-2。

7.1.4 关于时空词汇表的展望

如果再深入剖析，就会发现表 7-2 这份时空词汇表还有第 3 个特点，所有词汇必须包括"时空"这条词汇。

从这一点看，这份词汇表里的时空词汇实际上都是狭义的时空词汇或直接的时空词汇。

这种编纂一份学术研究体系或领域词汇表的方式并不是一种惯有的方式，甚至是一种极其不合理的方式。

以经济词汇为例。成本（Cost）、价格（Price）等词汇都属于最重要的经济词汇，但这些词汇中并没有"经济"这条词汇。实际上，几乎全部经济词汇都不含有"经济"这条词汇。如果按照编纂时空词汇表的方式编纂经济词汇表，这份表格对经济领域的学者，就几乎毫无用处。

从长远或广义视角看，如果只有这种词汇表，中国时空分析的词汇基础就将变得十分狭窄，无法支撑其博大精深的时空分析体系。

因此，从长远看，本书应该想方设法搜集广义的经济管理领域的时空词汇，编制广义的时空词汇表。由于本书致力于自觉运用时空分析这种研究范式，因此，也从更广阔的时空视角对这一初始目标进行了扩展，扩展后的初始目标见图 7-1。

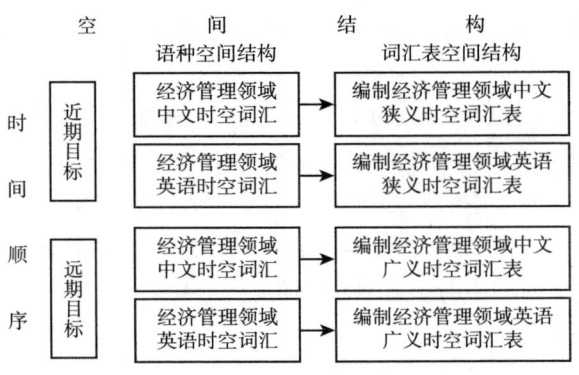

图 7-1　时空词汇表工作目标的时空展开

7.1.5　现阶段编制经济管理领域中文狭义时空词汇表的合理性

时空词汇表与经济领域词汇表最显著的区别在于，在经济领域词汇表中，直接包含"经济"的词汇并不多，在整个经济领域词汇中所占的比例也很小，因此，单独编制一份仅由直接包含"经济"这条词汇的词汇表对于经济学几乎没有意义，而时空词汇表中，直接含有"时空"这条词汇的词汇，数量就极为庞大，虽然统计结果还没有出来，但初步估计，也有将近 1000 条的可能性。

从编纂词典的角度，这个数量已经可以编纂一部小型的中文词典了。如果再考虑到时空词汇的复杂性，要想将这些词汇解释清楚，需要比较多的篇幅，则这部经济管理领域小型中文词典的篇幅就可以达到一部学术专著的篇幅。假设这份词汇表中有 1000 条词汇，而每条词汇需要半页纸才能解释清楚，这部小词典的篇幅就达到了 500 页。

因此，仅仅是狭义的时空词汇表，在现阶段，就有了编制的合理性。

7.2　关于时空词汇中其他词汇位置的探索历程

与时空词汇数量的探索历程类似，本书关于 C 刊发表的经济管理领域论文所采用的时空词汇的位置的探索的过程，也经历了一个先扬后抑的起伏过程。

7.2.1　前 2 篇论文对关于其他词汇位置两项假设的肯定

按照中国经济管理领域学者所撰写的时空分析论文发表在 C 刊的时间先

后，前 2 篇论文就充分肯定了本书关于时空词汇其他词汇位置的假设，其中的信息见表 7-3。

表 7-3 前 2 篇时空论文标题中时空词汇的位置与词汇表达式信息

序号	标题	第 1 作者	期刊	发表时间	期：页码	标题中时空词汇	时空词汇在论文标题所在的位置	论文标题词汇表达式	词汇表达式编号
1	我国社会主义商品经济新秩序的时空结构	袁绪亚	世界经济文汇	1989-07	4：54-56	时空结构	在标题句尾	AB…L时空M	词汇表达式（7-4）
2	谈谈应用时空观提高商品流通质量的问题	李卫平	商业经济研究	1990-06	6：12-14	时空观	在标题句中	AB…L时空MN…Q	格式（7-3）

从表 7-3 可以看出，这 2 篇论文标题中的时空词汇都非常清晰，而且呈现为标准的时空 A 词汇表达式（7-1），也就是这 2 篇时空分析论文的时空词汇中的其他词汇均位于时空这一词汇的后面。

如果这 2 篇论文有关键词这一项，且与标题中可以清晰辨识出来的时空词汇完全一致，则这 2 篇也完全符合本篇第 6 章的复杂假设系列。除了没有关键词这一项，这 2 篇论文所采用的时空词汇也是唯一的，可以表明作者是自觉采用了时空词汇并进行了时空分析。

这种采用时空词汇的论文就是本书理想的论文。如果所有论文均是这种理想的论文，则本书就完全可以按照预定的研究流程，根据狭义的经济管理领域的时空词汇表编纂时空词汇词典。

7.2.2 第 3 篇论文对关于其他词汇位置的假设的否定

未曾预料到的是，仅仅到了第 3 篇 C 刊发表的时空分析论文，对本书关于时空词汇在标题中位置的 2 项假设的否定，就在第 3 篇论文就体现出来了。这篇发表在 C 刊的正文时空分析论文的信息，见表 7-4。

从表 7-4 可以看出，这第 3 篇中国经济管理领域学者发表在 C 刊的时空分析论文，无论是其标题的词汇表达式，还是其时空词汇词的词汇表达式，都不在本章第 1 节所构建的词汇表达式体系中 ［词汇表达式（7-1）至（7-4）］，表明本书最初的判断存在着严重的不足。特别是，这篇论文时空词汇的词汇表达式，直接否定了关于时空词汇中其他词汇位置的第一项假设。

表 7-4　　　　　　　　第 3 篇时空分析论文的信息

序号	标题	第1作者	期刊	发表时间	期：页码	时空词汇在标题中位置	标题中时空词汇	标题词汇表达式	词汇表达式编号	时空词汇表达式	词汇表达式编号
3	价值时空观和成本相对论：兼论重置成本会计	程存芳	上海会计	1990-11	11：15-18	在标题句首	价值时空观	A时空B…M	词汇表达式(7-6)	A时空B	词汇表达式(7-5)

当然，这篇论文标题中的时空词汇依然是清晰可辨的，表明这篇论文肯定了关于时空词汇中其他词汇位置的第一项假设。

7.3　关于时空词汇位置探索面临的挑战与主观应对

随着 C 刊时空分析论文搜集的数量越来越多，其采用的时空词汇中其他词汇的位置越来越呈现出多样性，这对本书提出了严峻的挑战。

7.3.1　关于时空词汇其他词汇的位置的探索面临的挑战

时空分析论文的时空词汇的位置问题，是包括了两个层次的问题，第1个问题是时空词汇在论文标题中的位置，第2个问题是时空词汇中其他词汇在论文标题的位置。

时空词汇在时空分析论文标题中的位置，可以用三种模式，分别是：在标题句首、在标题句中、在标题句尾。

时空词汇中，其他词汇在时空词汇中的位置，看来也将有三种不同的词汇表达式，分别是：其他词汇在"时空"这一词汇之前、其他词汇在"时空"这一词汇之后、"时空"这一词汇前后都有其他词汇（就像第3篇论文的时空词汇的词汇表达式）。

将这两个层次的问题结合在一起，就又会有9种不同的词汇表达式。

因此，时空词汇其他词汇位置这个问题如果用不同词汇表达式来表示，就有12种不同的词汇表达式。

由于本章前两节关于词汇表达式的编号并未充分考虑到如此复杂的位置

层次与种类情形，这些编号已不再适合后续研究的需要，因此，本书决定对这 12 种不同层次和种类的词汇表达式进程重新编号，见表 7-5。

表 7-5　时空分析论文时空词汇两层次位置的 12 种词汇表达式

词汇表达式编号	词汇表达式性质	词汇表达式内容	词汇表达式前提	词汇表达式特征
词汇表达式 b7-1	基本词汇表达式	时空 A	不考虑时空词汇在论文标题中的位置，只考虑时空词汇中其他词汇的位置。	时空词汇其他词汇位于"时空"这条词汇之后
词汇表达式 b7-2	基本词汇表达式	B 时空	不考虑时空词汇在论文标题中的位置，只考虑时空词汇中其他词汇的位置。	时空词汇其他词汇位于"时空"这条词汇之前
词汇表达式 b7-3	基本词汇表达式	B 时空 A	不考虑时空词汇在论文标题中的位置，只考虑时空词汇中其他词汇的位置。	时空词汇有其他词汇位于"时空"这条词汇之前，也有词汇位于"时空"这条词汇之后
词汇表达式 c7-1	复合词汇表达式	CD…M "时空 A"	时空词汇位于论文标题句尾	时空词汇"时空 A"位于论文标题句尾
词汇表达式 c7-2	复合词汇表达式	CD…M "B 时空"	时空词汇位于论文标题句尾	时空词汇"B 时空"位于论文标题句尾
词汇表达式 c7-3	复合词汇表达式	CD…M "B 时空 A"	时空词汇位于论文标题句尾	时空词汇"B 时空 A"位于论文标题句尾
词汇表达式 c7-4	复合词汇表达式	"时空 A" CD…M	时空词汇位于论文标题句首	时空词汇"时空 A"位于论文标题句首
词汇表达式 c7-5	复合词汇表达式	"B 时空" CD…M	时空词汇位于论文标题句首	时空词汇"B 时空"位于论文标题句首
词汇表达式 c7-6	复合词汇表达式	"B 时空 A" CD…M	时空词汇位于论文标题句首	时空词汇"B 时空 A"位于论文标题句首
词汇表达式 c7-7	复合词汇表达式	PQ…Z "B 时空 A" CD…M	时空词汇位于论文标题句中	时空词汇"时空 A"位于论文标题句中
词汇表达式 c7-8	复合词汇表达式	PQ…Z "B 时空" CD…M	时空词汇位于论文标题句中	时空词汇"时空 A"位于论文标题句中
词汇表达式 c7-9	复合词汇表达式	PQ…Z "时空 A" CD…M	时空词汇位于论文标题句中	时空词汇"时空 A"位于论文标题句中

在表 7-5 中，词汇表达式 b 是基本词汇表达式（b 是中文词汇"基本的"所对应的英语词汇"basic"的首字母），它只关注发表在 C 刊上的时空

分析论文所采用的时空词汇其他词汇相对于"时空"这条词汇的位置情况。

在表 7-5 中，词汇表达式 c 是复合词汇表达式（c 是中文词汇"复合的"所对应的英语词汇"composite"的首字母），它既关注时空词汇中其他词汇相对于"时空"这条词汇的位置情况，也关注时空词汇在论文标题中的位置情况。

由于存在着 12 种不同层次的经济管理领域学术研究论文时空词汇的位置情况，远远超过本书最初关于时空词汇位置的所做的预想的数量［在本章第 1 节，本书仅设想了 4 种位置情况，即词汇表达式（7-1）～词汇表达式（7-4）］。仅从工作量来看，就使本书关于时空词汇位置这个问题的研究量增大至少两倍。而如果再考虑到新增加的一些词汇表达式的复杂程度，特别是词汇表达式 c7-9——PQ…Z"B 时空 A"CD…M，其中所隐含的工作挑战的确是难以估量的。

而且，这些新增加复杂的词汇表达式（包括词汇表达式 c7-4 至词汇表达式 c7-9 这 6 种复杂的词汇表达式），还将对本章的假设 7-2 提出挑战，因为字数非常多，语义也相对模糊地体现在词汇表达式 c7-9 的论文标题中，很难清楚分辨出这个标题中时空词汇中前面的 B 和后面的 A 的边界。

7.3.2 关于上述挑战的主客观应对

面对上述挑战，本书采用了两种应对方案。

第 1 种应对，是一般性的应对。

这种应对就是对这些发表在 C 刊的经济管理领域的时空分析论文，如果该论文在关键词中就陈列了词汇表达式 b7-2（B 时空）或词汇表达式 b7-3（B 时空 A）这两种含有"时空"这条词汇，本书就承认这些有前置其他词汇的时空词汇。但本书在从这些论文的标题中提取时空词汇时，在一般情况下，就只选择词汇表达式 b7-1（时空 A）的时空词汇。

用于词汇表达式 b7-3 的时空词汇，可以看成是词汇表达式 b7-1 时空词汇和词汇表达式 b7-2 时空词汇的合成，因此，本书就直接选择词汇表达式 b7-3 的时空词汇中的词汇表达式 b7-1 时空词汇部分。以第 3 篇发表在 C 刊的时空分析论文中的时空词汇——价值时空观为例，这是词汇表达式 b7-3 的时空词汇，该论文作者将其看成是一条完整的时空词汇，本书也只能将其看成是一条完整的时空词汇，如果该论文并未严格对其界定，本书就只选择论文标题中的时空观作为时空词汇。

本书做出这种选择，有两点理由。

第 1 点理由是工作量的理由。坚持按词汇表达式 b7-1 从论文标题中提取 1 篇发表在 C 刊的经济管理领域的时空分析论文，可以使本书关于这些词汇的研究的工作量显著降低。本书之所以将降低工作量作为重要的选择标准，在于即使按照这样的工作量，依然可以获得相对丰硕的研究成果。在取得研究成果的基础上，可以将研究范围扩大，再研究词汇表达式 b7-2 和词汇表达式 b7-3 所表示的时空词汇。对于本书来说，这部分内容并不是不研究，而只是不在现阶段进行研究。

第 2 点理由是研究对象的理由。虽然并不能严格证明，但通过对已经搜集的中国经济管理领域学者在 C 刊发表的时空分析论文标题的初步分析，可以大体确定，词汇表达式 b7-1 所反映的时空词汇是更基本的时空词汇，因为这些词汇真正反映了经济管理领域所指的时空的各种性质，而词汇表达式 b7-2 所反映的时空词汇则是具体的某种经济管理领域所涉及到时空，这些时空词汇并不具有严格的关联性，只是该论文在研究时的一种联系。

第 2 种应对，是特殊情况下的应对。有时，词汇表达式 b7-2 和词汇表达式 b7-3 这两种词汇表达式所反映的时空词汇，无论是联系到上下文的语境，还是这些词汇本身，可以判断是紧密关联的，本书依然会按照词汇表达式 b7-2 和词汇表达式 b7-3 来提取这些论文标题中的时空词汇。

当然，什么情况是符合在时空分析论文标题中提取符合词汇表达式 b7-2 和词汇表达式 b7-3 这两种词汇的特殊情况，这又涉及本书的主观判断。

7.3.3 关于时空词汇其他词汇位置的问题

在时空分析这一新兴的学术研究体系或领域，竟然有 12 种可能存在的时空词汇位置的词汇表达式，虽然这是本书关于时空词汇位置研究的一项重要发现，但无论是从工作量看，还是从工作难度看，这两个方面，都对本书完成写作任务，甚至完成经济管理领域时空分析的学术研究，都构成了严峻的挑战。

在关于时空词汇其他词汇位置的研究过程中，本书首先需要弄清楚的第一个基本事项，就是本书最终所选择的时空词汇表中的时空词汇，它的 3 种基本词汇表达式（词汇表达式 7-2、7-3、7-4）比例情况是什么样的。

从后续完成时空分析文献综述的目标出发，本书还需要弄清楚，关于时空词汇其他词汇位置的预期假设相反的情形，这其中包括：论文所选择的词汇表达式 7-2 时空词汇的情况，论文所选择的词汇表达式 7-3 时空词汇的情况，以及这两种基本词汇表达式所对应的时空分析论文标题的词汇表达式情况。

上述关于时空词汇位置研究的这些情况需要本书在后续客观分析中给出定量的回答。

从严谨的研究态度出发，应该对 1485 篇时空分析论文按照 9 种时空词汇复合词汇表达式情况进行全面分析。毫无疑问，这肯定是一项工作量极大的任务。本书将根据撰写的实际进展情况，再决定是否启动这项工作。如果工作量过大，本书就只对出现了词汇表达式 b7-2 和词汇表达式 b7-3 这两种基本词汇表达式的时空词汇所在的论文标题进行复合词汇表达式的分析，虽然工作量大幅度降低，但代表性却很强。如果写作进度符合预期，即可以在 2019 年 11 月份之前完成本书的撰写工作，本书可以考虑在 2019 年 12 月启动这项工作。

7.4 本章小结

本书最初关于时空词汇中"时空"词汇之外的其他词汇的位置，隐含着两项假设。与前面的研究历程高度类似，研究的最初阶段，所找到的论文是肯定这两项假设的，这使得本章的隐含假设并非完全是主观臆想，也是存在着实际条件的支持。但随后就出现了不止 1 篇经济管理领域的时空分析论文，对这些本章的假设，给予了否定。在这种否定之下，本书通过深入分析，发现比预期更为丰富、也更为复杂的时空词汇中其他词汇位置的情形。

通过分析，关于时空词汇的位置的研究，可以确定如下 5 项结论：

（1）在主观经济管理领域，研究者 1989~2018 年在 C 刊发表的时空分析论文的标题中，时空词汇既可能是符合词汇表达式 b7-1（时空 A）的词汇，如时空结构，也可能是符合词汇表达式 b7-2（B 时空）的词汇，如价值时空，也还可能是符合词汇表达式 b7-3（B 时空 A）的词汇，如价值时空观。

（2）再考虑到时空词汇作为一个整体在 C 刊时空分析论文标题中的位置，时空词汇，既可能在论文标题的句尾，也可能在句首，还可能在句中。

（3）本书在确定时空词汇中其他词汇的位置时，面临最严峻的挑战：这些时空词汇总共有 12 种位置的模式，包括 3 种基本词汇表达式和 9 种复合词汇表达式。

（4）在 1989~2018 年发表在 C 刊的时空分析论文中，存在着论文倾向于将其采用的时空词汇界定为词汇表达式 b7-2 或词汇表达式 b7-3 的情形。

（5）本章为对应的客观分析提出了需要定量分析的 5 个问题，分别是：时空词汇表中的时空词汇的 3 种基本词汇表达式的情况、论文所选择的词汇表达式 7-2 时空词汇的情况、论文所选择的词汇表达式 7-3 时空词汇的情况、词汇表达式 7-2 所对应的时空分析论文标题的词汇表达式情况、词汇表达式 7-3 所对应的时空分析论文标题的词汇表达式情况。在进行定量分析时，如果只截至 2018 年年底的总体空间分析，则分析这全部 5 个问题，如果进行包括历史分析的时空分析，则只进行前 3 个主要问题的时空分析。

第 8 章

时空词汇格式的主观时空分析

本书意识到格式是研究时空词汇的最重要的研究内容之一，同样是源于初始判断与后续研究不断冲突的结果，而且还不是直接的结果，而是间接的结果。与第 6 章和第 7 章不同，本章的研究内容并非最初就设定的，而是在为了实现本书最初学术成果目标，即编纂时空词汇词典的过程中，因为不断应对挑战而做出的应对的结果，也就是说，本章是第 6 章和第 7 章研究的副产品。

站在全书的角度看，本章是关于时空分析论文时空词汇研究最重要的突破之一，因为，这个副产品具有极为重要的意义，正是这一副产品，才导致后续的第 9 章、第 10 章、第 11 章，特别是第 12 章得以成为本书的研究内容。

8.1 关于时空词汇格式研究的初始判断

关于时空词汇格式的初始判断，依然是建立在本书当初并未意识到的假设的基础上。不过，在开始本节研究之前，需要对时空词汇格式进行必要的简要的界定。

8.1.1 关于时空词汇格式的简要界定

对时空词汇格式的界定，既借鉴了格式通常的汉语含义，更借鉴了格式在电子计算机领域的特定含义。

简而言之，在汉语通常的语境下，格式就是规格样式的简称，无论是规格，还是样式，都含有这样的含义，即所采用的表现形式必须符合某种规定或规范。这种规定可能是外在的，也可能是内在的。如果探究其中隐含的意思，这里的格式，还带有地位的含义，如"接待规格"就隐含着这种含义。

在电子计算机领域，格式的含义更为狭窄，仅指文件的格式，用更专业的术语表达，就是编码的组合形式。

综合汉语的通常含义和电子计算机领域的特定含义，本书关于时空词汇的格式简要界定如下：

时空词汇的格式，就是指在时空词汇中，地位特殊的词汇在整条时空词汇中的规格层级。

在这个界定中，位置组合形式就是借鉴了电子计算机领域关于格式的含义，体现了时空词汇的编码的组合形式，地位特殊的词汇，则是借鉴了格式的汉语通常含义中所隐含的规格（即地位）的含义。

在本书第7章7.1节中，曾对经济管理领域的中文时空词汇进行了狭义和广义的界定。广义的中文时空词汇是反映经济管理领域时空性质的所有中文词汇，从理论上讲，这些中文词汇中，绝大部分并不含有"时空"这一中文词汇，就像绝大部分中文经济词汇中并不含"经济"这一中文词汇一样。而狭义的经济管理领域中文时空词汇，则是包含着"时空"这一词汇的中文词汇。

在第7章7.1节，对狭义的时空词汇给出了一条词汇表达式，即格式（7-1），后来在第7章7.3节，又讲其词汇表达式变更为格式b7-1。

第7章中的词汇表达式，就属于本章所界定的格式的范畴，第一，它是一种时空词汇的位置组合形式，第二，它其中有一种特殊的词汇，即"时空"这一词汇本身。

然而，本章之所以不再简单沿用词汇表达式的这种名称，而变更为格式这一含义更高的名称，就是本书在挑战之下所做出的应对之一。

关于挑战与应对的详细论述，见本章8.3节。

8.1.2 关于时空词汇格式的初始假设

本书主观时空分析的重要特征之一，就是不断地回顾当初的研究历程，剖析其隐含的各种初始假设，每次回顾，就可能发现新的隐含着的初始假设。

站在格式探索的角度，依然可以从前面研究内容已经剖析过的最初构想中，发现新的隐含的初始假设。

回顾一下第7章的隐含初始假设7-1。

隐含假设7-1：这些时空词汇符合词汇表达式（7-1）。

时空 A   (7-1)

符合词汇表达式（7-1）的时空词汇包括两部分词汇，第一条词汇是"时空"，第二条词汇是其他词汇，即词汇表达式（7-1）中的A。

对应隐含假设 7-1，从格式的视角，还可以再延伸出 4 项隐含的假设，这些假设分别是：

隐含假设 8-1：除了"时空"这一中文词汇外，其余狭义的时空词汇内部均存在着规格的差异，即某些词汇的规格关于其他词汇。

隐含假设 8-2：在其余狭义的时空词汇中，"时空"这一词汇的规格高于其他词汇的词汇。

隐含假设 8-3：在其余狭义的时空词汇中，"时空"这一词汇之外的其他词汇的规格相同。

隐含假设 8-4：在其余狭义的时空词汇中，仅有"时空"这唯一规格关于其他词汇的词汇。

8.1.3 关于时空词汇格式初始假设的深入剖析

根据上述 4 项的隐含假设，可以自然而然地得出如下结论，除了"时空"这一中文词汇的其余时空词汇，都是有两条规格的复合词汇，其中"时空"这一词汇就是其中唯一高规格的词汇，其余的词汇，如果不只一条，其规格都是同样的。

做学术研究，提出假设是惯有范式，实际上也是无奈的范式，因为不进行假设，绝大多数学术研究连启动都做不到。假设最重要的作用就是大幅度简化学术研究的难度，使学术研究得以启动，然后在遵循先易后难的发展路径，调整一些假设，使学术研究的深度逐步加大。

笔者作为一名学术研究者，自从意识到主观研究范式的不可或缺后，就自觉地回顾自己的学术研究历程，不断发掘自己当初未曾预料到的隐含的假设，然后通过后续研究对这些假设突破，促使自己的学术研究不断深入。

在本书中，会出现这样一种情形，所提出假设反而又隐含着新的假设。

在隐含假设 8-3 中，又隐含了这样的假设，即绝大部分经济管理领域的狭义的时空词汇，是包括不止三条时空词汇的词汇。

如果考虑到规格的差异，其余词汇的数量，再考虑到时空词汇中其他词汇相对于"时空"这一词汇的位置，则经济管理领域狭义的时空词汇的词汇表达式就存在着远比本书第 7 章的词汇表达式（词汇表达式 b7-1、b7-2、b7-3）更为丰富的词汇表达式。由于经济管理领域狭义时空词汇中其余词汇数量难以限定，本书只对含有三条或更少的其余词汇的时空词汇进行了词汇表达式编号，见表 8-1。

表 8－1　其余词汇数量不超过 3 条的词汇的表达式及其编号

时空词汇中其余词汇数量	词汇表达式	词汇表达式编号
1	时空 A1	词汇表达式（8－1）
1	A1 时空	词汇表达式（8－2）
2	时空 A1A2	词汇表达式（8－3）
2	A2 时空 A1	词汇表达式（8－4）
2	A2A1 时空	词汇表达式（8－5）
3	时空 A1A2A3	词汇表达式（8－6）
3	A3 时空 A1A2	词汇表达式（8－7）
3	A3A2 时空 A1	词汇表达式（8－8）
3	A3A2A1 时空	词汇表达式（8－9）

在表 8－1 中，编号中没有加字母 b，是因为受到前 1 章的启发，只有在本章结束时，才能确定哪些词汇表达式是本章的基本词汇表达式。

8.2　关于时空词汇格式的探索历程

本书关于时空词汇格式的探索历程与本篇前 2 项主观时空分析项目的探索历程，既有相同之处，也有不同之处。

8.2.1　本章探索与前 2 章探索的相同之处

关于时空词汇格式的主观时空分析的探索，也经历了一个先扬后抑的起伏过程。

在 1990 年及其更好年份所发表的 3 篇 CSSCI 检索情况的时空分析论文的时空词汇，肯定了本章的 4 项基本假设，见表 8－2。

表 8－2　前 3 篇时空论文时空词汇的格式信息

序号	标题	时空词汇	词汇表达式	其他词汇数量	其他词汇规格
1	我国社会主义商品经济新秩序的时空结构	时空结构	时空 A1	1	低于"时空"
2	谈谈应用时空观提高商品流通质量的问题	时空观	时空 A1	1	低于"时空"
3	价值时空观和成本相对论：兼论重置成本会计	价值时空观	A2 时空 A1	2	均低于"时空"，且这两条词汇的规格无区别

这最初的 3 篇论文对本书关于时空词汇格式的假设的肯定，并没有持续到第 4 篇论文，见表 8-3。

表 8-3　第 4 篇时空分析论文时空词汇的格式信息

序号	标题	时空词汇	词汇表达式	其他词汇数量	其他词汇规格
4	城乡居民收入差距的时空特征分析	时空特征分析	时空 A1A2	2	这两条其余词汇的规格的确低于"时空"，但"分析"这一词汇的规格似乎应该高于"特征"这一词汇

这第 4 篇发表在 C 刊的时空分析论文标题中所采用的时空词汇，出现了一条特殊意义的词汇——分析。

笔者在看见这一词汇时，凭主观感觉，就认为它的规格应该高于除了"时空"这一词汇之外的其他词汇。但笔者并不肯定自己的这种主观感觉就是合理的。

实际上，第 4 篇论文的时空词汇是不是"时空特征分析"，本身是存在着比较大的争议的，这是因为，本书完全可以将这篇论文的时空词汇界定为"时空特征"。如果这样界定，第 4 篇论文就同样是肯定本书关于时空词汇格式的 4 项假设的。本书之所以将第 4 篇论文的时空词汇确定为"时空特征分析"，源于本书在第 6 章对挑战 1（确定时空分析论文标题中的时空词汇）所做出的主观选择，即从宽选择，在"时空特征"（这是从严选择）和"时空特征分析"（这是从宽选择）这两条时空词汇的备选方案中，选择了"时空特征分析"。

这第 4 篇时空分析论文时空词汇选择给本书的冲击，导致本书最终确立了本章作为一项主观时空分析的内容。

8.2.2　本章探索与前 2 章探索的不同之处

与本篇前 2 项主观时空分析项目的探索历程不同，本书关于 C 刊发表的经济管理领域论所采用的时空词汇的格式的探索的过程，是与后续 5 章内容的探索交织在一起的过程。

从本书最初的学术成果目标看，并没有撰写本书的计划，只是为编纂时空词汇表做前期准备而搜集时空分析论文。在对这些论文时空词汇的提取过程中，首先面临着数量的挑战，其次面临着位置的挑战。如果仅仅是这两项挑战，笔者依然不会将本书作为第 1 部时空分析的学术成果形式，这是因为，如果能够顺利应对前两项挑战，笔者依然可以继续将编纂时空词汇词典作为学术成果的第一选择。

然而，随着时空词汇表的制成，本书却发现这一词汇表竟然有着非常复杂的内部结构，已经可以被称为时空词汇的空间（数学含义上的空间）。

为此，本书开始对词汇表的内部结构进行探索。在意识到结构是一项新的词汇分析内容后，本书最初拟将第 3 项研究称为时空词汇结构的主观时空分析，通过对结构的深入分析，本书发觉，这并不是一项研究内容，而是多项研究内容。

通过长时间的反反复复，笔者最终才得以清晰地将本章的主观时空分析内容与后续 5 章的研究内容区别开来，同时也最终给后续 5 章的研究确定了彼此的分界。

因此，本章的主观时空分析，是本书最重要的转折点。

8.3 关于时空词汇格式探索面临的挑战与主观应对

与前 2 章相似，在本章决定将格式作为发表在 C 刊的时空分析论文所采用的时空词汇的主观时空分析内容之后，也不得不面临着意料不到的严峻挑战。

8.3.1 关于时空词汇格式探索面临的挑战

本书关于时空分析论文中时空词汇格式（不同词汇在时空词汇中的规格）的探索过程，面临着两项严峻的挑战，见图 8-1。

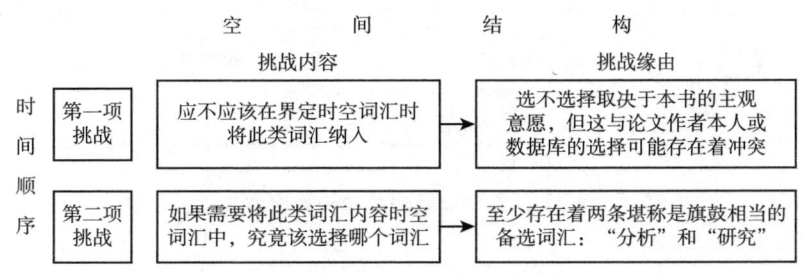

图 8-1 时空词汇格式探索面临的挑战的时空分析

从图 8-1 可以看出，探索时空分析论文所采用的时空词汇的格式，面临着前后衔接的两项挑战，第一项挑战是应不应该将"分析"这种具有特殊性质的词汇纳入本书所界定的时空词汇中。第二项挑战是应该选择哪条此类词汇，这是因为，本书发现有两条几乎是旗鼓相当的备选词汇，分别是"分析"和"研究"。

最初，关于第一项挑战，笔者只认为这是自己的个人选择，但很快就发现，这与相当多的论文作者本人的选择或者是学术期刊数据库所做的拟定①相冲突。第11篇和第12篇这两篇论文的选择，就揭示了这一点，见表8-4、图8-2、图8-3。

表8-4 第11篇和第12篇论文标题和关键词中时空词汇的信息

序号	论文标题	本书从论文标题提取的时空词汇	学术期刊数据库在关键词中所确定的时空词汇
11	广东城乡居民消费储蓄时空变化分析	时空变化分析	时空变化
12	市场时空理论研究的新进展	市场时空理论研究	市场时空理论

注：第11篇和第12篇发表在CSSCI检索期刊的经济管理领域时空分析论文的关键词中的时空词汇，并不是这两篇论文作者自行的选择，而是维普中文学术期刊数据库给拟定的关键词。

图8-2 第11篇论文标题和关键词中时空词汇的信息

---

① 最初本书认为，中国学术期刊数据库所显示的关键词都是论文作者自己所选定的，但在撰写本章时，才发现有的论文的关键词是学术期刊数据库自行拟定，并不是作者自己选定的。本来应对所有论文的关键词进行一次全面梳理，将学术期刊拟定的关键词均剔除，但考虑到三点，第一，工作量太大，本书已经拖延了两年时间，再完成这项工作，将难以在2019年年底前完成本书的撰写工作，第二，对研究结论的得出并没有实质性的干扰，第三，中国学术期刊数据库毕竟也是中国学术研究圈的组成部分，其拟定的关键词，也代表了中国学术研究圈一部分人的看法。因此，本书将这些学术期刊所拟定的关键词依然视为论文合理的关键词。在后续研究过程中，本书将对所有研究素材的相关信息进行全面复核，确保所得到的信息均是研究素材自身的信息，而不是数据库添加的信息。

第 8 章 时空词汇格式的主观时空分析

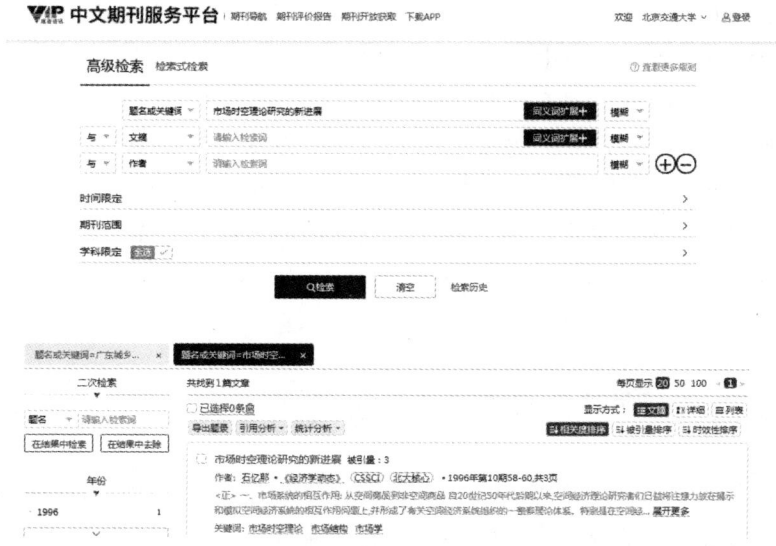

图 8-3 第 12 篇论文标题和关键词中时空词汇的信息

从表 8-4、图 8-2、图 8-3 可以看出，如果把第 11 篇论文标题本书所选择的时空词汇中的"分析"这一中文词汇去掉，则这篇论文标题中的时空词汇和关键词中的时空词汇就完全相同，这也就符合本篇第 6 章的基本假设 6-2（以及其三项分假设，即具体假设 6-2.1、6-2.2、6-2.3），即这篇论文只有唯一的时空词汇（标题中只有唯一的时空词汇，关键词中只有唯一的时空词汇，这两条时空词汇完全相同）。同样，如果把第 12 篇论文标题的时空词汇中的"研究"这一中文词汇去掉，则这篇论文标题中的时空词汇和关键词中的时空词汇就完全相同。

表 8-4 也说明，本章所关注的除了"时空"这一词汇之外，应该具有较高规格的此类词汇的两个备选方案，分别是"分析"和"研究"。

8.3.2 关于上述挑战的主客观应对

面对上述这两项挑战，本书采用了两种不同的应对方案。关于时空词汇格式分析的第一项挑战，经过反复研究，最终决定采用主观选择。这样选择，基于如下理由。

第一，本书是为了分析时空词汇的内部结构，在无法确定其结构的大小的时候，采用从宽的选择原则，可能会增加工作量，但能避免遗漏一些极为重要的信息。

第二，由于"分析"或"研究"这类词汇具有天然的特殊性，因此，即使在时空词汇的界定过程中，将其添加到时空词汇中，依然具有极高的可辨识度，对于后续的分析并不产生干扰。

关于时空词汇格式分析的第二项挑战，本书觉得将其交由定量分析来裁决，即这两条此类词汇，哪一条在所有本书的研究素材的标题（按笔者的选择）和关键词（按论文作者本人的选择或中国学术期刊数据库的拟定）中的时空词汇所出现的频次的数量，最终确定将此类词汇确定为"分析"还是"研究"。

8.3.3 关于时空词汇格式的问题

本书决定将此类词汇作为时空词汇中规格基于第二位的词汇，这样，时空词汇中就出现了至少三种规格，分别是"时空"这一词汇，处于最高的规格，"分析"或"研究"处于次高的规格，其余的词汇，处于最低的规格。

关于时空分析论文中，时空词汇的规格研究，回答如下的问题：如果将"分析"或"研究"作为次高规格的词汇，则本篇第 6 章所制成的时空词汇表中时空词汇的格式情况，即究竟有多少种格式。

此外，本书第 17 章的定量分析，必须给出"分析"和"研究"这两条词汇在全部研究素材所采用的时空词汇中出现的频次，从而为本书最终确定时空词汇次高规格的词汇提供定量分析依据。

8.4 本章小结

本书最初关于时空词汇中"时空"词汇之外的其他词汇的格式，隐含着 4 项假设。与前 2 章的研究历程高度类似，研究的最初阶段，所找到的论文是肯定这 4 项假设的，但随后就出现了对这些假设的否定。在这种否定之下，本书通过深入分析，发现比预期更为丰富、也更为复杂的时空词汇中其他词汇格式的情形。

通过分析，可以确定如下结论：

（1）C 刊时空分析论文所采用的时空词汇中，存在着至少三种规格，"时空"这一词汇，处于最高的规格，"分析"或"研究"处于次高的规格，其余的词汇，处于最低的规格。

（2）在时空词汇的次高规格的词汇中，"分析"和"研究"几乎是两条

第 8 章 时空词汇格式的主观时空分析

旗鼓相当的备选词汇。

（3）由于时空词汇中可能存在着三种不同的规格，则时空词汇的格式应是多样的。

（4）本章为对应的客观分析提出了需要定量分析的两个问题，分别是：本书第 6 章所制成的时空词汇表中时空词汇的格式情况，"分析"和"研究"这两条词汇在全部研究素材所采用的时空词汇中出现的频次。这两个问题，可以全部进行时空分析。

第 9 章

时空词汇结构的主观时空分析

本书意识到结构是研究时空词汇的最重要的研究内容之一，同样源于本书初始判断与后续研究不断冲突的结果，研究成果堪称是关于时空分析论文时空词汇研究最重要的突破，这是因为，这项研究终于使本书得以构建时空词汇的空间结构，并从根本上改变了笔者研究的成果的目标，促使笔者将编纂时空词汇词典的目标后置，将撰写本书放到了学术研究的首选目标。

9.1 关于时空词汇结构研究的初始判断

从本章正文 8 个维度的逻辑看，本章占据着核心地位。

9.1.1 本章在本书中的地位

从广义讲，本篇的研究内容都属于发表在 C 刊的时空分析论文时空词汇的"结构"研究的范畴，见图 9-1。

从图 9-1 可以看出，本书正文 8 个维度构成了一个层次明确的结构，既有时空词汇与时空分析论文的关系层次（对应维度 1），也有时空词汇与时空分析论文标题的关系层次（对应维度 2-1），还有时空词汇之间的关系层次（对应维度 7、维度 8），最后是时空词汇内部不同词汇之间的关系层次（对应维度 2-2、维度 3、维度 4、维度 5、维度 6）。

本书之所以最终将本章确定为结构研究，源于两点。

第一，从撰写学术研究专著的角度看，每章的篇幅不宜过大，10~20 页为宜，如果采用广义的结构概念，则全书都可以被纳入其中，最终还得分章撰写。

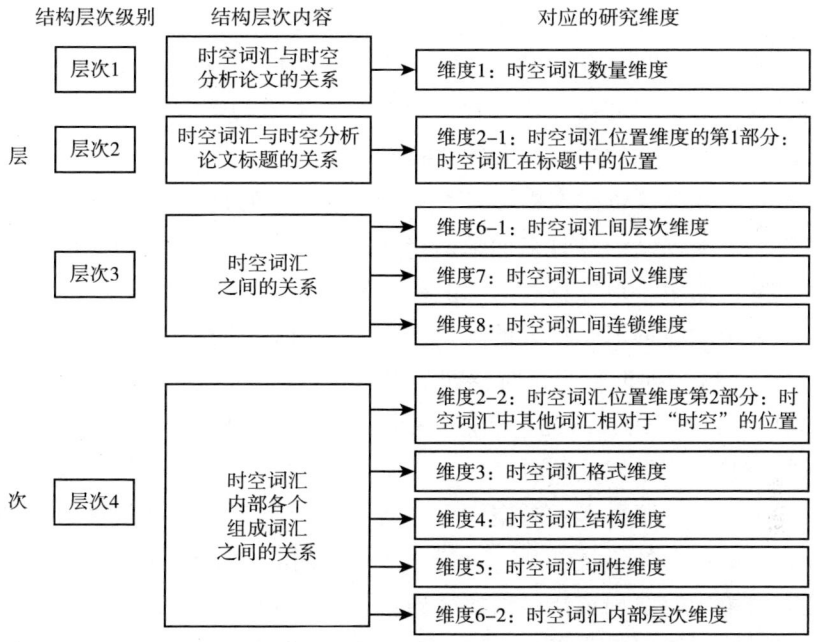

图 9-1　本书 8 个维度之间广义的结构层次的逻辑关系

第二，从狭义讲，本章的研究内容最接近结构的原始含义，即一个整体中各个组成部分之间相当于整体的关系。采用狭义的结构的含义，可以使本章与前一章（格式）、第 10 章（词性）和第 11 章（层次）区别开来。

当然，由于时空词汇内部结构的研究是一项全新的学术研究内容，笔者即使不能称为首创者，也是处于前沿的研究者。在最初的研究阶段，不可避免地面临着研究内容并不清晰的难题，只能通过个人的主观判断来推动学术的进程。随着研究的深入，研究内容也会越来越清晰，其内部结构就会清晰地呈现出来。

本书研究内容最终确立 8 个维度，就是关于时空词汇研究越来越深入而逐步形成的。

9.1.2　关于时空词汇结构的简要界定

本章对研究内容进行简要界定，不仅是学术研究的需要，也是为了与前 1 章和第 11 章这两章的研究内容进行合理界定。

在笔者看来，图 9-1 所显示的 5 个层次的时空词汇的维度中，时空词汇中其余词汇相对于"时空"的位置（这实际上是半个维度）和时空词汇的词性这两个维度是清晰的，不存在严格界定的难题。

余下的 3 个维度：格式维度、结构维度、层次维度，从含义看，格式、结构和层次这三条词汇存在着非常大的重合，本书为了合理区别这三条词汇所对应的本书的三章的内容，必须对这三条词汇进行界定。这种界定存在着很大的主观成分，这也是本篇定名为主观时空分析的重要原因。

本篇第 8 章，已经对时空词汇的格式进行了界定：时空词汇的格式，就是指在时空词汇中，地位特殊的词汇在整条时空词汇中的规格层级。

本书关于时空词汇的格式的界定，实质是时空词汇中是否存在着核心词汇，"时空"这一词汇肯定是时空词汇中的核心词汇，在随后的研究过程中，笔者发现"发现"或"研究"实际上也是时空词汇中核心词汇，因此，形成了本书关于时空词汇格式的研究内容。

在本章中，将不再考虑时空词汇中各个组成词汇的规格层级，只是将它们看成是时空词汇的组成部分，分析一下时空词汇究竟有什么样的组成部分，这就是本书关于时空词汇狭义结构的界定。

关于时空词汇层次的界定，将在本书第 11 章进行。

9.1.3 关于时空词汇结构的初始假设

本书主观时空分析的重要特征之一，就是不断地回顾当初的研究历程，剖析其隐含的各种初始假设。

站在时空词汇（狭义）结构探索的角度，依然可以从第 7 章已经剖析过的最初构想中，发现新的隐含的初始假设。

回顾一下第 7 章的隐含初始假设 7-1。

隐含假设 7-1：这些时空词汇符合词汇表达式 7-1。

时空 A　　　　　　　　　　　　　　　　　　（词汇表达式 7-1）

符合词汇表达式 7-1 的时空词汇包括两部分词汇，第一条词汇是"时空"，第二条词汇是其他词汇，即词汇表达式 7-1 中的 A。

对应隐含假设 7-1，从结构的视角，还可以再延伸出三项隐含的假设，这些假设分别是：

隐含假设 9-1：时空词汇由两类组成词汇，一类词汇是"时空"这一词汇本身，另一类词汇是其他组成词汇。

隐含假设 9-2：其他时空词汇中的组成词汇是基本词汇。

隐含假设 9-3：时空词汇中"时空"之外的基本词汇只有一条。

9.1.4 关于时空词汇结构初始假设的深入剖析

为了说明隐含假设9-2和隐含假设9-3，就必须要说明什么是时空词汇中的基本词汇。

这里所说的基本词汇，只能从两种语言的对比才能大体说清楚。从中文的视角看，最小的语言文字单位是汉字。照中文的通常的层次看，词应该比字高一个层次，词是两个或更多的汉字构成的语言文字结构。但另一方面，一个汉字也可以被看成是一个词。从这点看，中文关于字、词、词组的层次界定并不严格。如果以英语作为参照系，可以使基本词汇的理解相对清楚一些。

以中文词汇"世界"为例，在中文语境下，这是一个合成词，是"世"和"界"两个汉字（也可以看成是最小的词汇）组成的合成词汇。但如果看看这个中文所对应的英语词汇"world"，就会清楚发现，这条英语词汇是英语的单词（word），即英语最小的语言文字单位。

因此，借助英语这个参照系，可以给基本词汇下一个定义，即其对应的英语词汇是英语单词（word）的中文词汇。

按照这一定义，所有有着明确含义的汉字，也都应该被纳入基本词汇的集合中。

为了与词汇这一词汇进行清晰分别，本书决定将基本词汇的称谓变更为词素，即词汇的组成要素。

本书的词素、词汇与中文的字、词、词汇以及英语的 word、phrase 的对应关系见图9-2。

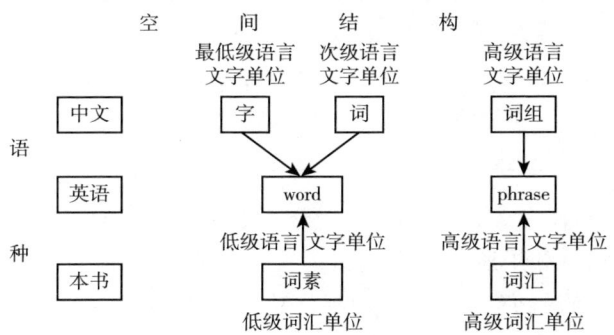

图9-2 本书词素、词汇与字、词、词汇以及 word、phrase 的对应关系

从图9-2可以看出，中文通常意义上的汉字和词，对应着英语的 word，也对应着本书所界定的"词素"，而中文通常意义上的词组，则对应着英语的 phrase，也对应这本书所界定的"词汇"。

如果用词素这一词汇，则本章隐含的三项假设可以重新表述（同时还需要变更假设的顺序）如下：

隐含假设 n9-1：时空词汇由词素组成。

隐含假设 n9-2：时空词汇由两类词素组成，一类词素是"时空"本身，另一类词素是其他词素。

隐含假设 n9-3：时空词汇中"时空"之外的词素只有一条。

上述本章假设编号中的 n 是中文词汇"新的"所对应的英语词汇"new"的首字母。

9.2 关于时空词汇结构的探索历程

关于时空词汇结构的主观时空分析的探索，不可避免要经历了一个先扬后抑的起伏过程。

9.2.1 前两篇论文对关于时空词汇结构三项假设的肯定

按照中国经济管理领域学者所撰写的时空分析论文发表在 C 刊的时间先后，前两篇论文就完全肯定了本书关于时空词汇结构的三项假设，见表 9-1。

表 9-1　　　　前两篇时空论文时空词汇结构信息

序号	标题	时空词汇	是否有组成词素	词素种类数量	其他词素数量
1	我国社会主义商品经济新秩序的时空结构	时空结构	有	2	1
2	谈谈应用时空观提高商品流通质量的问题	时空观	有	2	1

表 9-1 中两篇发表在 C 刊的时空分析论文所采用的时空词汇，就是本书理想的时空词汇。如果所有时空词汇均是这种理想的时空词汇，则本书就完全可以按照预定的研究流程依据，制作狭义的经济管理领域的时空词汇表，编纂时空词汇的词典。

9.2.2 第 3 篇论文对关于时空词汇结构相关假设的否定

第 3 篇 C 刊发表的时空分析论文，就对本书关于时空词汇结构的三项假设进行了部分的否定，见表 9-2。

表 9-2　　　　　　　　第 3 篇时空论文时空词汇的结构信息

序号	标题	时空词汇	是否有组成词素	词素种类数量	其他词素数量
3	价值时空观和成本相对论：兼论重置成本会计	价值时空观	有	2	2

从表 9-2 可以看出，第 3 篇中文 C 刊时空分析论文所采用的时空词汇，否定了本书关于时空词汇结构的三项假设中的第三项，即在这篇论文的时空词汇中，"时空"之外的词素有两条。

9.3　关于时空词汇结构探索面临的挑战与主观应对

随着研究的逐步深入，C 刊时空分析论文所采用的时空词汇的结构的复杂性也全面展示了出来，这种复杂性越来越呈现出多样性，这对本书提出了严峻的挑战。

9.3.1　关于时空词汇结构探索面临的挑战

对于本书来说，研究时空分析论文中时空词汇结构最严峻的挑战，就是如何确定时空词汇中的词素。

一个汉字也可以作为一条词素，表 9-1 中的论文 2 中的时空词汇是"时空观"，这一中文词汇中，"时空"之外的词素是"观"，它就只有一个汉字。

如果中文词汇中的词素就是指汉字，则确定词汇中词素是一件极其容易的工作，一条词汇中有多少个汉字，就有多少条词素。

绝大多数时空词汇中的词素并不是一个汉字，表 9-2 中的论文 1 中的时空词汇是"时空结构"，这一中文词汇中，"时空"之外的词素是"结构"，它就有两个汉字。

按照本书的界定，词素实际上是处于汉字与词汇之间的语言文字单元，如果用汉字来界定，中文词汇中的词素具有多种可能性（甚至是无限的可能性），见表 9-3。

由于中文词素所包括的汉字的数量并不确定，客观上就给词素的界定造成了困难。

表9-3　　中文词汇中词素中汉字数量的多种可能性

可能性	中文词素中汉字的数量
可能性1	1
可能性2	2
…	…
可能性n	n
…	…

以表9-1中的论文1的时空词汇"时空结构"为例,为什么不能将这一中文词汇中除去"时空"之外的词素界定为"结"和"构"。

甚至,"时空"这一时空词汇中最重要的中文词汇是不是一条词素,这都是值得深入研究和认真界定的难题。

很显然,如果这一难题无法合理解决,则本书关于时空分析论文词汇(狭义)的结构分析就成为"无源之水、无本之木"。

9.3.2　关于上述挑战的主客观应对

面对时空词汇中词素界定这一严峻挑战,本书采取了两种应对策略,既尊重客观标准,也在必要时再次发挥出自己的主观能力。

按照本章第1节的分析,鉴于中文难以界定词素,有必要引入英语作为主要的参考标准,即只有可以翻译为英语单词——word的中文汉字的组合,才可以被确定为词素。

以本书第2章所分析的两条中文合成词汇为例。

中文合成词汇"世界",从中文角度看,有两个词素,分别是"世"和"界",由于其英语对应的词汇是"world",则"世界"这一中文合成词汇,按照本书的界定,就是词素。

同样,中文合成词汇"宇宙",从中文角度看,有两个词素,分别是"宇"和"宙",由于其英语对应的词汇是"universe",则"宇宙"这一中文合成词汇,按照本书的界定,就是词素。

对于"时空"这一时空词汇的核心词汇来说,如果其英语对应的词汇是"time and space",则这一词汇就不是词素,如果其英语对应的词汇是"space-time",则这一词汇就可以成为本书分析C刊发表的时空分析论文中词汇的词素。

中文词汇"结构"的英语对应翻译是"structure",因此,"结构"这一中文词汇是本书时空词汇分析中的词素。

理论上讲，按照这一客观标准，就可以彻底解决了时空词汇中词素的界定难题，但依然还面临着另一个难题，就是中文词汇"马尔科夫链"的界定。

由于是按照音译对这一外语词汇进行的中文翻译，由于中文同音字比较多，这一外语词汇就不止这唯一的一种对应的中文词汇（见图9-3）[220]，还有别的翻译，如"马尔可夫链"（见图9-4）[221]，甚至就简称为"马氏链"（见图9-5）[222]。

图9-3 "马尔科夫链"百度搜索结果

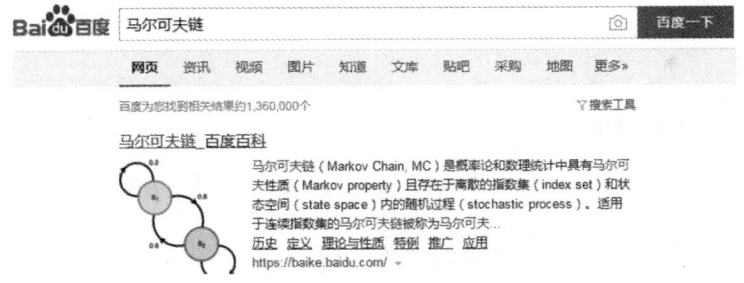

图9-4 "马尔可夫链"百度搜索结果

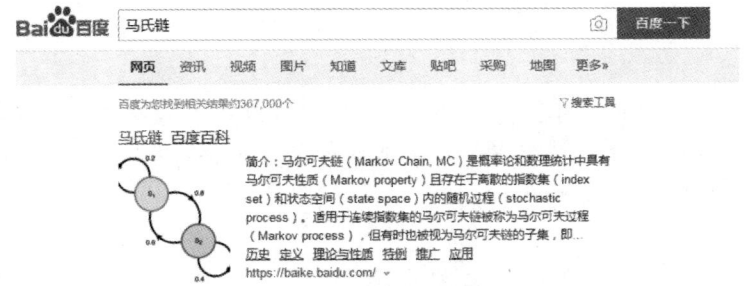

图9-5 "马氏链"百度搜索结果

从图 9-3 至图 9-5 的对比可以看出,"马尔科夫链"这一中文翻译的应用普及型最高,因此,本书采用这一中文词汇。实际上,在 1989~2018 年这 30 年 C 刊发表的时空分析论文中,涉及这一词汇的论文,多数也采用了这一中文词汇。

中文词汇"马尔科夫链"对应英语词汇是"Research System",见图 9-6[223]、图 9-7[224]。

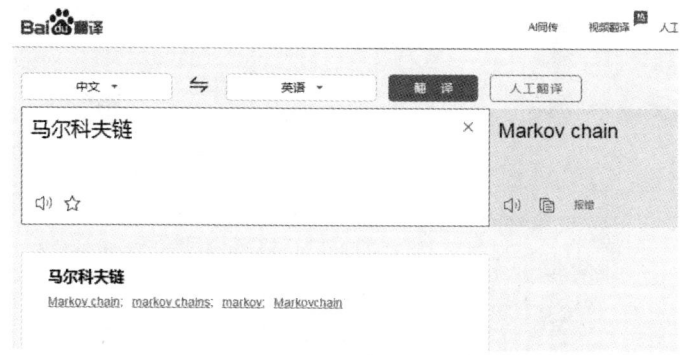

图 9-6 "马尔科夫链"英语对应词汇的百度翻译

图 9-7 "马尔科夫链"英语对应词汇的 Google 翻译

按照上述客观标准,"马尔科夫链"这一中文词汇有两个词素,即"马尔科夫"和"链"。

然而,把"马尔科夫"和"链"这两个词素分开,在本书时空词汇分析中,就根本没有任何意义。基于这一点,本书最终决定动用主观标准,将其作为词素。

图 9-6 中,中文词汇"马尔科夫链"也可以翻译为英语"markovchain"的标注,也给了笔者一定的信心,表明笔者的这种选择,并不是完全没有道理的主观臆想,也有一定依据。

9.3.3 关于时空词汇结构的问题

关于时空词汇的结构,笔者提出了如下三个问题。

首先，需要知道 1989~2018 年 C 刊发表的 1485 篇时空分析论文所采用的时空词汇中，所包含的所有词素的准确数量。

其次，需要知道构成这些时空词汇的词素的汉字的数量情况及其分布情况。

最后，需要知道，这些词素在本书全部研究素材所采用的时空词汇中出现的频次的情况，这对于本书后续研究（特别是第 12 章——时空词汇间语义关系研究和第 13 章——时间词汇间连锁关系研究）提供了定量分析的数量依据。

9.4　本章小结

本书最初关于时空词汇词素相关问题的探索，隐含着三项假设。与前三章的研究历程高度类似，研究的最初阶段，所找到的论文是肯定这三项假设的，但随后就出现了对这些假设的否定（否定了这三项假设中的最后一项）。在这种否定之下，笔者通过深入分析，发现比预期更为丰富、也更为复杂的时空词汇中的词素的情形。

通过分析，可以确定如下结论：

（1）在 C 刊时空分析论文所采用的时空词汇中，存在着词素，这些词素构成了经济管理领域的时空词汇，其中，"时空"这一词汇本身也是一条词素，而且是最重要的词素。

（2）在时空词汇的词素中，所包含的汉字存在着的理论上的无限的可能性。

（3）本书原则上可以采用客观标准来确定时空词汇中所包含的词素，但特殊情况下，依然需要进行主观选择。

（4）本章为对应的客观分析提出了需要定量分析的三个问题，分别是：本篇第 6 章所制成的时空词汇表中时空词汇的词素情况，构成这些时空词汇的词素的汉字的数量情况及其分布情况，这些词素在 1989~2018 年 C 刊发表的 1485 篇时空分析论文所采用的时空词汇中出现的频次的情况。这三个问题，可以全部进行时空分析。

第 10 章

时空词汇词性的主观时空分析

本书意识到词性是研究时空词汇的最重要的研究内容之一,既是本书初始判断与后续研究不断冲突的结果,也是将学术成果目标变更为本书的自觉选择之一,这是因为本章的发现是后续三章的先导。

10.1 关于时空词汇词性研究的初始判断

时空词汇的词性,在本书中,特指时空词汇中除去"时空",还有"分析"或"研究"这两类具有特殊规格的词素外的其他词素的词性。

回顾时空词汇词性的研究起点,又要回到本篇第 7 章的隐含假设 7-1。

10.1.1 隐含假设 7-1 在本篇的原点地位

从第 6 章起,本书在每一项时空词汇研究项目的回顾中,都会回到那一章的隐含的假设。起初,本书并未充分意识到本篇这 8 章内在的统一关系,每章都各自进行自己的研究。

研究过程达到本章时,本书充分意识到,本篇乃至本书的整体体系是一个统一的体系,虽然本书的研究分成了 8 个维度,但这 8 个维度构成了一个 8 维的坐标系,这一坐标系与数学中最基本的三维坐标系(见图 10-1[225])相似。

本书第 7 章的隐含假设 7-1,在本书整个学术研究体系中的地位,就是这个具有 8 个维度的坐标系的原点,无论是本书这 8 章的哪个维度(数量、位置、格式、结构、词性、层次、语义关系、连锁关系),都要从这一隐含假设出发,开始其主观时空分析的过程,见图 10-2。

第10章 时空词汇词性的主观时空分析

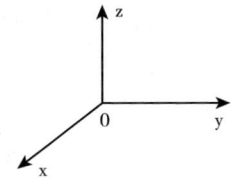

图 10-1　三维坐标系示意

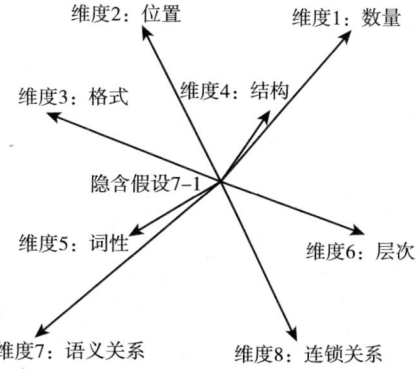

图 10-2　本书的时空词汇 8 维空间示意

虽然这一隐含假设出现在第 7 章，第 6 章的假设也可以用其表示，见表 10-1。

表 10-1　第 6 章系列隐含假设采用隐含假设 7-1 的重新表述

基本层次	假设内容	具体层次	假设内容
基本假设 1	每篇 C 刊发表的经济管理领域时空相关论文的作者均自觉采用了时空词汇	具体假设 1.1	每篇 C 刊发表的经济管理领域时空相关论文的标题中均有时空词汇，其词汇表达式是"时空 A1"
		具体假设 1.2	每篇 C 刊发表的经济管理领域时空相关论文的关键词中均有时空词汇，其词汇表达式是"时空 A2"
基本假设 2	每篇 C 刊发表的经济管理领域时空相关论文的时空词汇是唯一的	具体假设 2.1	每篇 C 刊发表的经济管理领域时空相关论文的标题中的时空词汇是唯一的，其词汇表达式是"时空 A1"
		具体假设 2.2	每篇 C 刊发表的经济管理领域时空相关论文的关键词中的时空词汇是唯一的，其词汇表达式是"时空 A2"
		具体假设 2.3	每篇 C 刊发表的经济管理领域时空相关论文的标题中的时空词汇和关键词中的时空词汇是相同的，即 A1 = A2。

从表 10-1 和图 10-2 可以看出，本篇的研究过程充分体现了时空分析的特色：一方面，在本篇的研究过程是前后衔接的，甚至是过程穿越的，就是需要不断退回到研究的原始阶段，这里所指的原始阶段，不仅是指一项时空词汇研究内容的原始阶段，即回到其学术研究的初始判断，特别是初始阶段隐含的假设，也是不断退回到隐含假设 7-1 这个原点，再从这一原点沿着另一个维度开展新的研究，这充分体现了本书研究时间方面的一体性；另一方面，通过隐含假设 7-1，也将全部 8 项研究内容连成一个整体，充分体现了本书研究内容的体系性。

10.1.2 关于时空词汇词性的初始假设

再回到隐含假设 7-1：这些时空词汇符合词汇表达式 7-1。

时空 A　　　　　　　　　　　　　　　　　（词汇表达式 7-1）

对应隐含假设 7-1，从词性的视角，还可以再延伸出两项隐含的假设，这些假设分别是：

隐含假设 10-1：所有经济管理领域的时空词汇中的 A（词素），其词性都是相同。

隐含假设 10-2：其词性是名词。

现在回首再看隐含假设 10-1 和隐含假设 10-2，才发现这两项假设是十分冒险的，比前四章的假设都具有更大的风险，其被否定的可能性要高得多。

10.1.3 研究时空词汇词性的极端重要性

所谓词性，是指词类是一个语言学术语，是一种语言中词的语法分类，是以语法特征（包括句法功能和形态变化）为主要依据、兼顾词汇意义，对词进行划分的结果[226]。

正是词有了词性，它们才能在词组、短语，特别是句子里发挥不同的作用。

没有词性，词汇里的词都必然是同性，对词汇划分词素就失去了实质性上的意义。从这一点，本章虽然写作在前一章之后，但却给前一章的工作提供了意义。

再与后续研究内容联系起来看本章的研究意义，就会发现，本篇后三章（第 11 章——层次、第 12 章——词汇间语义关系、第 13 章——词汇间连锁关系），都是建立在本章的研究的基础上，见图 10-3。

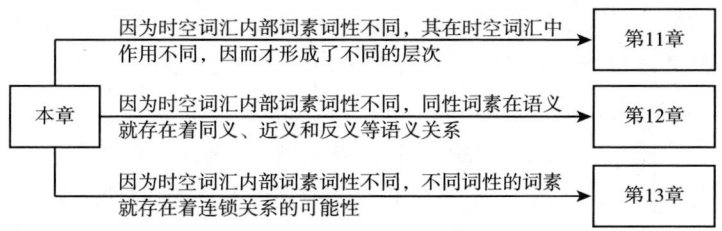

图 10-3 本章与后续 3 章研究内容逻辑关系示意

10.2 关于时空词汇词性的探索历程

虽然本章关于时空词汇词性的主观时空分析的探索,不可避免也要经历了一个先扬后抑的起伏过程,但这一过程又与前四章的起伏节奏有所不同。

10.2.1 本书 8 个研究维度中词素词性对本章隐含假设的肯定

前 4 章的研究项目的所依托的隐含假设,都是被本书所搜集的 1989～2018 年在 C 刊所发表的时空分析论文所采用的时空词汇所肯定和所否定的,本章所得到的肯定,却首先来自本书自身的研究内容。

本书关于时空词汇的研究有 8 个维度,每个维度都有一条词汇作为这个维度的名称。这 8 个维度名称也就是 8 个词汇,其中的核心词素也都有词性,见表 10-2。

表 10-2 本书时空词汇研究内容 8 个维度名称词汇中核心词素的词性

维度序号	维度名称	核心词素	核心词素层级		核心词素词性
			本书	中文	
维度 1	时空词汇数量研究	数量	词素	词	名词
维度 2	时空词汇位置研究	位置	词素	词	名词
维度 3	时空词汇格式研究	格式	词素	词	名词
维度 4	时空词汇结构研究	结构	词素	词	名词
维度 5	时空词汇词性研究	词性	词素	词	名词
维度 6	时空词汇层次研究	层次	词素	词	名词
维度 7	时空词汇间语义关系研究	语义关系	复合词素	词组	名词
维度 8	时空词汇间连锁关系研究	连锁关系	复合词素	词组	名词

表 10-2 中，核心词素的层级，就是一种语言文字构成要素的层次，从中文看，依次是汉字——词——词组（短语）——句子——段落——文章，从英语看，依次是 word——phrase——paragraph——paper。

表 10-2 中，时空词汇研究 8 个维度名称的核心词素（包括两条复合词素）的词性都是名词，这肯定了本书关于时空词汇词性的两项假设。

由于本书研究的特殊需要，本书也给出了一个时空词汇的构成要素，也设定了层次。最初，本书关于时空词汇，只设置了两个层次，分别是：词素——词汇。在对本书研究内容的 8 个维度的名称进行分析时，本书意识到应该增加一个层次，即复合词素。

如果再回顾本篇第 8 章关于词素的界定，就发现复合词素早已被本书使用了，这就是"马尔科夫链"。

复合词素的采用，又使本书难以完全遵守关于时空词汇词素界定的客观标准，即依据其是否对应一条 English word 来界定的标准。

这里涉及的两个复合词素"语义关系""连锁关系"都无法对应一条 English word，见图 10-4[227]、图 10-5[228]、图 10-6[229]、图 10-7[230]。

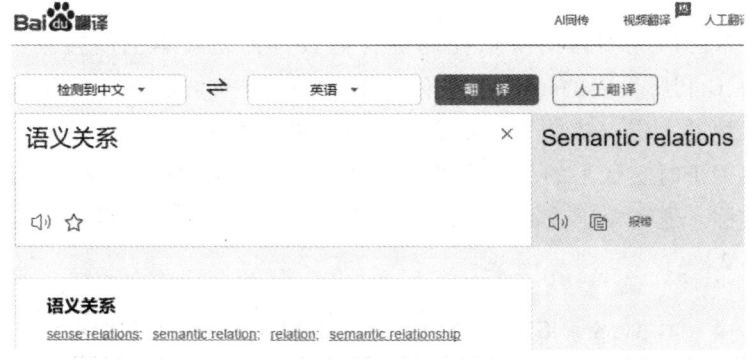

图 10-4 "语义关系"英语对应词汇的百度翻译

图 10-5 "语义关系"英语对应词汇的 Google 翻译

第 10 章　时空词汇词性的主观时空分析

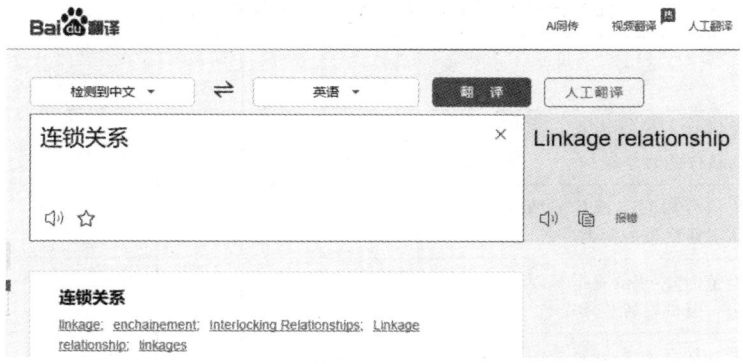

图 10-6　"连锁关系"英语对应词汇的百度翻译

图 10-7　"连锁关系"英语对应词汇的 Google 翻译

从图 10-4 和图 10-5 可以看出，中文词汇（复合词素）"语义关系"所对应的英语词汇，无论是借助百度翻译，还是 Google translator，都并不是一条 English word，而都是一条包括两条 English words 的 English phrase，虽然这两个翻译平台给出的 English phrase 并不完全相同。

从本书的研究内容看，将"语义关系""连锁关系"作为复合词素是合理的，这是因为，如果把这两条词汇拆解，就无法表达本书关于各自对相应研究内容的准确表达。这种情况下，本书只能放弃客观标准，而借助主观选择。还好，这种情况只是本书词素选择的极少一部分，并不影响全局。

10.2.2　前 7 篇论文对关于时空词汇词性两项假设的肯定

按照中国经济管理领域学者所撰写的时空分析论文发表在 C 刊的时间先后，前 7 篇论文就完全肯定了本书关于时空词汇结构的两项假设，见表 10-3。

将表 10-2 和表 10-3 结合起来看，本书关于时空词汇词性的两项假设，已经得到了两次肯定。

表 10-3 前 7 篇论文对时空词汇词性的两项假设的肯定

序号	标题	时空词汇	"时空""分析"之外的词素 1	词素 1 词性	"时空""分析"之外的词素 2	词素 1 词性
1	我国社会主义商品经济新秩序的时空结构	时空结构	结构	名词		
2	谈谈应用时空观提高商品流通质量的问题	时空观	观	名词		
3	价值时空观和成本相对论：兼论重置成本会计	价值时空观	价值	名词	观	名词
4	城乡居民收入差距的时空特征分析	时空特征分析	特征	名词		
5	西环太平洋地带经济性特区发展的时空关系及其类型	时空关系	关系	名词		
6	中国经济台阶式发展的时空结构与运行机制——学习邓小平经济发展思想的体会	时空结构	结构	名词		
7	改革开放以来广东省利用外资的时空差异特征	时空差异特征	差异	名词	特征	名词

10.2.3 第 8~9 篇论文对关于时空词汇词性假设的否定

由于此前四项研究都经历了先肯定后否定的历程，因此，本书对于时空词汇词性的两项假设是否有足够的心理准备的。

第 8 篇和第 9 篇论文就对本章关于时空词汇词性的两项假设进行了否定，见表 10-4。

表 10-4 第 8~9 篇论文对词性两项假设的否定

序号	标题	时空词汇	"时空""分析"之外的词素 1	词素 1 词性	"时空""分析"之外的词素 2	词素 1 词性
8	中国城镇居民消费的恩格尔系数时空变迁与可比性问题	时空变迁	变迁	动词		
9	论交通运输在经济时空推移和结构演变中的宏观作用	经济时空推移	经济	名词	推移	动词

10.3 关于时空词汇词性探索面临的挑战与主观应对

时空词汇词性对于本书的挑战比先前4章所面临的挑战更为严峻。

10.3.1 关于时空词汇词性探索面临的挑战

词性是一项极其复杂的体系,见表10-5[231]。

表10-5　　　　词性的结构体系

1级分类	2级分类	3级分类
实词	体词	名词
		数词
		量词
	谓词	动词
		形容词
	加词	区别词
		副词
	代词	代词
虚词	关系词	连词
		介词
	辅助词	助词
		语气词
	叹词	叹词
	拟声词	拟声词

从表10-5可以看出,词性是极其复杂的,中文的词(包括汉字),从一级分类看,可以分为实词和虚词,从二级分类看,又可以分成八种类型,从三级分类看,可以分成14种类型。

也有观点认为,叹词和拟声词并不属于虚词,因为两类词的特点是在句子中通常不跟其他词发生结构关系[232]。

由于词性种类如此繁多,这就使得本书辨别时空词汇词素词性的工作量就显得异常庞大。

因此,词性研究所面临的挑战是空前的。

还好在词性众多种类中，绝大多数种类并不可能被纳入时空词汇中。虚词（包括叹词和拟声词这两类是否属于虚词还存在着争议的种类），由于自身并没有实质性含义，不可能作为时空词汇的词素。即使剔除了虚词，实词也包括 4 个二级种类和 8 个三级种类，词性的筛选工作依然庞大。

10.3.2 关于上述挑战的主客观应对

面对时空词汇中词性界定这一比词素界定更为严峻的挑战，本书采取了三种应对策略，首先是根据词素的含义和作用并结合整个时空词汇的含义进行判断，其次是借鉴英语对应词汇的词性，最后依然是需要发挥出自己的主观能力。

对于绝大部分时空词汇来说，本书具有准确辨识其含义的能力，也能识别出时空词汇中各个词素的含义与作用，因此，这些可以辨识的时空词汇中除"时空"和"分析"或"研究"之外的词素的词性可以准确辨识出来。

对于难以准确辨识的时空词汇的词素，就可以借助这些词素所对应的 English word 的词性来界定其词性。在这方面，英语词典要优于中文词典，因为英语词典对每个 word 都要标注其词性。

由于英语 word 与中文词素的词性之间并非完全一一对应的关系，这种客观标准在一定程度上也会失效，此时，笔者还需要发挥自己的主观能力。

10.3.3 关于时空词汇词性的问题

关于时空词汇的词性，本书提出了如下三个问题。

首先，需要知道 1989～2018 年 C 刊发表的 1485 篇时空分析论文所采用的时空词汇中，所包含的所有词素的准确词性。

其次，需要知道构成这些时空词汇的词性的比例情况。

最后，需要知道这些词性在本书全部研究素材所采用的时空词汇中出现的频次，这同样对于本书后续研究（特别是第 12 章——时空词汇间语义研究和第 13 章——时间词汇间连锁研究）提供了定量分析的数量依据。

10.4 本章小结

本书最初关于时空词汇词性相关问题的探索，隐含着两项假设。与前 4

章的研究历程相比,本章研究的最初阶段,这两项隐含假设所得到的肯定并不是来自论文,而是来自本书研究内容 8 个维度名词的分析,当然,最初的 7 篇论文都是肯定这两项假设的,但随后的第 8 篇和第 9 篇论文就出现了对这些假设的否定。在这种否定之下,本书通过深入分析,发现比预期更为丰富、也更为复杂的时空词汇中的词性的情形。

通过分析,可以确定如下结论:

(1) C 刊时空分析论文所采用的时空词汇的词素中,不仅存在着名词这种词性,也存在着动词这种词性。

(2) 在时空词汇的词性中,理论上的词性是 8 种(8 种三级实词种类)。

(3) 本书原则上可以采用客观标准来确定时空词汇中所包含的词素,但特殊情况下,依然需要进行主观选择。

(4) 本章为对应的客观分析提出了需要定量分析的三个问题,分别是:本书第 6 章所制成的时空词汇表中时空词汇的词素的词性情况,这些词素各种词性的比例情况,这些词性在 1989~2018 年 C 刊发表的 1485 篇时空分析论文所采用的时空词汇中出现的频次的情况。这三个问题,可以全部进行时空分析。

第 11 章

时空词汇层次的主观时空分析

本书意识到词性是研究时空词汇的非常重要的研究内容之一,当然既是本书初始判断与后续研究不断冲突的结果,同时也是本书将学术成果目标变更为本书的自觉选择,这是因为,层次是时空词汇的重要维度之一。

11.1 关于时空词汇层次研究的初始判断

关于时空词汇层次的初始判断,依然是建立在笔者当初并未意识到的假设的基础上。不过,在开始本节研究之前,本书需要对时空词汇层次进行必要的简要的界定。

11.1.1 关于时空词汇层次的简要界定

按照百度百科的解释,层次是指系统在结构或功能方面的等级秩序[233]。如果按照这一解释来讲,本章所研究的时空词汇的层次问题,实际上就与本书第 8 章所研究的时空词汇的格式问题,以及本书第 9 章所研究的经济管理领域的时空词汇的结构问题,形成了相当大程度上的重叠或交叉。

产生这种各章研究内容存在重叠或交叉的根本原因,在于时空词汇研究本身是一项全新的研究领域,作为处于前沿地位的笔者来说,只能在不断试错的过程中,才能逐步弄清楚各个子研究领域的相互关系,并尽可能合理划分这些子研究领域的边界。

关于时空词汇的层次,可能需要至少从三个层次进行界定,见图 11-1。

第一个层次,是研究内容的层次。在这一层次,应该通过对时空词汇层次的界定,最终使本章的研究内容与本书第 8 章、第 9 章的研究内容有相对

第 11 章 时空词汇层次的主观时空分析

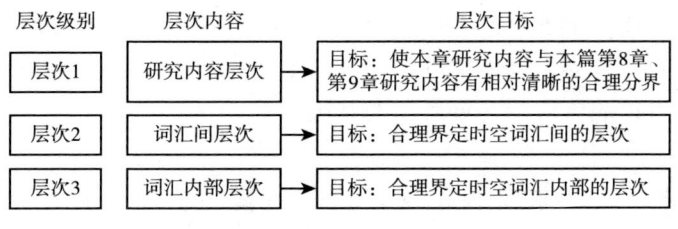

图 11 – 1 时空词汇层次的界定

清晰的合理分界。

第二个层次，是时空词汇间的层次。在这一层次，应该通过界定，使不同的时空词汇的层次得以界定。

第三个层次，是时空词汇内部的层次。在这一层次，应该通过界定，使时空词汇内部的层次得以界定。

本章和本书第 7 章相同，其研究内容都是超越了本书第 9 章所设计的时空词汇结构层次的一项研究，这项研究，不仅属于时空词汇内部的研究层次，也属于词汇间的研究层次，参见本书第 9 章的图 9 – 1。

综合上述三个层次，再结合本书第 8 章、第 9 章和第 10 章的研究发现，本书关于时空词汇层次界定如下：

从词汇间层次看，时空词汇层次是指语义相关的词素（包括复合词素）的层次关系。

在时空词汇间的层次看，语义相关是指至少两个词汇，存在着种概念和属概念的层次对应关系。

从效果看，这一界定，不仅使本章研究内容与本书第 8 章、第 9 章的研究内容形成了相对清晰的合理分界，也使本章与本书第 12 章——词汇间语义关系的研究内容形成了相对清晰的合理分界（具体的分界说明，安排在本书第 12 章中），还使本章与本书第 13 章——词汇间连锁关系的研究内容形成了关联。

从词汇内部看，是指同一个经济管理领域的时空词汇，除去"时空"这一规格最高的词素外，其他语义相关的词素之间的层次关系。

从时空词汇内部的层次看，语义相关是指同一个时空词汇内部，"时空"之外的其他词素因词性而形成的层次关系。如果这一词汇中还包括"分析"或"研究"这类词素，则这种语义相关，包括除"时空"和自身之外的其他词素与这类词素的层次关系。

通过上述词汇内部层次的界定，可以使本章的研究内容与本书第 8 章的研究内容形成了相对清晰的合理分界，也使本章的研究充分建立在了本书第 9 章、第 10 章的研究发现的基础上。

因此，上述界定不仅是本章研究内容与本书其他各章的研究内容形成了相对清晰的合理分界，也使本章的研究内容充分建立在先前各章的研究发现基础上，也可以成为后续两章研究的基础。

11.1.2 关于时空词汇层次的初始假设的前提条件

再次回到本书学术研究的原点——本书第7章的隐含初始假设7-1。

隐含假设7-1：这些时空词汇符合词汇表达式7-1。

时空A　　　　　　　　　　　　　　　　　　　　（词汇表达式7-1）

在给出本章的隐含假设之前，还需要补充如下两项前提条件：

前提条件11-1：如果此时空词汇中，满足如下两项条件：

第一项条件：这一时空词汇中，不包含"分析"或"研究"这类次高规格的词素；

第二项条件：A不是唯一的词素，它可以再分解为A1A2A3…An。

这样，时空A就可以表示为如下词汇表达式：

时空A1A2A3…An　　　　　　　　　　　　　　　（词汇表达式11-1）

对于词汇表达式11-1的时空词汇，假设A1A2A3…An这些词素层次完全相同。

前提条件11-2：此时空词汇中，满足如下两项条件：

第一项条件：这一时空词汇中，包含"分析"或"研究"这类次高规格的词素；

第二项条件：A不是唯一的词素，它可以再分解为A1A2A3…An。

这样，时空A就可以表示为如下词汇表达式：

时空A1A2A3…An分析或研究　　　　　　　　　　（词汇表达式11-2）

上述两项前提条件是选择性的关系，即或者是前提条件11-1，或者是前提条件11-2。之所以划分为两项前提条件，也是借鉴了本书第8章的研究发现，充分考虑了"分析"或"研究"在时空词汇中的次高规格，也考虑到并不是所有的狭义的时空词汇都包含这类次高规格的词素。

现在看来，这里的词汇表达式11-2，实际上也应该是本书第8章——格式研究的重要研究内容。

11.1.3 关于时空词汇层次的初始假设

在确定了上述两项选择性的前提条件后，就可以看出本章的隐含初始假设。

还是要回到本书学术研究的原点——本书第 7 章的隐含初始假设 7-1。

隐含假设 7-1：这些时空词汇符合词汇表达式 7-1。

时空 A （词汇表达式 7-1）

从对时空词汇层次进行分析的目标出发，结合上述两项前提条件，可以依托隐含假设 7-1 再延伸出两项隐含的假设。

隐含假设 11-1：如果是符合词汇表达式 11-1 的时空词汇，则 A1A2A3…An 这些词素层次完全相同。

隐含假设 11-2：如果是符合词汇表达式 11-2 的时空词汇，则 A1A2A3…An 这些词素层次完全相同。

上述两项隐含假设也是选择性的关系，即或者是隐含假设 11-1，或者是隐含假设 11-2。

11.1.4　关于时空词汇层次初始假设深入剖析

本章的隐含假设，源于两点理由。

第一点理由：承认前面的研究发现。

本书的研究呈现着一种内在的时空关系，在时间维度，后续章的研究顺序在先前各章的后面，时间上呈现先后关系，在空间维度，后续章的研究内容建立在先前各章的研究内容的基础之上，空间上呈现高低关系。

本章的这两项选择性的隐含假设，就是承认了本书第 8 章和第 9 章的研究发现。第一个承认，就是承认了时空词汇中，除了"时空"这一最高规格的词素外，还可能存在着"分析"或"研究"这类次高规格的词素；第二个承认，就是承认了除了上述两类高规格的词素，时空词汇中，还存在着多词素的可能性。

这种承认，也在研究内容上合理划分了本章与本书第 8 章、第 9 章的分界，见图 11-2。

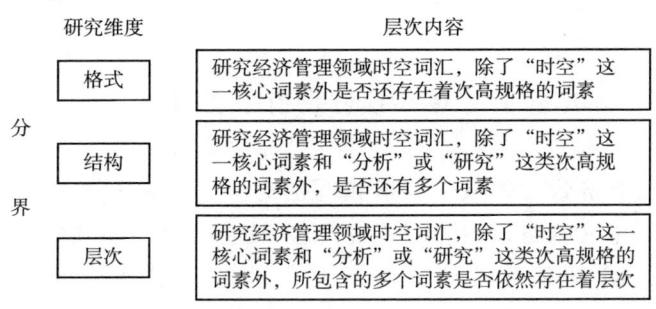

图 11-2　本章与本书第 8 章、第 9 章研究内容的分界

如果深入分析，也可以发现，图11-2也说明了本章与本书第8章、第9章在研究内容上先后呈递关系，即本书第9章承认本书第8章的研究发现，而本章承认这两章的研究发现。

第二点理由：简化研究难度、降低研究工作强度。

通过假设，可以使一项学术研究的难度大幅度降低，当然也大幅度减少了研究的工作强度。

本书采用了很多的假设，虽然这些假设当初是隐含的，并未被笔者清晰地意识到，但这些假设客观上起到了降低时空词汇研究难度和工作量的作用。

对于时空词汇研究，这样一项全新的研究体系，既没有任何可以继承的研究范式，也没有可以借鉴的研究范式，几乎在完全不清晰的世界中探索，既不能确定前进的方向，也不能确定合理的研究阶段，在这种研究的探索中，只要能够取得一些研究的成果，就是一种成功。进行必要的假设是这种成功的重要保证。回顾其他成熟的学术体系的最初发展阶段，都是通过必要的假设，使得这些学术研究获得了最初的研究成果。

时空词汇研究还有一种很重要的特点，那就是研究素材已经十分庞大，即使做了一些看起来很苛刻的假设，使得学术研究的工作量大幅度降低，降低后的工作量依然很庞大，依然可以支撑起相对丰富的预期研究成果。

11.2 关于时空词汇层次的探索历程

本章关于时空词汇层次的主观时空分析的探索，并没有像本书前五章那样，要经历了一个先扬后抑的起伏过程，而是在开始阶段，经历了一个无法对笔者所隐含的假设进行肯定或否定的过程，然后才被经历了隐含的假设被否定的过程。

11.2.1 前六篇论文对本章假设的不置可否

按照中国经济管理领域学者所撰写的时空分析论文发表在C刊的时间先后，前6篇论文都难以对本书关于时空词汇层次的两项隐含的假设进行肯定或否定，因为都不满足本书所要求的两项选择性的前提条件，见表11-1。

表 11-1　前六篇论文对两项隐含假设的不置可否

序号	标题	时空词汇	"时空""分析"或"研究"这两个高规格词素之外的词素 1	"时空""分析"或"研究"这两个高规格词素之外的词素 2	两者关系
1	我国社会主义商品经济新秩序的时空结构	时空结构	结构	无	无
2	谈谈应用时空观提高商品流通质量的问题	时空观	观	无	无
3	价值时空观和成本相对论：兼论重置成本会计	价值时空观	价值	观	无
4	城乡居民收入差距的时空特征分析	时空特征分析	特征	无	无
5	西环太平洋地带经济性特区发展的时空关系及其类型	时空关系	关系	无	无
6	中国经济台阶式发展的时空结构与运行机制——学习邓小平经济发展思想的体会	时空结构	结构	无	无

中国经济管理领域研究者关于时空研究发表在 C 刊的前六篇论文中，对本书关于时空词汇层次的两项隐含假设的不置可否，是本书启动主观时空分析的学术研究过程以来从未遇到的情形。

这在一定程度上，也表明本书关于时空词汇层次的假设，并没有像本书前 5 章的隐含假设那样清晰可辨。

11.2.2　第七篇论文对关于时空词汇层次假设的否定

此前五项研究都经历了先肯定后否定的历程，而本章的研究连最先的肯定都没有遇到。到了第七篇论文，就迎来了对本章关于时空词汇层次的两项隐含假设的否定，见表 11-2。

表 11-2　第七篇论文对两项假设的否定

序号	标题	时空词汇	"时空""分析"或"研究"这两个高规格词素之外的词素 1	"时空""分析"或"研究"这两个高规格词素之外的词素 2	两个词素组成的复合词素的类型	两者关系
7	改革开放以来广东省利用外资的时空差异特征	时空差异特征	差异	特征	修正词组[234]	"特征"是中心词、"差异"是修饰词

11.3 关于时空词汇层次探索面临的挑战与主观应对

本章关于时空词汇层次的研究,这种连先肯定都没有体验就被否定的研究过程,使本书充分意识到,关于时空词汇层次的研究,挑战可能更为严峻。

11.3.1 本书关于时空词汇层次探索面临的挑战

回到本章第 1 节关于时空词汇层次分析所提出的两项选择性的前提条件,如果不考虑"分析"或"研究"这类次高规格的时空词汇词素,则这两项前提条件中,有一项共同的要素,就是词汇表达式 7 - 1——时空 A 中的 A,可以分解为 A1A2A3…An。

这种 A1A2A3…An 的结构可以被称为时空词汇内部的词素组合结构 11 - 1。这种结构,从语法意义上讲,就是一条词组(或短语),其对应的英语词汇是 phrase。

本书关于时空词汇内部层次的研究,所面临的严峻挑战就是词组类型的极端复杂性。

词组类型是一项极其复杂的体系,见表 11 - 3[235]。

表 11 - 3　　　　　　　　　词组的结构体系

序号	词组类型	类型特征
1	并列词组	结构是"A" + "B",A 与 B 之间词性相同,层次相同
2	复指词组	结构是"A" + "B",A 与 B 之间词性相同,层次相同,含义也相同,合在一起形成强调作用
3	偏正词组	结构是"B" + "A",A 是中心词,B 是修饰词,两者词性不同,层次不同
4	主谓词组	结构是"名词" + "动词",动词是词组中心词
5	动宾词组	结构是"动词" + "宾语",动词是词组中心词
6	动补词组	结构是"动词" + "补语",动词是词组中心词
7	形补词组	结构是"形容词" + "补语",形容词是词组中心词
8	方位词组	结构是"名词"或"动词" + "方位词",方位词是词组中心词
9	量词词组	结构是"数词"或"指示代词" + "量词",量词是词组中心词
10	介词词组	结构是"介词" + "名词"或"代词"或"名词词组",介词是词组中心词
11	"的"字词组	结构是"名词"或"动词"或"代词"或"形容词" + "的","的"字是词组中心词
12	"所"字词组	结构是"所" + "动词","所"字是词组中心词

从表 11 - 3 可以看出，中文的词组（短语），从结构类型看，可以划分为 12 种类型。

也有观点认为，中文的词组（短语），从结构类型看，可以划分为多达 16 种类型[236]。由于没有找到这 16 种中文词组类型的详细说明的资料，本书就采用了 12 种类型的资料。

由于中文词组（短语）结构类型繁多，使得本书辨别时空词汇词素层次的工作量显得异常庞大，与前一章因词性种类繁多而给经济管理时空词汇词性辨别的工作量旗鼓相当。

因此，时空词汇层次研究所面临的挑战，虽然不能说在本书的研究过程中是空前的，因为"空前"这一状态只能用于本书的前一章——时空词汇的词素研究，但本章的挑战与前一章是并驾齐驱的。

好在中文词组（短语）的结构类型中，绝大多数中文词组（短语）结构类型种类并不可能被纳入到时空词汇中。如由虚词作为核心词所构成的中文词组（短语），包括介词词组、"的"字词组和"所"字词组这三种中文词组（短语）结构类型，不可能作为时空词汇的词素。即使剔除了这三种中文词组（短语）的结构类型，时空词汇层次的可能的结构类型依然留下了九种，筛选工作依然庞大。

11.3.2 关于上述挑战的主客观应对

面对时空词汇中层次界定这一与词性界定同样严峻的挑战，本书也采取了三种应对策略，首先是根据词素的含义和作用并结合整个时空词汇的含义进行判断这些中文词组（短语）的结构类型，其次也是借鉴英语对应词汇的词组（短语）的结构类型，最后依然是需要发挥出自己的主观能力。

对于绝大部分时空词汇来说，本书具有准确辨识其含义的能力，也能识别出时空词汇中各个词素的含义与作用，因此，这些可以辨识的时空词汇中，除"时空"和"分析"或"研究"之外的词素所构成的部分的层次可以准确辨识出来。

以第七篇论文的时空词汇为例。

第七篇发表在 C 刊的时空分析论文的时空词汇是"时空差异特征"。在这一时空词汇中的词素组合结构 11 - 1 是"差异特征"，它包括"差异"和"特征"这两条时空词素。虽然，这两条词素均为名词，但并不是并列词组或复指词组，而只能是偏正词组，其中，"特征"是中心词，而"差异"是修饰词。

对于难以准确辨识的时空词汇的层次，就可以借助这些词汇中除了"时空""分析"或"研究"之外的词素所对应的English word 的词性、词义来界定其层次。

对时空词汇的研究内容，从难度看，层次层面对英语的借助难度要大于词素层面对英语的借助难度。

仍以"差异特征"为例。这个中文复合词素的英语对于词组情况见图11-3[237]、图11-4[238]。

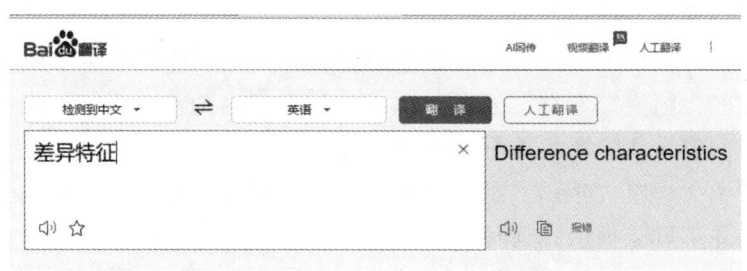

图11-3 "差异特征"英语对应词汇的百度翻译

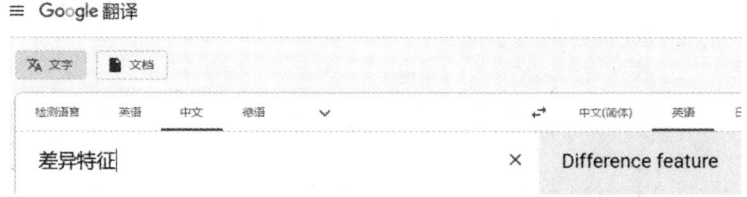

图11-4 "差异特征"英语对应词汇的Google翻译

从图11-3和图11-4可以看出，即使翻译为英语，无论是"Difference characteristics"，还是"Difference feature"，都是两条名词（noun）的组合，依然难以直接看出这两条词素的层次关系。

因此，如果上述两种方案应对时空词汇层次的界定的挑战的方案均难以奏效，本书还需要发挥自己的主观能力。

11.3.3 关于时空词汇层次的问题

首先，需要知道1989~2018年C刊发表的1485篇时空分析论文所采用的时空词汇中，包含的所有时空词汇内部的词素组合结构11-1（A1A2A3…An）的情况。

其次，需要知道这些时空词汇的词素组合结构的中文词组（短语）的结构种类情况。

第三，需要知道这些时空词汇内部的词素组合结构 11-1 的比例情况。

第四，需要知道，这些时空词汇内部的词素组合结构 11-1 在本书全部研究素材所采用的时空词汇中出现的频次，这同样对于本书后续研究（特别是第 12 章——时空词汇间语义研究和第 13 章——时间词汇间连锁研究）提供了定量分析的数量依据。

最后，还需要知道，时空词汇之间的层次关系的情况。

11.4　本章小结

本书最初关于时空词汇层次相关问题的探索，隐含着两项假设。与前五章的研究历程相比，本章研究的最初阶段，这两项隐含假设面临着一种前所未有的尴尬局面，即这两项关于时空词汇层次的隐含假设，既得不到发表在 C 刊所发表的时空分析论文的肯定，也得不到否定。不过，很快就发现了可以否定本书关于时空词汇层次的两项隐含假设的论文。在这种否定之下，本书通过深入分析，发现比预期更为丰富、也更为复杂的时空词汇中的层次的情形。

通过分析，可以确定如下结论：

（1）C 刊时空分析论文所采用的时空词汇中，即使不考虑"时空""分析"或"研究"这两类高规格的词素外，只要存在着时空词汇内部的词素组合结构 11-1，则就可能存在着这一词素组合结构不同词素的层次。

（2）在时空词汇的层次分析中，理论上存在的中文词组（短语）的可能性是九种，分别是并列词组、复指词组、偏正词组、主谓词组、动宾词组、动补词组、形补词组、方位词组、量词词组。

（3）本书原则上可以采用客观标准来确定时空词汇中所包含的词素组合结构 11-1 中的层次，但特殊情况下，本书依然需要进行主观选择。

（4）本章为对应的客观分析提出了需要定量分析的四个问题，分别是：

第一，1989~2018 年 C 刊发表的 1485 篇时空分析论文所采用的时空词汇中，包含的所有时空词汇内部的词素组合结构 11-1（$A_1A_2A_3\cdots A_n$）的情况。

第二，这些时空词汇内部的词素组合结构 11-1 在所有时空词汇的比例情况。

第三，这些时空词汇内部的词素组合结构 11-1 在本书全部研究素材所采用的时空词汇中出现的频次情况。

第四，这些时空词汇之间的层次关系的情况。

这四个时空词汇层次分析的问题，前两个可以进行定量的时空分析，后两个问题只进行定量的空间分析。

第 12 章

时空词汇间语义关系的主观时空分析

本书意识到应该研究时空词汇之间的关联性,是对前面的时空词汇深入研究后的一次自觉,它堪称时空词汇空间体系构建的关键性突破,最终促使本书敢于将时空分析纳入本书的书名中,这是因为,只有构建了元素之间的关联性,由元素构成的空间,才不再是简单的空间,而是有着内在结构的数学性质的空间。

在时空词汇间的关联性中,本书现阶段只发现了语义的关联性和位置的关联性。在本章研究语义的关联性,在下一章研究位置的关联性。

12.1 关于时空词汇间语义关系主观研究的初始判断

关于时空词汇间语义关系的初始判断,也是建立在本书当初并未意识到的假设的基础上,只是本章的这些假设超越了本书前 6 章的隐含假设。

12.1.1 本章研究所要求的隐含假设对隐含假设 7-1 的继承与超越

本书第 10 章的 10.1 节,已经指出了本书第 7 章的隐含假设 7-1,是本书整个学术研究体系 8 个维度的坐标系的原点,参见本书第 10 章的图 10-2。

本章的隐含假设也同样要回到这个原点。

隐含假设 7-1:这些时空词汇符合词汇表达式 7-1。

时空 A   (词汇表达式 7-1)

符合词汇表达式 7-1 的这些时空词汇,可以被称为经济管理领域标准的狭义时空词汇。

与本书前6章的隐含假设不同的是，隐含假设7-1更多体现为继承不同，本章研究所要求的隐含假设对隐含假设7-1体现出继承与超越的有机统一。这源于本章（以及下一章）研究的并不是时空词汇自身特征的这一层次，而是研究时空词汇之间关系的层次。

因此，本章（以及下一章）再次回到隐含假设7-1时，就不是回到单一的隐含假设7-1，而是多个隐含假设7-1所组成的隐含假设7-1群。

现在给隐含假设7-1群进行必要的界定。

隐含假设7-1群至少包括如下三项假设：

隐含假设7-1-0，至少有一条经济管理领域的狭义时空词汇符合词汇表达式7-1，即时空A。

隐含假设7-1-0可以被称为经济管理领域标准狭义时空词汇的存在性假设。这一假设是本书整个研究体系最重要的假设，只有存在经济管理领域标准狭义时空词汇，本书的研究才有意义，否则就成了"空中楼阁"。

因此，从时空视角看，隐含假设7-1-0，是隐含假设7-1群的起始（时间视角）——基础（空间视角）假设。

隐含假设7-1-1，如果只有一条经济管理领域的狭义时空词汇符合词汇表达式7-1，则这个词汇就是整个经济管理领域标准狭义时空词汇，其他词汇的词汇表达式只能有如下两项表达式，分别是：

（1）其他词汇中时空A之外的其余词素后置。

这种时空词汇可以表示为时空（A + Bj），j是从1到任何足够大的自然数。

可以将时空（A + Bj）这种词汇表达式称为经济管理领域狭义时空词汇的词汇表达式7-1-Bj。

（2）其他词汇中时空A之外的其余词素插入到时空和A之间。

这种时空词汇可以表示为时空（Ck + A），k是从1到任何足够大的自然数。

可以将时空（Ck + A）这种词汇表达式称为经济管理领域狭义时空词汇的词汇表达式7-1-Ck。

隐含假设7-1-2，如果有n条经济管理领域的狭义时空词汇都符合词汇表达式7-1，则这些词汇都是整个经济管理领域标准的狭义时空词汇。为了显示出这些时空词汇的区别，需要对这些基本词汇进行排序，并按照顺序赋予词汇表达式。

关于这些经济管理领域狭义基本时空词汇的排序，对这些词汇实际上并不具有实质性的决定作用，而只是有一个先后顺序，并不说明排序居于前列的时空词汇就更为重要。

假设所有的经济管理领域基本时空词汇排序如下：

时空 A1

时空 A2

…

时空 An

对这些排序的时空词汇都赋予与顺序对应的词汇表达式。

时空 A1　　　　　　　　　　　　　　　（词汇表达式 7 - 1 - A1）

时空 A2　　　　　　　　　　　　　　　（词汇表达式 7 - 1 - A2）

…　　　　　　　　　　　　　　　　　　　　　　　　　　…

时空 An　　　　　　　　　　　　　　　（词汇表达式 7 - 1 - An）

这些经济管理领域狭义时空词汇的基本词汇的词汇表达式称为经济管理领域狭义时空词汇的词汇表达式 7 - 1 - Ai，i 是从 1 到任何足够大的自然数。

隐含假设 7 - 1 - 1 和隐含假设 7 - 1 - 2 是建立在隐含假设 7 - 1 - 0 基础上的两项选择性的隐含假设，这两项选择性隐含假设可以被称为经济管理领域标准狭义时空词汇存在的可能性的备选假设。

因此，从时空视角看，隐含假设 7 - 1 - 1 和隐含假设 7 - 1 - 2，这是隐含假设 7 - 1 群的延伸（时间视角）——高级（空间视角）假设。

其中，隐含假设 7 - 1 - 1 中的词汇表达式 7 - 1 - Ck 所表示的经济管理领域狭义时空词汇时空（Ck + A）中的 A，现在看起来，最大的可能性就是"分析"或"研究"。如果这种可行性得以被落实，则词汇表达式 7 - 1 - Ck 就是本书第 8 章——时空词汇格式研究的基本词汇表达式。

从隐含假设 7 - 1 升级为隐含假设 7 - 1 群，虽然也要回到隐含假设 7 - 1，就不仅是继承，而是既有继承，更有超越。

12.1.2　基于隐含假设 7 - 1 群汇总的时空词汇三种新的词汇表达式

通过上述分析，基于升级后的时空词汇研究的隐含假设 7 - 1 群，对 12.1.1 已经发现了时空词汇新的三种词汇表达式，本部分将其汇总到表 12 - 1。

12.1.3　关于时空词汇间语义关系的初始假设

根据升级后的隐含假设 7-1 群,本书就可以意识到当初关于时空词汇间

表 12-1　基于隐含假设 7-1 群的词汇表达式

词汇表达式编号	词汇表达式	相关说明
7-1-Ai	时空 A1	i 是从 1 到任何足够大的自然数
	时空 A2	
	时空 A3	
	…	
	时空 An	
7-1-Bj	时空（A+B1）	j 是从 1 到任何足够大的自然数
	时空（A+B2）	
	时空（A+B3）	
	…	
	时空（A+Bm）	
7-1-Ck	时空（C1+A）	k 是从 1 到任何足够大的自然数
	时空（C2+A）	
	时空（C3+A）	
	…	
	时空（Cl+A）	

语义关系的两项隐含假设。

在隐含假设 7-1 群,与本章研究内容有直接关系的隐含假设是隐含假设 7-1-2,如果有 n 个经济管理领域的狭义时空词汇都符合词汇表达式 7-1,则这些词汇都是整个经济管理领域标准的狭义时空词汇。隐含假设 7-1-1 暂不研究。

本章研究内容就是这些经济管理领域标准狭义时空词汇之间的语义方面的关系。

为了简化研究强度,本章只选择两条词汇进行比较,多条词汇的比较同理。

依据隐含假设 7-1-2,肯定存在着两条经济管理领域的狭义时空词汇都符合词汇表达式 7-1。这条时空词汇的表达式分别是:

时空 A1　　　　　　　　　　　　　　　（词汇表达式 7-1-A1）

时空 A2　　　　　　　　　　　　　　　（词汇表达式 7-1-A2）

关于这两条经济管理领域的时空词汇,本书在研究时空词汇间语义关系时,隐含了如下两项选择性的假设。

隐含假设 12-1:时空词汇中的词素 A1 和 A2 词性不同。

第12章 时空词汇间语义关系的主观时空分析

隐含假设12-2：时空词汇中的词素A1和A2词性相同，但语义彼此完全独立。

隐含假设12-1很好理解，现在对隐含假设12-2进行深入解析。

从理论上讲，时空词汇中词性相同的词素A1和A2在语义上存在两种关系，见表12-2。

表12-2 时空词汇中词性相同的词素A1和A2在语义上的两种关系

相关性	特征
完全独立	A1和A2在语义方面完全没有任何重合度
不完全独立	A1和A2在语义方面可以存在一定重合度

不完全独立又可以表述为相容，时空词汇中词性相同的词素A1和A2在语义上的相容关系有2种一级相容关系（正相容关系和负相容关系）和5种二级相容关系（正相容关系中的全同关系、包含关系和交叉关系，负相容关系中的矛盾关系和对立关系[239]），见表12-3。

表12-3 时空词汇中词性相同的词素A1和A2在语义上的相容关系

相容关系		特征
一级相容关系	二级相容关系	
完全独立	全同关系	A1和A2在语义方面完全可以有任何重合度
	包含关系	从语义关系看，或者$A1 \subset A2$，或者$A1 \supset A2$
	交叉关系	A1和A2在语义方面虽然并不重合，但有部分语义重合
不完全独立	矛盾关系	从语义关系看，A1的语义与A2的语义，既不能同时真，也不能同时假
	对立关系	从语义关系看，A1的语义与A2的语义，可以同时假，但不能同时真

时空词汇中词性相同的词素A1和A2的全同关系见图12-1，两者的包含关系见图12-2，两者的交叉关系见图12-3，两者的矛盾关系见图12-4，两者的对立关系见图12-5。

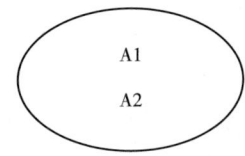

图12-1 时空词汇中词性相同的词素A1和A2在语义上的全同关系

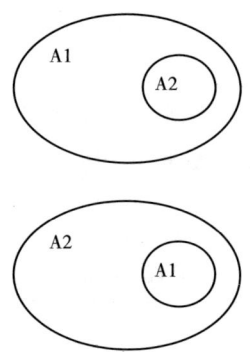

图 12-2　时空词汇中词性相同的词素 A1 和 A2 在语义上的包含关系

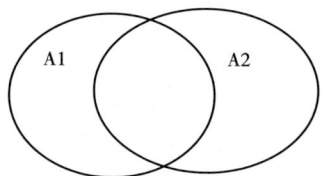

图 12-3　时空词汇中词性相同的词素 A1 和 A2 在语义上的交叉关系

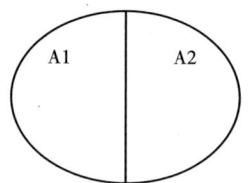

图 12-4　时空词汇中词性相同的词素 A1 和 A2 在语义上的矛盾关系

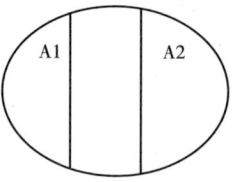

图 12-5　时空词汇中词性相同的词素 A1 和 A2 在语义上的对立关系

需要说明的是，任何两条同词性的词汇之间都会有关联性，但这依然可以表明这两条词汇的词义是完全独立的。以人为例。从性别上划分，可以分为男人、女人、难以划定性别的人[240]；从年龄划分，在某个明确的时点，如 2020 年 1 月 1 日 0 时，可以分为 20 周岁及以下的人，20 周岁以上的人。从语义上讲，男人和 20 周岁及以下的人，这两条词汇的语义是完全独立的，虽然男人中有 20 周岁及以下的男人。

本章的隐含假设 12-2 就是指，两条经济管理领域同词性的词汇，在语义上，没有图 12-1～图 12-5 所表示的关系。

12.1.4　关于时空词汇间语义关系初始假设的深入剖析

现在回首本书关于时空词汇间语义关系的初始隐含假设，就可以知道笔者的目的。

如果经济管理领域狭义的时空词汇有 n 条，且均符合隐含假设 7-1 词汇表达式，如果再在语义上完全独立，则这些词汇所构成的词汇表就是一份标准意义上的时空词汇的词汇表，这一词汇表中的词汇，即使在语义上有关联性，但这种关联是自由组合意义上的关联，并不表明它们相容或不相容，因此，它们都是即有独立意义的词汇。就像"时间"和"空间"这两条词汇，即使在语义上有关联性，但这是两条完全独立的词汇。

本书关于时空词汇间语义关系的两项假设，就是确保所制作的词汇表中的词汇在语义上是完全独立的。

12.1.5　关于时空词汇间语义关系初始假设的补充说明

本章研究内容与前一章有所交叉。图 12-2 所表示的时空词汇之间的包括关系，就属于前一章的研究内容，本章就不再涉及。

如果两条时空词汇 A1 和 A2 在语义关系如图 12-1 所示，这两条词汇被称为等义词或同义词[241]。如果两条时空词汇 A1 和 A2 在语义关系如图 12-3 所示，特别是当重合部分高度接近与完全重合时，这两条词汇被称为近义词[242]。

有些观点认为等义词和同义词的关系就是图 12-1 所示的关系，即这两条词汇语义完全相同。但也有观点认为这两条词汇的关系就是图 12-2 所示的关系，其中同义词不仅包含等义词，也包含近义词，用公式表示就是：

等义词⊂同义词　　　　　　　　　　　　　　　　　（公式 12-1）
近义词⊂同义词　　　　　　　　　　　　　　　　　（公式 12-2）

由于词义辨析本来就是一项难以客观分析的工作，且等义词和近义词难以清晰分辨，因此，本书决定采用第二种观点，将等义词和近义词这两条词汇统称为同义词。

如果两条时空词汇 A1 和 A2 在语义关系如图 12-4 和图 12-5 所示，这两条词汇被称为反义词[243]。

严格来讲，图 12-4 和图 12-5 所反映的关系并不一致，但基于与上述同样理由，笔者将语义关系上呈现矛盾关系和对立关系的两条时空词汇统称为反义词。

12.2 关于时空词汇间语义关系主观时空分析的探索历程

本章关于时空词汇间的语义关系的主观时空分析的探索，又呈现出一种新的体验过程，既不像本书前五章那样要经历了一个先扬后抑的起伏过程，也不像前一章在经历了一个无法对本书所隐含的假设进行肯定或否定的过程之后才经历了隐含的假设被否定的过程。

12.2.1 本书第 8 章就已显现出的对本章隐含假设的否定

对 1989~2018 年发表在 C 刊的时空分析论文所采用的时空词汇，进行它们之间语义关系的探索，最初的隐含假设，其实在本章尚未开始进行时，就已经被否定了。

本书第 8 章研究时空词汇的格式，其中就涉及除了"时空"这一最高规格的词素外，还有一种次高规格的词素，而且这种次高规格的词素并不是一条，而是两条，分别是"分析"和"研究"。

从严格的语义看，分析[244]与研究[245]这两条词汇并不能算是同义词[246、247]。

这两条中文词汇对应的英语词汇也并不一样，见图 12-6[248]、图 12-7[249]、图 12-8[250]、图 12-9[251]。

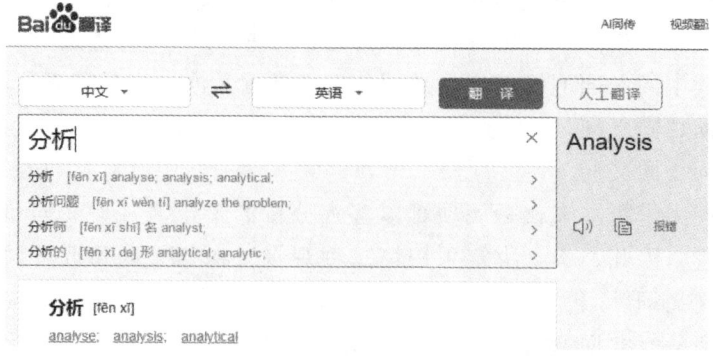

图 12-6 "分析"英语对应词汇的百度翻译

图 12-7 "分析"英语对应词汇的 Google 翻译

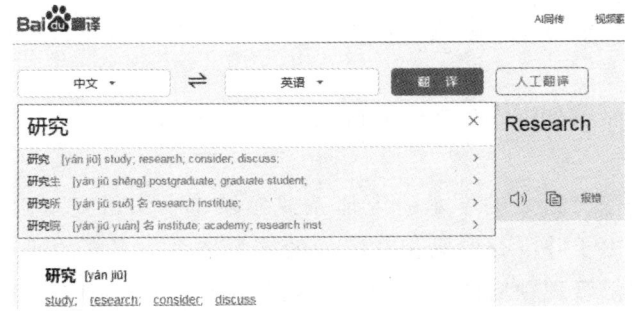

图 12-8 "研究"英语对应词汇的百度翻译

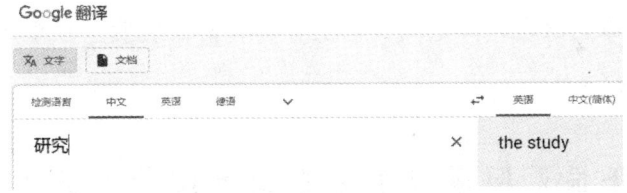

图 12-9 "研究"英语对应词汇的 Google 翻译

然而,在关于经济管理领域时空相关问题的探索中,"时空分析"和"时空研究"是同义词,即使不是等义词。

12.2.2 关于时空词汇间语义关系主观探索的历程简述

虽然尚未启动本章的研究,事实上本章的隐含假设就已经被否定,但鉴于"分析"或"研究",这两条时空词汇的重要词素是次高规格的词素,如果只有这两条词汇具有语义全同或高度重合关系,在时空词汇表中,其余时空词汇之间依然符合隐含假设 12-1 和隐含假设 12-2,本书依然可以认为本章的两项假设是成立的,只需要将这两条假设修改一下,除去"时空""分析"或"研究"这两种最高规格和次高规格的词汇,其余词汇依然具有语义的完全独立性。

在本书对全部研究素材进行词汇梳理的整个过程中，发现这种语义关系不仅很常见，而且是时空词汇表制作过程中必须要高度重视的寻常现象。

正是由于认识到这一现象的存在，最终导致本书将本章纳入时空词汇主观时空分析的研究项目中。

12.2.3 对本章隐含假设被否定的简要思考

对于时空词汇语义关系之所以出现大量语义高度相关的这种现象，笔者进行了简要思考。

这可能与时空分析或时空研究依然是一项新兴的学术研究体系或领域高度相关。

由于这是一项新兴的学术研究体系或领域，一切研究基础都是新建的，特别是词汇，由于并没有形成相对统一的词汇体系，不同的研究者针对事实上的同一种经济管理领域的时空现象，就会附有不同的词汇，由于这些词汇所表示的经济管理领域的时空现象是相同或相近的，这些词汇就必然是等义词或近义词，甚至是反义词。

因此，可以这么说，大量同义词的存在，恰恰表明一项学术研究体系依然处于创生阶段。

12.3 关于词汇间语义关系探索面临的挑战与主观应对

本章关于时空词汇间语义关系的研究，所面临的挑战是空前严峻的。

12.3.1 关于时空词汇间语义关系主观探索面临的挑战

如果严格进行时空词汇语义关系的审查，所面临的第一项挑战就是工作量空前巨大。

对时空词汇内部词素各种性质（格式、结构、词素、词性）的分析，其工作量只限于这些词汇本身。如果有 1000 条时空词汇，只需要分析 1000 次。但如果将研究转移到词汇之间的关系，则每一条词汇都应该与其他词汇进行两两比对，这就需要分析 $1000 \times 999 = 999000$ 次。

如果严格进行时空词汇语义关系的审查，所面临的第二项挑战就是工作难度空前艰巨。

语义本身就不是一项可以严格量化分析的指标，而且，大量经济管理领域是词汇的语义并不清晰。

这两项挑战，决定了本章的挑战，绝非本篇前六章所能相提并论的。

12.3.2 关于上述挑战的主客观应对

对于上述两项挑战，本书只能采用两种应对。

关于第一项挑战，本书只能被动应对。这就是说，本书并不准备对所有研究素材所采用的时空词汇进行两两比对，而只是在看见明显呈现出语义高度重合的两条或多条时空词汇时，再被动地进行语义关系分析。如此选择，当然是大幅度降低工作量，否则可能一生都难以完成一部时空分析的专著。笔者也相信自己，对于明确存在着语义高度重合关系的时空词汇，还是能识别出来的。

关于第二项挑战，则依然采用本篇前面各章所采用的应对方案。

可以借鉴英语翻译工具。一种语言文字中的同义词在翻译为另一种语言文字的对应词汇时，就极有可能被翻译为同一个词汇，这就是借助另一种语言文字对同义词的识别。

当然，最后还是要借助笔者的主观能力。

12.3.3 关于时空词汇间语义关系的问题

关于时空词汇间的语义关系的研究，本书提出了如下三个问题。

首先，需要知道1989~2018年C刊发表的1485篇时空分析论文所采用的时空词汇中，所出现的同义词情况。

其次，需要知道，这些经济管理领域的时空词汇之间，还出现了哪些反义词情况。

最后，需要知道，这些所出现的同义词中，各个词汇的词性在本书全部研究素材所采用的时空词汇中出现的频次情况，这对于经济管理领域最终确定权威词汇表，可以提供定量的选择依据。

12.4 本章小结

本书最初关于时空词汇间语义关系问题的探索，隐含着两项假设。与本篇前6章的研究历程相比，本章研究这两项隐含假设面临着一种前所未有的尴尬局面，即在本章尚未启动之前，就已经被否定了。在这种否定之下，本书通过深入分析，发现比预期更为丰富、也更为复杂的时空词汇见的语义关系的情形。

通过分析，可以确定如下结论：

（1）在C刊时空分析论文所采用的时空词汇中，即使不将"分析"与"研究"这类次高规格的词汇计算在内，其余词汇之间也存在着语义高度重合的现象。

（2）在时空词汇间语义关系中，既存在着同义词现象，也存在着反义词现象。

（3）研究时空词汇间的语义关系，面临两项空前的挑战：工作量空前巨大、工作难度空前艰巨。

（4）本书的应对策略，对于第一种挑战，只能被动应对，对于第二种挑战，既可以借助英语翻译工具，也要进行主观选择。

（5）本章为对应客观分析提出了需要定量分析的三个问题，分别是：①1989～2018年C刊发表的1485篇时空分析论文所采用的时空词汇中，出现的同义词的情况。②这些时空词汇间出现的反义词的情况。③这些所出现的同义词中各个词汇的词性在本书全部研究素材所采用的时空词汇中出现的频次情况。这三个时空词汇间语义关系的问题，前两个可以进行定量的时空分析，第三个只进行定量的空间分析。

第 13 章

时空词汇间连锁关系的主观时空分析

本书意识到词汇间连锁关系是研究时空词汇的重要内容,同样首先是源于初始判断与后续研究不断冲突的结果,当然,也是本书对时空词汇间关联性自觉发现的成果之一。

13.1 关于时空词汇间连锁关系主观研究的初始判断

在前一章首先开创了针对时空词汇间关系的研究之后,本章在研究思路上就可以最大程度上借鉴前一章的成功做法,并根据本章研究内容的特点做合理的调整,这样就避免了本章再次进行重复的探索。

13.1.1 本章研究所要求的隐含假设对隐含假设 7-1 的继承与超越

关于对前一章成功做法的借鉴,首先就是关于本章隐含假设的回顾,不是再回到隐含假设 7-1,而是回到依据本章研究内容的特点所要对隐含假设 7-1 升级后的新的隐含假设 x7-1 群。

现在给隐含假设 x7-1 群进行必要的界定。

隐含假设 x7-1 群至少包括如下三项假设:

隐含假设 x7-1-0,即隐含假设 7-1-2 的重新表述。

隐含假设 x7-1-0:在时空词汇中,有 n 条经济管理领域的狭义时空词汇都符合词汇表达式 7-1,且被赋予了一种顺序。

隐含假设 x7-1-0 可以被称为经济管理领域标准狭义时空词群的存在

性假设。

这一假设是本章研究最重要的假设,只有存在经济管理领域标准狭义时空词汇群,本章的研究才有意义。

从这一点看,本章是建立在前一章的基础之上的,这也符合本篇研究一贯的时空准则,从时间看,本章在前一章之后,从空间看,本章立足于前一章基础之上。

隐含假设 x7－1－1,即隐含假设 x7－1－0 与隐含假设 7－1－1 的第一种情况的有机结合。

隐含假设 x7－1－1：存在着 m 条其他词汇,且其位置在 Ai 之后。

隐含假设 x7－1－2,即隐含假设 x7－1－0 与隐含假设 7－1－2 的第二种情况的有机结合。

隐含假设 x7－1－2：存在着一条其他词汇,且其位置在就"时空"这一词素之后且在 Ai 之前。

隐含假设 x7－1－1 和隐含假设 x7－1－2 是建立在隐含假设 x7－1－0 基础上的两项选择性的隐含假设,这两项选择性隐含假设可以被称为经济管理领域标准狭义时空词汇群存在的可能性的备选假设。

从时空视角看,隐含假设 x7－1－1 和隐含假设 x7－1－2,这是隐含假设 x7－1 群的延伸(时间视角)——高级(空间视角)假设。

从隐含假设 7－1 升级为隐含假设 x7－1 群,就是本章在隐含假设方面,虽然也要回到隐含假设 7－1,就不仅仅是继承,而是既有继承,更有超越。

13.1.2 关于时空词汇间连锁关系的初始假设

根据隐含假设 x7－1－0,在赋予顺序后,这些经济管理领域的标准狭义时空词汇排序及其对应的词汇表达式如下:

时空 A1　　　　　　　　　　　　　　　　　(词汇表达式 7－1－A1)

时空 A2　　　　　　　　　　　　　　　　　(词汇表达式 7－1－A2)

…　　　　　　　　　　　　　　　　　　　　…

时空 An　　　　　　　　　　　　　　　　　(词汇表达式 7－1－An)

基于隐含假设 x7－1－0,本书在研究时空词汇间连锁关系时,隐含了如下四项选择性的假设。

隐含假设 13－1：任意两条词素 Ap 和 Aq 可以自由组合,但 $n \geq p > q$。

隐含假设 13－2：任意两条词素 Ap 和 Aq 可以自由组合,但 $n \geq q > p$。

13.1.3 基于隐含假设 x7-1 群与本章假设的 4 种新的词汇表达式

将隐含假设 x7-1 群与本章假设相结合,又可以形成 4 种新的词汇表达式,见表 13-1。

表 13-1 基于隐含假设 x7-1 群与本章隐含假设的四种新词汇表达式

词汇表达式编号	词汇表达式	相关说明
7-1-Ap-Aq	时空 A1A2	$n \geq p > q$
	时空 A1A3	
	...	
	时空 A1An	
	时空 A2A3	
	...	
	时空 A2An	
	...	
	时空 A(n-1)An	
7-1-Ap-Aq	时空 AnA(n-1)	$n \geq q > p$
	时空 AnA(n-2)	
	...	
	时空 AnA1	
	时空 A(n-1)A(n-2)	
	...	
	时空 A(n-1)A1	
	...	
	A2A1	
7-1-Ai-Bj	时空(A1+B1)	i 是从 1 到任何足够大的自然数;j 是从 1 到任何足够大的自然数
	时空(A1+B2)	
	时空(A1+B3)	
	...	
	时空(A1+Bm)	
	时空(A2+B1)	
	时空(A2+B2)	
	时空(A2+B3)	
	...	
	时空(A2+Bm)	
	...	
	时空(An+B1)	

续表

词汇表达式编号	词汇表达式	相关说明
7 – 1 – Ai – Bj	时空（An + B2）	
	时空（An + B3）	
	...	
	时空（An + Bm）	
7 – 1 – Ck – Ai	时空（C1 + A1）	i 是从 1 到任何足够大的自然数；k 是从 1 到任何足够大的自然数
	时空（C2 + A1）	
	时空（C3 + A1）	
	...	
	时空（Cl + A1）	
	时空（C1 + A2）	
	时空（C2 + A2）	
	时空（C3 + A2）	
	...	
	时空（Cl + A2）	
	...	
	时空（C1 + An）	
	时空（C2 + An）	
	时空（C3 + An）	
	...	
	时空（Cl + An）	

13.1.4 关于时空词汇间连锁关系初始假设的深入剖析

现在回首本书关于时空词汇间连锁关系的初始隐含假设，就可以知道本书的目的。

如果经济管理领域狭义的时空词汇有 n 条，且均符合隐含假设 7 – 1 词汇表达式，如果这些词汇可以自由自合，且位置顺序可以先后转换，就意味着任意两条经济管理领域的标准狭义时空词汇就可以构成一条新的复合时空词汇。

这样，这些经济管理领域的标准狭义时空词汇就相对于中文中的汉字，而复合时空词汇就相当于两个汉字构成的词。

本书关于时空词汇间连锁关系的两项假设，就是确保所制作的词汇表中的词汇在全部狭义词汇生成过程中表演汉字这种基本构成单位的角色。

13.1.5 关于本章与本书第 9 章、第 11 章研究内容关系的补充说明

本书第 9 章研究内容是时空词汇的结构，本书第 11 章研究内容是时空词汇的层次，本章研究内容是时空词汇间连锁关系，这三章研究内容之间存在着交叉关系（交叉关系图示参见本篇第 12 章图 12 - 3）。

虽然这 3 章研究内容的交叉源于这些研究内容内在的逻辑，但本书仍需要对此合理调整，一是避免形成重复研究，二是使各章尽可能呈现学术研究的独立地位。

本书关于这 3 章研究内容的界定，见图 13 - 1。

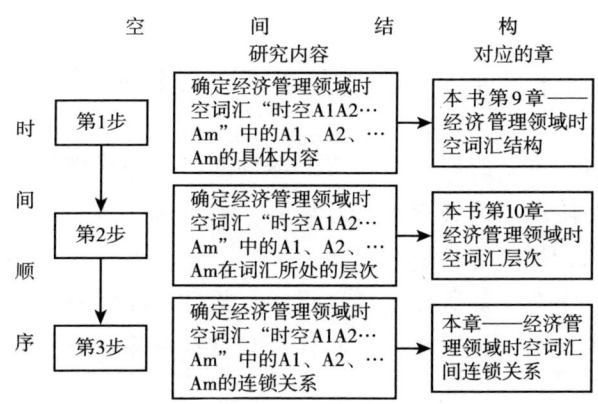

图 13 - 1　本章与本书第 9 章、第 11 章研究内容的时空关联

13.2　关于时空词汇间连锁关系主观时空分析的探索历程

本章关于时空词汇间的连锁关系的主观时空分析的探索，呈现这与前一章相同的体验过程，同样既没有经历了一个先扬后抑的起伏过程，也没有经历一个无法对本书所隐含的假设进行肯定或否定的过程之后才经历了隐含的假设被否定的过程。

13.2.1　本书第 9 章就已显现出的对本章隐含假设的否定

对 1989～2018 年发表在 C 刊的时空分析论文所采用的时空词汇，进行它们之间连锁关系的探索，最初的隐含假设，其实在本章尚未开始进行时，就

已经被否定了。

本书第 9 章研究时空词汇的结构,其中就涉及"马尔科夫链"是否为一条词素的界定。最终本书界定将"马尔科夫链"作为一条复合词素。由于当时主观选择并未考虑到本章研究内容,结果就是否定了本章隐含假设,见表 13-2。

表 13-2 "马尔科夫链"作为复合词素对本章隐含假设的否定

隐含假设编号	隐含假设内容	主观限定	"马尔科夫链"的复合性
隐含假设 13-1	任意两条词素 Ap 和 Aq 可以自由组合,但 n≥p>q	将"马尔科夫"作为 A1,将"链"作为 An	An 只和 A1 结合,不予其他 Aq 结合,n>q≥2
隐含假设 13-2	任意两条词素 Ap 和 Aq 可以自由组合,但 n≥q>p		A1 只和 A2 结合,不予其他 Aq 结合,n≥q>2

13.2.2 关于时空词汇间连锁关系主观探索的历程简述

虽然尚未启动本章的研究,事实上本章的隐含假设就已经被否定,但在本章研究的初始阶段,笔者依然认为鉴于"马尔科夫链"这类复合词素在整个时空词汇的比例很小,只是特例。

然而,在本书对全部研究素材进行词汇梳理的整个过程中,发现这种时空词汇间的连锁关系不仅很常见,而且是时空词汇表制作过程中必须要高度重视的寻常现象。

正是由于认识到这一现象的存在,才最终导致本书将本章纳入时空词汇主观时空分析的研究项目中。

13.2.3 对本章隐含假设被否定的简要思考

时空词汇间的组合关系之所以出现大量连锁的这种现象,笔者进行了简要思考。

这可能与时空分析或时空研究是一项研究内容非常复杂且研究对象依然难以准确描述高度相关。

由于经济管理领域时空研究是一项研究内容高度复杂的新兴的学术研究体系或领域,对这其中的研究对象的描述方式也必然是高度复杂的。由于这也是一项新兴的学术研究体系或领域,对于这些复杂的研究对象,还无法简明扼要地予以阐明,包括采用简明扼要的词汇来表示它们。

因此,可以这么说,大量时空词汇连锁关系的存在,恰恰表明一项学术研究体系是一项高度发展的学术研究体系或领域，也就是一项有着难以想象的发展空间或前景的学术研究体系或领域。

13.3 关于词汇间连锁关系探索面临的挑战与主观应对

本章关于时空词汇间连锁关系的研究，所面临的挑战也是极为严峻的，不过比前一章的挑战严峻程度要低一些。

13.3.1 关于时空词汇间连锁关系主观探索面临的挑战

关于时空词汇间连锁关系探索所面临的第一项挑战就是界定什么样的词汇组合关系就是连锁关系。

关于时空词汇间连锁关系探索所面临的第 2 项挑战，要对所有非"时空 A"时空词汇除"时空"之外的 A1A2…Am 这些时空词汇词素的连锁关系进行一一界定。

第 1 项挑战是难度层面的挑战，第 2 项挑战是工作量层面的挑战。

与前一章相比，在难度层面的挑战，本章可能更为艰巨，在工作量层面的挑战，本章的确要降低很多了。

这两项挑战，决定了本章的挑战也是十分严峻的。

13.3.2 关于上述挑战的主客观应对

对于上述两项挑战，本书将分别采用不同的应对方案。

对于挑战性相对不那么严峻的第 2 项挑战，本书将采用一般意义上的应对方案。

先对经济管理学院领域时空词汇的连锁进行合理的界定，是指成为客观的检验标准，然后依据这一标准对词汇表达式 11-1 的时空词汇——时空 A1A2A3…An 进行客观的连锁检验，甄别出真正的连锁关系。

笔者相信，如果界定的标准比较合理，则绝大部分符合词汇表达式 11-1 的时空词汇的连锁关系都可以比较清晰地确定下来。

估计还会遗留一些难以用界定的标准进行检验的情形，此时，还是要借助笔者的主观能力。

对于挑战性相对极其严峻的第 1 项挑战，本书将采用一种从未采用过的特殊应对方案——借鉴遗传学的成功经验。

由于遗传学与时空分析这项新兴的学术研究体系或领域，在研究对象和学科归属等方面都相距甚远，要想借鉴遗传学的成功经验，必须首先论证时空词汇分析这项时空分析学术研究体系或领域种的一个子体系或分领域，与遗传学都高度的相似性。

13.3.3　时空词汇研究与遗传学的相似性

时空词汇研究这项时空分析学术研究体系或领域中一个子体系或分领域，与遗传学高度的相似性源于两者在结构层次上的高度相似性。

从结构层次的视角看，遗传学将生命体划分为 6 个层次，见图 13 - 2[252]。

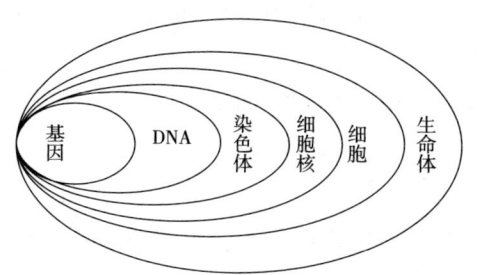

图 13 - 2　遗传学关于生命体的结构层次划分

从结构层次的视角看，时空词汇研究也可以划分为 6 个层次，而且每个层次都可以对于遗传学的相应层次做到一一对应。

这种时空词汇研究与遗传学在 6 个结构层次的一一对应，见图 13 - 3。

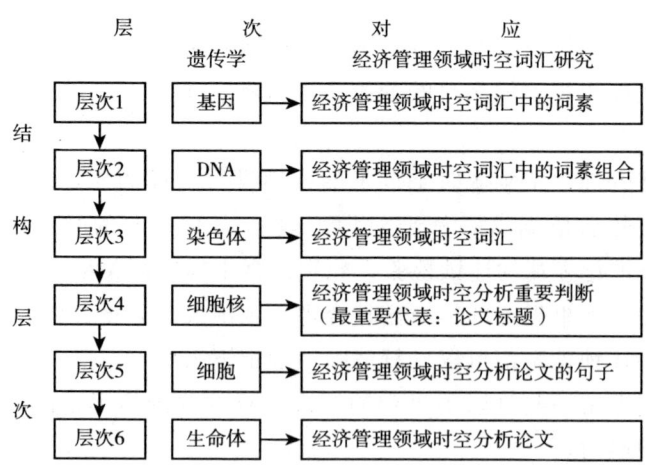

图 13 - 3　遗传学与时空词汇研究 6 个结构层次的对应关系

13.3.4 遗传学基本规律的形成简史

遗传学是奥地利生物学家孟德尔[253]（Gregor Johann Mendel，1822~1884年，其生前的工作地点所在城市 Brunn，现已划归捷克共和国，并更名为 Brno）于19世纪60年代创建的一门生命科学分支。

孟德尔通过豌豆杂交试验（cross-bred pea plants in experiments）发现了遗传学三大基本规律的前两条基本规律[254,255]：基因分离规律（Law of Segregation of genes）、基因自由组合规律（Law of Independent Assortment）。

孟德尔发现的第2条遗传规律——基因自由组合规律指出，基因每个性状（trait）都是独立于其他性状遗传的。但在孟德尔的作品被重新发现后不久，1905年，英国遗传学家威廉·贝特森（William Bateson）、伊迪丝·丽贝卡·桑德斯（Edith Rebecca Saunders）和雷金纳德·邦内特（Reginald Punnett）在类似孟德尔的豌豆杂交实验中，就发现了这条规律的例外[256,257]。

遗传学三大基本规律的第3条基本规律——基因连锁和交换定律（law of linkage and crossing-over）是美国生物学家摩尔根[258]（Thomas Hunt Morgan，1866~1945年）20世纪10年代基于黑腹果蝇（Drosophila melanogaster）的杂交实验所系统研究而提出的[259]。

这样，遗传学的三大基本规律就齐备了，遗传学这门新兴的学术研究体系或领域就达到了成熟状态。

13.3.5 遗传学基本原理对本章的启示

在一定程度上讲，词素就是语言文字的基因，也是一门学科学术体系的基因。

在这种理解下，遗传学的三大基本规律就可以应用到经济管理学院领域时空词汇的研究中。

遗传学第1条规律认为基因是可分离的。本书第8章研究内容——时空词汇格式，特别是本书第9章研究内容——时空词汇结构，也发现了时空词汇中的词素是可分离的。

遗传学第2条规律认为基因是可自由组合的。本章的隐含假设13-1和隐含假设13-2，正是假设了时空词汇中的词素是可以自由组合的。

从学术研究的阶段看，本书的学术研究，到本章的假设之前，就相当于遗传学学术研究创始人孟德尔的研究阶段。

遗传学第2条规律是遗传学第二条规律的例外,它认为存在着一些基因并不是自由组合,而是连锁在一起。

在本章发现隐含假设13-1和隐含假设13-2已被否定之后,时空词汇的研究,就进入到了摩尔根的研究阶段。

13.3.6 借用遗传学做法界定时空词汇间连锁关系

遗传学三大规律之间的关系,见表13-3。

表13-3　　　　　　遗传学三大规律之间的关系

遗传规律序号	遗传规律名称	遗传规律地位	遗传规律作用
第1规律	基因分离规律	起始——基础假设	为基因组合提供了可组合的基因
第2规律	基因自由组合规律	延伸——高级假设	允许基因自由组合
第3规律	基因连锁和交换规律		不允许所有基因自由组合

本章的隐含假设13-1和隐含假设13-2相当于遗传学第二规律,主张时空词汇中的词汇可以自由组合,则本书所要研究的时空词汇间连锁关系,就相当于遗传学第三规律。

经济管理领域词汇自由组合和词汇连锁的关系如图13-4所示。

图13-4　词汇自由组合和词汇连锁的关系

从图13-4可以看出,在经济管理领域所有符合词汇表达式11-1——时空 $A_1A_2A_3\cdots A_n$ 的时空词汇中,只有两种组合形式:自由组合和连锁组合,两者呈现出矛盾关系,非此即彼。

有了这种矛盾关系,界定时空词汇间的连锁关系,就和界定时空词汇间的自由组合关系具有等价性。

因此,关于时空词汇间的连锁关系的界定,既可以通过直接界定来判断其是否是连锁关系,也可以借助否定时空词汇的自由组合来间接界定。

13.3.7 关于时空词汇间连锁关系主观的问题

如果将本章研究内容与本书第 9 章的研究内容相结合,就可以发现时空词汇间的连锁关系,实际上是包括两个层次的问题,见表 13-4。

表 13-4　　　　　时空词汇间的连锁关系的层次

层次	连锁关系
层次一	其他词素与"时空"这一核心词素的连锁关系,对于后置词素,必须是"时空 A"这种格式,对于前置词素,必须是"B 时空"这种格式。
层次二	其他类别词素层次的连锁关系

关于时空词汇间的连锁关系的研究,本书提出了如下三个问题。

首先,需要知道 1989~2018 年 C 刊发表的 1485 篇时空分析论文所采用的时空词汇中,除"时空"这一核心词素之外的词素,包括研究类词素与"时空"的连锁情况。

其次,需要知道,除去"时空"这一核心词素外,其他这些经济管理领域的时空词汇的词素之间,所出现的词汇连锁情况。

最后,需要知道,这些所出现的连锁关系在本书全部研究素材所采用的时空词汇中出现的频次情况,这对于经济管理领域最终确定权威词汇表,可以提供定量的选择依据。

13.4　本章小结

本书最初关于时空词汇间连锁关系问题的探索,隐含着两项假设。与前一章的研究历程相似,本章研究这两项隐含假设面临着一种前所未有的尴尬局面,即在本章尚未启动之前,就已经被否定了。在这种否定之下,本书通过深入分析,发现比预期更为丰富、也更为复杂的时空词汇见的连锁关系的情形。

通过分析,可以确定如下结论:

(1) C 刊时空分析论文所采用的时空词汇中,全部符合词汇表达式 11-1——时空 $A_1A_2A_3\cdots A_n$ 的时空词汇中,只有两种组合形式:自由组合和连锁组合,两者呈现出矛盾关系,非此即彼。

(2) 研究时空词汇间的连锁关系,面临这两项严峻挑战:界定难度非常高，界定工作量比较大。

（3）本书的应对策略，对于第一种挑战，借鉴了遗传学的成功经验，对于第二种挑战，采用一般方式应对。

（4）本章为对应的客观分析提出了需要定量分析的三个问题，分别是：

①1989~2018年C刊发表的1485篇时空分析论文所采用的时空词汇中，除"时空"这一核心词素之外的词素，包括研究类词素与"时空"的连锁情况。

②除去"时空"这一核心词素外，其他这些经济管理领域的时空词汇的词素之间，所出现的词汇连锁情况。

③这些所出现的连锁情况在本书全部研究素材所采用的时空词汇中出现的频次情况。

这三个时空词汇间连锁关系的问题，前两个可以进行定量的时空分析，第三个只进行定量的空间分析。

第 14 章

本篇总结

通过数量、位置、结构、要素、词性、层次、词汇间语义关系、词汇间连锁关系这 8 个维度的主观时空分析,本书基本弄清楚了 C 刊发表的时空论文所采用的时空词汇体系的空间结构,为本书客观时空分析篇的客观分析提供了分析的对象和依据。

14.1 第 6 章时空词汇数量主观时空分析总结

关于这些论文时空词汇数量的主观时空分析,本书第 6 章,既得到了一些发现,也提出了一些问题。

14.1.1 第 6 章时空词汇数量主观时空分析的发现

第 6 章取得了如下四项发现。

发现一:关于时空分析论文,发现了论文标题和关键词中时空词汇数量的多种可能性,见表 14-1。

表 14-1　时空论文标题和关键词中时空词汇的数量的可能性

时空词汇所在项目	数量
论文标题	可能是 0 个,可能是 1 个,也可能是 2 个或更多个
论文关键词	可能是 0 个,可能是 1 个,也可能是 2 个或更多个

发现一直接否定了关于时空词汇数量的一系列假设,也是导致达到后续发现的前提。

发现二:发现了导致论文标题中出现多条时空词汇的根源,即连词的运用,共有 5 个连词,参见本书第 6 章的表 6-5。

发现三：基于时空词汇数量的分析，特别是考虑到标题出现的连词，发现了论文标题中出现的时空词汇存在着多达 9 种词汇表达式的可能性，见表 14-2。

表 14-2　论文标题中时空词汇的 9 种可能的词汇表达式

序号	词汇表达式
词汇表达式 6-1	A 的时空 B
词汇表达式 6-2	A 时空 BC 的 D
词汇表达式 6-3	时空 A - 连词 - 时空 B
词汇表达式 6-4	时空 A - 连词 - B
词汇表达式 6-5	C 时空 A - 连词 - 时空 B
词汇表达式 6-6	C 时空 A - 连词 - B
词汇表达式 6-7	C - 连词 - 时空 A
词汇表达式 6-8	时空 BC D…M
词汇表达式 6-9	A 时空 BC D…M

发现四：发现了论文标题中出现多条时空词汇的复杂空间结构，参见本书第 6 章的图 6-5。

14.1.2　第 6 章时空词汇数量主观时空分析所提出的问题

第 6 章关于时空分析论文中，时空词汇数量的主观时空分析，提出如下 4 个问题，见表 14-3。这 4 个问题，需要在第 16 章通过定量的时空分析予以准确回答。

表 14-3　第 6 章关于时空词汇数量的主观时空分析所提出的问题

序号	问题内容
问题 1	截至 2018 年年底，在 C 刊发表的时空分析论文，时空词汇的总量
问题 2	这些论文中，标题中出现不同数量时空词汇的情况
问题 3	这些论文中，关键词中出现不同数量时空词汇的情况
问题 4	这些论文中，标题中出现各种连词的情况

14.2　第 7 章时空词汇位置主观时空分析总结

关于这些论文时空词汇中其他词汇位置的主观时空分析，第 7 章既得到了一些发现，也提出了一些问题。

14.2.1　第7章时空词汇位置主观时空分析的发现

第7章关于时空分析论文中时空词汇位置的主观时空分析，取得了如下4项发现。

发现一：本篇第7章发现了时空词汇在论文标题中的位置的多种可能性，见表14-4。

表14-4　时空词汇中其他词汇相对于"时空"这一词汇的位置的可能性

可能性	其他词汇在时空词汇中的位置
可能性1	其他词汇在"时空"这一词汇之后
可能性2	其他词汇在"时空"这一词汇之前
可能性3	其他词汇既有在"时空"这一词汇之后，也有在"时空"这一词汇之前

发现一直接否定了关于经济管理时空词汇中其他词汇相对于"时空"位置的假设，迫使本书启动了对时空词汇位置的深入研究，这也导致后续的发现。

发现二：发现了时空词汇中其他词汇相对于"时空"这条词汇的位置的多种可能性，见表14-5。

表14-5　时空词汇在论文标题的位置的可能性

可能性	时空词汇在时空分析论文标题中的位置
可能性1	时空词汇在论文标题句尾
可能性2	时空词汇在论文标题句首
可能性3	时空词汇在论文标题句中

发现二与发现一的结合，最终导致了本书关于经济管理领域是词汇位置的发现三和发现四。

发现三：基于时空词汇中其他词汇相对于"时空"这一词汇位置的发现，发现了时空词汇的3种基本词汇表达式，见表14-6。

表14-6　基于其他词汇相对于"时空"这一词汇位置的基本词汇表达式

词汇表达式内容	词汇表达式特征
时空A	时空词汇其他词汇位于"时空"这条词汇之后
B时空	时空词汇其他词汇位于"时空"这条词汇之前
B时空A	时空词汇有其他词汇位于"时空"这条词汇之前，也有词汇位于"时空"这条词汇之后

发现四：再结合时空词汇在标题中的位置，发现了时空词汇的 9 种复合词汇表达式，见表 14 – 7。

表 14 – 7　关于时空词汇位置的 9 种复合词汇表达式

词汇表达式编号	词汇表达式内容	词汇表达式前提	词汇表达式特征
词汇表达式 c7 – 1	CD…M "时空 A"	时空词汇位于论文标题句尾	时空词汇 "时空 A" 位于论文标题句尾
词汇表达式 c7 – 2	CD…M "B 时空"	时空词汇位于论文标题句尾	时空词汇 "B 时空" 位于论文标题句尾
词汇表达式 c7 – 3	CD…M "B 时空 A"	时空词汇位于论文标题句尾	时空词汇 "B 时空 A" 位于论文标题句尾
词汇表达式 c7 – 4	"时空 A" CD…M	时空词汇位于论文标题句首	时空词汇 "时空 A" 位于论文标题句首
词汇表达式 c7 – 5	"B 时空" CD…M	时空词汇位于论文标题句首	时空词汇 "B 时空" 位于论文标题句首
词汇表达式 c7 – 6	"B 时空 A" CD…M	时空词汇位于论文标题句首	时空词汇 "B 时空 A" 位于论文标题句首
词汇表达式 c7 – 7	PQ…Z "B 时空 A" CD…M	时空词汇位于论文标题句中	时空词汇 "时空 A" 位于论文标题句中
词汇表达式 c7 – 8	PQ…Z "B 时空" CD…M	时空词汇位于论文标题句中	时空词汇 "B 时空" 位于论文标题句中
词汇表达式 c7 – 9	PQ…Z "B 时空 A" CD…M	时空词汇位于论文标题句中	时空词汇 "B 时空 A" 位于论文标题句中

将发现三和发现四结合起来，就构成了发表在 C 刊的时空分析学术论文采用的时空词汇位置的 12 种词汇表达式，可以参见本书第 7 章的表 7 – 5。

14.2.2　第 7 章时空词汇位置主观时空分析所提出的问题

第 7 章关于时空词汇位置的主观时空分析，提出如下 5 个问题，见表 14 – 8。这 5 个问题，需要在第 16 章通过定量的时空分析予以准确回答。

表 14 – 8　第 7 章关于时空词汇位置的主观时空分析所提出的问题

序号	问题内容
问题 1	截至 2018 年年底，在 C 刊发表的时空分析论文，所采用的时空词汇的三种基本词汇表达式的情况
问题 2	这些论文中，作者自行设定基本词汇表达式 b – 2 的时空词汇的情况
问题 3	这些论文中，作者自行设定基本词汇表达式 b – 3 的时空词汇的情况
问题 4	作者自行设定基本格式 b – 2 的时空词汇时，论文标题的复合词汇表达式情况
问题 5	作者自行设定基本格式 b – 3 的时空词汇时，论文标题的复合词汇表达式情况

14.3 第8章时空词汇格式主观时空分析总结

关于这些论文时空词汇格式的主观时空分析,第8章既得到了一些发现,也提出了一些问题。

14.3.1 第8章时空词汇格式主观时空分析的发现

第8章关于时空分析论文中时空词汇格式的主观时空分析,取得了如下两项发现。

发现一:本书第8章发现了时空词汇的格式的多种可能性,见表14-9。发现一直接否定了笔者关于经济管理时空词汇格式的四项假设,迫使本书启动了对时空词汇格式的深入研究,这也导致后续的发现。

表14-9 时空词汇格式的多种可能性

可能性	格式
可能性1	在时空词汇中,仅有"时空"这一词汇的高规格,时空词汇中其余词汇均属于同样的低规格
可能性2	在时空词汇中,除了"时空"这一词汇处于最高规格,"分析"或"研究"处于次高规格,其余词汇均属于同样的最低规格
可能性3	在时空词汇中,"时空"这一词汇处于最高规格,"分析"或"研究"这类词汇处于次高规格,其余词汇依然处于不同的规格

发现二:由于时空词汇中可能存在着三种不同的规格,则时空词汇的格式应是多样的,参见本书第8章的表8-1。

14.3.2 第8章时空词汇格式主观时空分析所提出的问题

第8章关于时空词汇格式的主观时空分析,提出如下两个问题,见表14-10。这两个问题,需要在第17章通过定量的时空分析予以准确回答。

表14-10 第8章关于时空词汇格式的主观时空分析所提出的问题

序号	问题内容
问题1	截至2018年年底,在C刊发表的时空分析论文,所采用的时空词汇的各种格式的情况
问题2	这些论文中,"分析"和"研究"这两条词汇在全部研究素材所采用的时空词汇中出现的频次

14.4 第 9 章时空词汇结构主观时空分析总结

关于这些论文时空词汇内部结构的主观时空分析，第 9 章既得到了一些发现，也提出了一些问题。

14.4.1 第 9 章时空词汇结构主观时空分析的发现

第 9 章关于时空词汇（狭义）结构的主观时空分析，取得如下三项发现。

发现一：本书第 9 章发现了除了"时空"这一单一词素的时空词汇外，其余狭义的时空词汇均包括"时空"这一词素的其余词素。

发现一直接否定了笔者关于经济管理时空词汇中词素的三项隐含假设的第 3 项，迫使本书启动了对时空词汇词素的深入研究，这也导致本章后续的发现。

发现二：发现了在时空词汇的词素中，所包含的汉字存在着的理论上的无限的可能性，参见本书第 9 章的表 9-3。

发现三：发现了可以采用客观标准，即借助英语对应词汇的标准（如果某一中文时空词汇的构成部分，翻译为英语后，是一条 English word，就表明这一中文时空词汇的构成部分是一个词素，否则还需要继续分解）。

14.4.2 第 9 章时空词汇结构主观时空分析所提出的问题

第 9 章关于时空词汇（狭义）结构的主观时空分析，提出如下三个问题，见表 14-11。这三个问题，需要本书在第 18 章通过定量的时空分析予以准确回答。

表 14-11 第 9 章关于时空词汇结构的主观时空分析所提出的问题

序号	问题内容
问题 1	截至 2018 年年底，在 C 刊发表的时空分析论文，所采用的时空词汇中的所有词素的情况
问题 2	构成这些时空词汇的词素的汉字的数量情况及其分布情况
问题 3	截至 2018 年年底，在 C 刊发表的时空分析论文，所采用的时空词汇中的词素出现的频次的情况

14.5 第10章时空词汇词性主观时空分析总结

关于这些论文时空词汇中各条词汇的词性的主观时空分析,第10章既得到了一些发现,也提出了一些问题。

14.5.1 第10章时空词汇词性主观时空分析的发现

本章的发现一:本书8个维度研究在时空上呈现出高度的一体性,这既表现在研究过程在时间方面的一体性,也表现在研究内容在空间方面的体系性。

本章的发现二:使本书8个维度的研究在时空上呈现出高度的一体性的关键是本书第7章的隐含假设7-1,它是8个维度坐标系的原点,无论是8个维度中的哪个维度,都要从这一隐含假设出发,开始其主观时空分析的过程,并随之开始了对应的客观时空分析过程,参见本书第10章的图10-2和表10-1。

作为本书主观时空分析篇研究刚刚完成一半的起始章,本书在本章的研究中,不仅进行了针对本章内容的研究,更进行了贯穿全书的时空整合,这使得本章的发现一和发现二,并不限于本章的层次,更是对全书的体系化建构。

本章的发现三:时空词汇中,除"时空"和"分析"或"研究"这两种高规格的词素外,其余词素的词性有8种可能性,见表14-12。

表14-12 时空词汇"时空""分析"或"研究"之外词素词性的可能性

可能性	时空词汇"时空""分析"或"研究"之外词素词性
可能性1	名词
可能性2	数词
可能性3	量词
可能性4	动词
可能性5	形容词
可能性6	区别词
可能性7	副词
可能性8	代词

发现三直接否定了关于经济管理时空词汇中词性的两项隐含假设,迫使本书启动了对时空词汇词性的深入研究,这也导致本章后续的发现。

14.5.2 第10章时空词汇词性主观时空分析所提出的问题

第10章关于时空词汇词性的主观时空分析,提出如下三个问题,见表14-13。这三个问题,需要在第19章通过定量的时空分析予以准确回答。

表14-13 第10章关于时空词汇词性的主观时空分析所提出的问题

序号	问题内容
问题1	截至2018年年底,在C刊发表的时空分析论文,所采用的时空词汇中所有词素的词性情况
问题2	构成这些时空词汇的词素的词性的比例情况
问题3	截至2018年年底,在C刊发表的时空分析论文,所采用的时空词汇中的词素的词性出现的频次的情况

14.6 第11章时空词汇层次主观时空分析总结

关于这些论文时空词汇中各条词素的层次的主观时空分析,第11章既得到了一些发现,也提出了一些问题。

14.6.1 第11章时空词汇层次主观时空分析的发现

第11章关于时空分析论文中时空词汇层次的主观时空分析,取得了如下三项发现。

发现一:本书第11章发现了时空词汇基于"分析"或"研究"类词素的情况,从层次分析的角度而形成了两种新的词汇表达式,见表14-14。

表14-14 基于层次分析的时空词汇的两种新的词汇表达式

词汇表达式编号	前提条件	词汇表达式
词汇表达式11-1	时空词汇中,不包含"分析"或"研究"这类次高规格的词素,且A不是唯一的词素	词汇表达式11-1
词汇表达式11-2	时空词汇中,包含"分析"或"研究"这类次高规格的词素,且A不是唯一的词素	词汇表达式11-2

发现二:本书第11章发现了C刊时空分析论文所采用的时空词汇中,即使不考虑"时空""分析"或"研究"这两类高规格的词素外,只要存在着

时空词汇内部的词素组合结构 11-1（A1A2A3…An），则就可能存在着这一词素组合结构不同词素的层次。

发现二直接否定了关于经济管理时空词汇中层次的两项隐含假设，迫使本书启动了对时空词汇层次的深入研究，这也导致本章后续的发现。

发现三：本书第 11 章发现了在时空词汇的层次分析中，理论上存在的中文词组（短语）的可能性是 9 种，见表 14-15。

表 14-15　时空词汇内部层次 9 种可能性

序号	词组类型	类型特征
1	并列词组	结构是"A"+"B"，A 与 B 之间词性相同，层次相同
2	复指词组	结构是"A"+"B"，A 与 B 之间词性相同，层次相同，含义也相同，合在一起形成强调作用
3	偏正词组	结构是"B"+"A"，A 是中心词，B 是修饰词，两者词性不同，层次不同
4	主谓词组	结构是"名词"+"动词"，动词是词组中心词
5	动宾词组	结构是"动词"+"宾语"，动词是词组中心词
6	动补词组	结构是"动词"+"补语"，动词是词组中心词
7	形补词组	结构是"形容词"+"补语"，形容词是词组中心词
8	方位词组	结构是"名词"或"动词"+"方位词"，方位词是词组中心词
9	量词词组	结构是"数词"或"指示代词"+"量词"，量词是词组中心词

14.6.2　第 11 章时空词汇层次主观时空分析所提出的问题

第 11 章关于时空词汇层次的主观时空分析，提出如下 5 个问题，见表 14-16。这 5 个问题，需要在第 20 章通过定量的时空分析予以准确回答。

表 14-16　第 11 章关于时空词汇层次的主观时空分析所提出的问题

序号	问题内容
问题 1	截至 2018 年年底，在 C 刊发表的时空分析论文，内部的词素组合结构 11-1（A1A2A3…An）的情况
问题 2	这些时空词汇的词素组合结构的中文词组（短语）的结构种类情况
问题 3	这些时空词汇内部的词素组合结构 11-1 在所有时空词汇的比例情况
问题 4	这些时空词汇内部的词素组合结构 11-1 在本书全部研究素材所采用的时空词汇中出现的频次情况
问题 5	这些时空词汇之间的层次关系的情况

14.7 第12章时空词汇间语义关系主观时空分析总结

关于这些论文所采用的时空词汇之间的语义的主观时空分析，第12章既得到了一些发现，也提出了一些问题。

14.7.1 第12章时空词汇间语义关系主观时空分析的发现

第12章关于时空分析论文中时空词汇间语义关系的主观时空分析，取得了如下三项发现。

发现一：本书第12章发现了时空词汇原点假设7-1所升级得到的隐含假设7-1群，见表14-17。

表14-17　　　　　隐含假设7-1群

隐含假设编号	隐含假设内容		隐含假设地位	隐含假设性质	隐含假设作用
7-1-0	至少有一个经济管理领域的狭义时空词汇符合词汇表达式7-1，即时空A		起始——基础假设	标准狭义时空词汇的存在性假设	假设存在经济管理领域标准狭义时空词汇
7-1-1	基本隐含假设内容	分项隐含假设内容	延伸——高级假设	标准狭义时空词汇存在的可能性的备选假设	假设存在着两种基于经济管理领域标准狭义时空词汇。其中，隐含假设7-1-2为时空词汇中"分项"或"研究"这类次高规格的词素提供了最大的可能性
7-1-1	如果只有一个经济管理领域的狭义时空词汇符合词汇表达式7-1，则这词汇就是整个经济管理领域标准狭义时空词汇，其他词汇的词表达式只能两种备选	其他词汇中时空A之外的其余词素后置			
7-1-1		其他词汇中时空A之外的其余词素插入到时空和A之间			
7-1-2	如果有n个经济管理领域的狭义时空词汇都符合词汇表达式7-1，则这些词汇都是整个经济管理领域标准狭义时空词汇				

发现二：发现了基于隐含假设7-1群的时空词汇的三种词汇表达式，参见本书第12章的表12-1。

发现三：发现了时空词汇间的三种语义关系，见表14-18。

表 14 – 18   时空词汇间的三种语义关系

语义关系编号	词汇层次关系	二级相容关系	词汇关系
语义关系 1	不同层次	包含关系	种概念词汇与属概念词汇
语义关系 2	同 1 层次	全同关系 +（高度）交叉关系	同义词
语义关系 3	同 2 层次	矛盾关系 + 对立关系	反义词

从表 14 – 18 可以看出，时空词汇间语义关系的第 1 种关系，事实上应该属于前一章的研究内容，只有语义关系 2 和语义关系 3 真正是本章的研究内容。

发现三直接否定了关于经济管理时空词汇间语义关系的两项隐含假设中的第 2 项假设，迫使本书启动了对时空词汇间语义关系的深入研究。

14.7.2　第 12 章时空词汇间语义关系主观时空分析所提问题

第 12 章关于时空词汇间语义关系的主观时空分析，提出如下 3 个问题，见表 14 – 19。这 3 个问题，需要在第 21 章通过定量的时空分析予以准确回答。

表 14 – 19   第 12 章关于时空词汇间语义关系的主观时空分析所提出的问题

序号	问题内容
问题 1	截至 2018 年年底，在 C 刊发表的时空分析论文，所采用的时空词汇中的同义词情况
问题 2	这些时空词汇中的反义词情况
问题 3	这些所出现的同义词中各个词汇这些词性在本书全部研究素材所采用的时空词汇中出现的频次情况

14.8　第 13 章时空词汇间连锁关系主观时空分析总结

关于这些论文所采用的时空词汇之间的关系的主观时空分析，第 13 章既得到了一些发现，也提出了一些问题。

14.8.1　第 13 章时空词汇间连锁关系主观时空分析的发现

发现一：本书第 13 章发现了时空词汇原点假设 7 – 1 所升级得到的隐含假设 x7 – 1 群，见表 14 – 20。

表 14-20　隐含假设 x7-1 群

隐含假设编号	隐含假设内容	隐含假设地位	隐含假设名称	隐含假设作用
x7-1-0	在时空词汇中，有 n 条经济管理领域的狭义时空词汇都符合词汇表达式 7-1，且被赋予了一种顺序	起始——基础假设	经济管理领域标准狭义时空词汇群的存在性假设	假设存在经济管理领域标准狭义时空词汇群
x7-1-1	存在着 m 条其他词汇，且其位置在 Ai 之后	延伸——高级假设	经济管理领域标准狭义时空词汇群存在的可能性的备选假设	假设存在着两种基于经济管理领域标准狭义时空词汇的其他时空词汇，两者区别只在于位置的差异
x7-1-2	存在着一条其他词汇，且其位置在就"时空"这一词素之后且在 Ai 之前			

发现二：发现了基于隐含假设 x7-1 群和第 13 章隐含假设的时空词汇的 4 种新的词汇表达式，参见本书第 13 章的表 13-1。

发现三：在经济管理领域所有符合词汇表达式 11-1——时空 A1A2A3…An 的时空词汇中，只有两种组合形式：自由组合和连锁组合，两者呈现出矛盾关系，非此即彼。

发现三直接否定了关于经济管理时空词汇间连锁关系的两项隐含假设，迫使本书启动了对时空词汇间语义关系的深入研究。

14.8.2　第 13 章时空词汇间连锁关系主观时空分析所提问题

第 13 章关于时空词汇间连锁关系的主观时空分析，提出如下 3 个问题，见表 14-21。这 3 个问题，需要在第 22 章通过定量的时空分析予以准确回答。

表 14-21　第 13 章关于时空词汇间连锁关系的主观时空分析所提出的问题

序号	问题内容
问题 1	1989~2018 年 C 刊发表的 1485 篇时空分析论文所采用的时空词汇中，除"时空"这一核心词素之外的词素，包括研究类词素与"时空"的连锁情况
问题 2	除去"时空"这一核心词素外，其他这些经济管理领域的时空词汇的词素之间，所出现的词汇连锁情况
问题 3	这些所出现的连锁情况本书全部研究素材所采用的时空词汇中出现的频次情况

14.9 本篇研究综述

上述八节只是对本篇 8 章研究内容的总结,还没有对本篇进行综述。本篇的综述首先是回顾本书在对 1989~2018 年发表在 CSSCI 检索情况的时空分析论文所采用的时空词汇,进行主观时空分析的研究思路的变迁历程。这种回顾是主观研究范式最重要的特色之一。在思路复盘之后,还应该对本篇的发现进行汇总。

14.9.1 本篇研究思路复盘

在完成了本篇 8 章具体内容的主观时空发现之后,可以概括出本篇的研究思路,见图 14-1。

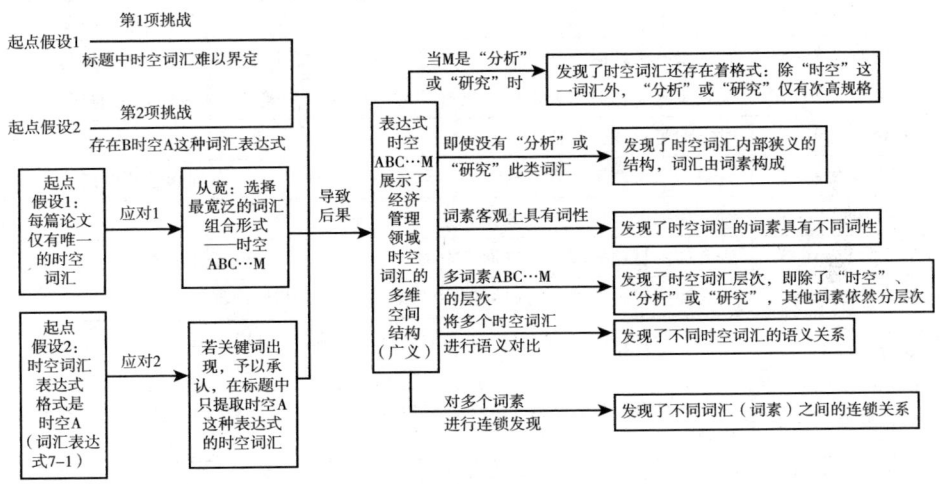

图 14-1 本篇研究思路的时空演变过程

14.9.2 主观时空分析所依据的隐含假设汇总

本篇第 6 章所依据的隐含假设是多层次假设。

在这个体系中,有两个一级基本假设和 5 个具体假设。第 7 章到第 13 章,均为多层次假设。如果本书第 6 章的隐含假设按具体假设计,本篇 8 章共计 22 个隐含假设,见表 14-22。

表 14-22　　　　　主观时空分析所依据的隐含假设汇总

假设编号	假设内容
隐含假设 6-1	每篇 C 刊发表的经济管理领域时空相关论文的标题中均有时空词汇，其词汇表达式是"时空 A1"
隐含假设 6-2	每篇 C 刊发表的经济管理领域时空相关论文的关键词中均有时空词汇，其词汇表达式是"时空 A2"
隐含假设 6-3	每篇 C 刊发表的经济管理领域时空相关论文的标题中的时空词汇是唯一的，其词汇表达式是"时空 A1"
隐含假设 6-4	每篇 C 刊发表的经济管理领域时空相关论文的关键词中的时空词汇是唯一的，其词汇表达式是"时空 A2"
隐含假设 6-5	每篇 C 刊发表的经济管理领域时空相关论文的标题中的时空词汇和关键词中的时空词汇是相同的，即 A1 = A2
隐含假设 7-1	这些时空词汇符合词汇表达式 7-1：时空 A
隐含假设 7-2	词汇表达式 7-1 所表示的时空词汇在论文标题与其前其后的其他词汇有着明确的分割
隐含假设 8-1	除了"时空"这一中文词汇外，其余狭义的时空词汇内部均存在着规格的差异，即某些词汇的规格关于其他词汇
隐含假设 8-2	在其余狭义的时空词汇中，"时空"这一词汇的规格高于其他词汇的词汇
隐含假设 8-3	在其余狭义的时空词汇中，"时空"这一词汇之外的其他词汇的改革相同
隐含假设 8-4	在其余狭义的时空词汇中，仅有"时空"这唯一规格关于其他词汇的词汇
隐含假设 9-1	时空词汇由词素组成
隐含假设 9-2	时空词汇由两条词素组成，一条词素是"时空"，另一条词素是其他词素
隐含假设 9-3	时空词汇中"时空"之外的词素只有一条
隐含假设 10-1	所有经济管理领域的时空词汇中的 A（词素），其词性都是相同
隐含假设 10-2	所有经济管理领域的时空词汇中的 A（词素），其词性都是名词
隐含假设 11-1	如果是符合词汇表达式 11-1 的时空词汇，则 A1A2A3…An 这些词素层次完全相同
隐含假设 11-2	如果是符合词汇表达式 11-2 的时空词汇，则 A1A2A3…An 这些词素层次完全相同
隐含假设 12-1	时空词汇种的词素 A1 和 A2 词性不同
隐含假设 12-2	时空词汇种的词素 A1 和 A2 词性相同，但语义彼此完全独立
隐含假设 13-1	任意两条词素 Ap 和 Aq 可以自由组合，但 $n \geq p > q$
隐含假设 13-2	任意两条词素 Ap 和 Aq 可以自由组合，但 $n \geq q > p$

14.9.3　主观时空分析的研究历程汇总

本篇 8 章的研究历程虽然并不完全相同，但最终已隐含假设被否定为转折的，见表 14-23。

表 14 – 23　　　　　　　　本篇 8 章的研究历程

章	历程
6	最初论文难以证明的尴尬——随后论文的肯定——再随后论文的否定
7	最初论文的肯定——随后论文的否定
8	最初论文的肯定——随后论文的否定
9	最初论文的肯定——随后论文的否定
10	研究维度的肯定——最初论文的两次肯定——随后论文的否定
11	最初论文的不置可否——随后论文的否定
12	第 8 章研究内容隐含的否定
13	第 9 章研究内容隐含的否定

14.9.4　主观时空分析所得出的发现汇总

本篇 8 章共计 25 项发现，见表 14 – 24。

表 14 – 24　　　　　　　　主观时空分析的发现汇总

发现编号	发现内容
发现 6 – 1	关于时空分析论文，发现了论文标题和关键词中时空词汇数量的多种可能性
发现 6 – 2	发现了导致论文标题中出现多个时空词汇的根源，即连词的运用，共有 5 个连词
发现 6 – 3	基于时空词汇数量的分析，特别是考虑到标题出现的连词，发现了论文标题中出现的时空词汇存在着多达 9 种词汇表达式的可能性
发现 6 – 4	发现了论文标题中出现多个时空词汇的复杂空间结构
发现 7 – 1	本书发现了时空词汇在论文标题中的位置的多种可能性
发现 7 – 2	发现了时空词汇中其他词汇相对于"时空"这个词汇的位置的多种可能性
发现 7 – 3	基于时空词汇中其他词汇相对于"时空"这一词汇位置的发现，发现了时空词汇的三种基本词汇表达式
发现 7 – 4	再结合时空词汇在标题中的位置，发现了时空词汇的 9 种复合词汇表达式
发现 8 – 1	本书发现了时空词汇的格式的多种可能性
发现 8 – 2	由于时空词汇中可能存在着三种不同的规格，则时空词汇的格式应是多样的
发现 9 – 1	本书发现了除了"时空"这一单一词素的时空词汇外，其余狭义的时空词汇均包括"时空"这一词素的其余词素
发现 9 – 2	发现了在时空词汇的词素中，所包含的汉字存在着理论上的无限可能性
发现 9 – 3	发现了可以采用客观标准，即借助英语对应词汇的标准
发现 10 – 1	本书 8 个维度的研究在时空上呈现出高度的一体性，这既表现在本书研究过程在时间方面的一体性，也表现在本书研究内容在空间方面的体系性
发现 10 – 2	使本书 8 个维度的研究在时空上呈现出高度的一体性的关键是本篇第 7 章的隐含假设 7 – 1，它是 8 个维度坐标系的原点

续表

发现编号	发现内容
发现 10-3	时空词汇中,除"时空"和"分析"或"研究"这两种高规格的词素外,其余词素的词性有 8 种可能性
发现 11-1	本篇第 11 章发现了时空词汇基于"分析"或"研究"类词素的情况,从层次分析的角度而形成了两种新的词汇表达式
发现 11-2	本书发现了 C 刊时空分析论文所采用的时空词汇中,即使不考虑"时空""分析"或"研究"这两类高规格的词素外,只要存在着时空词汇内部的词素组合结构 11-1(A1A2A3…An),则就可能存在着这一词素组合结构不同词素的层次
发现 11-3	本书发现了在时空词汇的层次分析中,理论上存在的中文词组(短语)的可能性是 9 种
发现 12-1	本篇第 12 章发现了时空词汇原点假设 7-1 所升级得到的隐含假设 7-1 群
发现 12-2	发现了基于隐含假设 7-1 群的时空词汇的三种词汇表达式
发现 12-3	发现了时空词汇间的三种语义关系
发现 13-1	本篇第 13 章发现了时空词汇原点假设 7-1 所升级得到的隐含假设 x7-1 群
发现 13-2	发现了基于隐含假设 x7-1 群和本书第 13 章隐含假设的时空词汇的四种新的词汇表达式
发现 13-3	在经济管理领域所有符合词汇表达式 11-1——时空 A1A2A3…An 的时空词汇中,只有两种组合形式:自由组合和连锁组合,两者呈现出矛盾关系,非此即彼

14.9.5 主观时空分析所提出问题的汇总

本篇八章共提出 28 个问题,由于本章已经对本篇 8 章的问题进行了列表说明,这里只进行汇总说明,见表 14-25。

表 14-25　　　　本篇 8 章问题的汇总说明

章	问题数量	问题所在表
6	4	表 14-3
7	5	表 14-8
8	2	表 14-10
9	3	表 14-11
10	3	表 14-13
11	5	表 14-16
12	3	表 14-19
13	3	表 14-21
合计	28	无

客观时空分析篇

本书客观时空分析通过对 C 刊发表的时空论文所采用的时空词汇的时空分析，汇聚为本书的研究成果，将体现在本篇最后一章——客观时空分析篇总结中。希望这些研究成果可以完整刻画 C 刊发表的中国学者时空研究所采用的时空词汇的时空细节。

这些研究成果也将有助于达成本书研究意义中的三项：夯实研究基础、树立研究范式、构建研究体系。

本书正文的撰写过程，依据表 4-1 所涉及的 8 个维度，从第 1 个维度开始依次进行。先主观分析，力争取得定性的发现，随后就开展客观分析，对这些定性发现进行定量的验证。撰写过程如图 s-1 所示。

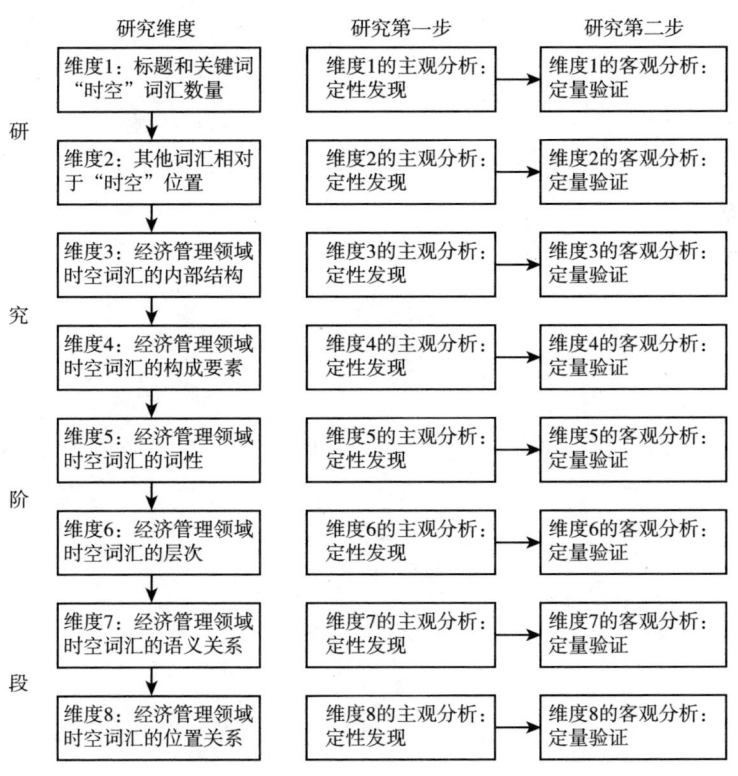

图 s-1　本书正文写作流程示意

第 15 章

时空词汇数量的客观时空分析

本章研究立足于本书第 6 章研究基础上。

15.1 时空词汇数量的总体空间客观分析

通过定量分析,本书得到了关于时空词汇数量的总体空间的客观分析结果。

15.1.1 截至 2018 年年底的时空词汇表

截至 2018 年年底,发表在 C 刊的时空分析论文中所应用的时空词汇见表 15-1。

表 15-1　　　　　经济管理领域时空词汇

论文序号	词汇序号	首用时间	时空词汇	论文序号	词汇序号	首用时间	时空词汇
1	1	1989-07	~结构	11	10	1996-01	~变化
2	2	1990-06	~观	11	11	1996-01	~变化分析
3	3	1990-11	价值~观	12	12	1996-10	市场~理论
4	4	1994-06	~特征分析	12	13	1996-10	市场~理论研究
5	5	1994-07	~关系	13	14	1998-02	~经济
5	6	1994-07	~关系类型	13	15	1998-02	~经济效应
7	7	1995-03	~差异特征	14	16	1998-04	~范围
8	8	1995-05	~变迁	15	17	1998-05	~序列
9	9	1995-09	经济~推移	16	18	1998-05	~

续表

论文序号	词汇序号	首用时间	时空词汇	论文序号	词汇序号	首用时间	时空词汇
16	19	1998-05	~系统辩证论	50	50	2002-12	~演化结构
17	20	1998-07	~差异	51	51	2002-12	~数据管理
17	21	1998-07	~差异分析	52	52	2003-01	~趋势分析
18	22	1998-11	~结构解析	52	53	2003-01	~相关性
19	23	1999-01	~模式	53	54	2003-02	~分布
19	24	1999-01	~模式研究	53	55	2003-02	~分布地形因子关系
20	25	1999-02	~分布规律分析	54	56	2003-05	~压缩
20	26	1999-02	~演变	56	57	2003-06	~动态变化模拟
21	27	1999-03	~特性	56	58	2003-06	土地利用~动态变化
22	28	1999-05	~分布规律	58	59	2003-07	钱纳利~
23	29	1999-07	会计~观	62	60	2003-11	~数据模型
23	30	1999-07	~微化	63	61	2004-01	~现状研究
24	31	2000-03	~模式探讨	65	62	2004-03	土地利用~变化
26	32	2000-04	~差异研究	66	63	2004-03	~演变研究
27	33	2000-05	~分析	67	64	2004-03	~视角
29	34	2000-07	~分布研究	71	65	2004-07	~演变分析
31	35	2000-10	~顺序	74	66	2004-08	~动态模式
33	36	2001-04	~分异	74	67	2004-08	~动态模式研究
33	37	2001-04	~分异初探	76	68	2004-09	~演变特征
34	38	2001-05	~相对	76	69	2004-09	~演变特征研究
35	39	2001-09	~变换	77	70	2004-09	~演替规律
36	40	2001-09	~形态格局	77	71	2004-09	~演替规律研究
37	41	2002-01	劳动~	78	72	2004-09	~背景
38	42	2002-03	~演进	79	73	2004-09	~重构
39	43	2002-03	~相对性	80	74	2004-10	区域~差异
40	44	2002-04	~集成优化模型	81	75	2004-11	~动态研究
41	45	2002-05	~变化特征分析	83	76	2004-11	社会~解析
43	46	2002-07	经济学科学性的~相对性	84	77	2004-12	~变化特征
44	47	2002-07	~理论	85	78	2005-01	~功能特征
48	48	2002-10	~演化机理	86	79	2005-01	~分异研究
50	49	2002-12	~演化规律	87	80	2005-01	~边界

续表

论文序号	词汇序号	首用时间	时空词汇	论文序号	词汇序号	首用时间	时空词汇
88	81	2005-01	~变异	123	113	2006-09	~特征动力机制
88	82	2005-01	~变异分析	125	114	2006-11	~耦合协调机制分析
90	83	2005-02	~耦合	125	115	2006-11	~协调性
90	84	2005-02	~耦合规律初探	129	116	2006-12	~维度
91	85	2005-02	~演化	129	117	2006-12	~维度研究
91	86	2005-02	~演化特征分析	130	118	2007-01	~格局影响分析
93	87	2005-03	客流~分布	132	119	2007-01	~观念
93	88	2005-03	~分布分析	134	120	2007-02	~缩减
94	89	2005-03	~结构分异研究	136	121	2007-02	关系~
95	90	2005-04	~关系对策	136	122	2007-02	价值~
96	91	2005-04	~差异影响因素	136	123	2007-02	自然~
97	92	2005-04	~动态变化研究	138	124	2007-03	~动态性分析
98	93	2005-04	~格局	138	125	2007-03	~动态性评述
98	94	2005-04	~格局影响因素	139	126	2007-03	~演变区位决策因素
100	95	2005-05	~格局研究	140	127	2007-03	~动态
103	96	2005-07	~发展	141	128	2007-03	~变异规律
105	97	2005-10	~过程	141	129	2007-03	~差异评价
105	98	2005-10	~过程驱动机制	142	130	2007-03	~规律
107	99	2005-12	~收敛	142	131	2007-03	~规律分析
107	100	2005-12	~收敛效应研究	143	132	2007-03	~分异特征
108	101	2006-01	~演变特点	145	133	2007-04	~审视
109	102	2006-01	~演变特征实证分析	145	134	2007-04	~审视战略取向
110	103	2006-01	~过程分析	146	135	2007-04	~分析影响因素
111	104	2006-01	~结构特征	149	136	2007-06	~变异机制定量分析
112	105	2006-02	~构建	150	137	2007-07	~特征驱动机制
113	106	2006-03	~格局模拟	153	138	2007-08	~演替特征研究
114	107	2006-04	~变化研究	157	139	2007-11	~演化格局研究
115	108	2006-05	~结构分析	159	140	2007-12	~模式战略性思考
119	109	2006-07	~分异特征研究	160	141	2007-12	~分异测度研究
120	110	2006-07	~协同	161	142	2007-12	~演进分析
120	111	2006-07	~协同视角	162	143	2008-01	~机理分析
122	112	2006-08	~演变系统调控	163	144	2008-01	~格局特征

续表

论文序号	词汇序号	首用时间	时空词汇	论文序号	词汇序号	首用时间	时空词汇
165	145	2008-02	~演变模式分析	202	175	2009-02	~演替
166	146	2008-02	~特征成因分析	202	176	2009-02	~演替机理研究
167	147	2008-03	~演化特征	203	177	2009-02	~分异分析
167	148	2008-03	~演化特征影响环境	205	178	2009-02	~特征关系
169	149	2008-04	~变化特征研究	208	179	2009-03	~演变规律分析
170	150	2008-05	~结构影响分析	209	180	2009-03	~差异实证研究
172	151	2008-06	~定位	212	181	2009-04	~演化模式研究
172	152	2008-06	~定位问题探讨	214	182	2009-04	~配置
176	153	2008-07	~数据	214	183	2009-04	~配置分析
178	154	2008-08	~特征规律分析	217	184	2009-06	~行为模式
180	155	2008-09	~特征研究	217	185	2009-06	~行为模式研究
184	156	2008-10	~变动研究	218	186	2009-06	~适宜性
185	157	2008-10	~比较	218	187	2009-06	~适宜性评价
185	158	2008-10	~比较研究	219	188	2009-07	~演变实证分析
186	159	2008-10	~测度	220	189	2009-07	~差异形成机理
186	160	2008-10	~曲率	222	190	2009-08	~动态演变研究
186	161	2008-10	知识~	222	191	2009-08	~分布集中指数
187	162	2008-11	~功能耦合演化统计分析	223	192	2009-09	~过程测度
187	163	2008-11	~统计分析	223	193	2009-09	~过程模型
189	164	2008-11	~差异演化实证研究	224	194	2009-09	~分布模拟分析
190	165	2008-11	~压缩双重效应	224	195	2009-09	~模拟
193	166	2008-12	~演化调控	228	196	2010-01	~分流导航研究
194	167	2009-01	~演化格局	231	197	2010-02	~分异驱动因素研究
195	168	2009-01	~差异演变	232	198	2010-02	~特征驱动力分析
195	169	2009-01	~差异演变分析	234	199	2010-03	~演化测度分析
198	170	2009-01	~分布特征动力机制分析	238	200	2010-03	~思维
198	171	2009-01	~分布特征分析	240	201	2010-03	~匹配
199	172	2009-01	~变异驱动因素	240	202	2010-03	~匹配分析
201	173	2009-02	~格局探析	243	203	2010-04	~分流
201	174	2009-02	~格局优化策略探析	245	204	2010-05	~动态演化分析

续表

论文序号	词汇序号	首用时间	时空词汇	论文序号	词汇序号	首用时间	时空词汇
247	205	2010-05	~关系研究	294	235	2011-04	~变化规律
248	206	2010-05	~维度效应分析	295	236	2011-04	~相关分析
250	207	2010-06	差异实证分析	296	237	2011-04	马克思~观
250	208	2010-06	~差异影响机理实证分析	296	238	2011-04	~范畴
254	209	2010-07	~变化影响因素分析	297	239	2011-04	~交融
255	210	2010-07	~模型	310	240	2011-06	~动态比较分析
256	211	2010-07	~配置综合评价	311	241	2011-06	~格局演化成因分析
258	212	2010-08	~动态演化错位实证	314	242	2011-06	~相关模板模型统计方法研究
258	213	2010-08	~动态演化实证	323	243	2011-08	~分异规律
258	214	2010-08	~动态优化	324	244	2011-08	~动态分析
259	215	2010-09	~耦合测算	324	245	2011-08	~动态驱动力分析
261	216	2010-09	~格局发展机制	326	246	2011-09	~分流导航
264	217	2010-10	~演变投资分析	326	247	2011-09	~分流导航管理研究
265	218	2010-10	~差异影响因素分析	329	248	2011-10	~格局演变
266	219	2010-10	~差异变动	331	249	2011-10	~演变空间统计分析
266	220	2010-10	发展演变研究	334	250	2011-10	~演化规律研究
267	221	2010-10	~拓展	335	251	2011-10	~一体化
267	222	2010-10	拓展引申含义	338	252	2011-11	~格局演变研究
269	223	2010-10	~差异变动分析	343	253	2011-12	~价值
271	224	2010-10	~范式	343	254	2011-12	~视角解析
272	225	2010-10	~分异耦合关系	344	255	2011-12	~滞后
277	226	2010-12	~数列模型探讨	344	256	2011-12	~滞后分析
278	227	2011-01	~演化研究	345	257	2012-01	社会~
281	228	2011-01	~变化影响	346	258	2012-01	~影响
284	229	2011-01	~模拟研究	348	259	2012-01	~格局演进分析
285	230	2011-01	~差异特征分析	348	260	2012-01	~格局演进影响因素分析
286	231	2011-02	~演进成因分析	349	261	2012-01	~相依评价
287	232	2011-02	~差异评价研究	351	262	2012-02	~动态特征分析
289	233	2011-02	~格局演化分析	353	263	2012-02	~演变特征分析
289	234	2011-02	~格局演化驱动力分析	354	264	2012-02	~演化溢出效应研究

续表

论文序号	词汇序号	首用时间	时空词汇	论文序号	词汇序号	首用时间	时空词汇
357	265	2012-02	~扩张视角	410	293	2012-10	~特征变化
358	266	2012-02	~分布格局变化研究	414	294	2012-11	~格局动态演化研究
358	267	2012-02	~分布格局研究	418	295	2012-11	~分异特征影响因素分析
359	268	2012-02	~过程动力因素研究	421	296	2012-12	~变化统计考量
359	269	2012-02	~过程研究	423	297	2012-12	~差异特征研究
360	270	2012-03	~变化轨迹分析	426	298	2012-12	~尺度
361	271	2012-03	流通~格局	428	299	2013-01	~分布特征研究
361	272	2012-03	~格局分析	429	300	2013-01	~机制研究
361	273	2012-03	~格局效应分析	430	301	2013-01	~接近
362	274	2012-04	~演变因素分析	431	302	2013-01	~演变驱动力分析
369	275	2012-04	~分异实证研究	433	303	2013-01	~差异实证检验
370	276	2012-04	~协调	434	304	2013-02	~变化差异
371	277	2012-05	~演化格局分析	435	305	2013-02	~批判视角
371	278	2012-05	~演化格局驱动机理分析	439	306	2013-03	~特征影响因素
372	279	2012-05	~分异探析	440	307	2013-03	~差距研究
373	280	2012-05	~差异影响因素	442	308	2013-04	~演化分析
382	281	2012-07	~变异研究	444	309	2013-04	~优化
384	282	2012-07	~演化过程分析	448	310	2013-05	~动态变化
384	283	2012-07	~演化影响因素分析	451	311	2013-05	~演进模式
385	284	2012-07	~格局成因	453	312	2013-05	~轨迹
391	285	2012-08	~差异解析	454	313	2013-05	~约束
396	286	2012-08	~分流导航管理模型分析	455	314	2013-05	~演变加权空间马尔科夫链分析
396	287	2012-08	~分流导航管理模型构建	456	315	2013-05	~耦合分析
398	288	2012-08	~扩展变化研究	461	316	2013-06	~演化分析
399	289	2012-08	~规律研究	462	317	2013-06	~变化驱动力分析
400	290	2012-08	~分布特征	464	318	2013-06	~格局演化影响因素分析
403	291	2012-09	~演变影响因素分析	466	319	2013-06	~演进模式研究
408	292	2012-10	~测度研究	467	320	2013-06	~差异化研究

续表

论文序号	词汇序号	首用时间	时空词汇	论文序号	词汇序号	首用时间	时空词汇
468	321	2013-06	~演变影响机制	534	352	2014-03	~因素关联影响分析
469	322	2013-06	~差异性分析	535	353	2014-03	旅游者~行为
471	323	2013-07	~演化趋势	535	354	2014-03	~行为
474	324	2013-07	~演变格局探究	535	355	2014-03	~行为数据
480	325	2013-08	~演变特征动力机制	536	356	2014-03	~匹配实证
482	326	2013-08	~耦合研究	545	357	2014-04	~演变驱动机制研究
483	327	2013-08	~格局相关性研究	547	358	2014-04	~形成机理
485	328	2013-08	~演变动力机制分析	548	359	2014-04	~变化趋势
488	329	2013-09	~过程耦合特征分析	552	360	2014-05	~格局形成机理
490	330	2013-09	~扩散模式研究	553	361	2014-05	~格局演化启动机制
491	331	2013-09	~行为研究	553	362	2014-05	~格局演化特征
492	332	2013-09	~分化	558	363	2014-06	~特征影响因素研究
495	333	2013-10	~演变动因分析	559	364	2014-06	~压缩视角
498	334	2013-10	~变化过程	560	365	2014-06	~特征关联分析
498	335	2013-10	~变化过程影响因素	562	366	2014-06	~数据分析
503	336	2013-10	~耦合关系研究	563	367	2014-06	~分异格局
506	337	2013-11	~异质性模拟	566	368	2014-06	~格局演变测度
509	338	2013-12	~演变影响因素	568	369	2014-06	~特征驱动机制综合分析
510	339	2013-12	~格局演化	568	370	2014-06	~特征综合分析
510	340	2013-12	~格局演化驱动因素	571	371	2014-07	~路径
511	341	2013-12	~演化驱动力研究	571	372	2014-07	~平稳性
514	342	2014-01	~依赖	579	373	2014-07	~演进格局特征
518	343	2014-01	~分布影响	581	374	2014-08	~耦合协调性分析
519	344	2014-01	~特征差异分析	583	375	2014-08	~变化格局
520	345	2014-01	~耦合关系	584	376	2014-08	~格局演化机制
520	346	2014-01	~耦合异质性	594	377	2014-08	~变化耦合特征研究
521	347	2014-01	~特征驱动因子分析	595	378	2014-09	~分布规律研究
525	348	2014-02	~格局定量化研究	597	379	2014-09	~结构研究
531	349	2014-03	~差异影响因素解析	599	380	2014-09	~演进影响因素研究
533	350	2014-03	~耦合协调关系研究	605	381	2014-10	~演替分析
534	351	2014-03	~因素	607	382	2014-10	~差异影响因素研究

续表

论文序号	词汇序号	首用时间	时空词汇	论文序号	词汇序号	首用时间	时空词汇
614	383	2014-11	~变化形成机制	687	414	2015-04	~集聚
616	384	2014-11	~战略	691	415	2015-05	~扩散特征研究
616	385	2014-11	~战略研究	696	416	2015-05	~分异耦合协调性
620	386	2014-11	~测评	697	417	2015-05	~测度分析
623	387	2014-12	~弹性	697	418	2015-05	~测度收敛性分析
629	388	2014-12	权责~分离	706	419	2015-05	~双重维度
629	389	2014-12	~分离	708	420	2015-05	~关系路径
636	390	2015-01	~演变差异性	716	421	2015-06	~特征因素分解研究
637	391	2015-01	~格局趋同演变	718	422	2015-06	~机理研究
638	392	2015-01	~格局优化	722	423	2015-06	~特征土地溢出效应
640	393	2015-01	~分区研究	725	424	2015-07	~转换能力
641	394	2015-01	~动态演化	728	425	2015-07	~差异多尺度研究
645	395	2015-01	~分异障碍因素诊断	736	426	2015-08	~变化测度研究
645	396	2015-01	~分异诊断	740	427	2015-08	~演进模式优化路径
646	397	2015-01	~聚类特征	742	428	2015-09	~演变格局
647	398	2015-01	~尺度效应	744	429	2015-09	~分析视角
651	399	2015-02	~维度分析	746	430	2015-09	~变迁动力机制对比研究
656	400	2015-02	~差异演化	746	431	2015-09	~变迁对比研究
660	401	2015-02	~关联分析	750	432	2015-09	~耦合特征
663	402	2015-02	投资~分异	753	433	2015-09	~结构分异性研究
664	403	2015-02	~格局分布规律	755	434	2015-09	~动态空间面板分析
666	404	2015-03	~复杂性	755	435	2015-09	~动态空间面板模型
671	405	2015-03	~演变驱动因素	756	436	2015-09	~有限性
672	406	2015-03	~格局演化机理	759	437	2015-09	~驱动机制研究
675	407	2015-03	~加权马尔科夫链	762	438	2015-10	~效应
676	408	2015-03	~分异影响因素研究	762	439	2015-10	~效应研究
681	409	2015-03	~格局动因分析	766	440	2015-10	~分区
682	410	2015-04	~分异机理	766	441	2015-10	~分区效应研究
683	411	2015-04	~修复	768	442	2015-10	~演变动力机制实证研究
686	412	2015-04	~演化模型分析	768	443	2015-10	~演变实证研究
686	413	2015-04	~演化模型实证研究	772	444	2015-10	~差异效应实证研究

续表

论文序号	词汇序号	首用时间	时空词汇	论文序号	词汇序号	首用时间	时空词汇
773	445	2015-10	~特征驱动机制研究	835	475	2016-03	~境遇
783	446	2015-11	~演绎分析	837	476	2016-03	~格局演化类型划分
785	447	2015-11	~格局演化研究	841	477	2016-03	~演化影响因子分析
787	448	2015-11	~演变环境协调性探究	844	478	2016-03	~演化模式
787	449	2015-11	~演变探究	848	479	2016-03	~契合
788	450	2015-11	~演变趋势	848	480	2016-03	~契合分析
793	451	2015-11	~演变驱动分析	850	481	2016-04	~特征驱动机理
794	452	2015-11	~差异演变特征成因分析	855	482	2016-04	~对比分析
794	453	2015-11	~差异演变特征分析	856	483	2016-04	~演变轨迹
795	454	2015-12	~差异协调度分析	859	484	2016-04	~结构演变
798	455	2015-12	~分异特征驱动因素	862	485	2016-05	工业空间演变~路径
801	456	2015-12	~演变特征影响因素	867	486	2016-05	~变化原因分析
802	457	2015-12	~异质性	868	487	2016-05	~演变特征机理
802	458	2015-12	~异质性分析	873	488	2016-05	~格局预测研究
804	459	2015-12	~耦合视角	880	489	2016-05	~抽离
806	460	2015-12	~格局演进研究	886	490	2016-06	~分异规律分析
806	461	2015-12	~格局演进影响因素研究	886	491	2016-06	~分异驱动因素分析
810	462	2015-12	~矩阵模型	889	492	2016-06	错~
810	463	2015-12	~矩阵模型经济学意义	889	493	2016-06	错~合作
816	464	2016-01	~格局演变特征	891	494	2016-06	~差异趋势预测
817	465	2016-01	~演化机制研究	892	495	2016-06	~耦合协调
819	466	2016-01	~传导效应研究	892	496	2016-06	~耦合协调研究
820	467	2016-01	~计量模型分析	894	497	2016-07	~格局演变关系研究
821	468	2016-01	~收敛性分析	901	498	2016-07	~图
824	469	2016-02	~变迁机制	901	499	2016-07	~压缩格局
825	470	2016-02	~特征解析	903	500	2016-07	~异质性测算
829	471	2016-02	~分异格局研究	905	501	2016-07	~格局响应
832	472	2016-03	~差异相互作用	907	502	2016-07	~交互视角
834	473	2016-03	~规训技术	907	503	2016-07	~跃迁
834	474	2016-03	~政治	908	504	2016-07	~分布演变

续表

论文序号	词汇序号	首用时间	时空词汇	论文序号	词汇序号	首用时间	时空词汇
908	505	2016-07	~分布演变影响因素	978	534	2017-02	~变动
910	506	2016-07	~动力因素研究	982	535	2017-02	~脉冲分析
912	507	2016-07	~变化成因探析	986	536	2017-03	~耦合度测度
912	508	2016-07	~变化探析	988	537	2017-03	~演绎
915	509	2016-08	旅行者~行为	988	538	2017-03	~演绎分解
919	510	2016-08	~演变探析	995	539	2017-03	~扩散
919	511	2016-08	~演变原因探析	997	540	2017-03	~效应动态空间面板模型分析
920	512	2016-09	~分异特征动力演化	997	541	2017-03	~效应分解动态空间面板模型分析
928	513	2016-09	旅游~行为	999	542	2017-03	~格局变化
928	514	2016-09	~行为评价研究	1002	543	2017-03	演变影响机制研究
928	515	2016-09	~路径可视化	1004	544	2017-03	休闲~涉入
934	516	2016-09	~特征演变研究	1008	545	2017-03	动态演化规律研究
939	517	2016-10	~格局评价研究	1009	546	2017-03	~扩展
945	518	2016-11	~演变透视	1010	547	2017-03	~差异驱动因素
947	519	2016-11	~异质研究	1011	548	2017-03	~格局演变驱动因素
949	520	2016-11	~演变影响因子分析	1012	549	2017-04	~演化特征成因
952	521	2016-12	~模式变迁	1013	550	2017-04	~变化特征效应
954	522	2017-01	~分布特征影响机制	1015	551	2017-04	~行为机制
956	523	2017-01	~模式挖掘	1018	552	2017-04	~演化实证研究
962	524	2017-01	~供求因素影响研究	1018	553	2017-04	~演化影响因素实证研究
962	525	2017-01	特征~	1024	554	2017-04	~构造
968	526	2017-01	~领导力	1028	555	2017-04	~效应检验
968	527	2017-01	~系统	1029	556	2017-04	~锥理论
968	528	2017-01	~智慧	1029	557	2017-04	~锥理论研究
969	529	2017-01	~演变相关性	1030	558	2017-04	~变化政策启示
971	530	2017-02	~特征发展趋势预测	1031	559	2017-04	社会~观
972	531	2017-02	~演化空间关联性分析	1032	560	2017-04	~格局演变实证研究
976	532	2017-02	网络结构~演变分析	1032	561	2017-04	~格局演变影响因素实证研究
977	533	2017-02	~可达性	1033	562	2017-04	~变化影响因素研究

续表

论文序号	词汇序号	首用时间	时空词汇	论文序号	词汇序号	首用时间	时空词汇
1034	563	2017-05	~演化研究	1091	594	2017-07	~特征预测
1036	564	2017-05	~演进研究	1091	595	2017-07	~调控预测
1037	565	2017-05	~演化特征影响因素	1092	596	2017-07	~研究
1038	566	2017-05	~面板数据	1101	597	2017-08	~压缩效应
1046	567	2017-05	~匹配保障制度	1110	598	2017-08	~演化驱动机制研究
1047	568	2017-05	旅游流~特征	1111	599	2017-08	~特征增长机制
1050	569	2017-05	~引力模型	1112	600	2017-09	~分异特征形成机制
1051	570	2017-05	~分析模型	1116	601	2017-09	~格局评价
1052	571	2017-05	~依赖关系研究	1116	602	2017-09	~影响因素评价
1053	572	2017-05	~变迁研究	1117	603	2017-09	~传导效应
1054	573	2017-05	~影响因素研究	1118	604	2017-09	~提升对策
1056	574	2017-05	~分布动态演变研究	1124	605	2017-09	~影响机制
1057	575	2017-05	~锥	1126	606	2017-09	~格局变迁
1058	576	2017-06	~差异变动趋势	1126	607	2017-09	~格局变迁研究
1059	577	2017-06	~差异探讨	1127	608	2017-09	~格局机理
1063	578	2017-06	~地理加权回归模型	1127	609	2017-09	~影响机理
1063	579	2017-06	~非平稳性	1129	610	2017-09	~分布影响因素
1063	580	2017-06	~非平稳性测度研究	1133	611	2017-09	工业~
1064	581	2017-06	~耦合特征分析	1133	612	2017-09	虚拟~
1066	582	2017-07	~溢出机理研究	1134	613	2017-09	~布局
1067	583	2017-07	~格局演变分析	1134	614	2017-09	~布局演化研究
1067	584	2017-07	~格局演变影响因素分析	1135	615	2017-09	~差距
1068	585	2017-07	~分异类型研究	1135	616	2017-09	~差距分布动态演进
1069	586	2017-07	~分布特征响应	1136	617	2017-09	~格局驱动力研究
1072	587	2017-07	~演变交互影响	1139	618	2017-10	~分异响应关系识别
1074	588	2017-07	~分异机制研究	1140	619	2017-10	~跃迁趋同研究
1077	589	2017-07	~观视角	1140	620	2017-10	~跃迁研究
1078	590	2017-07	居住~	1141	621	2017-10	~变动分析
1081	591	2017-07	~分异收敛性	1141	622	2017-10	~变动驱动力分析
1088	592	2017-07	~解构	1143	623	2017-10	旅游需求~特征分析
1090	593	2017-07	~演进特征研究	1145	624	2017-10	~收敛性研究

续表

论文序号	词汇序号	首用时间	时空词汇	论文序号	词汇序号	首用时间	时空词汇
1146	625	2017-10	~分异特征分析	1221	654	2017-12	人地权籍~系统理论
1149	626	2017-10	~效应分析	1223	655	2017-12	~分异影响因素
1151	627	2017-10	演变环境效应	1224	656	2017-12	~耦合效应
1153	628	2017-10	~动态演进	1230	657	2018-01	局部~关联
1155	629	2017-10	~格局动态性	1230	658	2018-01	全局~关联
1157	630	2017-10	~流变	1230	659	2018-01	~关联结构演变
1157	631	2017-10	~流变类型分化	1232	660	2018-01	~跃迁特征
1157	632	2017-10	~秩序	1233	661	2018-01	~影响因素
1161	633	2017-11	~演化成因分析	1246	662	2018-02	~演变集聚特征分析
1165	634	2017-11	~格局特征研究	1247	663	2018-02	演化特点实证研究
1167	635	2017-11	~演化影响因素研究	1250	664	2018-02	~格局演变驱动因素研究
1169	636	2017-11	~特征驱动因子	1252	665	2018-02	~分布影响机制
1172	637	2017-11	~格局影响	1253	666	2018-02	~动态半参数变系数随机效应面板模型估计
1173	638	2017-11	~演化影响因素	1254	667	2018-02	~β收敛
1176	639	2017-11	~演变特征影响	1257	668	2018-02	~差异耦合关系研究
1177	640	2017-11	~演变特征优化选择	1258	669	2018-02	~格局变化研究
1178	641	2017-11	~分异特征影响因素	1260	670	2018-02	~差异演化研究
1179	642	2017-11	~轨迹耦合趋势研究	1261	671	2018-03	~变化分解研究
1179	643	2017-11	~轨迹研究	1263	672	2018-03	~变化聚类模式
1180	644	2017-11	~动力机制研究	1263	673	2018-03	~聚类模式
1181	645	2017-11	~特征空间计量经济模型实证	1265	674	2018-03	~演化启示
1182	646	2017-11	~修复视域	1266	675	2018-03	~演化机理研究
1195	647	2017-11	~类型划分	1266	676	2018-03	~演化特征研究
1196	648	2017-12	消费结构~演变特征	1267	677	2018-03	~联系影响研究
1198	649	2017-12	~协同性演化分析	1269	678	2018-03	~演化视角
1200	650	2017-12	~弹性研究	1270	679	2018-03	~特征影响
1200	651	2017-12	~制约	1271	680	2018-03	~关联
1204	652	2017-12	~优化路径分析	1271	681	2018-03	~关联模式演变
1209	653	2017-12	~可达性分析	1272	682	2018-03	~影响因素分析

续表

论文序号	词汇序号	首用时间	时空词汇	论文序号	词汇序号	首用时间	时空词汇
1274	683	2018-03	~演化形成机理分析	1331	714	2018-05	贝叶斯层次~模型
1275	684	2018-03	~分异形成机制	1331	715	2018-05	贝叶斯~统计分析
1279	685	2018-03	~分布优化仿真研究	1333	716	2018-05	~解读
1279	686	2018-03	游客~分布	1338	717	2018-05	~格局演化影响因素研究
1283	687	2018-03	~关	1339	718	2018-05	~差异趋势演进
1287	688	2018-03	国家~视角	1343	719	2018-06	~地理加权回归
1290	689	2018-03	~耦合驱动力	1346	720	2018-06	~变化影响因素
1293	690	2018-03	~演进趋势研究	1353	721	2018-06	~特征考察
1294	691	2018-03	~背景转换	1354	722	2018-06	~特征差异研究
1296	692	2018-04	~经济理念	1356	723	2018-06	人地关系权籍~系统
1297	693	2018-04	~经济属性视角分析	1357	724	2018-06	~统计模型
1298	694	2018-04	~演变权衡研究	1364	725	2018-07	~自回归模型
1298	695	2018-04	~演变协同研究	1366	726	2018-07	~视域
1300	696	2018-04	~经济分析	1367	727	2018-07	~格局动态分析
1302	697	2018-04	~演化特征实证研究	1376	728	2018-07	~维度视角
1303	698	2018-04	~格局演化影响因素	1377	729	2018-07	跨~特征
1305	699	2018-04	~演化动因分析	1379	730	2018-08	~异质性视角
1306	700	2018-04	~转移	1387	731	2018-09	~变化规律研究
1308	701	2018-05	~演进影响因素分析	1388	732	2018-09	~变化内在机理
1315	702	2018-05	~动态耦合关系	1393	733	2018-09	~变化特征影响因素
1316	703	2018-05	~演变规律	1398	734	2018-09	多源~大数据
1316	704	2018-05	~演变规律应用	1398	735	2018-09	多源~大数据视角
1321	705	2018-05	~演变影响因素变化	1403	736	2018-09	~影响机制研究
1322	706	2018-05	~耦合协调关系	1405	737	2018-09	~经济理论
1324	707	2018-05	~演变特征实证研究	1409	738	2018-09	~异质性研究
1325	708	2018-05	~演化特征比较分析	1410	739	2018-09	~计量分析
1327	709	2018-05	~分异格局分析	1414	740	2018-10	~响应
1327	710	2018-05	~分异格局影响因素分析	1417	741	2018-10	~演化俱乐部趋同研究
1328	711	2018-05	~排斥	1418	742	2018-10	~耦合特征驱动机制
1328	712	2018-05	~排斥影响机制	1420	743	2018-10	~大数据
1330	713	2018-05	~差异耦合效应分析	1424	744	2018-10	~耦合调控格局

续表

论文序号	词汇序号	首用时间	时空词汇	论文序号	词汇序号	首用时间	时空词汇
1425	745	2018-10	~差异性	1453	758	2018-11	~传染效应防范研究
1425	746	2018-10	~差异性评价	1453	759	2018-11	~传染效应研究
1434	747	2018-10	~格局分异研究	1455	760	2018-11	~差异性研究
1437	748	2018-11	~收敛特征	1463	761	2018-11	~演变驱动因素实证分析
1441	749	2018-11	~复杂性生长机制研究	1469	762	2018-12	~耦合启示
1441	750	2018-11	~复杂性研究	1474	763	2018-12	~格局驱动因素
1443	751	2018-11	~格局驱动因子研究	1475	764	2018-12	~行为特征分析
1444	752	2018-11	~分异格局障碍因子诊断	1478	765	2018-12	~经济视角
1444	753	2018-11	~分异格局诊断	1478	766	2018-12	~途径
1449	754	2018-11	~分异成因研究	1479	767	2018-12	~异步性
1449	755	2018-11	~优化对策研究	1480	768	2018-12	~耦合规律
1451	756	2018-11	~社会学	1481	769	2018-12	~变化评价
1453	757	2018-11	~传染效应	1485	770	2018-12	~演变特征影响因素研究

为行文简便，自此处起，在各个表格的内容中，用"~"代替"时空"。

表 15-1 中，论文序号就是指本书研究素材中的论文序号，词汇序号就是这些时空词汇按采用的时间排序的编号，频次就是这些时空词汇被采用的频次。

从表 15-1 可以看出，截至 2018 年年底，发表在 C 刊上的时空分析论文共采用了 770 条时空词汇。

15.1.2 时空分析论文标题中时空词汇数量情况

在 1485 篇论文中，标题中时空词汇的数量情况见表 15-2、图 15-1。

表 15-2 时空论文标题中时空词汇数量情况

标题中时空词汇的数量	相应的论文数量	比重（%）
3	2	0.13
2	332	22.36
1	1060	71.38
0	92	6.20
合计	1485	100.00

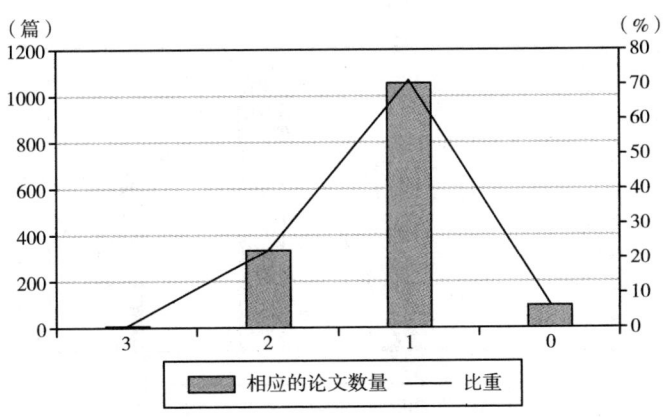

图 15-1　时空论文标题中时空词汇数量情况

从表 15-2 和图 15-1 可以看出，在 1485 篇时空分析论文中，标题中时空词汇数量最多是 3 个，有 2 篇论文，比重是 0.13%，时空词汇数量有 2 个的论文有 332 篇，比重是 22.36%，时空词汇数量只有 1 个的论文有 1060 篇，比重是 71.38%，没有时空词汇数量的论文有 92 篇，比重是 6.20%。

15.1.3　时空分析论文关键词中时空词汇数量情况

在 1485 篇时空分析论文中，关键词中时空词汇的数量情况见表 15-3、图 15-2。

表 15-3　　时空分析论文关键词中时空词汇数量情况

关键词中时空词汇的数量	相应的论文数量	比重（%）
3	2	0.13
2	14	0.94
1	928	62.49
0	542	36.50
合计	1485	100.00

从表 15-3 和图 15-2 可以看出，关键词中时空词汇数量最多也是 3 个，有 2 篇论文，比重是 0.13%，时空词汇数量有 2 个的论文有 14 篇，比重是 0.94%，时空词汇数量只有 1 个的论文有 928 篇，比重是 62.45%，没有时空词汇数量的论文有 542 篇，比重是 36.47%。

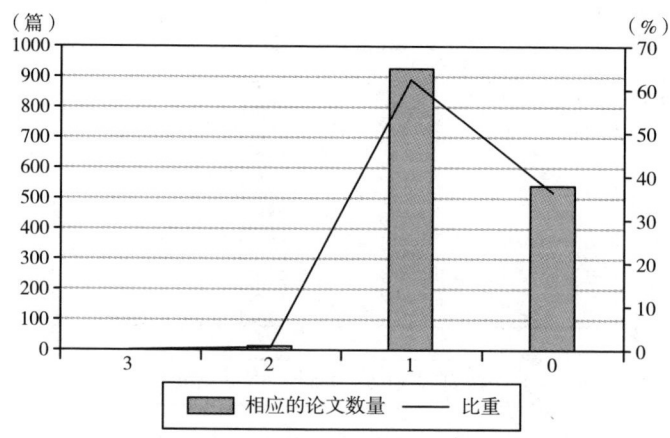

图 15-2　时空分析论文关键词中时空词汇数量情况

15.1.4　时空分析论文标题中连词数量情况

在 1485 篇发表在 C 刊的时空分析论文中，标题中连词数量情况见表 15-4、图 15-3。

表 15-4　　　　　时空分析论文标题中连词数量情况

连词	数量	比重（%）
和	47	3.16
与	396	26.67
及	255	17.17
与其	1	0.07
及其	172	11.58
合计	871	58.65

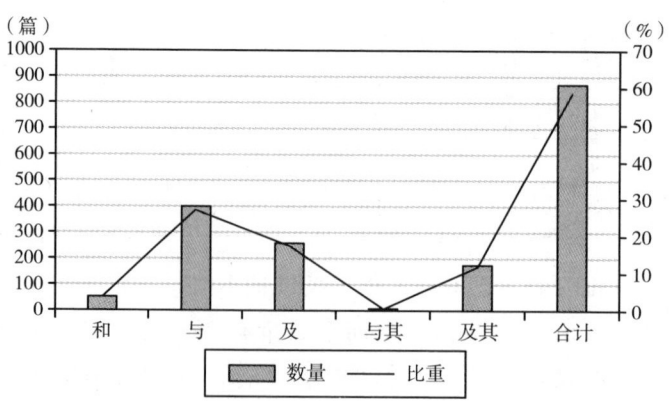

图 15-3　时空分析论文标题中连词数量情况

从表 15-4 和图 15-3 可以看出，有将近 60% 的时空分析论文在标题中使用了连词，这是导致标题中出现多条时空词汇的主要原因。

15.2 时空词汇数量主要问题的客观时空分析

第 6 章的 4 个问题中，前 3 个问题是本章定量分析的主要问题。

考虑到时间因素（即 C 刊发表经济管理领域时空相关论文已有 30 年的历史），就可以拓展为关于本章 3 个主要问题的时空分析。

由于新时空词汇总量分析中，没有对总量进行结构分解，因此，关于新时空词汇，就只进行时间分析。其他两个主要问题的数量分析问题，有细分结构，可以进行时空分析。

15.2.1 新时空词汇出现的数量的时间分析

以某一时空词汇首次在论文中出现的时间作为新时空词汇出现的时间，则这 773 条时空词汇在 30 年的数量分布见表 15-5、图 15-4。

表 15-5　　　　　　　　历年新时空词汇出现的数量

年份	新出现的时空词汇数量	年份	新出现的时空词汇数量	年份	新出现的时空词汇数量
1989	1	1999	8	2009	29
1990	2	2000	5	2010	31
1991	0	2001	5	2011	30
1992	0	2002	11	2012	42
1993	0	2003	9	2013	43
1994	3	2004	17	2014	48
1995	3	2005	23	2015	75
1996	4	2006	17	2016	58
1997	0	2007	25	2017	135
1998	9	2008	24	2018	114

从表 15-5 和图 15-4 可以看出，1989~2018 年，771 条中国经济管理领域研究者发表在 C 刊的时空分析论文所采用的时空词汇，出现逐步增加的大趋势，2017 年和 2018 年新出现的时空词汇均突破 100 条。

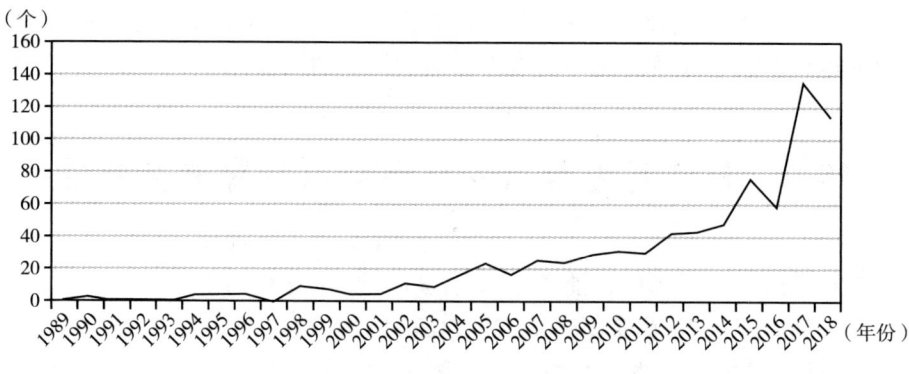

图 15－4　历年新时空词汇出现的数量

15.2.2　经济管理领域时空论文标题中时空词汇数量时空分析

1989~2018 年，论文标题中时空词汇数量的时空分析见表 15－6、图 15－5。

表 15－6　　　　　　　论文标题中时空词汇数量的时空分析

年份	标题中无时空词汇论文数量	标题中有 1 条时空词汇论文数量	标题中有 2 条时空词汇论文数量	标题中有 3 条时空词汇论文数量	合计
1989	0	1	0	0	1
1990	0	2	0	0	2
1994	0	1	1	0	2
1995	0	4	0	0	4
1997	0	0	0	0	0
1998	0	6	0	0	6
1999	0	5	0	0	5
2000	1	7	0	0	8
2001	2	3	0	0	5
2002	2	12	1	0	15
2003	4	5	2	0	11
2004	4	18	0	0	22
2005	3	15	5	0	23
2006	0	20	2	0	22
2007	0	27	5	0	32
2008	0	26	6	0	32

续表

年份	标题中无时空词汇论文数量	标题中有1条时空词汇论文数量	标题中有2条时空词汇论文数量	标题中有3条时空词汇论文数量	合计
2009	0	28	6	0	34
2010	0	40	10	0	50
2011	0	62	5	0	67
2012	0	65	17	0	82
2013	0	69	18	0	87
2014	0	96	22	0	118
2015	16	121	46	0	183
2016	8	103	27	0	138
2017	17	173	82	0	272
2018	35	147	77	2	261
合计	92	1059	332	2	1485

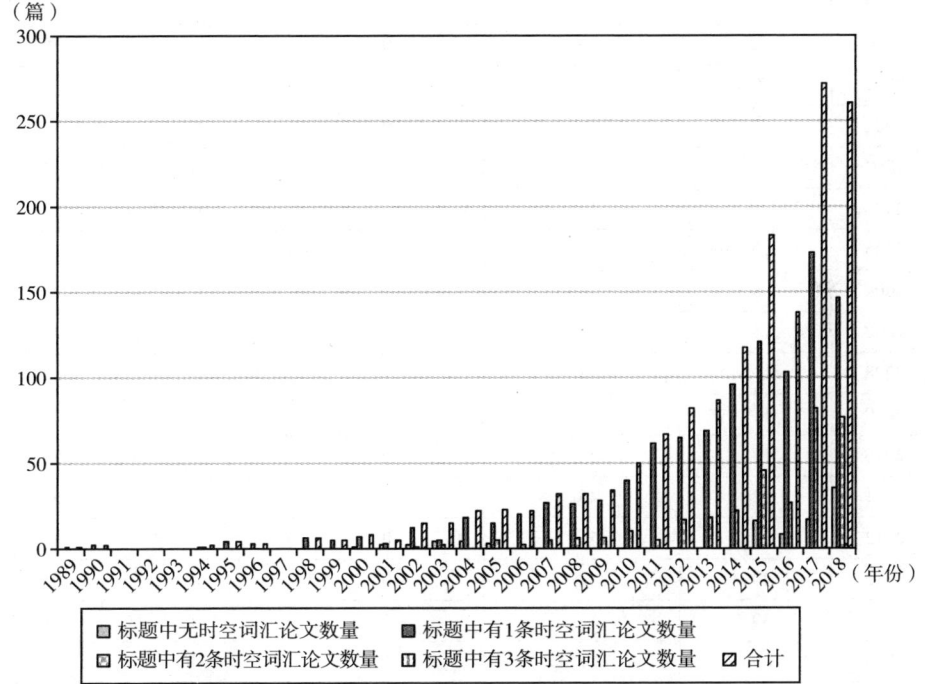

图 15-5 论文标题中时空词汇数量的时空分析

从表 15-6 和图 15-5 可以看出，标题中出现 3 条时空词汇的论文仅出现在 2018 年。其他 3 种论文标题中出现时空词汇的数量的情况，基本上在这 3 年都有分布，且均出现逐步增长的态势。

15.2.3 经济管理领域时空论文关键词时空词汇数量的时空分析

这30年，论文关键词中时空词汇数量的时空分析见表15-7、图15-6。

表15-7　　　　　论文关键词中时空词汇数量的时空分析

年份	关键词中无时空词汇论文数量	关键词中有1条时空词汇论文数量	关键词中有2条时空词汇论文数量	关键词中有3条时空词汇论文数量	合计
1989	1	0	0	0	1
1990	2	0	0	0	2
1994	1	1	0	0	2
1995	3	1	0	0	4
1996	0	3	0	0	3
1998	3	3	0	0	6
1999	1	4	0	0	5
2000	2	6	0	0	8
2001	0	5	0	0	5
2002	5	10	0	0	15
2003	2	9	0	0	11
2004	9	13	0	0	22
2005	10	13	0	0	23
2006	8	14	0	0	22
2007	14	17	0	1	32
2008	10	21	1	0	32
2009	11	23	0	0	34
2010	18	32	0	0	50
2011	22	45	0	0	67
2012	31	51	0	0	82
2013	40	47	0	0	87
2014	39	78	1	0	118
2015	69	113	1	0	183
2016	50	85	3	0	138
2017	100	165	6	1	272
2018	91	168	2	0	261
合计	542	927	14	2	1485

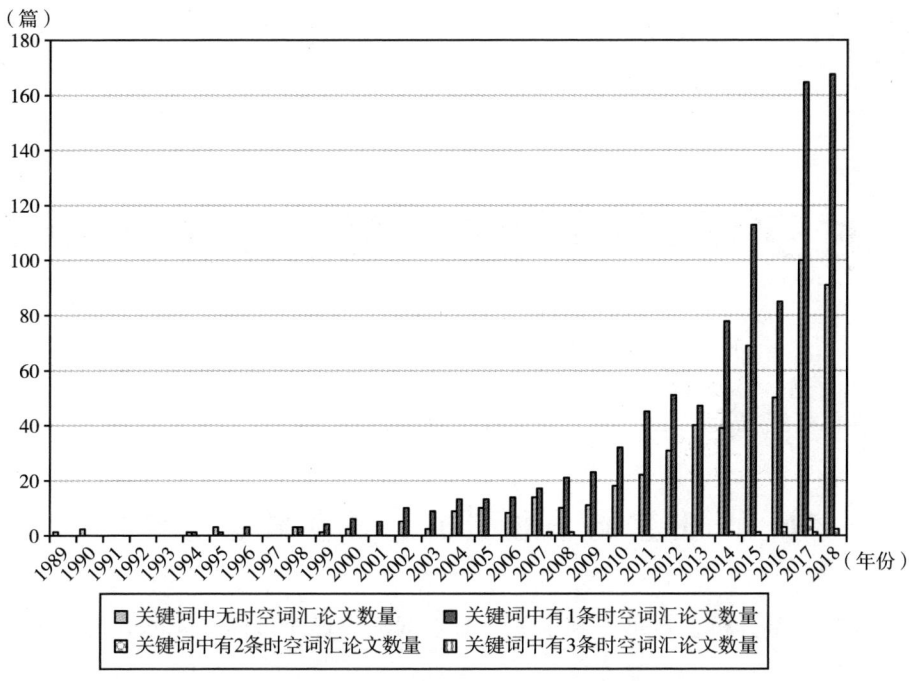

图 15-6 论文关键词中时空词汇数量的时空分析

从表 15-7 和图 15-6 可以看出，论文关键词中出现三条时空词汇的年份分别是 2007 年和 2017 年。

在 1485 篇发表在 C 刊的时空分析论文中，其他三种论文关键词中出现时空词汇的数量（关键词中没有时空词汇、关键词中仅有唯一时空词汇，关键词中有两条时空词汇）的情况，基本上在这 30 年都有分布，且均出现逐步增长的态势。

15.3 本章小结

本章对本书第 6 章的问题进行了定量分析。

首先，本章通过定量分析，确认时空词汇是 770 条。

其次，对这 1485 篇发表在 C 刊的时空分析论文标题和关键词中 4 种时空词汇数量的情况进行了定量分析。

最后，对这些问题又结合 30 年的学术历史进行了时空分析。

第 16 章

时空词汇位置的客观时空分析

本章研究完全立足于本书第 7 章的研究基础上。

16.1 时空词汇位置的总体空间客观分析

通过定量分析,本书得到了关于时空词汇位置的总体空间的分析结果。

16.1.1 时空词汇表中时空词汇 3 种基本词汇表达式的基本情况

根据第 7 章的主观时空分析,时空词汇(包括在论文标题中出现的时空词汇和论文关键词这一项中的时空词汇),有 3 种基本词汇表达式,分别是:

时空 A (词汇表达式 b7-1)
B 时空 (词汇表达式 b7-2)
B 时空 A (词汇表达式 b7-3)

按照本书在本书第 6 章论文标题提取时空词汇的从宽原则,通过前一章的定量分析,已经知道 30 年间 C 刊时空分析的 1485 篇论文共采用了 770 条时空词汇。

在这 770 条时空词汇构成的时空词汇表中,扣除"时空"这一中文词汇外,3 种基本词汇表达式的情况见表 16-1、图 16-1。

表 16-1 时空词汇表中三种基本词汇表达式的情况

词汇表达式编号	时空表达式	数量	比例(%)
词汇表达式 b7-1	时空 A	720	93.63
词汇表达式 b7-2	B 时空	12	1.56
词汇表达式 b7-3	B 时空 A	37	4.81
合计		769	100.00

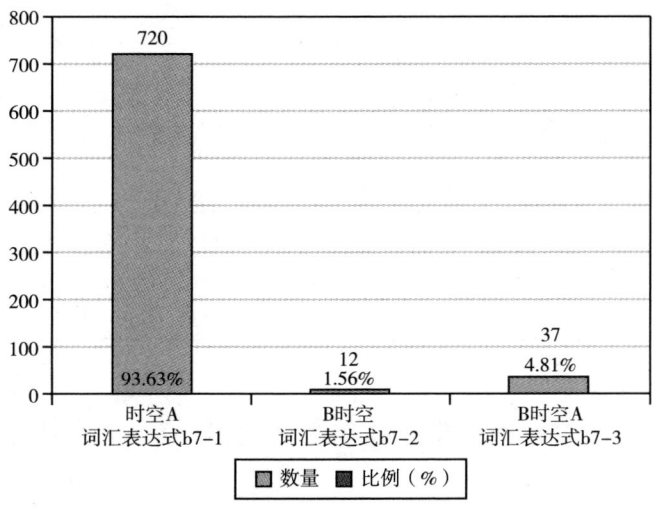

图 16-1 时空词汇表中三种基本词汇表达式的情况

从表 16-1 和图 16-1 可以看出,或许是受笔者主观选择的影响,时空 A 这种词汇表达式 b7-1 的比例竟然高达 93.63%,占据绝对主导地位。相比之下,在全部 769 条时空词汇(扣除"时空"这一词汇)中,B 时空这种词汇表达式 b7-2 的比例比 B 时空 A 这种词汇表达式 b7-3 的比例还低,却是一项值得深入研究的重要内容。

16.1.2 时空词汇表中基本词汇表达式 b7-2 的具体情况

在扣除了"时空"这一中文词汇外,1989~2018 年,中国经济管理领域研究者在 C 刊发表的时空分析论文,共采用了 770 条时空词汇,其中仅有 12 条符合基本词汇表达式 b7-2 的时空词汇,见表 16-2。

表 16-2   符合基本词汇表达式 b7-2 的时空词汇

词汇序号	时空词汇	前置词素	频次
41	劳动~	劳动	1
59	钱纳利~	钱纳利	1
121	关系~	关系	1
122	价值~	价值	1
123	自然~	自然	1
161	知识~	知识	3

续表

词汇序号	时空词汇	前置词素	频次
257	社会~	社会	2
493	错~	错	1
524	特征~	特征	1
591	居住~	居住	2
612	工业~	工业	1
613	虚拟~	虚拟	1

16.1.3　时空词汇表中基本词汇表达式 b7-3 的具体情况

在扣除了"时空"这一中文词汇外的769条时空词汇表中，有37条符合基本词汇表达式 b7-3 的时空词汇，见表16-3。

表16-3　　　　符合基本词汇表达式 b7-3 的时空词汇

词汇序号	时空词汇	后置词素	前置词素	频次
3	价值~观	观	价值	1
9	经济~推移	推移	经济	1
12	市场~理论	理论	市场	1
13	市场~理论研究	理论研究	市场	1
29	会计~观	观	会计	3
46	经济学科学性~相对性	相对性	经济学科学性	1
58	土地利用~动态变化	动态变化	土地利用	1
62	土地利用~变化	变化	土地利用	2
74	区域~差异	差异	区域	2
76	社会~解析	解析	社会	1
87	客流~分布	分布	客流	1
237	马克思~观	观	马克思	1
271	流通~格局	格局	流通	1
353	旅游者~行为	行为	旅游者	1
388	权责~分离	分离	权责	1
402	投资~分异	分异	投资	1
486	工业空间演变~路径	路径	工业空间演变	1
494	错~合作	合作	错	1
510	旅行者~行为	行为	旅游者	1

续表

词汇序号	时空词汇	后置词素	前置词素	频次
514	旅游~行为	行为	旅游	1
533	网络结构~演变分析	演变分析	网络结构	1
545	休闲~涉入	涉入	休闲	2
560	社会~观	观	社会	3
569	旅游流~特征	特征	旅游流	1
624	旅游需求~特征分析	特征分析	旅游需求	1
649	消费结构~演变特征	演变特征	消费结构	1
655	人地权籍~系统理论	系统理论	人地权籍	1
658	局部~关联	关联	局部	1
659	全局~关联	关联	全局	1
687	游客~分布	分布	游客	1
689	国家~视角	视角	国家	1
715	贝叶斯层次~模型	模型	贝叶斯层次	1
716	贝叶斯~统计分析	统计分析	贝叶斯	1
724	人地关系权籍~系统	系统	人地关系权籍	1
730	跨~特征	特征	跨	1
735	多源~大数据	多源	大数据	1
736	多源~大数据视角	多源	大数据视角	1

16.1.4 论文标题中关于表达式 b7-2 词汇的复合词汇表达式

在 1485 篇时空分析论文中，论文标题中关于表达式 b7-2 词汇的复合词汇表达式的具体情况，见表 16-4。

表 16-4 标题中关于表达式 b7-2 词汇的复合词汇表达式的具体情况

论文序号	标题	词汇序号	时空词汇	基本词汇表达式	时空词汇在论文标题中的位置	复合词汇表达式编号	复合词汇表达式
345	社会时空与生产方式	257	社会时空	B 时空	句首	词汇表达式 c7-5	"B 时空" CD…M
375	基于知识时空的技术创新研究范式的构建	161	知识时空	B 时空	句中	词汇表达式 c7-7	PQ…Z "B 时空 A" CD…M
1078	居住时空、心理所有权与生态补偿意愿——以赣江流域为例	591	居住时空	B 时空	句尾	词汇表达式 c7-5	"B 时空" CD…M

从表 16-4 可以看出，在 1485 篇时空分析论文中，标题中出现基本词汇表达式 b7-2 的论文仅有 3 篇，其中的 2 篇，时空词汇在句首，1 篇在句尾。

16.1.5　论文标题中关于表达式 b7-3 词汇的复合词汇表达式

在 1485 篇时空分析论文中，论文标题中关于表达式 b7-3 词汇的复合词汇表达式的具体情况，见表 16-5、表 16-6、图 16-2。

表 16-5　标题中表达式 b7-2 词汇的复合词汇表达式的数量分布

序号	"B 时空 A"类时空词汇在论文标题中的位置	数量	比例（%）
1	句尾	7	43.75
2	句首	4	25.00
3	句中	5	31.25
合计		16	100.00

表 16-6　标题中关于表达式 b7-2 词汇的复合词汇表达式的具体情况

序号	标题	词汇序号	时空词汇	基本词汇表达式	时空词汇在论文标题中的位置	复合词汇表达式编号	复合词汇表达式
3	价值时空观和成本相对论：兼论重置成本会计	3	价值时空观	B 时空 A	句首	词汇表达式 c7-6	"B 时空 A" CD…M
9	论交通运输在经济时空推移和结构演变中的宏观作用	9	经济时空推移	B 时空 A	句中	词汇表达式 c7-9	PQ…Z "B 时空 A" CD…M
12	市场时空理论研究的新进展	13	市场时空理论研究	B 时空 A	句首	词汇表达式 c7-6	"B 时空 A" CD…M
23	论会计时空观	29	会计时空观	B 时空 A	句尾	词汇表达式 c7-3	CD…M "B 时空 A"
25	网络时代，会计的时空观	29	会计时空观	B 时空 A	句尾	词汇表达式 c7-3	CD…M "B 时空 A"
83	社会时空的解析——衡量人类的活动效率与生活质量的尺度	76	社会时空解析	B 时空 A	句首	词汇表达式 c7-6	"B 时空 A" CD…M

续表

序号	标题	词汇序号	时空词汇	基本词汇表达式	时空词汇在论文标题中的位置	复合词汇表达式编号	复合词汇表达式
889	隐性知识流转网成员错时空合作的知识损失研究	494	错时空合作	B时空A	句中	词汇表达式c7-9	PQ…Z"B时空A"CD…M
976	长三角城市群网络结构时空演变分析	533	网络结构时空演变分析	B时空A	句尾	词汇表达式c7-3	CD…M"B时空A"
1004	基于休闲时空涉入的地方认同模型之研究	545	休闲时空涉入	B时空A	句中	词汇表达式c7-9	PQ…Z"B时空A"CD…M
1031	论马克思的社会时空观与精准扶贫	560	社会时空观	B时空A	句中	词汇表达式c7-9	PQ…Z"B时空A"CD…M
1143	基于网络关注度的北京市居民对5A级景区旅游需求时空特征分析	624	旅游需求时空特征分析	B时空A	句尾	词汇表达式c7-3	CD…M"B时空A"
1196	武汉城市群消费结构时空演变特征	649	消费结构时空演变特征	B时空A	句尾	词汇表达式c7-3	CD…M"B时空A"
1287	中国与中亚贸易的质量研究——基于国家时空视角	689	国家时空视角	B时空A	句尾	词汇表达式c7-3	CD…M"B时空A"
1331	新常态下区域经济增长贝叶斯时空统计分析	716	贝叶斯时空统计分析	B时空A	句尾	词汇表达式c7-3	CD…M"B时空A"
1377	民营经济发展的跨时空特征——基于前后金融危机时期的对照研究	730	跨时空特征	B时空A	句中	词汇表达式c7-9	PQ…Z"B时空A"CD…M
1398	多源时空大数据视角的城市商圈空间结构及影响因素研究——基于核密度与空间面板模型的实证	736	多源时空大数据视角	B时空A	句首	词汇表达式c7-6	"B时空A"CD…M

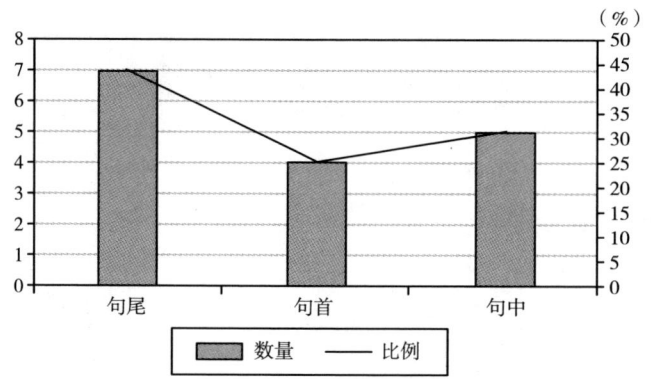

图 16-2 论文标题中表达式 b7-2 词汇的复合词汇表达式的数量分布

从表 16-5 和图 16-2 可以看出,符合基本词汇表达式 b7-3 "B 时空 A" 的时空词汇处于论文标题句尾、句首和句中的数量分别是 7 次、4 次和 5 次。

16.2 时空词汇位置主要问题的客观时空分析

第 7 章的五个问题中,前 3 个问题是本章定量分析的主要问题。

16.2.1 时空词汇表中 3 种基本词汇表达式情况的时空分析

本章依然采用上一章的标准,以某一时空词汇首次被中国经济管理领域学者采用到其在 C 刊发表的论文中的时间作为这条时空词汇出现的时间,则这 769 个时空词汇(扣除"时空"这一词汇)这 30 年的 3 种基本词汇表达式的数量分布见表 16-7、图 16-3。

表 16-7 历年新时空词汇 3 种基本词汇表达式的数量分布

年份	基本词汇表达式 b7-1 时空词汇数量	基本词汇表达式 b7-2 时空词汇数量	基本词汇表达式 b7-3 时空词汇数量	扣除"时空"这一词汇的时空词汇数量
1989	1	0	0	1
1990	1	0	1	2
1994	3	0	0	3
1995	2	0	1	3
1996	2	0	2	4
1998	8	0	0	8
1999	7	0	1	8
2000	5	0	0	5

续表

年份	基本词汇表达式 b7-1 时空词汇数量	基本词汇表达式 b7-2 时空词汇数量	基本词汇表达式 b7-3 时空词汇数量	扣除"时空"这一词汇的时空词汇数量
2001	5	0	0	5
2002	9	1	1	11
2003	7	1	1	9
2004	14	0	3	17
2005	22	0	1	23
2006	17	0	0	17
2007	22	3	0	25
2008	23	1	0	24
2009	29	0	0	29
2010	31	0	0	31
2011	29	0	1	30
2012	40	1	1	42
2013	43	0	0	43
2014	46	0	2	48
2015	73	0	1	74
2016	53	1	4	58
2017	124	4	7	135
2018	104	0	10	114
合计	720	12	37	769

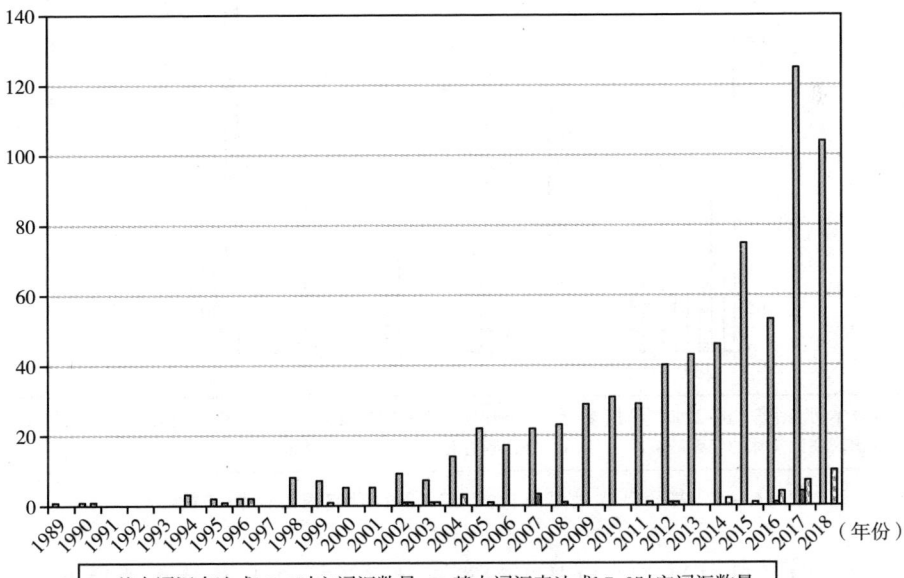

图 16-3 历年新时空词汇 3 种基本词汇表达式的数量分布

从表 16-7 和图 16-3 可以看出，基本表达式 b7-1 的时空词汇一直占据绝对主导地位。

16.2.2 时空词汇表中基本词汇表达式 b7-2 具体情况的时空分析

12 条符合基本词汇表达式 b7-2 的时空词汇的历年分布情况，见表 16-8、图 16-4。

表 16-8 符合基本词汇表达式 b7-2 的时空词汇的历年数量分布

年份	基本词汇表达式 b7-2 的时空词汇数量	出现在论文标题的数量	出现在论文标题句尾的数量	出现在论文标题句首的数量	出现在论文标题句中的数量
2002	1	2	0	1	1
2003	1	0	0	0	0
2007	3	0	0	0	0
2008	1	0	0	0	0
2012	1	0	0	0	0
2016	1	0	0	0	0
2017	4	1	0	1	0

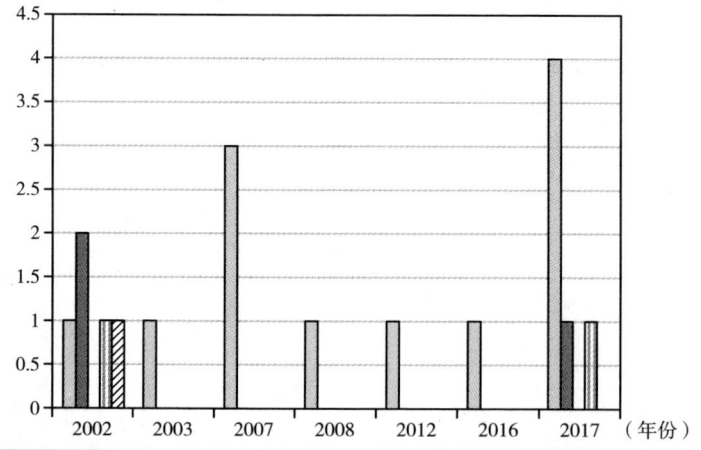

图 16-4 符合基本词汇表达式 b7-2 的时空词汇的历年数量分布

16.2.3 时空词汇表中基本词汇表达式 b7-3 具体情况的时空分析

37 条符合基本词汇表达式 b7-3 的时空词汇的历年分布情况，见表 16-9、

图 16-5。

表 16-9　符合基本词汇表达式 b7-3 的时空词汇的历年数量分布

年份	基本词汇表达式 b7-2 的时空词汇数量	出现在标题的数量	出现在标题句尾的数量	出现在标题句首的数量	出现在标题句中的数量
1990	1	1	0	1	0
1995	1	1	0	0	1
1996	2	1	0	1	0
1999	1	1	1	0	0
2000	0	1	1	0	0
2002	1	0	0	0	0
2003	1	0	0	0	0
2004	3	1	0	1	0
2005	1	0	0	0	0
2011	1	0	0	0	0
2012	1	0	0	0	0
2014	2	0	0	0	0
2015	1	0	0	0	0
2016	4	1	0	0	1
2017	7	5	3	0	2
2018	10	4	2	1	1

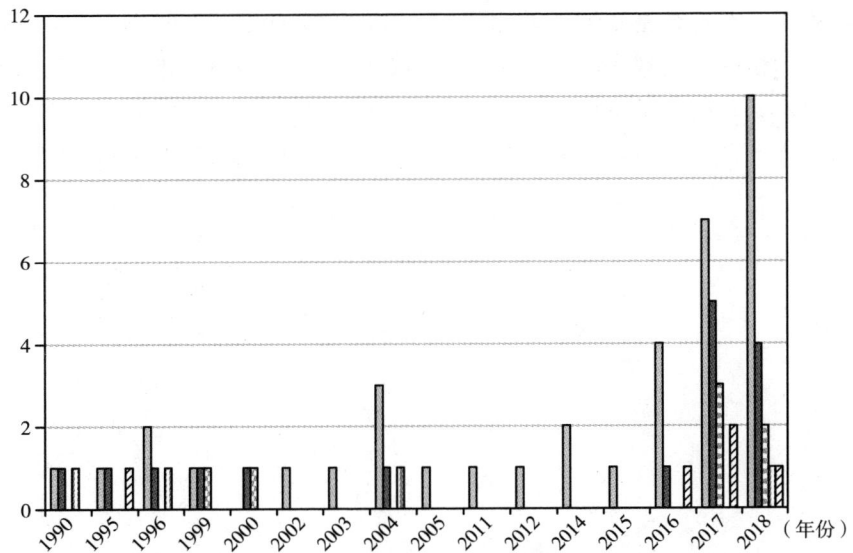

图 16-5　符合基本词汇表达式 b7-3 的时空词汇的历年数量分布

16.3　本章小结

本章对第 7 章的问题进行了定量分析。

第一，本章通过定量分析，确认在扣除了"时空"这一词汇之后的 769 条时空词汇中，符合基本词汇表达式 b7－1 的时空词汇（时空 A）是 720 条，基本词汇表达式 b7－2 的时空词汇（B 时空）是 12 条，基本词汇表达式 b7－3 的时空词汇（B 时空 A）是 37 条，可以知道，符合基本表达式 b7－1 的时空词汇占据绝对主导的地位。

第二，对 12 条符合基本词汇表达式 b7－2 的时空词汇（B 时空）和 37 条符合基本词汇表达式 b7－3 的时空词汇（B 时空 A）的前缀词汇和后缀词汇进行了全面的分析。

第三，发现只有 3 条符合基本词汇表达式 b7－2 的时空词汇（B 时空）和 16 条符合基本词汇表达式 b7－3 的时空词汇（B 时空 A）出现在时空分析论文的标题中，并对这两种时空词汇在标题中的位置情况进行了全面的分析。

第四，对三种基本词汇表达式的时空词汇在 1989~2018 年新出现的情况进行了时空分析。

第五，对符合基本词汇表达式 b7－2 的时空词汇（B 时空）在这 30 年的新出现的情况与出现在时空分析论文标题中的位置的情况进行了时空分析。

第六，对符合基本词汇表达式 b7－3 的时空词汇（B 时空 A）在这 30 年的新出现的情况与出现在时空分析论文标题中的位置的情况进行了时空分析。

第 17 章

时空词汇格式的客观时空分析

本章研究完全立足于第 8 章的研究基础上。

17.1 时空词汇格式的总体空间客观分析

通过定量分析,本书得到了关于时空词汇格式的总体空间分析结果。

17.1.1 时空词汇表中时空词汇的格式情况

为后续研究行文便利,这里将 770 条时空词汇,扣除"时空"这一词汇本身之外,其余 769 条时空词汇称为复合时空词汇。

在 769 条复合时空词汇中,除了"时空"这一最高规格的词素外,还含有"分析"或"研究"或其他研究类词汇这类次高规格词素(包括模型、数据等与研究高度关系的词素)的词汇情况,见表 17-1、表 17-2、图 17-1。

表 17-1　　　　　　含有研究类词素的时空词汇

词汇序号	首用时间	研究类时空词汇	词汇序号	首用时间	研究类时空词汇
4	1994-06	~特征分析	31	2000-03	~模式探讨
11	1996-01	~变化分析	32	2000-04	~差异研究
13	1996-10	市场~理论研究	33	2000-05	~分析
21	1998-07	~差异分析	34	2000-07	~分布研究
22	1998-11	~结构解析	37	2001-04	~分异初探
24	1999-01	~模式研究	44	2002-04	~集成优化模型
25	1999-02	~分布规律分析	45	2002-05	~变化特征分析

续表

词汇序号	首用时间	研究类时空词汇	词汇序号	首用时间	研究类时空词汇
51	2002-12	~数据管理	125	2007-03	~动态性评述
52	2003-01	~趋势分析	129	2007-03	~差异评价
57	2003-06	~动态变化模拟	131	2007-03	~规律分析
60	2003-11	~数据模型	133	2007-04	~审视
61	2004-01	~现状研究	135	2007-04	~分析影响因素
63	2004-03	~演变研究	136	2007-06	~变异机制定量分析
65	2004-07	~演变分析	138	2007-08	~演替特征研究
67	2004-08	~动态模式研究	139	2007-11	~演化格局研究
69	2004-09	~演变特征研究	140	2007-12	~模式战略性思考
71	2004-09	~演替规律研究	141	2007-12	~分异测度研究
75	2004-11	~动态研究	142	2007-12	~演进分析
76	2004-11	社会~解析	143	2008-01	~机理分析
79	2005-01	~分异研究	145	2008-02	~演变模式分析
82	2005-01	~变异分析	146	2008-02	~特征成因分析
84	2005-02	~耦合规律初探	149	2008-04	~变化特征研究
86	2005-02	~演化特征分析	150	2008-05	~结构影响分析
88	2005-03	~分布分析	151	2008-06	~定位
89	2005-03	~结构分异研究	152	2008-06	~定位问题探讨
90	2005-04	~关系对策	153	2008-07	~数据
92	2005-04	~动态变化研究	154	2008-08	~特征规律分析
95	2005-05	~格局研究	155	2008-09	~特征研究
100	2005-12	~收敛效应研究	156	2008-10	~变动研究
102	2006-01	~演变特征实证分析	157	2008-10	~比较
103	2006-01	~过程分析	158	2008-10	~比较研究
106	2006-03	~格局模拟	159	2008-10	~测度
107	2006-04	~变化研究	162	2008-11	~功能耦合演化统计分析
108	2006-05	~结构分析	163	2008-11	~统计分析
109	2006-07	~分异特征研究	164	2008-11	~差异演化实证研究
114	2006-11	~耦合协调机制分析	169	2009-01	~差异演变分析
117	2006-12	~维度研究	170	2009-01	~分布特征动力机制分析
118	2007-01	~格局影响分析	171	2009-01	~分布特征分析
124	2007-03	~动态性分析	173	2009-02	~格局探析

续表

词汇序号	首用时间	研究类时空词汇	词汇序号	首用时间	研究类时空词汇
174	2009-02	~格局优化策略探析	215	2010-09	~耦合测算
176	2009-02	~演替机理研究	217	2010-10	~演变投资分析
177	2009-02	~分异分析	218	2010-10	~差异影响因素分析
179	2009-03	~演变规律分析	220	2010-10	~发展演变研究
180	2009-03	~差异实证研究	223	2010-10	~差异变动分析
181	2009-04	~演化模式研究	224	2010-10	~范式
183	2009-04	~配置分析	226	2010-12	~数列模型探讨
185	2009-06	~行为模式研究	227	2011-01	~演化研究
187	2009-06	~适宜性评价	229	2011-01	~模拟研究
188	2009-07	~演变实证分析	230	2011-01	~差异特征分析
190	2009-08	~动态演变研究	231	2011-02	~演进成因分析
191	2009-08	~分布集中指数	232	2011-02	~差异评价研究
192	2009-09	~过程测度	233	2011-02	~格局演化分析
193	2009-09	~过程模型	234	2011-02	~格局演化驱动力分析
194	2009-09	~分布模拟分析	236	2011-04	~相关分析
195	2009-09	~模拟	240	2011-06	~动态比较分析
196	2010-01	~分流导航研究	241	2011-06	~格局演化成因分析
197	2010-02	~分异驱动因素研究	242	2011-06	~相关模板模型统计方法研究
198	2010-02	~特征驱动力分析	244	2011-08	~动态分析
199	2010-03	~演化测度分析	245	2011-08	~动态驱动力分析
202	2010-03	~匹配分析	247	2011-09	~分流导航管理研究
204	2010-05	~动态演化分析	249	2011-10	~演变空间统计分析
205	2010-05	~关系研究	250	2011-10	~演化规律研究
206	2010-05	~维度效应分析	252	2011-11	~格局演变研究
207	2010-06	~差异实证分析	254	2011-12	~视角解析
208	2010-06	~差异影响机理实证分析	256	2011-12	~滞后分析
209	2010-07	~变化影响因素分析	259	2012-01	~格局演进分析
210	2010-07	~模型	260	2012-01	~格局演进影响因素分析
211	2010-07	~配置综合评价	261	2012-01	~相依评价
212	2010-08	~动态演化错位实证	262	2012-02	~动态特征分析
213	2010-08	~动态演化实证	263	2012-02	~演变特征分析
214	2010-08	~动态优化	264	2012-02	~演化溢出效应研究

续表

词汇序号	首用时间	研究类时空词汇	词汇序号	首用时间	研究类时空词汇
266	2012-02	~分布格局变化研究	308	2013-04	~演化分析
267	2012-02	~分布格局研究	309	2013-04	~优化
268	2012-02	~过程动力因素研究	314	2013-05	~演变加权空间马尔科夫链分析
269	2012-02	~过程研究	315	2013-05	~耦合分析
270	2012-03	~变化轨迹分析	316	2013-06	~演化分析
272	2012-03	~格局分析	317	2013-06	~变化驱动力分析
273	2012-03	~格局效应分析	318	2013-06	~格局演化影响因素分析
274	2012-04	~演变因素分析	319	2013-06	~演进模式研究
275	2012-04	~分异实证研究	320	2013-06	~差异化研究
277	2012-05	~演化格局分析	322	2013-06	~差异性分析
278	2012-05	~演化格局驱动机理分析	324	2013-07	~演变格局探究
279	2012-05	~分异探析	326	2013-08	~耦合研究
281	2012-07	~变异研究	327	2013-08	~格局相关性研究
282	2012-07	~演化过程分析	328	2013-08	~演变动力机制分析
283	2012-07	~演化影响因素分析	329	2013-09	~过程耦合特征分析
285	2012-08	~差异解析	330	2013-09	~扩散模式研究
286	2012-08	~分流导航管理模型分析	331	2013-09	~行为研究
287	2012-08	~分流导航管理模型构建	333	2013-10	~演变动因分析
288	2012-08	~扩展变化研究	336	2013-10	~耦合关系研究
289	2012-08	~规律研究	337	2013-11	~异质性模拟
291	2012-09	~演变影响因素分析	341	2013-12	~演化驱动力研究
292	2012-10	~测度研究	344	2014-01	~特征差异分析
294	2012-11	~格局动态演化研究	347	2014-01	~特征驱动因子分析
295	2012-11	~分异特征影响因素分析	348	2014-02	~格局定量化研究
296	2012-12	~变化统计考量	349	2014-03	~差异影响因素解析
297	2012-12	~差异特征研究	350	2014-03	~耦合协调关系研究
299	2013-01	~分布特征研究	352	2014-03	~因素关联影响分析
300	2013-01	~机制研究	355	2014-03	~行为数据
302	2013-01	~演变驱动力分析	356	2014-03	~匹配实证
303	2013-01	~差异实证检验	357	2014-04	~演变驱动机制研究
305	2013-02	~批判视角	363	2014-06	~特征影响因素研究
307	2013-03	~差距研究	365	2014-06	~特征关联分析

续表

词汇序号	首用时间	研究类时空词汇	词汇序号	首用时间	研究类时空词汇
366	2014-06	~数据分析	429	2015-09	~分析视角
368	2014-06	~格局演变测度	430	2015-09	~变迁动力机制对比研究
369	2014-06	~特征驱动机制综合分析	431	2015-09	~变迁对比研究
370	2014-06	~特征综合分析	433	2015-09	~结构分异性研究
374	2014-08	~耦合协调性分析	434	2015-09	~动态空间面板分析
377	2014-08	~变化耦合特征研究	435	2015-09	~动态空间面板模型
378	2014-09	~分布规律研究	437	2015-09	~驱动机制研究
379	2014-09	~结构研究	439	2015-10	~效应研究
380	2014-09	~演进影响因素研究	441	2015-10	~分区效应研究
381	2014-10	~演替分析	442	2015-10	~演变动力机制实证研究
382	2014-10	~差异影响因素研究	443	2015-10	~演变实证研究
385	2014-11	~战略研究	444	2015-10	~差异效应实证研究
386	2014-11	~测评	445	2015-10	~特征驱动机制研究
392	2015-01	~格局优化	446	2015-11	~演绎分析
393	2015-01	~分区研究	447	2015-11	~格局演化研究
395	2015-01	~分异障碍因素诊断	448	2015-11	~演变环境协调性探究
396	2015-01	~分异诊断	449	2015-11	~演变探究
399	2015-02	~维度分析	451	2015-11	~演变驱动分析
401	2015-02	~关联分析	452	2015-11	~差异演变特征成因分析
407	2015-03	~加权马尔科夫链	453	2015-11	~差异演变特征分析
408	2015-03	~分异影响因素研究	454	2015-12	~差异协调度分析
409	2015-03	~格局动因分析	458	2015-12	~异质性分析
412	2015-04	~演化模型分析	460	2015-12	~格局演进研究
413	2015-04	~演化模型实证研究	461	2015-12	~格局演进影响因素研究
415	2015-05	~扩散特征研究	462	2015-12	~矩阵模型
417	2015-05	~测度分析	463	2015-12	~矩阵模型经济学意义
418	2015-05	~测度收敛性分析	465	2016-01	~演化机制研究
421	2015-06	~特征因素分解研究	466	2016-01	~传导效应研究
422	2015-06	~机理研究	467	2016-01	~计量模型分析
425	2015-07	~差异多尺度研究	468	2016-01	~收敛性分析
426	2015-08	~变化测度研究	470	2016-02	~特征解析
427	2015-08	~演进模式优化路径	471	2016-02	~分异格局研究

续表

词汇序号	首用时间	研究类时空词汇	词汇序号	首用时间	研究类时空词汇
476	2016-03	~格局演化类型划分	538	2017-03	~演绎分解
477	2016-03	~演化影响因子分析	540	2017-03	~效应动态空间面板模型分析
480	2016-03	~契合分析	541	2017-03	~效应分解动态空间面板模型分析
482	2016-04	~对比分析	543	2017-03	~演变影响机制研究
486	2016-05	~变化原因分析	545	2017-03	~动态演化规律研究
488	2016-05	~格局预测研究	552	2017-04	~演化实证研究
490	2016-06	~分异规律分析	553	2017-04	~演化影响因素实证研究
491	2016-06	~分异驱动因素分析	555	2017-04	~效应检验
494	2016-06	~差异趋势预测	557	2017-04	~锥理论研究
496	2016-06	~耦合协调研究	558	2017-04	~变化政策启示
497	2016-07	~格局演变关系研究	560	2017-04	~格局演变实证研究
500	2016-07	~异质性测算	561	2017-04	~格局演变影响因素实证研究
506	2016-07	~动力因素研究	562	2017-04	~变化影响因素研究
507	2016-07	~变化成因探析	563	2017-05	~演化研究
508	2016-07	~变化探析	564	2017-05	~演进研究
510	2016-08	~演变探析	566	2017-05	~面板数据
511	2016-08	~演变原因探析	569	2017-05	~引力模型
514	2016-09	~行为评价研究	570	2017-05	~分析模型
516	2016-09	~特征演变研究	571	2017-05	~依赖关系研究
517	2016-10	~格局评价研究	572	2017-05	~变迁研究
518	2016-11	~演变透视	573	2017-05	~影响因素研究
519	2016-11	~异质研究	574	2017-05	~分布动态演变研究
520	2016-11	~演变影响因子分析	577	2017-06	~差异探讨
523	2017-01	~模式挖掘	578	2017-06	~地理加权回归模型
524	2017-01	~供求因素影响研究	580	2017-06	~非平稳性测度研究
530	2017-02	~特征发展趋势预测	581	2017-06	~耦合特征分析
531	2017-02	~演化空间关联性分析	582	2017-07	~溢出机理研究
532	2017-02	网络结构~演变分析	583	2017-07	~格局演变分析
535	2017-02	~脉冲分析	584	2017-07	~格局演变影响因素分析
536	2017-03	~耦合度测度	585	2017-07	~分异类型研究
537	2017-03	~演绎	588	2017-07	~分异机制研究

续表

词汇序号	首用时间	研究类时空词汇	词汇序号	首用时间	研究类时空词汇
593	2017-07	~演进特征研究	652	2017-12	~优化路径分析
594	2017-07	~特征预测	653	2017-12	~可达性分析
595	2017-07	~调控预测	662	2018-02	~演变集聚特征分析
596	2017-07	~研究	663	2018-02	~演化特点实证研究
598	2017-08	~演化驱动机制研究	664	2018-02	~格局演变驱动因素研究
601	2017-09	~格局评价	666	2018-02	~动态半参数变系数随机效应面板模型估计
602	2017-09	~影响因素评价	668	2018-02	~差异耦合关系研究
604	2017-09	~提升对策	669	2018-02	~格局变化研究
607	2017-09	~格局变迁研究	670	2018-02	~差异演化研究
614	2017-09	~布局演化研究	671	2018-03	~变化分解研究
617	2017-09	~格局驱动力研究	674	2018-03	~演化启示
618	2017-10	~分异响应关系识别	675	2018-03	~演化机理研究
619	2017-10	~跃迁趋同研究	676	2018-03	~演化特征研究
620	2017-10	~跃迁研究	677	2018-03	~联系影响研究
621	2017-10	~变动分析	682	2018-03	~影响因素分析
622	2017-10	~变动驱动力分析	683	2018-03	~演化形成机理分析
623	2017-10	旅游需求~特征分析	685	2018-03	~分布优化仿真研究
624	2017-10	~收敛性研究	690	2018-03	~演进趋势研究
625	2017-10	~分异特征分析	693	2018-04	~经济属性视角分析
626	2017-10	~效应分析	694	2018-04	~演变权衡研究
633	2017-11	~演化成因分析	695	2018-04	~演变协同研究
634	2017-11	~格局特征研究	696	2018-04	~经济分析
635	2017-11	~演化影响因素研究	697	2018-04	~演化特征实证研究
640	2017-11	~演变特征优化选择	699	2018-04	~演化动因分析
642	2017-11	~轨迹耦合趋势研究	701	2018-05	~演进影响因素分析
643	2017-11	~轨迹研究	707	2018-05	~演变特征实证研究
644	2017-11	~动力机制研究	708	2018-05	~演化特征比较分析
645	2017-11	~特征空间计量经济模型实证	709	2018-05	~分异格局分析
647	2017-11	~类型划分	710	2018-05	~分异格局影响因素分析
649	2017-12	~协同性演化分析	713	2018-05	~差异耦合效应分析
650	2017-12	~弹性研究	714	2018-05	贝叶斯层次~模型

续表

词汇序号	首用时间	研究类时空词汇	词汇序号	首用时间	研究类时空词汇
715	2018-05	贝叶斯~统计分析	746	2018-10	~差异性评价
716	2018-05	~解读	747	2018-10	~格局分异研究
717	2018-05	~格局演化影响因素研究	749	2018-11	~复杂性生长机制研究
719	2018-06	~地理加权回归	750	2018-11	~复杂性研究
721	2018-06	~特征考察	751	2018-11	~格局驱动因子研究
722	2018-06	~特征差异研究	752	2018-11	~分异格局障碍因子诊断
724	2018-06	~统计模型	753	2018-11	~分异格局诊断
725	2018-07	~自回归模型	754	2018-11	~分异成因研究
727	2018-07	~格局动态分析	755	2018-11	~优化对策研究
731	2018-09	~变化规律研究	758	2018-11	~传染效应防范研究
734	2018-09	多源~大数据	759	2018-11	~传染效应研究
735	2018-09	多源~大数据视角	760	2018-11	~差异性研究
736	2018-09	~影响机制研究	761	2018-11	~演变驱动因素实证分析
738	2018-09	~异质性研究	762	2018-12	~耦合启示
739	2018-09	~计量分析	764	2018-12	~行为特征分析
741	2018-10	~演化俱乐部趋同研究	769	2018-12	~变化评价
743	2018-10	~大数据	770	2018-12	~演变特征影响因素研究

表17-2 含有研究类词素的复合时空词汇的比重

词汇	含有分析类词素的复合时空词汇	复合时空词汇
数量	428	769
比例（%）	55.58	100.00

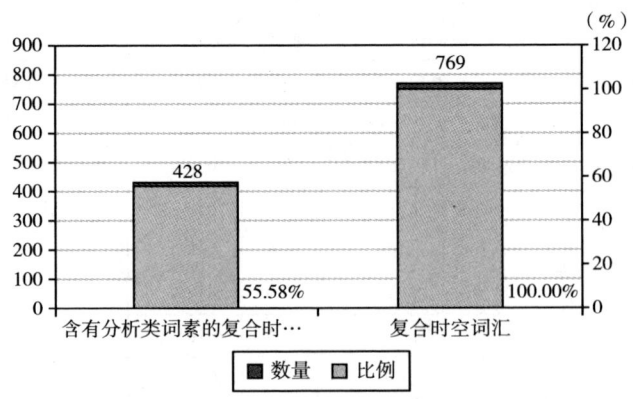

图17-1 含有研究类词素的复合时空词汇在复合时空词汇的比重

17.1.2 "分析"和"研究"这两条词素出现的频次情况

1485 篇时空分析论文,共采用 770 条时空词汇,共出现过 2689 频次。"分析"和"研究"的频次情况见表 17-3 和图 17-2。

表 17-3　"分析"和"研究"这两条词素出现的频次情况

研究类词素	频次
分析	434
研究	423

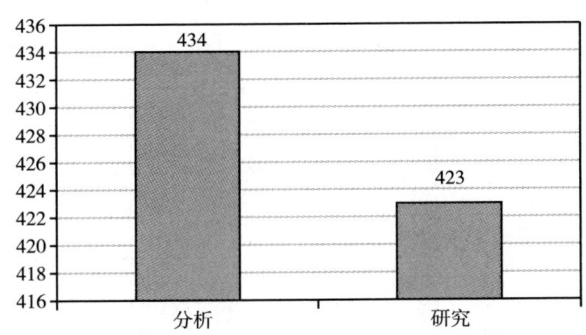

图 17-2　"分析"和"研究"这两条词素出现的频次情况

从表 17-3 和图 17-2 可以看出,"分析"和"研究"这两条研究类词素在时空词汇中出现的频次分别是 434 频次和 423 频次,真是势均力敌。

17.2　时空词汇格式主要问题的客观时空分析

第 8 章的两个问题是本章定量分析的主要问题。

考虑到时间因素(即 C 刊发表经济管理领域时空相关论文已有 30 年的历史),就可以拓展为关于本章两个主要问题的时空分析。

17.2.1　时空词汇表中时空词汇格式情况的时空分析

1989~2018 年,除去 1991 年、1992 年、1993 年和 1997 年这 4 个年份未

在 C 刊发表过时空分析论文外，其余 26 个年份具有时空分析论文发表在 C 刊上。

在这 26 个年份里，新出现的含有分析类词素的复合时空词汇的数量，以及在同年新出现的复合词汇的比例，见表 17-4 和图 17-3。

表 17-4 含有分析类词素的新复合时空词汇的历年数量与比例情况

年份	新复合时空词汇数量	新的含有分析类词素的复合时空词汇数量	新的含有分析类词素的复合时空词汇比例（％）
1898	1	0	0.00
1990	2	0	0.00
1994	3	1	33.33
1995	3	0	0.00
1996	4	2	50.00
1998	8	2	25.00
1999	8	2	25.00
2000	5	4	80.00
2001	5	1	20.00
2002	11	2	18.18
2003	9	3	33.33
2004	17	8	47.06
2005	23	9	39.13
2006	17	8	47.06
2007	25	12	48.00
2008	24	16	66.67
2009	29	19	65.52
2010	31	23	74.19
2011	30	19	63.33
2012	42	32	76.19
2013	43	25	58.14
2014	48	24	50.00
2015	75	43	57.33
2016	58	28	48.28
2017	135	68	50.37
2018	114	63	55.26

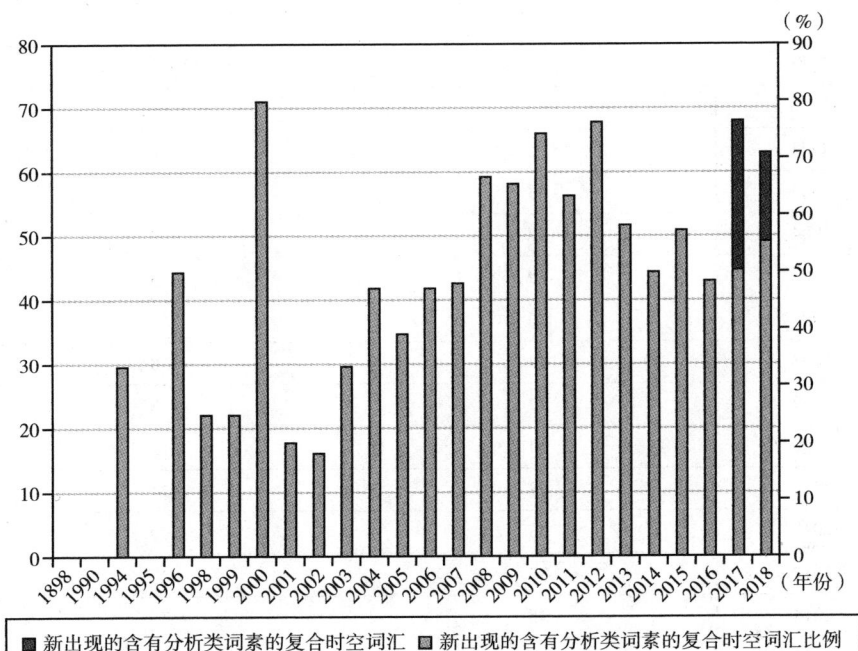

图 17-3 含有分析类词素的新复合时空词汇的历年数量与比例情况

从表 17-4 和图 17-3 可以看出，在 26 个出现过新的复合时空词汇的年份中，有 25 个年份新出现了含有研究类词素的复合时空词汇，两者具有高度的同步性。

再从比例看，新出现的复合时空词汇中，含有研究类词素的新复合时空词汇比例大体上保持着稳定。这表明，研究类词素是时空词汇非常重要的组成部分。

17.2.2 "分析"和"研究"出现频次情况的时空分析

"分析"和"研究"这两条词汇出现频次情况的时空分析，见表 17-5 和图 17-4。

表 17-5 "分析"和"研究"这两条词素历年出现的频次情况

年份	"分析"频次	"研究"频次
1994	1	0
1996	1	1
1998	1	0
1999	1	1

续表

年份	"分析"频次	"研究"频次
2000	3	2
2002	5	0
2003	3	0
2004	7	8
2006	9	5
2007	16	5
2008	14	8
2009	12	8
2010	24	12
2011	28	21
2012	35	30
2013	30	27
2014	35	37
2015	50	54
2016	34	41
2017	63	84
2018	62	75

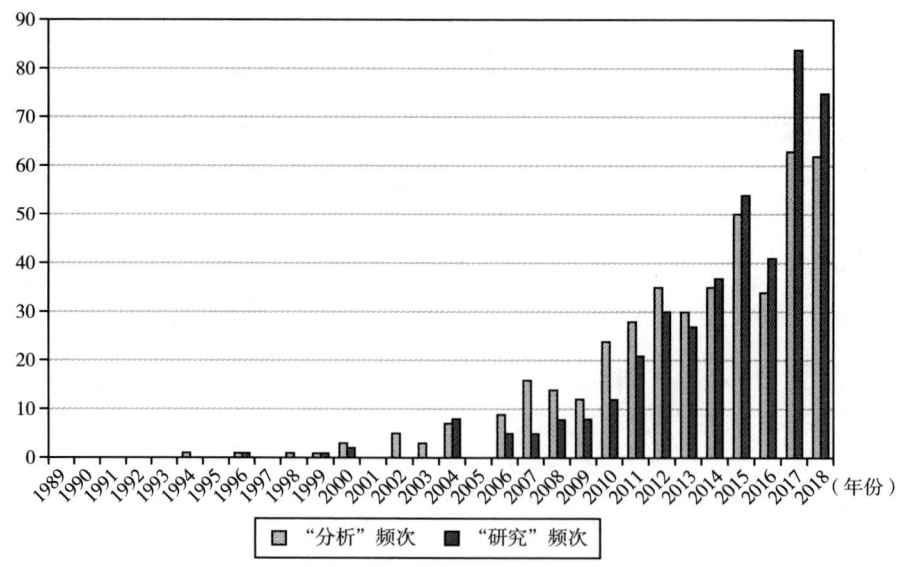

图17-4 "分析"和"研究"这两条词素历年出现的频次情况

从表 17-5 和图 17-4 可以看出，1989～2018 年，在扣除了 1991 年、1992 年、1993 年和 1997 年这 4 年没有在 C 刊发表过时空分析论文的年份的 26 个年份中，"分析"这一词素在其中的 21 年出现过，"研究"的词素在其中的 17 个年份出现过。

在 2006 年以来，这两条时空词汇的研究类词素就一直出现在经济管理领域的时空词汇中。

在 2014 年以来，"研究"这一词汇的频次已经超过了"分析"这一词汇的频次了。

17.3　本章小结

本章对第 8 章的问题进行了定量分析。

首先，本章通过定量分析，确认在扣除了"时空"这一词汇之后的 770 条复合时空词汇中，包括了 428 条含有研究类词素的复合时空词汇。

其次，对"分析"和"研究"这两条主要的研究类时空词汇词素的数量进行了统计，分别是 434 条和 423 条，呈现势均力敌的状态。

最后，对上述两个情况进行了时空分析。通过时空分析，发现"研究"的频次呈现超越"分析"的频次的态势。

第 18 章

时空词汇结构的客观时空分析

本章研究完全立足于第 9 章的研究基础上。

18.1 时空词汇结构的总体空间客观分析

依据第 9 章所确立的词素划分思路,本章在进行定量分析之前,先进行了时空词汇(参见第 15 章的表 15 - 1)的词素分解工作。

18.1.1 时空词汇词素分解工作

结合第 7 章和第 8 章的研究发现,本章将时空词汇的词素划分为四个类别,见表 18 - 1。

表 18 - 1 时空词汇词素的四个类别

类别编号	名称	规格	位置
类别 1	"时空"词素本身	最高	主要在词首,词尾、词中也有可能
类别 2	研究类词素	次高	"时空"词素之后,通常在词尾
类别 3	前置类词素	普通	"时空"词素之前
类别 4	普通词素	普通	"时空"词素之后,如果词汇中还有研究类词素,通常位于研究类词素之前

在现阶段,本书中时空词汇必须含有"时空"这一中文词素作为最重要的词素。

除了"时空"这一词素外，极有可能还有次高规格词素，即研究类词素，以"分析"和"研究"这两条词素为最重要的代表。

除去"时空"这一词素本身和研究类词素，时空词汇中其他词素，再按位置划分为前置类词素和普通（后置）类词素这两种，后一种词素位于"时空"这一词素之后，通常也会位于研究类词素的之前。

18.1.2　时空词汇词素划分的时空过程

根据上述类别划分，本章关于词素分解的时空过程见图 18-1。

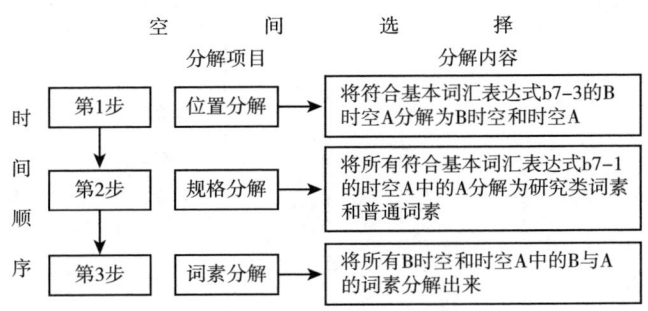

图 18-1　时空词汇词素分解的时空过程

虽然研究类词素规格高于前置的常规词素，但在词素分解时，只能先按位置进行分解，然后再按规格进行分解。位置分解的关键，是将符合基本词汇表达式 b7-3 的时间词汇——B 时空 A 分解为时空 A 和 B 时空这两类时空词汇。

18.2　时空词汇结构的总体空间客观分析

通过定量分析，本书得到了关于时空词汇的结构的总体空间分析结果。

18.2.1　截至 2018 年年底的时空词汇词素表

通过词素分解，可以将时空词汇表中的 770 条时空词汇分解为如下的词素，见表 18-2。

表 18-2　截至 2018 年年底的时空词汇词素

词素序号	词素	类别	规格	词素序号	词素	类别	规格
1	时空	"时空"本身	最高	33	范式	研究类	次高
2	分析	研究类	次高	34	数列		
3	研究			35	模板		
4	解析			36	构建		
5	探讨			37	考量		
6	初探			38	检验		
7	集成			39	批判		
8	模型			40	加权		
9	优化			41	马尔科夫		
10	数据			42	链		
11	模拟			43	探究		
12	动态			44	定量化		
13	对策			45	测评		
14	实证			46	诊断		
15	评述			47	收敛性		
16	评价			48	面板		
17	审视			49	演绎		
18	定量			50	矩阵		
19	思考			51	计量		
20	测度			52	划分		
21	定位			53	预测		
22	问题			54	透视		
23	比较			55	挖掘		
24	方法			56	启示		
25	统计			57	回归		
26	策略			58	识别		
27	探析			59	半参数		
28	集中			60	估计		
29	指数			61	系数		
30	随机			62	仿真		
31	错位			63	权衡		
32	测算			64	解读		

续表

词素序号	词素	类别	规格	词素序号	词素	类别	规格
65	考察	研究类	次高	97	机理	普通（后置）类	最低
66	自回归			98	演化		
67	结构	普通（后置）类	最低	99	管理		
68	观			100	趋势		
69	特征			101	相关性		
70	关系			102	地形		
71	类型			103	因子		
72	差异			104	压缩		
73	变迁			105	动态		
74	推移			106	现状		
75	变化			107	视角		
76	理论			108	演替		
77	经济			109	背景		
78	效应			110	重构		
79	范围			111	功能		
80	序列			112	边界		
81	辩证论			113	变异		
82	系统			114	耦合		
83	模式			115	因素		
84	分布			116	影响		
85	规律			117	发展		
86	演变			118	过程		
87	特性			119	机制		
88	微化			120	驱动		
89	顺序			121	收敛		
90	分异			122	特点		
91	相对			123	构建		
92	变换			124	协同		
93	格局			125	调控		
94	形态			126	动力		
95	演进			127	协调		
96	相对性			128	协调性		

续表

词素序号	词素	类别	规格	词素序号	词素	类别	规格
129	维度	普通（后置）类	最低	161	一体化	普通（后置）类	最低
130	观念			162	价值		
131	缩减			163	滞后		
132	动态性			164	相依		
133	决策			165	溢出		
134	区位			166	扩张		
135	取向			167	轨迹		
136	战略			168	扩展		
137	战略性			169	尺度		
138	成因			170	接近		
139	环境			171	差距		
140	变动			172	约束		
141	曲率			173	差异化		
142	双重			174	差异性		
143	配置			175	扩散		
144	行为			176	分化		
145	适宜性			177	动因		
146	形成			178	异质性		
147	导航			179	依赖		
148	分流			180	关联		
149	力			181	启动		
150	思维			182	路径		
151	匹配			183	平稳性		
152	综合			184	弹性		
153	投资			185	分离		
154	含义			186	趋同		
155	拓展			187	分区		
156	引申			188	障碍		
157	相关			189	聚类		
158	范畴			190	复杂性		
159	交融			191	修复		
160	空间			192	集聚		

续表

词素序号	词素	类别	规格	词素序号	词素	类别	规格
193	分解	普通（后置）类	最低	225	智慧	普通（后置）类	最低
194	土地			226	关联性		
195	能力			227	可达性		
196	转换			228	脉冲		
197	多尺度			229	耦合度		
198	分异性			230	涉入		
199	有限性			231	构造		
200	协调度			232	锥		
201	经济学			233	政策		
202	意义			234	保障		
203	传导			235	制度		
204	收敛性			236	引力		
205	相互			237	地理		
206	作用			238	非平稳性		
207	规训			239	解构		
208	技术			240	增长		
209	政治			241	提升		
210	境遇			242	布局		
211	契合			243	流变		
212	对比			244	秩序		
213	原因			245	选择		
214	抽离			246	视域		
215	合作			247	协同性		
216	图			248	制约		
217	响应			249	变		
218	交互			250	β 收敛		
219	跃迁			251	联系		
220	可视化			252	关		
221	异质			253	属性		
222	供			254	转移		
223	求			255	应用		
224	领导力			256	排斥		

续表

词素序号	词素	类别	规格	词素序号	词素	类别	规格
257	内在	普通（后置）类		285	旅游者	前置类	最低
258	大			286	权籍		
259	俱乐部			287	责		
260	生长			288	投资		
261	社会学			289	工业		
262	传染			290	空间		
263	防范			291	演变		
264	途径			292	错		
265	异步性			293	旅行者		
266	价值	前置类	最低	294	旅游		
267	经济			295	特征		
268	市场			296	结构		
269	会计			297	网络		
270	劳动			298	休闲		
271	经济学			299	居住		
272	科学性			300	虚拟		
273	利用			301	需求		
274	土地			302	消费		
275	钱纳利			303	地		
276	区域			304	人		
277	社会			305	局部		
278	客			306	全局		
279	流			307	游客		
280	关系			308	国家		
281	自然			309	贝叶斯		
282	知识			310	层次		
283	马克思			311	跨		
284	流通			312	多源		

从表 18-2 可以看出，在截至 2018 年发表在 C 刊的论文所采用的时空词汇中，可以提取出 312 个词素。

18.2.2 四类词素的数量与比例

这 312 条词素分为四个类别，其数量和比例见表 18-3 和图 18-2。

表 18-3　　　　时空词汇四个类别词素的数量和比例

类别	数量	比例（%）
"时空"本身	1	0.32
研究类词素	65	20.83
普通词素	199	63.78
前置类词素	47	15.06
合计	312	100.00

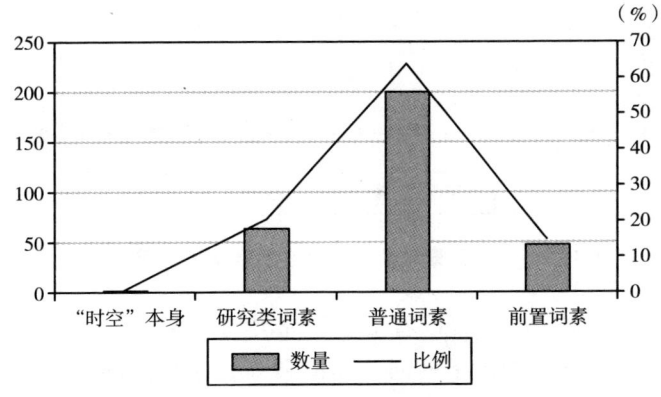

图 18-2　时空词汇四个类别词素的数量和比例

从表 18-3 和图 18-2 可以看出，前置类词素的数量仅有 47 个，比例为 15.06%，不到整个时空词汇词素总量的 1/6，可以看出，前置类词素仅是时空词汇词素的辅助组成部分。后置的普通词素的数量达到 199 个，比例为 63.78%，接近 2/3，才是时空词汇词素数量最多的组成部分。研究类词素也多达 65 个，比例达到了 20.78%，在时空词汇中占据非常重要的地位。

18.2.3 词素字数的情况分析

在四类词素中，"时空"本身只有 1 条，2 个字。
研究类词素字数情况见表 18-4 和图 18-3。

表 18-4　研究类词素不同汉字的字数词素数量与比例

字数	数量	比例（%）
1	1	1.54
2	59	90.77
3	4	6.15
4	1	1.54
合计	65	100.00

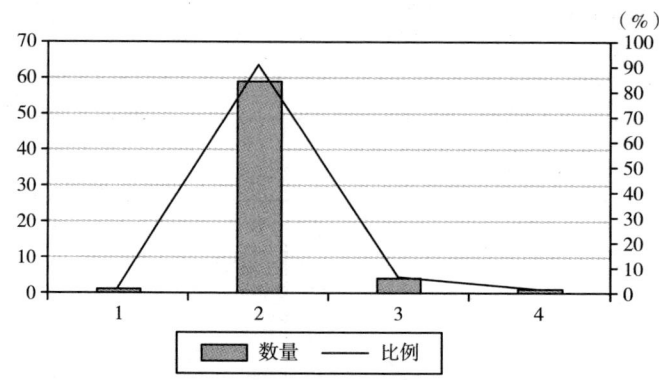

图 18-3　研究类词素不同汉字字数词素数量与比例

从表 18-4 和图 18-3 可以看出，研究类词素汉字数量，从 1 个汉字到 4 个汉字，其中，包含 2 个汉字的词素比例最高，超过了 90%，包含 4 个汉字的词素和包含 1 个汉字的词素均仅为 1 条，包含 3 个汉字的词素有 4 条，比例还不到 15%。

普通（后置）类词素字数情况见表 18-5 和图 18-4。

表 18-5　普通（后置）类词素不同汉字字数词素数量与比例

字数	数量	比例（%）
1	8	4.02
2	161	80.90
3	29	14.57
4	1	0.50
合计	199	100.00

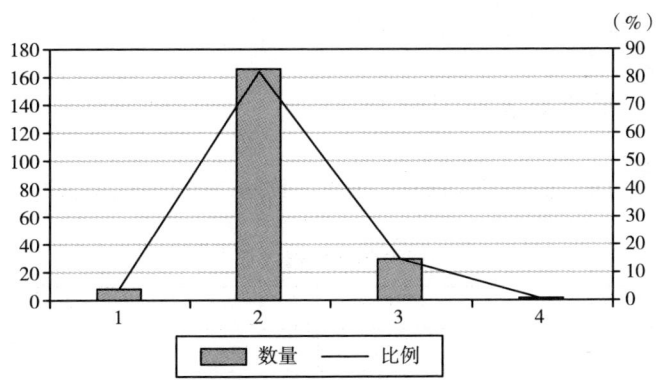

图 18-4　普通（后置）类词素不同汉字字数词素数量与比例

从表 18-5 和图 18-4 可以看出，普通类（后置）词素所包括的汉字数量，也是从 1 个汉字到 4 个汉字，其中，包含 2 个汉字的词素比例也是最高，但比例刚刚超过 80%，包含 3 个汉字的词素数量是 28 个，比例超过了 10%。

前置类词素字数情况见表 18-6 和图 18-5。

表 18-6　前置类词素不同汉字字数词素数量与比例

字数	数量	比例（%）
1	7	14.89
2	33	70.21
3	7	14.89
合计	47	100.00

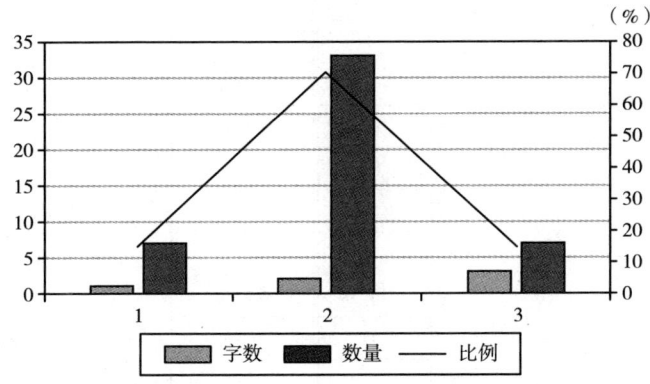

图 18-5　前置类词素不同汉字字数词素数量与比例

从表 18-6 和图 18-5 可以看出，前置类词素所包括的汉字数量，是从 1 个汉字到 3 个汉字，其中，包含 2 个汉字的词素比例也是最高，但比例刚刚超过70%，包含3个汉字的词素的比例均超过了10%。

18.2.4 词素频次情况分析

312条时空词汇词素在1989~2018年这30年出现的频次见表18-7。

表18-7　　　　　　　　　词素频次情况统计

词素	类别	频次	词素	类别	频次
时空	"时空"本身	2689	相关		2
分析	研究类	434	范畴		1
研究	研究类	423	交融		1
解析	研究类	7	空间		8
探讨	研究类	4	一体化		2
初探	研究类	2	价值		2
集成	研究类	1	滞后		2
模型	研究类	41	相依		1
优化	研究类	11	溢出		3
数据	研究类	13	扩张		1
模拟	研究类	7	轨迹		6
动态	研究类	24	扩展		3
对策	研究类	3	尺度	普通（后置）类	2
实证	研究类	27	接近	普通（后置）类	1
评述	研究类	1	差距		3
评价	研究类	11	约束		6
审视	研究类	1	差异化		1
定量	研究类	1	差异性		6
思考	研究类	17	扩散		3
测度	研究类	3	分化		3
定位	研究类	1	动因		2
问题	研究类	4	异质性		22
比较	研究类	1	依赖		5
方法	研究类	9	关联		9
统计	研究类	1	启动		1
策略	研究类	7	路径		12
探析	研究类	1	平稳性		1

续表

词素	类别	频次	词素	类别	频次
集中	研究类	1	弹性	普通（后置）类	4
指数		1	分离		2
随机		1	趋同		3
错位		2	分区		3
测算		1	障碍		2
范式		1	聚类		3
数列		1	复杂性		3
模板		1	修复		10
构建		1	集聚		2
考量		3	分解		4
检验		1	土地		1
批判		5	能力		1
加权		3	转换		2
马尔科夫		3	多尺度		1
链		3	分异性		1
探究		1	有限性		1
定量化		1	协调度		1
测评		4	经济学		1
诊断		1	意义		1
收敛性		6	传导		2
面板		5	收敛性		3
演绎		2	相互		1
矩阵		3	作用		1
计量		2	规训		1
划分		5	技术		1
预测		1	政治		1
透视		1	境遇		1
挖掘		3	契合		2
启示		2	对比		1
回归		1	原因		2
识别		1	抽离		2

续表

词素	类别	频次	词素	类别	频次
半参数	研究类	1	合作	普通（后置）类	1
估计		1	图		1
系数		1	响应		4
仿真		1	交互		2
权衡		2	跃迁		6
解读		1	可视化		1
考察		2	异质		1
自回归	普通（后置）类	26	供		1
结构		14	求		1
观		443	领导力		1
特征		34	智慧		1
关系		5	关联性		1
类型		266	可达性		3
差异		12	脉冲		1
变迁		1	耦合度		1
推移		176	涉入		2
变化		12	构造		2
理论		11	锥		5
经济		40	政策		1
效应		2	保障		1
范围		2	制度		1
序列		1	引力		2
辩证论		6	地理		2
系统		24	非平稳性		2
模式		75	解构		1
分布		35	增长		1
规律		446	提升		1
演变		1	布局		2
特性		1	流变		2
微化		2	秩序		1
顺序		220	选择		1
分异		5	视域		2

续表

词素	类别	频次	词素	类别	频次
相对	普通（后置）类	2	协同性	普通（后置）类	1
变换		330	制约		1
格局		1	变		1
形态		40	β收敛		1
演进		7	联系		1
相对性		22	关		2
机理		263	属性		1
演化		5	转移		1
管理		10	应用		1
趋势		3	排斥		3
相关性		1	内在		1
地形		7	大		3
因子		29	俱乐部		1
压缩		39	生长		1
动态		1	社会学		1
现状		23	传染		3
视角		11	防范		1
演替		3	途径		1
背景		2	异步性		1
重构		2	价值	前置类	2
功能		1	经济		1
边界		21	市场		2
变异		68	会计		3
耦合		127	劳动		1
因素		126	经济学		1
影响		8	科学性		1
发展		14	利用		3
过程		42	土地		3
机制		51	钱纳利		1
驱动		3	区域		2
收敛		3	社会		6
特点		1	客		1

续表

词素	类别	频次	词素	类别	频次
构建	普通（后置）类	3	流	前置类	2
协同		4	关系		2
调控		10	自然		1
动力		7	知识		3
协调		4	马克思		1
协调性		16	流通		1
维度		3	旅游者		1
观念		2	权籍		3
缩减		3	责		1
动态性		1	投资		1
决策		1	工业		2
区位		1	空间		1
取向		2	演变		1
战略		3	错		2
战略性		1	旅行者		1
成因		10	旅游		3
环境		3	特征		1
变动		8	结构		2
曲率		1	网络		1
双重		2	休闲		2
配置		5	居住		2
行为		21	虚拟		1
适宜性		2	需求		1
形成		8	消费		1
导航		8	地		2
分流		10	人		2
力		16	局部		1
思维		4	全局		1
匹配		10	游客		1
综合		3	国家		1
投资		2	贝叶斯		2
含义		1	层次		1
拓展		4	跨		1
引申		1	多源		2

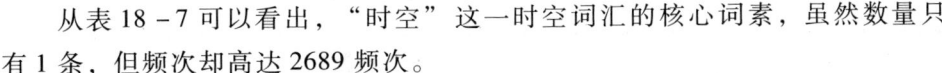

从表 18-7 可以看出,"时空"这一时空词汇的核心词素,虽然数量只有 1 条,但频次却高达 2689 频次。

在研究类词素中,"分析"和"研究"的频次分别是 434 频次和 423 频次,仅次于"时空"。

18.3 时空词汇结构主要问题的客观时空分析

第 9 章的 3 个问题中,前两个问题是本章定量分析的主要问题。

18.3.1 时空词汇词素的时空分析

由于"时空"词素一直被采用,因此,只分析其余 311 条词素的历史变迁。

截至 2018 年年底的中国学者在 C 刊发表的经济管理论文中,新时空词汇词素出现的数量的情况见表 18-8 和图 18-6。

表 18-8   1989~2018 年新时空词汇词素出现的数量的情况

年份	研究类词素	普通(后置)类词素	前置类词素
1989	0	1	0
1990	0	1	1
1994	1	3	0
1995	0	3	1
1996	1	2	1
1998	1	6	0
1999	0	6	1
2000	2	1	0
2001	1	5	0
2002	4	5	3
2003	1	6	3
2004	1	5	2
2005	1	11	2
2006	1	8	0
2007	6	9	2

续表

年份	研究类词素	普通（后置）类词素	前置类词素
2008	5	5	1
2009	4	4	0
2010	5	10	0
2011	1	7	1
2012	2	6	1
2013	5	9	0
2014	2	7	3
2015	6	17	1
2016	4	19	6
2017	4	27	10
2018	7	17	8
合计	65	199	47

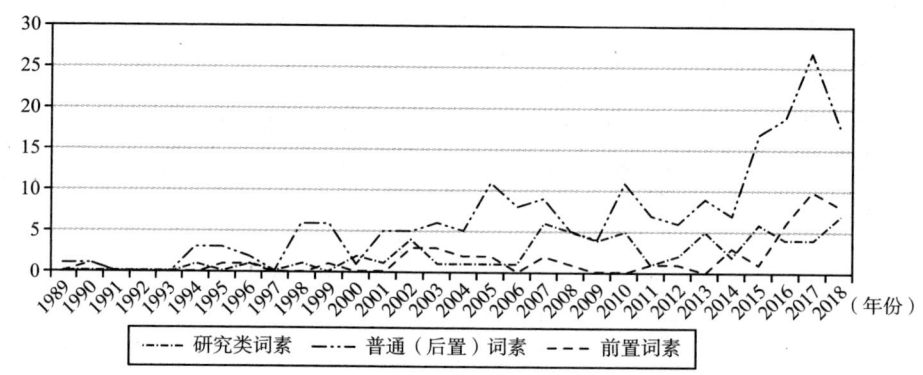

图 18-6 1989～2018 年新时空词汇词素出现的数量的情况

从表 18-8 和图 18-6 可以看出，1989～2018 年，三类词素在绝大部分年份都有新的词素词性，而且基本呈现逐年递增的态势。

18.3.2 时空词汇词素汉字字数的时空分析

由于"时空"固定为 2 个汉字，因此，对词素所包含的汉字数量进行时空分析时，就不再对其进行分析。

在其余 311 条词素中，绝大部分是包含 2 个汉字，因此，只需要分析包括 1 个汉字、3 个汉字和 4 个汉字的时空词汇的相关词素的历史变迁情况。

三类时空词汇的词素中，共有 58 条词素，包含 1 个汉字、3 个汉字或 4 个汉字，见表 18-9。

表 18-9　58 条词素（1 个汉字、3 个汉字、4 个汉字）出现情况

论文序号	词汇序号	首用年份	词素序号	词素	类别
455	314	2013	40	马尔科夫	
455	314	2013	41	链	
525	348	2014	43	定量化	研究类
697	418	2015	46	收敛性	
1253	666	2018	58	半参数	
1364	725	2018	64	自回归	
2	2	1990	65	观	
16	19	1998	67	辩证论	
39	43	2002	80	相对性	
52	53	2003	95	相关性	
125	115	2006	100	协调性	
138	124	2007	127	动态性	
159	140	2007	131	战略性	
218	187	2009	137	适宜性	
335	251	2011	145	一体化	
467	320	2013	161	差异化	
469	322	2013	173	差异性	
506	337	2013	174	异质性	普通（后置）类
571	372	2014	178	平稳性	
666	404	2015	183	复杂性	
728	425	2015	190	多尺度	
753	433	2015	197	分异性	
756	436	2015	198	有限性	
795	454	2015	199	协调度	
810	463	2015	200	经济学	
821	468	2016	201	收敛性	
901	498	2016	204	图	
928	515	2016	216	可视化	
962	524	2017	220	供	
962	524	2017	222	求	

续表

论文序号	词汇序号	首用年份	词素序号	词素	类别
968	526	2017	223	领导力	普通（后置）类
972	531	2017	224	关联性	普通（后置）类
977	533	2017	226	可达性	普通（后置）类
986	536	2017	227	耦合度	普通（后置）类
1029	557	2017	229	锥	普通（后置）类
1063	580	2017	232	非平稳性	普通（后置）类
1198	649	2017	238	协同性	普通（后置）类
1253	666	2018	247	变	普通（后置）类
1254	667	2018	249	β收敛	普通（后置）类
1283	687	2018	250	关	普通（后置）类
1398	735	2018	252	大	普通（后置）类
1417	741	2018	259	俱乐部	普通（后置）类
1451	756	2018	261	社会学	普通（后置）类
1479	767	2018	265	异步性	普通（后置）类
43	46	2002	271	经济学	前置类
43	46	2002	272	科学性	前置类
58	59	2003	275	钱纳利	前置类
93	87	2005	278	客	前置类
93	87	2005	279	流	前置类
296	237	2011	283	马克思	前置类
535	353	2014	285	旅游者	前置类
629	388	2014	287	责	前置类
889	492	2016	292	错	前置类
915	509	2016	293	旅行者	前置类
1221	654	2017	303	地	前置类
1221	654	2017	304	人	前置类
1331	714	2018	309	贝叶斯	前置类
1377	729	2018	311	跨	前置类

18.4　本章小结

本章对第9章的问题进行了定量分析。

首先，本章通过定量分析，确认在本书第 15 章所制作的时空词汇表中，包含了 312 条词素，包括"时空"本身、65 条研究类词素、199 条普通（后置）类词素和 47 条前置类词素。

其次，对词素所包含的汉字数量情况进行了定量分析。

再其次，对词素的频次也进行了分析。

最后，对上述前两个情况进行了时空分析。

第 19 章

时空词汇词性的客观时空分析

本章研究完全立足于第 10 章的研究基础之上。

19.1 时空词汇词性的总体空间客观分析

通过定量分析,本书得到了关于时空词汇的词性的总体空间分析结果。

19.1.1 时空词汇词素词性统计

经过分析,截至 2018 年年底的时空词汇词素的词性情况见表 19-1。

表 19-1　　时空词汇词素的词性统计

词素序号	词素	类别	词性	词素序号	词素	类别	词性
1	时空	"时空"本身	名词	13	对策	研究类	名词
2	分析	研究类	动词	14	实证	研究类	动词
3	研究	研究类	动词	15	评述	研究类	动词
4	解析	研究类	动词	16	评价	研究类	动词
5	探讨	研究类	动词	17	审视	研究类	动词
6	初探	研究类	动词	18	定量	研究类	形容词
7	集成	研究类	形容词	19	思考	研究类	动词
8	模型	研究类	名词	20	测度	研究类	动词
9	优化	研究类	动词	21	定位	研究类	动词
10	数据	研究类	名词	22	问题	研究类	名词
11	模拟	研究类	动词	23	比较	研究类	动词
12	动态	研究类	形容词	24	方法	研究类	名词

续表

词素序号	词素	类别	词性	词素序号	词素	类别	词性
25	统计	研究类	动词	58	识别	研究类	动词
26	策略		名词	59	半参数		形容词
27	探析		动词	60	估计		动词
28	集中		形容词	61	系数		名词
29	指数		名词	62	仿真		动词
30	随机		形容词	63	仿真		动词
31	错位		形容词	64	解读		动词
32	测算		动词	65	考察		动词
33	范式		名词	66	自回归		名词
34	数列		名词	67	结构	普通（后置）类	名词
35	模板		名词	68	观		名词
36	构建		动词	69	特征		名词
37	考量		动词	70	关系		名词
38	检验		动词	71	类型		名词
39	批判		动词	72	差异		名词
40	加权		形容词	73	变迁		动词
41	马尔科夫		名词	74	推移		动词
42	链		名词	75	变化		动词
43	探究		动词	76	理论		名词
44	定量化		名词	77	经济		名词
45	测评		动词	78	效应		名词
46	诊断		动词	79	范围		名词
47	收敛性		名词	80	序列		名词
48	面板		名词	81	辩证论		名词
49	演绎		动词	82	系统		名词
50	矩阵		名词	83	模式		名词
51	计量		动词	84	分布		动词
52	划分		动词	85	规律		名词
53	预测		动词	86	演变		名词
54	透视		动词	87	特性		名词
55	挖掘		动词	88	微化		动词
56	启示		名词	89	顺序		名词
57	回归		动词	90	分异		动词

续表

词素序号	词素	类别	词性	词素序号	词素	类别	词性
91	相对	普通（后置）类	副词	124	协同	普通（后置）类	动词
92	变换		动词	125	调控		动词
93	格局		名词	126	动力		名词
94	形态		名词	127	协调		动词
95	演进		动词	128	协调性		名词
96	相对性		名词	129	维度		名词
97	机理		名词	130	观念		名词
98	演化		动词	131	缩减		动词
99	管理		动词	132	动态性		名词
100	趋势		名词	133	决策		动词
101	相关性		名词	134	区位		名词
102	地形		名词	135	取向		名词
103	因子		名词	136	战略		名词
104	压缩		动词	137	战略性		名词
105	动态		形容词	138	成因		名词
106	现状		名词	139	环境		名词
107	视角		名词	140	变动		动词
108	演替		动词	141	曲率		名词
109	背景		名词	142	双重		量词
110	重构		动词	143	配置		名词
111	功能		名词	144	行为		名词
112	边界		名词	145	适宜性		名词
113	变异		动词	146	形成		动词
114	耦合		名词	147	导航		名词
115	因素		名词	148	分流		动词
116	影响		动词	149	力		名词
117	发展		动词	150	思维		名词
118	过程		名词	151	匹配		动词
119	机制		名词	152	综合		形容词
120	驱动		动词	153	投资		名词
121	收敛		动词	154	含义		名词
122	特点		名词	155	拓展		动词
123	构建		动词	156	引申		动词

续表

词素序号	词素	类别	词性	词素序号	词素	类别	词性
157	相关	普通（后置）类	形容词	190	复杂性	普通（后置）类	名词
158	范畴		名词	191	修复		动词
159	交融		动词	192	集聚		动词
160	空间		名词	193	分解		动词
161	一体化		名词	194	土地		名词
162	价值		名词	195	能力		名词
163	滞后		形容词	196	转换		动词
164	相依		动词	197	多尺度		名词
165	溢出		动词	198	分异性		名词
166	扩张		动词	199	有限性		名词
167	轨迹		名词	200	协调度		名词
168	扩展		动词	201	经济学		名词
169	尺度		名词	202	意义		动词
170	接近		动词	203	传导		名词
171	差距		名词	204	收敛性		名词
172	约束		动词	205	相互		形容词
173	差异化		名词	206	作用		名词
174	差异性		名词	207	规训		名词
175	扩散		动词	208	技术		名词
176	分化		动词	209	政治		名词
177	动因		名词	210	境遇		名词
178	异质性		名词	211	契合		名词
179	依赖		动词	212	对比		动词
180	关联		名词	213	原因		名词
181	启动		动词	214	抽离		动词
182	路径		名词	215	合作		动词
183	平稳性		名词	216	图		名词
184	弹性		名词	217	响应		动词
185	分离		动词	218	交互		名词
186	趋同		动词	219	跃迁		动词
187	分区		动词	220	可视化		动词
188	障碍		名词	221	异质		名词
189	聚类		名词	222	供		名词

续表

词素序号	词素	类别	词性	词素序号	词素	类别	词性
223	求		名词	256	排斥		动词
224	领导力		名词	257	内在		形容词
225	智慧		名词	258	大		形容词
226	关联性		名词	259	俱乐部		名词
227	可达性		名词	260	生长	普通（后置）类	动词
228	脉冲		名词	261	社会学		名词
229	耦合度		名词	262	传染		动词
230	涉入		动词	263	防范		动词
231	构造		名词	264	途径		名词
232	锥		名词	265	异步性		名词
233	政策		名词	266	价值		名词
234	保障		动词	267	经济		名词
235	制度		名词	268	市场		名词
236	引力		名词	269	会计		名词
237	地理		名词	270	劳动		动词
238	非平稳性		名词	271	经济学		名词
239	解构	普通（后置）类	动词	272	科学性		名词
240	增长		动词	273	利用		动词
241	提升		动词	274	土地		名词
242	布局		名词	275	钱纳利		名词
243	流变		动词	276	区域		名词
244	秩序		名词	277	社会	前置类	名词
245	选择		动词	278	客		名词
246	视域		名词	279	流		名词
247	协同性		名词	280	关系		名词
248	制约		动词	281	自然		名词
249	变		动词	282	知识		名词
250	β收敛		名词	283	马克思		名词
251	联系		名词	284	流通		动词
252	关		名词	285	旅游者		名词
253	属性		名词	286	权籍		名词
254	转移		动词	287	责		名词
255	应用		动词	288	投资		名词

续表

词素序号	词素	类别	词性	词素序号	词素	类别	词性
289	工业	前置类	名词	301	需求	前置类	动词
290	空间		名词	302	消费		动词
291	演变		动词	303	地		名词
292	错		动词	304	人		名词
293	旅行者		名词	305	局部		名词
294	旅游		动词	306	全局		名词
295	特征		名词	307	游客		名词
296	结构		名词	308	国家		名词
297	网络		名词	309	贝叶斯		名词
298	休闲		名词	310	层次		名词
299	居住		动词	311	跨		动词
300	虚拟		名词	312	多源		名词

19.1.2 时空词汇词素词性数量与比例

在四类词素中,"时空"这一核心词素的词性是名词。

研究类词素词性情况见表 19-2 和图 19-1。

表 19-2　　　　　　研究类词素不同词性词素数量与比例

词性	数量	比例(%)
名词	19	29.23
动词	38	58.46
形容词	8	12.31
合计	65	100.00

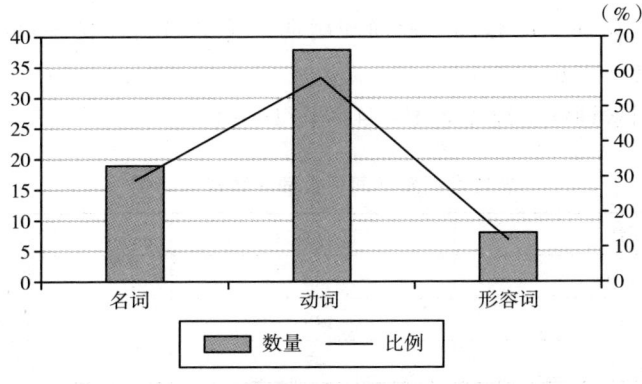

图 19-1　研究类词素不同词性词素的数量与比例

从表 19-2 和图 19-1 可以看出，研究类词素包括三种词性，分别是名词、动词和形容词，其中动词比例最高，超过一半。

普通（后置）类词素词性情况见表 19-3 和图 19-2。

表 19-3　　普通（后置）类词素不同词性词素的数量与比例

词性	数量	比例（%）
名词	119	59.80
动词	71	35.68
形容词	7	3.52
量词	1	0.50
副词	1	0.50
合计	199	100.00

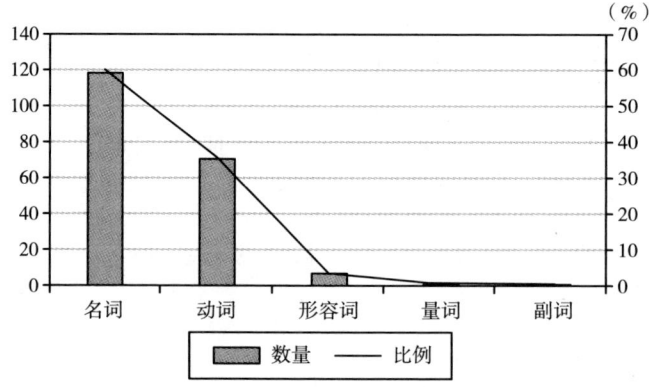

图 19-2　普通（后置）类词素不同词性词素的数量与比例

从表 19-3 和图 19-2 可以看出，普通（后置）类词素包括五种词性，分别是名词、动词、形容词、量词和副词，其中名词比例最高，超过一半，动词比例次之，也超过了 1/3。

前置类词素词性情况见表 19-4 和图 19-3。

表 19-4　　前置类词素不同词性词素数量与比例

词性	数量	比例（%）
名词	37	78.72
动词	10	21.28
合计	47	100.00

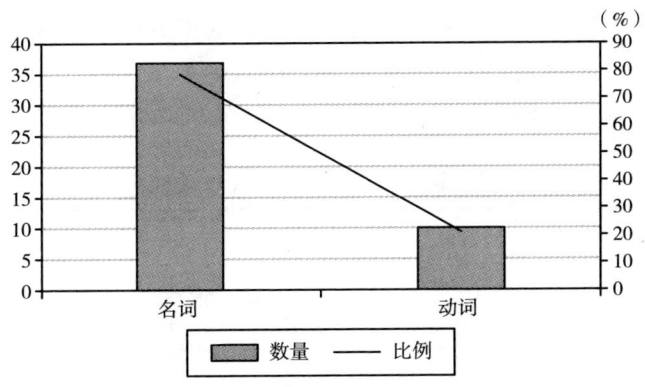

图 19 -3　前置类词素不同词性词素的数量与比例

从表 19-4 和图 19-3 可以看出，前置类词素只包括两种词性，分别是名词、动词，其中名词比例最高，超过了 3/4。

19.1.3　词素词性的频次情况分析

研究类词素各种词性的频次的情况见表 19-5 和图 19-4。

表 19-5　　　　　研究类词素不同词性词素的频次

词性	频次
名词	86
动词	1012
形容词	35
合计	1133

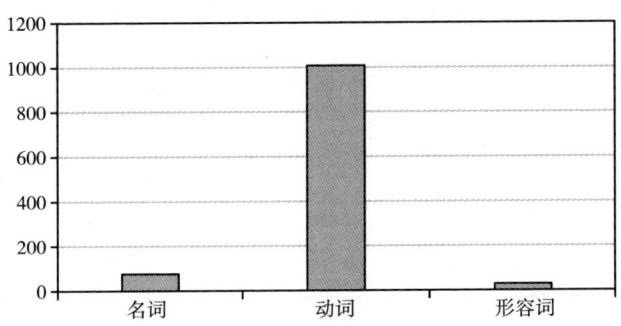

图 19-4　研究类词素不同词性词素的频次

从表 19-5 和图 19-4 可以看出，研究类词素的动词词性的频次超过了 1000 频次，占据了研究类词素频次的绝大部分。

普通（后置）类词素各种词性的频次的情况见表 19-6 和图 19-5。

表 19-6　　　　普通（后置）类词素不同词性词素的频次

词性	频次
名词	1851
动词	1649
形容词	35
量词	5
副词	51
合计	3591

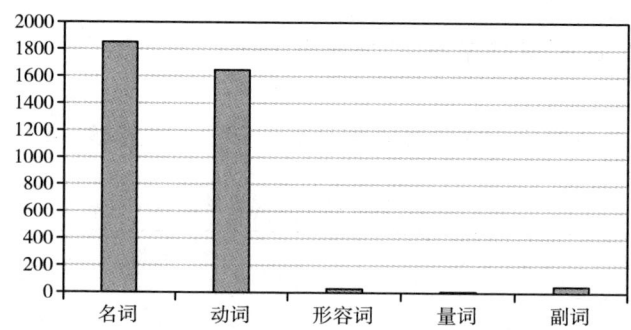

图 19-5　普通（后置）类词素不同词性词素的频次

从表 19-6 和图 19-6 可以看出，普通（后置）类词素的名词词性和动词词性的频次都超过了 1600 频次。

前置类词素各种词性的频次的情况见表 19-7 和图 19-6。

表 19-7　　　　前置类词素不同词性词素的频次

词性	频次
名词	62
动词	16
合计	78

从表 19-7 和图 19-6 可以看出，前置类词素的名词词性和动词词性的频次都没有达到 100 频次。

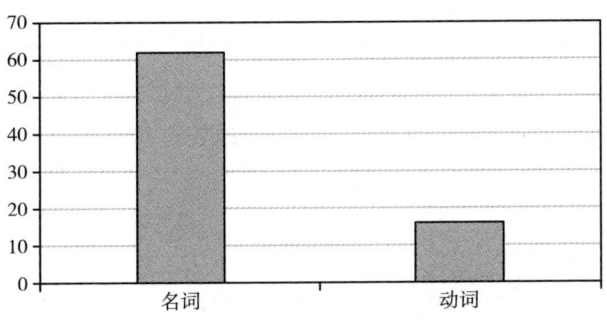

图 19-6　前置类词素不同词性词素的频次

19.2　时空词汇词性主要问题的客观时空分析

第 10 章的 3 个问题中，前两个问题是本章定量分析的主要问题。

19.2.1　时空词汇各种词性出现的历史分析

"时空"本身作为名词，贯穿于全部 26 个年份中。

研究类词素中的动词，最早出现在 1994 年，词素中的名词，最早出现在 2002 年，词素中的形容词，也是最早出现在 2002 年。

普通（后置）类词素中的名词，最早出现在 1989 年，词素中的动词，最早出现在 1999 年，词素中的形容词，最早出现在 2003 年，词素中的副词，最早出现在 2001 年，词素中的量词，最早出现在 2008 年。

前置类词素中的名词，最早出现在 1990 年，词素中的动词，最早出现在 2002 年。

19.2.2　时空词汇各类词素各种词性数量的历史分析

"时空"词素本身不需要进行历史分析。

时空词汇中的研究类词素中各种词性的历史情况见表 19-8 和图 19-7。

表 19-8　研究类词素中各种词性的历史情况

年份	动词	名词	形容词
1994	1		
1996	1		

续表

年份	动词	名词	形容词
1998	1		
2000	1		
2001	1		
2002	1	2	1
2003	1		
2004			1
2005		1	
2006	1		
2007	5		1
2008	3	2	
2009	1	2	1
2010	1	2	2
2011		1	
2012	2		
2013	3	2	1
2014	1	1	
2015	2	3	
2016	5		
2017	2	1	
2018	5	2	1
合计	38	19	8

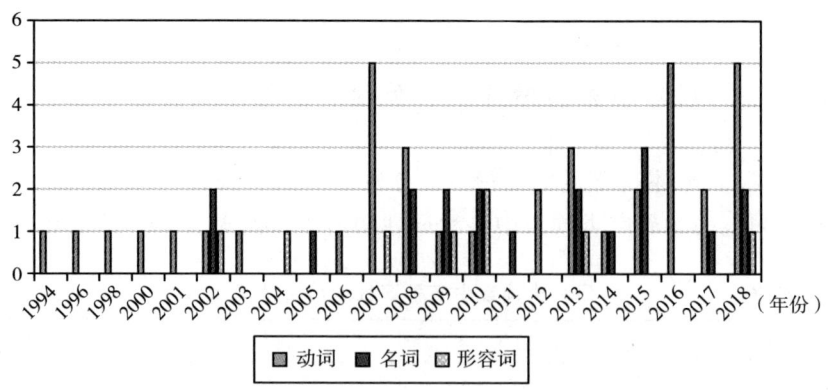

图 19-7 研究类词素中各种词性的历史情况

时空词汇中的普通（后置）类词素中各种词性的历史情况见表 19 – 9 和图 19 – 8。

表 19 – 9　普通（后置）类词素中各种词性的历史情况

年份	名词	动词	形容词	量词	副词
1989	1				
1990	1				
1994	3				
1995	1	2			
1996	1	1			
1998	6				
1999	3	3			
2000	1				
2001	2	2			1
2002	2	3			
2003	4	1	1		
2004	3	2			
2005	6	5			
2006	4	4			
2007	7	1			
2008	3	1		1	
2009	3	1			
2010	4	5	1		
2011	4	1	2		
2012	2	4			
2013	5	4			
2014	4	3			
2015	10	7			
2016	12	6	1		
2017	19	8			
2018	8	7	2		
合计	119	71	7	1	1

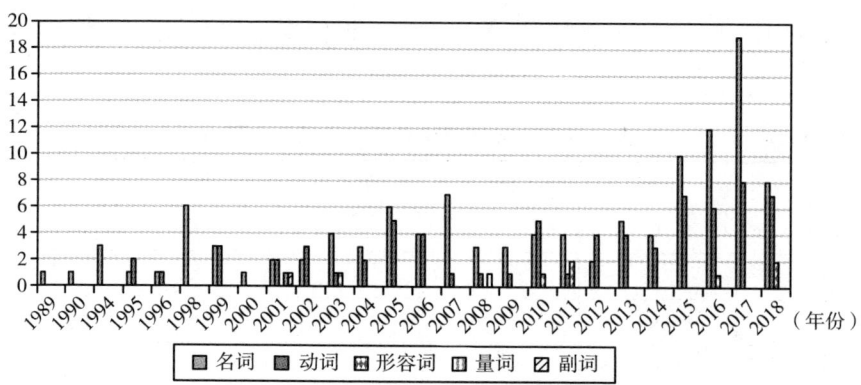

图 19-8　普通（后置）类词素中各种词性的历史情况

时空词汇中的前置类词素中各种词性的历史情况见表 19-10 和图 19-9。

表 19-10　前置类词素中各种词性的历史情况

年份	名词	动词
1990	1	
1995	1	
1996	1	
1999	1	
2002	2	1
2003	2	1
2004	2	
2005	2	
2007	2	
2008	1	
2011	1	
2012		1
2014	3	
2015	1	
2016	3	3
2017	7	3
2018	7	1
合计	37	10

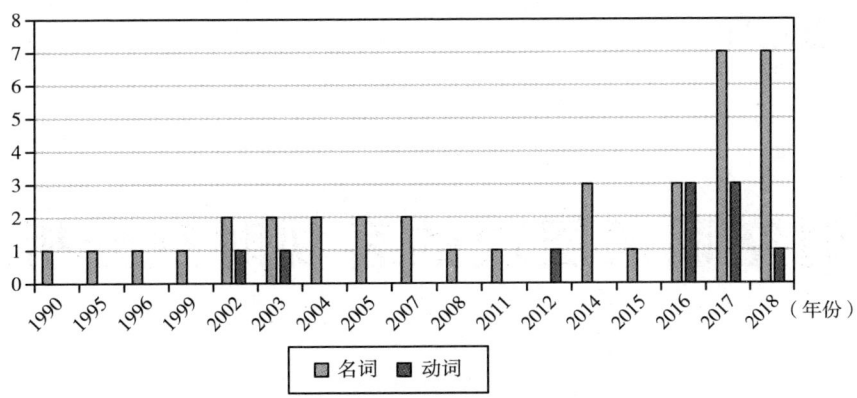

图 19-9　前置类词素中各种词性的历史情况

19.3　本章小结

时空词汇词素的词性分析，是本书所面临的最具挑战性的工作。

中文词汇，往往都是多词性的，在这种情况下，为了对时空词汇词素的词性进行相对严格的定量分析，就必须对这些词素的词性进行定性。对于那些多词性的词素，笔者只能依据本书第 10 章所指定的选择方案，既合理借鉴客观标准，如借助这些词素对应的英语单词（word）的词性，也需要笔者必要的主观判断。

对于多词性词素，选择其最初词性作为其词性。在研究类词素中，包括动词、名词和形容词这三种词性，其中，动词是研究类词素中最重要的词性，比例超过一半。在普通（后置）类词素中，则包括了名词、动词、形容词、量词和副词这五种词性，其中名词数量最多，接近 200 条，比例接近 60%，动词次之，比例超过 1/3。在前置类词素中，仅有名词和动词这两种词性，其中，名词是最重要的词性，比例接近 80%。

如果考虑四类词素的词性的频次，在研究类词素三种词性中，动词优势突出，总频次超过 1000 条，而名词和形容词的频次均未超过 100 条。在普通（后置）类词素的五种词性中，名词频次依然最高，超过 1800 条，但动词频次也非常接近，超过了 1600 条，其余三种词性的频次则均未超过 100 条。在前置类词素的两种词性中，虽然名次的频次远远超过动词的频次，但两者的频次均未超过 100 条。

在普通（后置）类词素中，名词和动词这两种主要词性也在绝大多数 C 刊发表过时空分析论文的年份出现过，而且数量也随着年份逐年递增。

在前置类词素中，名词这种词性在大多数年份都出现过。

第 20 章

时空词汇层次的客观时空分析

本章研究完全立足于第 11 章的研究基础上。

20.1　时空词汇层次的总体空间客观分析

通过定量分析，本书得到了关于时空词汇的层次的总体空间分析结果。

20.1.1　符合词素组合结构 11-1（A1A2A3…An）的时空词汇

在本书第 15 章表 15-1 词汇表中的 770 个时空词汇中，扣除"时空"这一核心词素，以及"分析"或"研究"等研究类词素外，符合词素组合结构 11-1（A1A2A3…An）的时空词汇，见表 20-1。

表 20-1　符合词素组合结构 11-1（A1A2A3…An）的时空词汇

词汇序号	常规词汇	格式	词汇序号	常规词汇	格式
6	关系类型	A1A2	50	演化结构	A1A2
7	差异特征	A1A2	55	分布地形因子关系	A1A2A3A4
15	经济效应	A1A2	57	动态变化	A1A2
19	系统辩证论	A1A2	58	动态变化	A1A2
25	分布规律	A1A2	67	动态模式	A1A2
28	分布规律	A1A2	66	动态模式	A1A2
40	形态格局	A1A2	69	演变特征	A1A2
45	变化特征	A1A2	68	演变特征	A1A2
48	演化机理	A1A2	71	演替规律	A1A2
49	演化规律	A1A2	70	演替规律	A1A2

续表

词汇序号	常规词汇	格式	词汇序号	常规词汇	格式
77	变化特征	A1A2	149	变化特征	A1A2
78	功能特征	A1A2	150	结构影响	A1A2
84	耦合规律	A1A2	154	特征规律	A1A2
86	演化特征	A1A2	162	功能耦合演化	A1A2A3
89	结构分异	A1A2	164	差异演化	A1A2
91	差异影响因素	A1A2A3	165	压缩双重效应	A1A2A3
92	动态变化	A1A2	166	演化调控	A1A2
94	格局影响因素	A1A2A3	167	演化格局	A1A2
98	过程驱动机制	A1A2A3	169	差异演变	A1A2
100	收敛效应	A1A2	168	差异演变	A1A2
101	演变特点	A1A2	171	分布特征	A1A2
102	演变特征	A1A2	170	分布特征动力机制	A1A2A3A4
104	结构特征	A1A2	172	变异驱动因素	A1A2A3
109	分异特征	A1A2	176	演替机理	A1A2
111	协同视角	A1A2	178	特征关系	A1A2
112	演变系统调控	A1A2A3	179	演变规律	A1A2
113	特征动力机制	A1A2A3	181	演化模式	A1A2
114	耦合协调机制	A1A2A3	185	行为模式	A1A2
118	格局影响	A1A2	184	行为模式	A1A2
126	演变区位决策因素	A1A2A3A4	189	差异形成机理	A1A2A3
128	变异规律	A1A2	190	动态演变	A1A2
132	分异特征	A1A2	196	分流导航	A1A2
134	审视战略取向	A1A2A3	197	分异驱动因素	A1A2A3
135	影响因素	A1A2	198	特征驱动力	A1A2A3
136	变异机制	A1A2	204	动态演化	A1A2
137	特征驱动机制	A1A2A3	206	维度效应	A1A2
138	演替特征	A1A2	208	差异影响机理	A1A2A3
139	演化格局	A1A2	209	变化影响因素	A1A2A3
144	格局特征	A1A2	212	动态演化	A1A2
145	演变模式	A1A2	213	动态演化	A1A2
146	特征成因	A1A2	216	格局发展机制	A1A2A3
147	演化特征	A1A2	217	演变投资	A1A2
148	演化特征影响环境	A1A2A3A4	218	差异影响因素	A1A2A3

续表

词汇序号	常规词汇	格式	词汇序号	常规词汇	格式
219	差异变动	A1A2	277	演化格局	A1A2
220	发展演变	A1A2	278	演化格局驱动机理	A1A2A3A4
222	拓展引申含义	A1A2A3	280	差异影响因素	A1A2A3
223	差异变动	A1A2	282	演化过程	A1A2
225	分异耦合关系	A1A2A3	283	演化影响因素	A1A2A3
228	变化影响	A1A2	284	格局成因	A1A2
230	差异特征	A1A2	286	分流导航管理	A1A2A3
231	演进成因	A1A2	287	分流导航管理	A1A2A3
233	格局演化	A1A2	288	扩展变化	A1A2
234	格局演化驱动力	A1A2A3A4	290	分布特征	A1A2
235	变化规律	A1A2	291	演变影响因素	A1A2A3
241	格局演化成因	A1A2A3	293	特征变化	A1A2
243	分异规律	A1A2	294	格局动态演化	A1A2A3
245	动态驱动力	A1A2A3	295	分异特征影响因素	A1A2A3A4
246	分流导航	A1A2	297	差异特征	A1A2
247	分流导航管理	A1A2A3	299	分布特征	A1A2
248	格局演变	A1A2	302	演变驱动力	A1A2A3
249	演变空间	A1A2	304	变化差异	A1A2
250	演化规律	A1A2	306	特征影响因素	A1A2A3
252	格局演变	A1A2	310	动态变化	A1A2
259	格局演进	A1A2	311	演进模式	A1A2
260	格局演进影响因素	A1A2A3A4	317	变化驱动力	A1A2A3
262	动态特征	A1A2	318	格局演化影响因素	A1A2A3A4
263	演变特征	A1A2	319	演进模式	A1A2
264	演化溢出效应	A1A2A3	321	演变影响机制	A1A2A3
265	扩张视角	A1A2	323	演化趋势	A1A2
267	分布格局	A1A2	324	演变格局	A1A2
266	分布格局变化	A1A2A3	325	演变特征动力机制	A1A2A3A4
268	过程动力因素	A1A2A3	327	格局相关性	A1A2
270	变化轨迹	A1A2	328	演变动力机制	A1A2A3
273	格局效应	A1A2	329	过程耦合特征	A1A2A3
274	演变因素	A1A2	330	扩散模式	A1A2

续表

词汇序号	常规词汇	格式	词汇序号	常规词汇	格式
333	演变动因	A1A2	377	变化耦合特征	A1A2A3
334	变化过程	A1A2	378	分布规律	A1A2
335	变化过程影响因素	A1A2A3A4	380	演进影响因素	A1A2A3
336	耦合关系	A1A2	382	差异影响因素	A1A2A3
338	演变影响因素	A1A2A3	383	变化形成机制	A1A2A3
339	格局演化	A1A2	390	演变差异性	A1A2
340	格局演化驱动因素	A1A2A3A4	391	格局趋同演变	A1A2A3
341	演化驱动力	A1A2A3	394	动态演化	A1A2
343	分布影响	A1A2	395	分异障碍因素	A1A2A3
344	特征差异	A1A2	397	聚类特征	A1A2
345	耦合关系	A1A2	398	尺度效应	A1A2
346	耦合异质性	A1A2	400	差异演化	A1A2
347	特征驱动因子	A1A2A3	403	格局分布规律	A1A2A3
349	差异影响因素	A1A2A3	405	演变驱动因素	A1A2A3
350	耦合协调关系	A1A2A3	406	格局演化机理	A1A2A3
352	因素关联影响	A1A2A3	408	分异影响因素	A1A2A3
357	演变驱动机制	A1A2A3	409	格局动因	A1A2
358	形成机理	A1A2	410	分异机理	A1A2
359	变化趋势	A1A2	415	扩散特征	A1A2
360	格局形成机理	A1A2A3	416	分异耦合协调性	A1A2A3
361	格局演化启动机制	A1A2A3A4	419	双重维度	A1A2
362	格局演化特征	A1A2A3	420	关系路径	A1A2
363	特征影响因素	A1A2A3	421	特征因素分解	A1A2A3
364	压缩视角	A1A2	423	特征土地溢出效应	A1A2A3A4
365	特征关联	A1A2	424	转换能力	A1A2
367	分异格局	A1A2	425	差异多尺度	A1A2
368	格局演变	A1A2	427	演进模式路径	A1A2A3
369	特征驱动机制	A1A2A3	428	演变格局	A1A2
373	演进格局特征	A1A2A3	430	变迁动力机制	A1A2A3
374	耦合协调性	A1A2	432	耦合特征	A1A2
375	变化格局	A1A2	433	结构分异性	A1A2
376	格局演化机制	A1A2A3	437	驱动机制	A1A2

续表

词汇序号	常规词汇	格式	词汇序号	常规词汇	格式
441	分区效应	A1A2	490	分异规律	A1A2
442	演变动力机制	A1A2A3	491	分异驱动因素	A1A2A3
444	差异效应	A1A2	494	差异趋势	A1A2
445	特征驱动机制	A1A2A3	496	耦合协调	A1A2
447	格局演化	A1A2	495	耦合协调	A1A2
448	演变环境协调性	A1A2A3A4	497	格局演变关系	A1A2A3
450	演变趋势	A1A2	499	压缩格局	A1A2
451	演变驱动	A1A2	501	格局响应	A1A2
453	差异演变特征	A1A2A3	502	交互视角	A1A2
452	差异演变特征成因	A1A2A3A4	504	分布演变	A1A2
454	差异协调度	A1A2	505	分布演变影响因素	A1A2A3A4
455	分异特征驱动因素	A1A2A3A4	506	动力因素	A1A2
456	演变特征影响因素	A1A2A3A4	507	变化成因	A1A2
459	耦合视角	A1A2	511	演变原因	A1A2
460	格局演进	A1A2	512	分异特征动力演化	A1A2A3A4
461	格局演进影响因素	A1A2A3A4	515	路径可视化	A1A2
463	经济学意义	A1A2	516	特征演变	A1A2
464	格局演变特征	A1A2A3	520	演变影响因子	A1A2A3
465	演化机制	A1A2	521	模式变迁	A1A2
466	传导效应	A1A2	522	分布特征影响机制	A1A2A3A4
469	变迁机制	A1A2	524	供求因素影响	A1A2A3
471	分异格局	A1A2	529	演变相关性	A1A2
472	差异相互作用	A1A2A3	530	特征发展趋势	A1A2A3
473	规训技术	A1A2	531	演化空间关联性	A1A2
476	格局演化类型	A1A2A3	541	效应分解	A1A2
477	演化影响因子	A1A2A3	542	格局变化	A1A2
478	演化模式	A1A2	543	演变影响机制	A1A2A3
481	特征驱动机理	A1A2A3	545	动态演化规律	A1A2A3
483	演变轨迹	A1A2	547	差异驱动因素	A1A2A3
484	结构演变	A1A2	548	格局演变驱动因素	A1A2A3A4
486	变化原因	A1A2	549	演化特征成因	A1A2A3
487	演变特征机理	A1A2A3	550	变化特征效应	A1A2A3

续表

词汇序号	常规词汇	格式	词汇序号	常规词汇	格式
551	行为机制	A1A2	607	格局变迁	A1A2
553	演化影响因素	A1A2A3	606	格局变迁	A1A2
557	锥理论	A1A2	608	格局机理	A1A2
556	锥	A1	609	影响机理	A1A2
558	变化政策	A1A2	610	分布影响因素	A1A2A3
560	格局演变	A1A2	614	布局演化	A1A2
561	格局演变影响因素	A1A2A3A4	616	差距分布动态演进	A1A2A3A4
562	变化影响因素	A1A2A3	617	格局驱动力	A1A2A3
565	演化特征影响因素	A1A2A3A4	618	分异响应关系	A1A2A3
567	匹配保障制度	A1A2A3	619	跃迁趋同	A1A2
571	依赖关系	A1A2	622	变动驱动力	A1A2A3
573	影响因素	A1A2	625	分异特征	A1A2
574	分布动态演变	A1A2A3	627	演变环境效应	A1A2A3
576	差异变动趋势	A1A2A3	628	动态演进	A1A2
581	耦合特征	A1A2	629	格局动态性	A1A2
582	溢出机理	A1A2	631	流变类型分化	A1A2A3
583	格局演变	A1A2	633	演化成因	A1A2
584	格局演变影响因素	A1A2A3A4	634	格局特征	A1A2
585	分异类型	A1A2	635	演化影响因素	A1A2A3
586	分布特征响应	A1A2A3	636	特征驱动因子	A1A2A3
587	演变交互影响	A1A2A3	637	格局影响	A1A2
588	分异机制	A1A2	638	演化影响因素	A1A2A3
589	观视角	A1A2	639	演变特征影响	A1A2A3
591	分异收敛性	A1A2	640	演变特征选择	A1A2A3
593	演进特征	A1A2	641	分异特征影响因素	A1A2A3A4
597	压缩效应	A1A2	642	轨迹耦合趋势	A1A2A3
598	演化驱动机制	A1A2A3	644	动力机制	A1A2
599	特征增长机制	A1A2A3	646	修复视域	A1A2
600	分异特征形成机制	A1A2A3A4	648	演变特征	A1A2
602	影响因素	A1A2	649	协同性演化	A1A2
603	传导效应	A1A2	654	系统理论	A1A2
605	影响机制	A1A2	655	分异影响因素	A1A2A3

续表

词汇序号	常规词汇	格式	词汇序号	常规词汇	格式
656	耦合效应	A1A2	698	格局演化影响因素	A1A2A3A4
659	关联结构演变	A1A2A3	699	演化动因	A1A2
660	跃迁特征	A1A2	701	演进影响因素	A1A2A3
661	影响因素	A1A2	702	动态耦合关系	A1A2A3
662	演变集聚特征	A1A2A3	703	演变规律	A1A2
663	演化特点	A1A2	704	演变规律应用	A1A2A3
664	格局演变驱动因素	A1A2A3A4	705	演变影响因素变化	A1A2A3A4
665	分布影响机制	A1A2A3	706	耦合协调关系	A1A2A3
667	β收敛	A1A2	707	演变特征	A1A2
668	差异耦合关系	A1A2A3	708	演化特征	A1A2
669	格局变化	A1A2	709	分异格局	A1A2
670	差异演化	A1A2	710	分异格局影响因素	A1A2A3A4
671	变化分解	A1A2	712	排斥影响机制	A1A2A3
672	变化聚类模式	A1A2A3	713	差异耦合效应	A1A2A3
673	聚类模式	A1A2	717	格局演化影响因素	A1A2A3A4
675	演化机理	A1A2	718	差异趋势演进	A1A2A3
676	演化特征	A1A2	720	变化影响因素	A1A2A3
677	联系影响	A1A2	722	特征差异	A1A2
678	演化视角	A1A2	728	维度视角	A1A2
679	特征影响	A1A2	730	异质性视角	A1A2
681	关联模式演变	A1A2A3	731	变化规律	A1A2
682	影响因素	A1A2	732	变化内在机理	A1A2A3
683	演化形成机理	A1A2A3	733	变化特征影响因素	A1A2A3A4
684	分异形成机制	A1A2A3	736	影响机制	A1A2
689	耦合驱动力	A1A2A3	737	经济理论	A1A2
690	演进趋势	A1A2	741	演化俱乐部趋同	A1A2A3
691	背景转换	A1A2	742	耦合特征驱动机制	A1A2A3A4
692	经济理念	A1A2	744	耦合调控格局	A1A2A3
693	经济属性视角	A1A2A3	747	格局分异	A1A2
694	演变权衡	A1A2	748	收敛特征	A1A2
695	演变协同	A1A2	749	复杂性生长机制	A1A2A3
697	演化特征	A1A2	751	格局驱动因子	A1A2A3

第20章 时空词汇层次的客观时空分析

续表

词汇序号	常规词汇	格式	词汇序号	常规词汇	格式
753	分异格局	A1A2	761	演变驱动因素	A1A2A3
752	分异格局障碍因子	A1A2A3A4	763	格局驱动因素	A1A2A3
754	分异成因	A1A2	764	行为特征	A1A2
759	传染效应	A1A2	765	经济视角	A1A2
757	传染效应	A1A2	768	耦合规律	A1A2
758	传染效应防范	A1A2A3	770	演变特征影响因素	A1A2A3A4

20.1.2 组合结构11-1（A1A2A3…An）时空词汇的比例情况

在770条时空词汇中，含有词素组合结构11-1（A1A2A3…An）的时空词汇比例情况，见表20-2和图20-1。

表20-2 符合结构11-1（A1A2A3…An）的时空词汇比例情况

词汇类型	数量	比例（%）
词素组合结构11-1（A1A2A3…An）的时空词汇	418	54.29

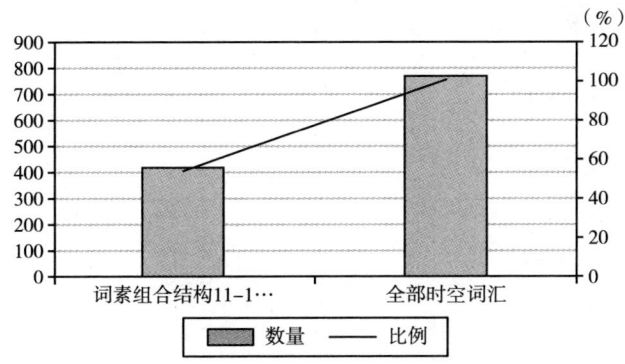

图20-1 符合结构11-1（A1A2A3…An）的时空词汇比例情况

从表20-2和图20-1可以看出，符合词素组合结构11-1（A1A2A3…An）的时空词汇多达418条，占全部时空词汇的比例达到了53.29%。

20.1.3 组合结构11-1（A1A2A3…An）时空词汇频次情况

在经济管理领域时空词汇中，含有词素组合结构11-1（A1A2A3…An）的时空词汇频次情况，见表20-3。

表 20-3　结构 11-1（A1A2A3…An）的时空词汇频次情况

词汇序号	常规词汇	频次	词汇序号	常规词汇	频次
6	关系类型	1	104	结构特征	1
7	差异特征	2	109	分异特征	8
15	经济效应	1	111	协同视角	1
19	系统辩证论	1	112	演变系统调控	1
25	分布规律	1	113	特征动力机制	1
28	分布规律	2	114	耦合协调机制	1
40	形态格局	1	118	格局影响	1
45	变化特征	6	126	演变区位决策因素	1
48	演化机理	1	128	变异规律	1
49	演化规律	3	132	分异特征	18
50	演化结构	1	134	审视战略取向	1
55	分布地形因子关系	1	135	影响因素	1
57	动态变化	1	136	变异机制	1
58	动态变化	1	137	特征驱动机制	2
67	动态模式	1	138	演替特征	1
66	动态模式	1	139	演化格局	1
69	演变特征	8	144	格局特征	2
68	演变特征	23	145	演变模式	1
71	演替规律	3	146	特征成因	1
70	演替规律	2	147	演化特征	17
77	变化特征	8	148	演化特征影响环境	1
78	功能特征	1	149	变化特征	4
84	耦合规律	1	150	结构影响	1
86	演化特征	5	154	特征规律	1
89	结构分异	1	162	功能耦合演化	1
91	差异影响因素	1	164	差异演化	1
92	动态变化	4	165	压缩双重效应	1
94	格局影响因素	11	166	演化调控	1
98	过程驱动机制	1	167	演化格局	5
100	收敛效应	1	169	差异演变	2
101	演变特点	2	168	差异演变	5
102	演变特征	1	171	分布特征	2

续表

词汇序号	常规词汇	频次	词汇序号	常规词汇	频次
170	分布特征动力机制	1	241	格局演化成因	1
172	变异驱动因素	1	243	分异规律	3
176	演替机理	1	245	动态驱动力	1
178	特征关系	1	246	分流导航	3
179	演变规律	1	247	分流导航管理	2
181	演化模式	1	248	格局演变	29
185	行为模式	1	249	演变空间	1
184	行为模式	1	250	演化规律	2
189	差异形成机理	1	252	格局演变	4
190	动态演变	2	259	格局演进	1
196	分流导航	1	260	格局演进影响因素	1
197	分异驱动因素	1	262	动态特征	1
198	特征驱动力	6	263	演变特征	4
204	动态演化	1	264	演化溢出效应	1
206	维度效应	1	265	扩张视角	1
208	差异影响机理	1	267	分布格局	1
209	变化影响因素	1	266	分布格局变化	1
212	动态演化	1	268	过程动力因素	1
213	动态演化	1	270	变化轨迹	1
216	格局发展机制	1	273	格局效应	1
217	演变投资	2	274	演变因素	1
218	差异影响因素	4	277	演化格局	1
219	差异变动	2	278	演化格局驱动机理	1
220	发展演变	1	280	差异影响因素	7
222	拓展引申含义	1	282	演化过程	1
223	差异变动	1	283	演化影响因素	5
225	分异耦合关系	1	284	格局成因	1
228	变化影响	2	286	分流导航管理	1
230	差异特征	1	287	分流导航管理	1
231	演进成因	1	288	扩展变化	1
233	格局演化	7	290	分布特征	11
234	格局演化驱动力	1	291	演变影响因素	5
235	变化规律	1	293	特征变化	1

续表

词汇序号	常规词汇	频次	词汇序号	常规词汇	频次
294	格局动态演化	1	347	特征驱动因子	1
295	分异特征影响因素	1	349	差异影响因素	1
297	差异特征	2	350	耦合协调关系	1
299	分布特征	5	352	因素关联影响	1
302	演变驱动力	2	357	演变驱动机制	1
304	变化差异	2	358	形成机理	1
306	特征影响因素	6	359	变化趋势	1
310	动态变化	1	360	格局形成机理	2
311	演进模式	2	361	格局演化启动机制	1
317	变化驱动力	2	362	格局演化特征	2
318	格局演化影响因素	1	363	特征影响因素	5
319	演进模式	2	364	压缩视角	1
321	演变影响机制	3	365	特征关联	1
323	演化趋势	1	367	分异格局	6
324	演变格局	1	368	格局演变	1
325	演变特征动力机制	1	369	特征驱动机制	1
327	格局相关性	1	373	演进格局特征	1
328	演变动力机制	1	374	耦合协调性	1
329	过程耦合特征	1	375	变化格局	2
330	扩散模式	1	376	格局演化机制	1
333	演变动因	1	377	变化耦合特征	1
334	变化过程	2	378	分布规律	1
335	变化过程影响因素	1	380	演进影响因素	1
336	耦合关系	4	382	差异影响因素	6
338	演变影响因素	7	383	变化形成机制	1
339	格局演化	11	390	演变差异性	1
340	格局演化驱动因素	3	391	格局趋同演变	1
341	演化驱动力	1	394	动态演化	1
343	分布影响	1	395	分异障碍因素	1
344	特征差异	1	397	聚类特征	1
345	耦合关系	6	398	尺度效应	1
346	耦合异质性	1	400	差异演化	1

续表

词汇序号	常规词汇	频次	词汇序号	常规词汇	频次
403	格局分布规律	1	456	演变特征影响因素	1
405	演变驱动因素	5	459	耦合视角	2
406	格局演化机理	1	460	格局演进	1
408	分异影响因素	3	461	格局演进影响因素	1
409	格局动因	1	463	经济学意义	1
410	分异机理	2	464	格局演变特征	1
415	扩散特征	1	465	演化机制	1
416	分异耦合协调性	1	466	传导效应	1
419	双重维度	1	469	变迁机制	1
420	关系路径	1	471	分异格局	2
421	特征因素分解	1	472	差异相互作用	1
423	特征土地溢出效应	1	473	规训技术	1
424	转换能力	1	476	格局演化类型	1
425	差异多尺度	1	477	演化影响因子	1
427	演进模式路径	1	478	演化模式	1
428	演变格局	2	481	特征驱动机理	1
430	变迁动力机制	1	483	演变轨迹	2
432	耦合特征	3	484	结构演变	2
433	结构分异性	1	486	变化原因	1
437	驱动机制	1	487	演变特征机理	1
441	分区效应	1	490	分异规律	1
442	演变动力机制	1	491	分异驱动因素	1
444	差异效应	1	494	差异趋势	1
445	特征驱动机制	2	496	耦合协调	1
447	格局演化	3	495	耦合协调	1
448	演变环境协调性	1	497	格局演变关系	1
450	演变趋势	1	499	压缩格局	1
451	演变驱动	1	501	格局响应	1
453	差异演变特征	1	502	交互视角	1
452	差异演变特征成因	1	504	分布演变	2
454	差异协调度	1	505	分布演变影响因素	1
455	分异特征驱动因素	1	506	动力因素	1

续表

词汇序号	常规词汇	频次	词汇序号	常规词汇	频次
507	变化成因	1	574	分布动态演变	1
511	演变原因	1	576	差异变动趋势	1
512	分异特征动力演化	1	581	耦合特征	2
515	路径可视化	1	582	溢出机理	1
516	特征演变	1	583	格局演变	3
520	演变影响因子	1	584	格局演变影响因素	2
521	模式变迁	1	585	分异类型	1
522	分布特征影响机制	1	586	分布特征响应	1
524	供求因素影响	1	587	演变交互影响	1
529	演变相关性	1	588	分异机制	1
530	特征发展趋势	1	589	观视角	1
531	演化空间关联性	1	591	分异收敛性	1
541	效应分解	1	593	演进特征	1
542	格局变化	1	597	压缩效应	1
543	演变影响机制	1	598	演化驱动机制	1
545	动态演化规律	1	599	特征增长机制	1
547	差异驱动因素	2	600	分异特征形成机制	1
548	格局演变驱动因素	1	602	影响因素	1
549	演化特征成因	1	603	传导效应	1
550	变化特征效应	1	605	影响机制	1
551	行为机制	1	607	格局变迁	1
553	演化影响因素	1	606	格局变革	1
557	锥理论	1	608	格局机理	2
556	锥	3	609	影响机理	1
558	变化政策	1	610	分布影响因素	1
560	格局演变	1	614	布局演化	1
561	格局演变影响因素	1	616	差距分布动态演进	1
562	变化影响因素	2	617	格局驱动力	1
565	演化特征影响因素	2	618	分异响应关系	1
567	匹配保障制度	1	619	跃迁趋同	1
571	依赖关系	1	622	变动驱动力	1
573	影响因素	1	625	分异特征	1

续表

词汇序号	常规词汇	频次	词汇序号	常规词汇	频次
627	演变环境效应	1	671	变化分解	1
628	动态演进	2	672	变化聚类模式	1
629	格局动态性	1	673	聚类模式	1
631	流变类型分化	1	675	演化机理	1
633	演化成因	1	676	演化特征	1
634	格局特征	1	677	联系影响	1
635	演化影响因素	1	678	演化视角	1
636	特征驱动因子	1	679	特征影响	1
637	格局影响	1	681	关联模式演变	1
638	演化影响因素	2	682	影响因素	2
639	演变特征影响	1	683	演化形成机理	1
640	演变特征选择	1	684	分异形成机制	1
641	分异特征影响因素	1	689	耦合驱动力	1
642	轨迹耦合趋势	1	690	演进趋势	1
644	动力机制	1	691	背景转换	1
646	修复视域	1	692	经济理念	1
648	演变特征	1	693	经济属性视角	1
649	协同性演化	1	694	演变权衡	1
654	系统理论	1	695	演变协同	1
655	分异影响因素	4	697	演化特征	1
656	耦合效应	3	698	格局演化影响因素	1
659	关联结构演变	1	699	演化动因	1
660	跃迁特征	1	701	演进影响因素	1
661	影响因素	1	702	动态耦合关系	1
662	演变集聚特征	1	703	演变规律	1
663	演化特点	1	704	演变规律应用	1
664	格局演变驱动因素	1	705	演变影响因素变化	1
665	分布影响机制	1	706	耦合协调关系	1
667	β 收敛	1	707	演变特征	1
668	差异耦合关系	1	708	演化特征	1
669	格局变化	1	709	分异格局	1
670	差异演化	1	710	分异格局影响因素	1

续表

词汇序号	常规词汇	频次	词汇序号	常规词汇	频次
712	排斥影响机制	1	747	格局分异	1
713	差异耦合效应	1	748	收敛特征	1
717	格局演化影响因素	1	749	复杂性生长机制	1
718	差异趋势演进	1	751	格局驱动因子	1
720	变化影响因素	1	753	分异格局	1
722	特征差异	1	752	分异格局障碍因子	1
728	维度视角	1	754	分异成因	1
730	异质性视角	1	759	传染效应	1
731	变化规律	1	757	传染效应	1
732	变化内在机理	1	758	传染效应防范	1
733	变化特征影响因素	1	761	演变驱动因素	1
736	影响机制	1	763	格局驱动因素	1
737	经济理论	2	764	行为特征	1
741	演化俱乐部趋同	1	765	经济视角	1
742	耦合特征驱动机制	1	768	耦合规律	1
744	耦合调控格局	1	770	演变特征影响因素	1

20.1.4 时空词汇之间的层次关系的情况

时空词汇间的层次关系体现在研究类词汇中。

"分析"这一时空词汇的细分层次词汇见表20-4（为行文简便，表20-4中用"~"代替"分析"）。

表20-4 "分析"这一时空词汇的细分层次时空词汇

词汇序号	研究类词汇	词汇序号	研究类词汇
102	实证~	366	数据~
136	定量~	370	综合~
162	统计~	418	测度收敛性~
194	模拟~	434	动态空间面板~
199	测度~	446	演绎~
240	比较~	467	计量模型~
244	动态~	541	动态空间面板模型~
286	模型~	652	优化~
314	加权空间马尔科夫链~	739	计量~

从表 20-4 可以看出,"分析"这一时空词汇至少有 18 条细分的时空词汇。

"研究"这一时空词汇的细分层次词汇见表 20-5(为行文简便,表 20-5 中用"~"代替"研究")。

表 20-5　"研究"这一时空词汇的细分层次时空词汇

词汇序号	研究类词汇	词汇序号	研究类词汇
34	分布~	348	定量化~
75	动态~	413	模型实证~
141	测度~	431	对比~
164	实证~	488	预测~
229	模拟~	685	优化仿真~
232	评价~	755	优化对策~
242	相关模板模型统计方法~		

从表 20-5 可以看出,"研究"这一时空词汇至少有 13 条细分的时空词汇。

20.2　时空词汇层次主要问题的客观时空分析

第 11 章所提出的 4 个问题中,前两个问题是本章定量分析的主要问题。

20.2.1　结构 11-1(A1A2A3…An)时空词汇的时空分析

在 418 条符合词素组合结构 11-1(A1A2A3…An)的时空词汇中,包括 A1A2、A1A2A3 和 A1A2A3A4 这三种不同词素组合类型,其历年的情况见表 20-6 和图 20-2。

表 20-6　词素组合结构 11-1(A1A2A3…An)的时空词汇历年数量

年份	A1A2	A1A2A3	A1A2A3A4
1994	1		
1995	1		
1998	2		
1999	2		

续表

年份	A1A2	A1A2A3	A1A2A3A4
2001	1		
2002	4		
2003	2		1
2004	7		
2005	6	3	
2006	5	3	
2007	7	2	1
2008	9	2	1
2009	12	1	1
2010	9	8	
2011	11	3	1
2012	16	8	3
2013	13	8	4
2014	13	15	1
2015	25	13	6
2016	23	9	2
2017	41	29	8
2018	40	26	9
合计	250	130	38

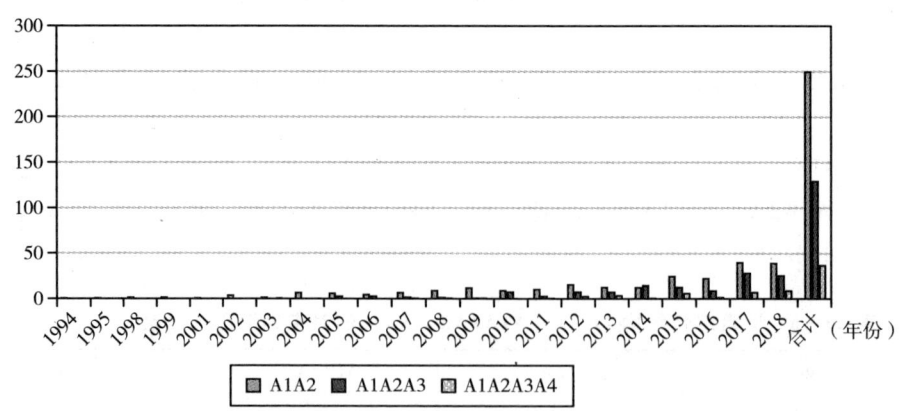

图20-2 词素组合结构11-1（A1A2A3…An）的时空词汇历年数量

从图20-2和表20-6可以看出，三种词素组合都在10个以上的年份有新的词汇出现。

20.2.2 结构 11-1（A1A2A3…An）时空词汇比例的时空分析

符合词素组合结构 11-1（A1A2A3…An）时空词汇的比例的历年情况见图 20-3 和表 20-7。

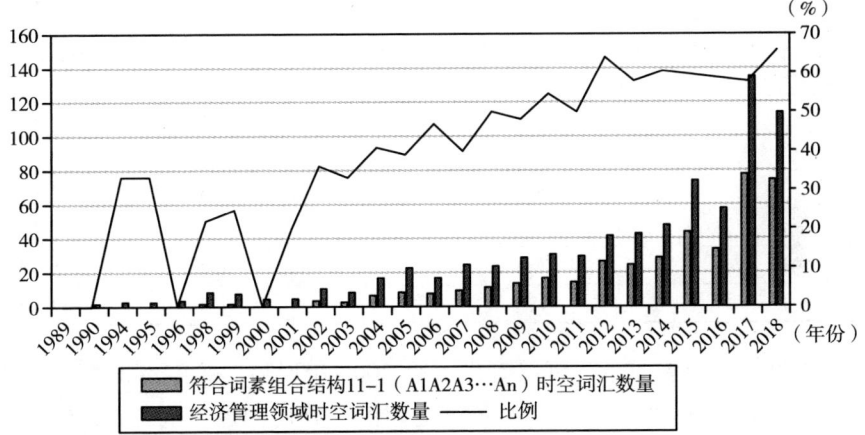

图 20-3　词素组合结构 11-1（A1A2A3…An）时空词汇历年比例

表 20-7　词素组合结构 11-1（A1A2A3…An）时空词汇历年比例

年份	符合词素组合结构 11-1（A1A2A3…An）时空词汇数量	时空词汇数量	比例（%）
1989	0	1	0.00
1990	0	2	0.00
1994	1	3	33.33
1995	1	3	33.33
1996	0	4	0.00
1998	2	9	22.22
1999	2	8	25.00
2000	0	5	0.00
2001	1	5	20.00
2002	4	11	36.36
2003	3	9	33.33
2004	7	17	41.18
2005	9	23	39.13
2006	8	17	47.06
2007	10	25	40.00

续表

年份	符合词素组合结构 11-1（A1A2A3…An）时空词汇数量	时空词汇数量	比例（%）
2008	12	24	50.00
2009	14	29	48.28
2010	17	31	54.84
2011	15	30	50.00
2012	27	42	64.29
2013	25	43	58.14
2014	29	48	60.42
2015	44	74	59.46
2016	34	58	58.62
2017	78	135	57.78
2018	75	114	65.79
合计	418	770	54.29

从图 20-3 和表 20-7 可以看出，自 2000 年以后，每年都有符合词素组合结构 11-1（A1A2A3…An）的新时空词汇，且比例逐年上升，2009～2018 年，比例大体稳定在 50%～60%。

20.3　本章小结

通过定量分析，可以看出，除了"时空"这一核心词素本身，以及"分析"或"研究"这种次高规格的研究类词素之外，即使不考虑前置类词素，仅看普通（后置）类词素，依然存在着复杂的组合关系，至少有三种组合关系，分别是：A1A2、A1A2A3 和 A1A2A3A4。

在 770 条时空词汇中，就包含了 418 条符合词素组合结构 11-1（A1A2A3…An）时空词汇（包括从带有研究类词素的时空词汇中分拆出来的符合词素组合结构 11-1 的时空词汇），比例达到了 54.29%。

本章还对这 418 条时空词汇的频次进行了分析。

本章还对含有研究类词素的时空词汇的词汇间的层次关系进行了分析。

最后，对 418 条符合词素组合结构 11-1（A1A2A3…An）时空词汇数量及其比例进行了时空分析。

第 21 章

时空词汇间语义关系的客观时空分析

本章研究完全立足于第 12 章的研究基础上。

21.1 时空词汇间语义关系的总体空间客观分析

通过定量分析,本书得到了关于时空词汇间的语义关系的总体空间分析结果。

21.1.1 时空词汇中词素层次同义词分析

关于时空词汇中语义关系的同义词分析,本书发现应该分成两个层次来分析,第一个层次是词素层次,第二个层次是跨词素层次。

从同义词的视角看,随着在本书制定的狭义的时空词汇表中,"时空"这一词汇并没有同义词,但按照中文构词法,"时空"至少有 11 条同义词,见表 21 - 1。

表 21 - 1　　　　按照中文构词法的"时空"的同义词

论文序号	词汇序号	词素序号	词素	频次
18	22	4	解析	7
24	31	5	探讨	4
138	125	15	评述	1
141	129	16	评价	11
145	134	135	审视	2

续表

论文序号	词汇序号	词素序号	词素	频次
159	140	18	思考	1
201	173	26	探析	7
421	296	36	考量	1
474	324	42	探究	3
620	386	44	测评	1
645	396	45	诊断	4
945	518	53	透视	1
956	523	54	挖掘	1
1298	694	62	权衡	1

虽然不同的等义词在特定的情况中均有着不可取代的特殊存在价值，但从时空分析这一新兴的学术研究体系或领域的长远发展看，还是应确定一条具有主导地位的词汇，从而可以让一领域的研究者有一个明确的交流基础。

在研究类词素中，本书已经将"分析"与"研究"界定为同义词，此外还有其他的同义词，见表21-2。

表 21-2　　　　　　　　"分析"或"研究"的同义词

词素序号	词素	类别	词素序号	词素	类别
4	解析	研究类	42	探究	研究类
5	探讨	研究类	44	测评	研究类
15	评述	研究类	45	诊断	研究类
16	评价	研究类	53	透视	研究类
18	思考	研究类	54	挖掘	研究类
26	探析	研究类	62	权衡	研究类
36	考量	研究类	135	审视	研究类

从表21-2可以看出，在经济管理领域的时空词汇中，"分析"与"研究"至少还有14条同义词。

在普通（后置）类词素中，至少存在着的同义词，见表21-3。

表 21-3　　　　　普通（后置）类词素的同义词

词素序号	词素	组别	词素序号	词素	组别
66	结构	第 1 组	101	地形	第 19 组
231	构造		237	地理	
67	观	第 2 组	103	压缩	第 20 组
129	观念		130	缩减	
68	特征	第 3 组	104	动态	第 21 组
86	特性		131	动态性	
121	特点		106	视角	第 22 组
253	属性		246	视域	
71	差异	第 4 组	108	背景	第 23 组
171	差距		139	环境	
173	差异化		109	重构	第 24 组
174	差异性		191	修复	
72	变迁	第 5 组	113	耦合	第 25 组
74	变化		159	交融	
91	变换		164	相依	
112	变异		179	依赖	
140	变动		205	相互	
196	转换		215	合作	
243	流变		218	交互	
249	变		116	发展	第 26 组
73	推移	第 6 组	156	引申	
254	转移		155	拓展	
77	效应	第 7 组	219	跃迁	
115	影响		240	增长	
206	作用		241	提升	
79	序列	第 8 组	260	生长	
88	顺序		120	收敛	第 27 组
244	秩序		204	收敛性	
85	演变	第 9 组	123	协同	第 28 组
94	演进		126	协调	
97	演化		127	协调性	
107	演替		200	协调度	
84	规律	第 10 组	247	协同性	
96	机理		136	战略	第 29 组
118	机制		137	战略性	

续表

词素序号	词素	组别	词素序号	词素	组别
83	分布	第11组	151	匹配	第30组
242	布局		211	契合	
89	分异	第12组	170	接近	第31组
176	分化		186	趋同	
185	分离		172	约束	第32组
187	分区		199	有限性	
198	分异性		248	制约	
90	相对	第13组	175	扩散	第33组
95	相对性		168	扩展	
96	机理	第14组	166	扩张	
118	机制		178	异质性	第34组
98	管理	第15组	221	异质	
207	规训		265	异步性	
124	调控		182	路径	第35组
99	趋势	第16组	264	途径	
117	过程		193	分解	第36组
167	轨迹		214	抽离	
100	相关性	第17组	239	解构	
157	相关		203	传导	第37组
180	关联		262	传染	
226	关联性		233	政策	第38组
251	联系		235	制度	
102	因子	第18组			
114	因素				
138	成因				
177	动因				
213	原因				

从表21-3可以看出，1989～2018年，中国经济管理领域研究者发表在C刊的时空分析论文中所采用的时空词汇中，仅看普通（后置）类词素，就至少有38组同义词。

在前置类词素中，没有发现同义词。

21.1.2 时空词汇跨词素层次同义词分析

如果将时空词汇体系中的同义词的搜寻范围扩大到词素间的层次，依然可以发现存在着同义词。

研究类时空词汇跨词素的同义词见表 21-4。

表 21-4　　　　　　　研究类跨词素的同义词

论文序号	词汇序号	研究类词汇	组别	论文序号	词汇序号	研究类词汇	组别
185	157	比较	第1组	224	194	模拟分析	第6组
746	431	对比研究		284	229	模拟研究	
1325	708	比较分析		506	337	模拟	
149	136	定量分析	第2组	138	125	评述	第7组
160	141	测度研究		287	232	评价研究	
259	215	测算		1481	769	评价	
525	348	定量化研究		109	102	实证分析	第8组
562	366	数据分析		189	164	实证研究	
697	417	测度分析		433	303	实证检验	
1410	739	计量分析		536	356	实证	
172	151	定位	第3组	783	446	演绎分析	第9组
172	152	定位问题探讨		988	537	演绎	
81	75	动态研究	第4组	873	488	预测研究	第10组
324	244	动态分析		1091	595	预测	
755	434	动态空间面板分析	第5组				
997	540	动态空间面板模型分析					

从表 21-4 可以看出，在研究类时空词汇体系中，跨词素同义词至少有 10 组。

普通（后置）类时空词汇体系中，跨词素的同义词见表 21-5。

从表 21-5 可以看出，普通（后置）类时空词汇体系中，跨词素同义词至少有 7 组。

21.1.3 时空词汇中语义关系中反义词分析

研究类时空词汇体系和前置类时空词汇体系中，均没有反义词。

表 21-5　　普通（后置）类跨词素的同义词

词汇序号	词素	组别	词汇序号	词素	组别
15	效应	第1组	231	演进成因	第4组
91	影响		302	演变驱动力	
352	因素关联影响		338	演变影响因素	
472	作用		405	演变驱动因素	
26	演变	第2组	477	演化影响因子	
42	演进		520	演变影响因子	
48	演化		511	演变原因	
71	演替		638	演化影响因素	
190	动态演变		633	演化成因	
204	动态演化		682	影响因素	
220	发展演变		701	演进影响因素	
628	动态演进		699	演化动因	
55	因子	第3组	761	演变驱动因素	
91	因素		603	传导效应	第5组
146	成因		759	传染效应	
172	变异驱动因素		49	演化规律	第6组
209	变化影响因素		48	演化机理	
245	动态驱动力		465	演化机制	
317	变化驱动力		86	演化特征	第7组
333	动因		663	演化特点	
486	原因				
486	变化原因				
506	动力因素				
507	变化成因				
622	变动驱动力				

　　普通（后置）类时空词汇体系中，存在着反义词，见表 21-6。

　　从表 21-6 可以看出，普通（后置）类时空词汇体系中，至少存在 9 组反义词。

21.1.4　时空词汇间语义关系频次分析

　　"分析"或"研究"同义词的频次见表 21-6。

表 21-6　　普通（后置）类时空词汇体系的反义词

词素序号	词素	组别	词素序号	词素	组别
71	差异	第1组	178	异质性	第6组
171	差距		221	异质	
173	差异化		265	异步性	
174	差异性		170	接近	
170	接近		186	趋同	
186	趋同		123	协同	
89	分异	第2组	126	协调	第8组
176	分化		127	协调性	
185	分离		200	协调度	
187	分区		247	协同性	
198	分异性		188	障碍	
170	接近		109	重构	
186	趋同		191	修复	
175	扩散	第3组	193	分解	第9组
168	扩展		214	抽离	
166	扩张		239	解构	
103	压缩		122	构建	
130	缩减		183	平稳性	第10组
116	发展	第4组	238	非平稳性	
156	引申				
155	拓展				
219	跃迁				
240	增长				
241	提升				
260	生长				
103	压缩				
130	缩减				

研究类跨词素的同义词的频次见表 21-7。

表 21-7   研究类跨词素的同义词的频次

词汇序号	研究类词汇	频次	组别	词汇序号	研究类词汇	频次	组别
157	比较	1	第1组	194	模拟分析	1	第6组
431	对比研究	1	第1组	229	模拟研究	1	第6组
708	比较分析	1	第1组	337	模拟	1	第6组
136	定量分析	1	第2组	125	评述	1	第7组
141	测度研究	2	第2组	232	评价研究	1	第7组
215	测算	1	第2组	769	评价	1	第7组
348	定量化研究	1	第2组	102	实证分析	1	第8组
366	数据分析	1	第2组	164	实证研究	1	第8组
417	测度分析	1	第2组	303	实证检验	2	第8组
739	计量分析	1	第2组	356	实证	1	第8组
151	定位	2	第3组	446	演绎分析	2	第9组
152	定位问题探讨	1	第3组	537	演绎	2	第9组
75	动态研究	8	第4组	488	预测研究	1	第10组
244	动态分析	8	第4组	595	预测	1	第10组
434	动态空间面板分析	1	第5组				
540	动态空间面板模型分析	1	第5组				

普通（后置）类词素的同义词的频次见表 21-8。

表 21-8   普通（后置）类词素的同义词的频次

词素序号	词素	频次	组别	词素序号	词素	频次	组别
66	结构	26	第1组	101	地形	1	第19组
231	构造	2	第1组	237	地理	2	第19组
67	观	14	第2组	103	压缩	29	第20组
129	观念	3	第2组	130	缩减	2	第20组
68	特征	443	第3组	104	动态	39	第21组
86	特性	1	第3组	131	动态性	3	第21组
121	特点	3	第3组	106	视角	23	第22组
253	属性	1	第3组	246	视域	2	第22组

第 21 章 时空词汇间语义关系的客观时空分析

续表

词素序号	词素	频次	组别	词素序号	词素	频次	组别
71	差异	266	第4组	108	背景	3	第23组
171	差距	3		139	环境	3	
173	差异化	1		109	重构	2	第24组
174	差异性	6		191	修复	10	
72	变迁	12	第5组	113	耦合	68	第25组
74	变化	176		159	交融	1	
91	变换	2		164	相依	1	
112	变异	21		179	依赖	5	
140	变动	8		205	相互	1	
196	转换	2		215	合作	1	
243	流变	2		218	交互	2	
249	变	1		116	发展	8	第26组
73	推移	1	第6组	156	引申	1	
254	转移	1		155	拓展	4	
77	效应	40	第7组	219	跃迁	6	
115	影响	126		240	增长	1	
206	作用	1		241	提升	1	
79	序列	2	第8组	260	生长	1	
88	顺序	2		120	收敛	3	第27组
244	秩序	1		204	收敛性	3	
85	演变	446	第9组	123	协同	3	第28组
94	演进	40		126	协调	7	
97	演化	263		127	协调性	4	
107	演替	11		200	协调度	1	
84	规律	35	第10组	247	协同性	1	
96	机理	22		136	战略	3	第29组
118	机制	42		137	战略性	1	
83	分布	75	第11组	151	匹配	10	第30组
242	布局	2		211	契合	2	

续表

词素序号	词素	频次	组别	词素序号	词素	频次	组别
89	分异	220	第12组	170	接近	1	第31组
176	分化	3		186	趋同	3	
185	分离	2		172	约束	6	第32组
187	分区	3		199	有限性	1	
198	分异性	1		248	制约	1	
90	相对	5	第13组	175	扩散	3	第33组
95	相对性	7		168	扩展	3	
96	机理	22	第14组	166	扩张	1	
118	机制	42		178	异质性	22	第34组
98	管理	5	第15组	221	异质	1	
207	规训	1		265	异步性	1	
124	调控	4		182	路径	12	第35组
99	趋势	10	第16组	264	途径	1	
117	过程	14		193	分解	4	第36组
167	轨迹	6		214	抽离	2	
100	相关性	3	第17组	239	解构	1	
157	相关	2		203	传导	2	第37组
180	关联	9		262	传染	3	
226	关联性	1		233	政策	1	第38组
251	联系	1		235	制度	1	
102	因子	7	第18组				
114	因素	127					
138	成因	10					
177	动因	2					
213	原因	2					

普通（后置）类跨词素的同义词的频次见表21-9。

表 21-9　普通（后置）类跨词素的同义词的频次

词汇序号	词素	频次	组别	词汇序号	词素	频次	组别
15	效应	40	第1组	231	演进成因	1	第4组
91	影响	126		302	演变驱动力	2	
352	因素关联影响	1		338	演变影响因素	1	
472	作用	1		405	演变驱动因素	7	
26	演变	446	第2组	477	演化影响因子	1	
42	演进	40		520	演变影响因子	1	
48	演化	263		511	演变原因	1	
71	演替	11		638	演化影响因素	1	
190	动态演变	2		633	演化成因	2	
204	动态演化	1		682	影响因素	1	
220	发展演变	1		701	演进影响因素	2	
628	动态演进	2		699	演化动因	1	
55	因子	7	第3组	761	演变驱动因素	1	
91	因素	127		603	传导效应	1	第5组
146	成因	10		759	传染效应	1	
172	变异驱动因素	1		49	演化规律	3	第6组
209	变化影响因素	1		48	演化机理	1	
245	动态驱动力	1		465	演化机制	1	
317	变化驱动力	2		86	演化特征	1	第7组
333	动因	2		663	演化特点	5	
486	原因	2					
486	变化原因	1					
506	动力因素	1					
507	变化成因	1					
622	变动驱动力	1					

普通（后置）类时空词汇体系的反义词的频次见表 21-10。

表 21-10　普通（后置）类时空词汇体系的反义词的频次

词素序号	词素	组别	频次	词素序号	词素	组别	频次
71	差异	第1组	266	178	异质性	第5组	22
171	差距		3	221	异质		1
173	差异化		1	265	异步性		1
174	差异性		6	170	接近		1
170	接近		1	186	趋同		3
186	趋同		3	123	协同	第6组	3
89	分异	第2组	220	126	协调		7
176	分化		3	127	协调性		4
185	分离		2	200	协调度		1
187	分区		3	247	协同性		1
198	分异性		1	188	障碍		1
170	接近		1	109	重构	第7组	2
186	趋同		3	191	修复		10
175	扩散	第3组	3	193	分解		4
168	扩展		3	214	抽离		2
166	扩张		1	239	解构		1
103	压缩		29	122	构建	第8组	1
130	缩减		2	193	分解		4
116	发展	第4组	8	214	抽离		2
156	引申		1	239	解构		1
155	拓展		4	183	平稳性	第9组	1
219	跃迁		6	238	非平稳性		2
240	增长		1				
241	提升		1				
260	生长		1				
103	压缩		29				
130	缩减		2				

21.2　时空词汇间语义关系主要问题的客观时空分析

第 12 章的 3 个问题中，前两个问题是本章定量分析的主要问题。

21.2.1 时空词汇中词素层次同义词时空分析

"分析"或"研究"的同义词的历史分析见表 21-11。

表 21-11　"分析"或"研究"的同义词的历史分析

首用时间	词素	首用时间	词素
1998-11	解析	2012-12	考量
2000-03	探讨	2013-07	探究
2007-03	评述	2014-11	测评
2007-03	评价	2015-01	诊断
2007-04	审视	2016-11	透视
2007-12	思考	2017-01	挖掘
2009-02	探析	2018-04	权衡

从表 21-12 可以看出,"分析"或"研究"的同义词最早出现在 1998 年,并在后面 10 个年份不断出现新的"分析"或"研究"的同义词。

普通(后置)类词素的同义词的时空分析见表 21-12。

表 21-12　普通(后置)类词素的同义词的时空分析

首用时间	词素序号	词素	组别	首用时间	词素序号	词素	组别
1989-07	66	结构	第1组	2003-02	101	地形	第19组
2017-04	231	构造		2017-06	237	地理	
1990-06	67	观	第2组	2003-05	103	压缩	第20组
2007-01	129	观念		2007-02	130	缩减	
1994-06	68	特征	第3组	2003-06	104	动态	第21组
1999-03	86	特性		2007-03	131	动态性	
2006-01	121	特点		2004-03	106	视角	第22组
2018-04	253	属性		2017-11	246	视域	
1995-03	71	差异	第4组	2004-09	108	背景	第23组
2013-03	171	差距		2008-03	139	环境	
2013-06	173	差异化		2004-09	109	重构	第24组
2013-06	174	差异性		2015-04	191	修复	

续表

首用时间	词素序号	词素	组别	首用时间	词素序号	词素	组别
1995-05	72	变迁	第5组	2005-02	113	耦合	第25组
1996-01	74	变化		2011-04	159	交融	
2001-09	91	变换		2012-01	164	相依	
2005-01	112	变异		2014-01	179	依赖	
2008-10	140	变动		2016-03	205	相互	
2015-07	196	转换		2016-06	215	合作	
2017-10	243	流变		2016-07	218	交互	
2018-02	249	变		2005-07	116	发展	第26组
1995-09	73	推移	第6组	2010-10	156	引申	
2018-04	254	转移		2010-10	155	拓展	
1998-02	77	效应	第7组	2016-07	219	跃迁	
2005-04	115	影响		2017-08	240	增长	
2016-03	206	作用		2017-09	241	提升	
1998-05	79	序列	第8组	2018-11	260	生长	
2000-10	88	顺序		2005-12	120	收敛	第27组
2017-10	244	秩序		2016-01	204	收敛性	
1999-02	85	演变	第9组	2006-07	123	协同	第28组
2002-03	94	演进		2006-11	126	协调	
2002-10	97	演化		2006-11	127	协调性	
2004-09	107	演替		2015-12	200	协调度	
1999-02	84	规律	第10组	2017-12	247	协同性	
2002-10	96	机理		2007-04	136	战略	第29组
2005-10	118	机制		2007-12	137	战略性	
1999-02	83	分布	第11组	2010-03	151	匹配	第30组
2017-09	242	布局		2016-03	211	契合	
2001-04	89	分异	第12组	2013-01	170	接近	第31组
2013-09	176	分化		2015-01	186	趋同	
2014-12	185	分离		2013-05	172	约束	第32组
2015-01	187	分区		2015-09	199	有限性	
2015-09	198	分异性		2017-12	248	制约	

续表

首用时间	词素序号	词素	组别	首用时间	词素序号	词素	组别
2001-05	90	相对	第13组	2013-09	175	扩散	第33组
2002-03	95	相对性		2012-08	168	扩展	
2002-10	96	机理	第14组	2012-02	166	扩张	
2005-10	118	机制		2013-11	178	异质性	第34组
2002-12	98	管理	第15组	2016-11	221	异质	
2016-03	207	规训		2018-12	265	异步性	
2006-08	124	调控		2014-07	182	路径	第35组
2003-01	99	趋势		2018-12	264	途径	
2005-10	117	过程	第16组	2015-06	193	分解	第36组
2012-03	167	轨迹		2016-05	214	抽离	
2003-01	100	相关性	第17组	2017-07	239	解构	
2011-04	157	相关		2016-01	203	传导	第37组
2014-03	180	关联		2018-11	262	传染	
2017-02	226	关联性		2017-04	233	政策	第38组
2018-03	251	联系		2017-05	235	制度	
2003-02	102	因子	第18组				
2005-04	114	因素					
2008-02	138	成因					
2013-10	177	动因					
2016-05	213	原因					

21.2.2 时空词汇跨词素层次同义词时空分析

研究类跨词素的同义词的时空分析见表21-13。

表21-13　研究类跨词素的同义词的时空分析

首用时间	研究类词汇	组别	首用时间	研究类词汇	组别
2008-10	比较	第1组	2009-09	模拟分析	第6组
2015-09	对比研究		2011-01	模拟研究	
2018-05	比较分析		2013-11	模拟	

续表

首用时间	研究类词汇	组别	首用时间	研究类词汇	组别
2007-06	定量分析	第2组	2007-03	评述	第7组
2007-12	测度研究		2011-02	评价研究	
2010-09	测算		2018-12	评价	
2014-02	定量化研究		2006-01	实证分析	第8组
2014-06	数据分析		2008-11	实证研究	
2015-05	测度分析		2013-01	实证检验	
2018-09	计量分析		2014-03	实证	
2008-06	定位	第3组	2015-11	演绎分析	第9组
2008-06	定位问题探讨		2017-03	演绎	
2004-11	动态研究	第4组	2016-05	预测研究	第10组
2011-08	动态分析		2017-07	预测	
2015-09	动态空间面板分析	第5组			
2017-03	动态空间面板模型分析				

普通（后置）类跨词素的同义词的时空分析见表21-14。

表21-14 普通（后置）类跨词素的同义词的时空分析

首用时间	词素	组别	首用时间	词素	组别
1998-02	效应	第1组	2011-02	演进成因	第4组
2005-04	影响		2013-01	演变驱动力	
2014-03	因素关联影响		2013-12	演变影响因素	
2016-03	作用		2015-03	演变驱动因素	
1999-02	演变	第2组	2016-03	演化影响因子	
2002-03	演进		2016-11	演变影响因子	
2002-10	演化		2016-08	演变原因	
2004-09	演替		2017-11	演化影响因素	
2009-08	动态演变		2017-11	演化成因	
2010-05	动态演化		2018-03	影响因素	
2010-10	发展演变		2018-05	演进影响因素	
2017-10	动态演进		2018-04	演化动因	
2003-02	因子	第3组	2018-11	演变驱动因素	
2005-04	因素		2017-09	传导效应	第5组
2008-02	成因		2018-11	传染效应	

续表

首用时间	词素	组别	首用时间	词素	组别
2009-01	变异驱动因素		2002-12	演化规律	第6组
2010-07	变化影响因素		2002-10	演化机理	
2011-08	动态驱动力		2016-01	演化机制	
2013-06	变化驱动力		2005-02	演化特征	第7组
2013-10	动因	第3组	2018-02	演化特点	
2016-05	原因				
2016-05	变化原因				
2016-07	动力因素				
2016-07	变化成因				
2017-10	变动驱动力				

21.2.3 时空词汇中语义关系反义词时空分析

普通（后置）类时空词汇体系的反义词的时空分析见表21-15。

表21-15 普通（后置）类时空词汇体系的反义词的时空分析

词素序号	词素	组别	词素序号	词素	组别
71	差异		178	异质性	第5组
171	差距		221	异质	
173	差异化	第1组	265	异步性	
174	差异性		170	接近	
170	接近		186	趋同	
186	趋同		123	协同	第6组
89	分异		126	协调	
176	分化		127	协调性	
185	分离		200	协调度	
187	分区	第2组	247	协同性	
198	分异性		188	障碍	第7组
170	接近		109	重构	
186	趋同		191	修复	

续表

词素序号	词素	组别	词素序号	词素	组别
175	扩散	第3组	193	分解	第7组
168	扩展		214	抽离	
166	扩张		239	解构	
103	压缩		122	构建	第8组
130	缩减		193	分解	
116	发展	第4组	214	抽离	
156	引申		239	解构	
155	拓展		183	平稳性	第9组
219	跃迁		238	非平稳性	
240	增长				
241	提升				
260	生长				
103	压缩				
130	缩减				

21.3 本章小结

在经济管理领域的时空词汇的体系中，同义词和反义词是两种不容忽视的现象。

通过对中文构词法的分析，可以发现"时空"这一核心词汇至少可以有11条同义词。为了避免同义词过多对时空分析的影响，本书主张将所有同义词都统一到"时空"这一词汇上来。

通过定量分析，可以确定"分析"或"研究"就至少还有14条同义词。普通（后置）类时空词汇的词素中，竟然有多达38组同义词，涉及119条词素。

如果将同义词的搜寻范围扩大到词素间，则研究类时空词汇体系中，至少有10组同义词，涉及30条词素与复合词素。在普通（后置）类时空词汇体系中，至少有7组同义词，涉及45条词素与复合词素。

再看反义词，普通（后置）类时空词汇体系中，至少有7组反义词，涉及43条词素与复合词素。

前置词素和时空词汇体系均没有同义词和反义词。

本章还对同义词与反义词的频次进行了定量分析。

最后，本章对时空词汇体系中的同义词和反义词的时空演变进行了简要的分析。

第 22 章

时空词汇间连锁关系的客观时空分析

本章研究完全立足于第 13 章的研究基础上。

22.1 时空词汇间连锁关系的总体空间客观分析

通过定量分析，本书得到了关于时空词汇间的连锁关系的总体空间分析结果。

22.1.1 时空词素与"时空"的连锁关系分析

研究类时空词素位于"时空"之后，其时空词汇格式是"时空 A"。
研究类时空词素与"时空"的连锁关系见表 22-1。

表 22-1　　研究类时空词素与"时空"的连锁关系

词汇序号	研究类词汇	词汇序号	研究类词汇	词汇序号	研究类词汇
4	分析	102	实证	173	探析
13	研究	125	评述	174	优化
22	解析	129	评价	191	集中
31	探讨	133	审视	193	模型
37	初探	136	定量	211	综合
44	集成	140	战略性	212	错位
51	数据	151	定位	215	测算
57	模拟	157	比较	224	范式
75	动态	159	测度	226	数列
90	对策	162	统计	242	相关

续表

词汇序号	研究类词汇	词汇序号	研究类词汇	词汇序号	研究类词汇
305	批判	476	划分	618	识别
314	加权	494	预测	645	空间
324	探究	518	透视	716	解读
348	定量化	523	挖掘	721	考察
386	测评	537	演绎	725	自回归
395	诊断	555	检验	734	大
430	对比	558	启示	739	计量
462	矩阵	566	面板		

普通（后置）类时空词素与"时空"的连锁关系见表22-2。

表22-2　普通（后置）类时空词素与"时空"的连锁关系

词汇序号	普通（后置）类词汇	词汇序号	普通（后置）类词汇
1	结构	42	演进
2	观	43	相对性
4	特征	51	管理
5	关系	52	趋势
8	变迁	53	相关性
9	推移	54	分布
10	变化	56	压缩
12	理论	57	动态
14	经济	61	现状
16	范围	64	视角
17	序列	70	演替
20	差异	72	背景
23	模式	73	重构
26	演变	78	功能
27	特性	80	边界
30	微化	81	变异
35	顺序	83	耦合
36	分异	85	演化
38	相对	93	格局
39	变换	96	发展
40	形态	97	过程

续表

词汇序号	普通（后置）类词汇	词汇序号	普通（后置）类词汇
99	收敛	312	轨迹
105	构建	313	约束
110	协同	330	扩散
115	协调性	331	行为
116	维度	332	分化
119	观念	337	异质性
120	缩减	342	依赖
130	规律	351	因素
143	机理	358	形成
156	变动	371	路径
160	曲率	372	平稳性
175	演替	384	战略
182	配置	387	弹性
186	适宜性	388	分离
200	思维	393	分区
201	匹配	401	关联
203	分流	404	复杂性
221	拓展	411	修复
236	相关	414	集聚
238	范畴	419	双重
239	交融	424	转换
251	一体化	436	有限性
253	价值	437	驱动
255	滞后	438	效应
258	影响	463	经济学
261	相依	466	传导
265	扩张	468	收敛性
276	协调	473	规训
298	尺度	474	政治
300	机制	475	境遇
301	接近	479	契合
307	差距	482	对比

续表

词汇序号	普通（后置）类词汇	词汇序号	普通（后置）类词汇
489	抽离	592	解构
493	合作	595	调控
498	图	604	提升
502	交互	613	布局
503	跃迁	630	流变
519	异质	632	秩序
524	供	644	动力
526	领导力	647	类型
527	系统	651	制约
528	智慧	667	β 收敛
533	可达性	673	聚类
535	脉冲	677	联系
538	分解	687	关
544	涉入	700	转移
546	扩展	711	排斥
554	构造	726	视域
569	引力	740	响应
575	锥	756	社会学
578	地理	759	传染
579	非平稳性	766	途径
582	溢出	767	异步性

前置类词素与"时空"的连锁关系见表22-3。

表22-3　　　前置类时空词素与"时空"的连锁关系

词汇序号	前置类词汇	词汇序号	前置类词汇	词汇序号	前置类词汇
3	价值	59	钱纳利	237	马克思
9	经济	74	区域	271	流通
12	市场	76	社会	353	旅游者
29	会计	87	流	388	权责
41	劳动	121	关系	402	投资
46	科学性	123	自然	485	演变
58	利用	161	知识	492	错

续表

词汇序号	前置类词汇	词汇序号	前置类词汇	词汇序号	前置类词汇
509	旅行者	611	工业	688	国家
513	旅游	612	虚拟	714	层次
525	特征	623	需求	715	贝叶斯
532	结构	657	局部	723	权籍
544	休闲	658	全局	729	跨
590	居住	686	游客	734	多源

22.1.2 时空词汇词素层次连锁关系分析

时空词汇中的研究类词素层次的词素之间的连锁关系，见表22-4。

表22-4　　　　研究类时空词素层次的连锁关系

词汇序号	研究类词汇	连锁词素	连锁特点
44	集成优化模型	集成	单向
136	定量分析	定量	单向
140	战略性思考	战略性时空	双向
174	优化策略探析	策略	单向
191	集中指数	集中指数	双向
226	数列模型探讨	数列	单向
348	定量化研究	定量化	单向
407	加权马尔科夫链	马尔科夫链	双向
462	矩阵模型	矩阵	单向
725	自回归模型	自回归	单向
734	大数据	大	单向

时空词汇中的普通（后置）类词素层次的词素之间的连锁关系，见表22-5。

表22-5　　　普通（后置）类时空词素层次的连锁关系

词汇序号	常规词汇	连锁词素	连锁特点
19	系统辩证论	辩证论	单向
126	演变区位决策因素	区位决策	双向
134	审视战略取向	取向	单向

续表

词汇序号	常规词汇	连锁词素	连锁特点
196	分流导航	分流导航	双向
222	拓展引申含义	引申含义	双向
424	转换能力	能力	单向
463	经济学意义	经济学意义	双向
466	传导效应	传导	单向
473	规训技术	规训技术	双向
515	路径可视化	可视化	单向
524	供求因素影响	供求	双向
567	匹配保障制度	保障制度	双向
741	演化俱乐部趋同	俱乐部	单向
749	复杂性生长机制	生长	单向
759	传染效应	传染	单向

时空词汇中的前置类词素层次的词素之间的连锁关系，见表22-6。

表22-6　　　　前置类时空词素层次的连锁关系

词汇序号	前置词素	连锁词素	连锁特点
714	贝叶斯层次	层次	单向
46	经济学科学性	经济学科学性	双向
485	工业空间演变	空间	单向
654	人地权籍	人地	双向
58	土地利用	土地	单向
532	网络结构	网络	单向
648	消费结构	消费	单向
623	旅游需求	需求	单向

22.1.3　时空词汇连锁关系频次分析

研究类时空词素与"时空"这一核心词素的连锁关系的频次，见表22-7。

表 22-7 研究类时空词素与"时空"的连锁关系的频次

词汇序号	研究类词汇	频次	词汇序号	研究类词汇	频次
4	分析	395	224	范式	1
13	研究	382	226	数列	1
22	解析	7	242	相关	1
31	探讨	2	305	批判	1
37	初探	2	314	加权	5
44	集成	1	324	探究	3
51	数据	9	348	定量化	1
57	模拟	7	386	测评	1
75	动态	22	395	诊断	4
90	对策	2	430	对比	2
102	实证	24	462	矩阵	2
125	评述	1	476	划分	2
129	评价	10	494	预测	5
133	审视	1	518	透视	1
136	定量	1	523	挖掘	1
140	战略性	1	537	演绎	5
151	定位	3	555	检验	1
157	比较	4	558	启示	3
159	测度	17	566	面板	1
162	统计	8	618	识别	1
173	探析	6	645	空间	1
174	优化	10	716	解读	2
191	集中	1	721	考察	1
193	模型	19	725	自回归	2
211	综合	3	734	大	3
212	错位	1	739	计量	2
215	测算	2			

普通（后置）类时空词素与"时空"的连锁关系的频次，见表 22-8。

表 22-8　普通（后置）类时空词素与"时空"的连锁关系的频次

词汇序号	普通（后置）类词汇	频次	词汇序号	普通（后置）类词汇	频次
1	结构	23	72	背景	3
2	观	14	73	重构	2
4	特征	264	78	功能	2
5	关系	14	80	边界	1
8	变迁	9	81	变异	21
9	推移	1	83	耦合	60
10	变化	163	85	演化	215
12	理论	4	93	格局	299
14	经济	10	96	发展	6
16	范围	2	97	过程	10
17	序列	2	99	收敛	3
20	差异	268	105	构建	1
23	模式	8	110	协同	3
26	演变	379	115	协调性	1
27	特性	1	116	维度	15
30	微化	1	119	观念	3
35	顺序	2	120	缩减	2
36	分异	218	130	规律	6
38	相对	5	143	机理	2
39	变换	2	156	变动	4
40	形态	1	160	曲率	1
42	演进	32	175	演替	
43	相对性	7	182	配置	5
51	管理	1	186	适宜性	2
52	趋势	1	200	思维	4
53	相关性	1	201	匹配	10
54	分布	70	203	分流	10
56	压缩	29	221	拓展	4
57	动态	38	236	相关	1
61	现状	1	238	范畴	1
64	视角	11	239	交融	1
70	演替	11	251	一体化	2

续表

词汇序号	普通（后置）类词汇	频次	词汇序号	普通（后置）类词汇	频次
253	价值	2	437	驱动	1
255	滞后	2	438	效应	17
258	影响	10	463	经济学	1
261	相依	1	466	传导	2
265	扩张	1	468	收敛性	2
276	协调	2	473	规训	1
298	尺度	2	474	政治	1
300	机制	2	475	境遇	1
301	接近	1	479	契合	2
307	差距	3	482	对比	1
312	轨迹	3	489	抽离	2
313	约束	6	493	合作	1
330	扩散	3	498	图	1
331	行为	21	502	交互	1
332	分化	2	503	跃迁	6
337	异质性	21	519	异质	1
342	依赖	5	524	供	1
351	因素	2	526	领导力	1
358	形成	1	527	系统	5
371	路径	10	528	智慧	1
372	平稳性	1	533	可达性	3
384	战略	2	535	脉冲	1
387	弹性	4	538	分解	1
388	分离	2	544	涉入	2
393	分区	3	546	扩展	2
401	关联	7	554	构造	2
404	复杂性	3	569	引力	2
411	修复	10	575	锥	5
414	集聚	1	578	地理	2
419	双重	1	579	非平稳性	2
424	转换	1	582	溢出	1
436	有限性	1	592	解构	1

续表

词汇序号	普通（后置）类词汇	频次	词汇序号	普通（后置）类词汇	频次
595	调控	1	677	联系	1
604	提升	1	687	关	2
613	布局	2	700	转移	1
630	流变	2	711	排斥	3
632	秩序	1	726	视域	1
644	动力	2	740	响应	1
647	类型	1	756	社会学	1
651	制约	1	759	传染	3
667	β 收敛	1	766	途径	1
673	聚类	2	767	异步性	1

前置类词素与"时空"这一核心词素的连锁关系的频次，见表 22-9。

表 22-9   前置类时空词素与"时空"的连锁关系的频次

词汇序号	前置类词素	频次	词汇序号	前置类词素	频次
3	价值	2	492	错	2
9	经济	1	509	旅行者	1
12	市场	2	513	旅游	1
29	会计	3	525	特征	1
41	劳动	1	532	结构	2
46	科学性	1	544	休闲	2
58	利用	3	590	居住	2
59	钱纳利	1	611	工业	1
74	区域	2	612	虚拟	1
76	社会	6	623	需求	1
87	流	2	657	局部	1
121	关系	1	658	全局	1
123	自然	1	686	游客	1
161	知识	3	688	国家	1
237	马克思	1	714	层次	1
271	流通	1	715	贝叶斯	1
353	旅游者	1	723	权籍	2
388	权责	1	729	跨	1
402	投资	1	734	多源	2
485	演变	1			

研究类词素层次的词素之间的连锁关系，见表 22-10。

表 22-10　研究类时空词素层次的连锁关系的频次

词汇序号	研究类词汇	连锁词素	连锁特点	频次
44	集成优化模型	集成	单向	1
136	定量分析	定量	单向	1
140	战略性思考	战略性时空	双向	1
174	优化策略探析	策略	单向	1
191	集中指数	集中指数	双向	1
226	数列模型探讨	数列	单向	1
348	定量化研究	定量化	单向	1
407	加权马尔科夫链	马尔科夫链	双向	2
462	矩阵模型	矩阵	单向	2
725	自回归模型	自回归	单向	2
734	大数据	大	单向	2

普通（后置）类词素层次的词素之间的连锁关系，见表 22-11。

表 22-11　普通（后置）类时空词素层次的连锁关系的频次

词汇序号	常规词汇	连锁词素	连锁特点	频次
19	系统辩证论	辩证论	单向	1
126	演变区位决策因素	区位决策	双向	1
134	审视战略取向	取向	单向	1
196	分流导航	分流导航	双向	4
222	拓展引申含义	引申含义	双向	1
424	转换能力	能力	单向	1
463	经济学意义	经济学意义	双向	1
466	传导效应	传导	单向	2
473	规训技术	规训技术	双向	1
515	路径可视化	可视化	单向	1
524	供求因素影响	供求	双向	1
567	匹配保障制度	保障制度	双向	1
741	演化俱乐部趋同	俱乐部	单向	1
749	复杂性生长机制	生长	单向	1
759	传染效应	传染	单向	2

前置类词素层次的词素之间的连锁关系，见表 22 – 12。

表 22 – 12　　前置类时空词素层次的连锁关系的频次

词汇序号	前置词素	连锁词素	连锁特点	频次
714	贝叶斯层次	层次	单向	1
46	经济学科学性	经济学科学性	双向	1
485	工业空间演变	空间	单向	1
654	人地权籍	人地	双向	1
58	土地利用	土地	单向	3
532	网络结构	网络	单向	1
648	消费结构	消费	单向	1
623	旅游需求	需求	单向	1

22.2　时空词汇间连锁关系主要问题的客观时空分析

第 13 章的三个问题中，前两个问题是本章定量分析的主要问题。

22.2.1　时空词汇与"时空"的连锁关系时空分析

研究类时空词素与"时空"的连锁关系的时空分析，见表 22 – 12。

普通（后置）类时空词素与"时空"的连锁关系的时空分析，见表 22 – 13。

表 22 – 13　　研究类时空词素与"时空"的连锁关系的时空分析

词汇序号	首用时间	研究类词汇	词汇序号	首用时间	研究类词汇
4	1994 – 06	分析	90	2005 – 04	对策
13	1996 – 10	研究	102	2006 – 01	实证
22	1998 – 11	解析	125	2007 – 03	评述
31	2000 – 03	探讨	129	2007 – 03	评价
37	2001 – 04	初探	133	2007 – 04	审视
44	2002 – 04	集成	136	2007 – 06	定量
51	2002 – 12	数据	140	2007 – 12	战略性
57	2003 – 06	模拟	151	2008 – 06	定位
75	2004 – 11	动态	157	2008 – 10	比较

续表

词汇序号	首用时间	研究类词汇	词汇序号	首用时间	研究类词汇
159	2008-10	测度	430	2015-09	对比
162	2008-11	统计	462	2015-12	矩阵
173	2009-02	探析	476	2016-03	划分
174	2009-02	优化	494	2016-06	预测
191	2009-08	集中	518	2016-11	透视
193	2009-09	模型	523	2017-01	挖掘
211	2010-07	综合	537	2017-03	演绎
212	2010-08	错位	555	2017-04	检验
215	2010-09	测算	558	2017-04	启示
224	2010-10	范式	566	2017-05	面板
226	2010-12	数列	618	2017-10	识别
242	2011-06	相关	645	2017-11	空间
305	2013-02	批判	716	2018-05	解读
314	2013-05	加权	721	2018-06	考察
324	2013-07	探究	725	2018-07	自回归
348	2014-02	定量化	734	2018-09	大
386	2014-11	测评	739	2018-09	计量
395	2015-01	诊断			

前置类词素与"时空"的连锁关系的时空分析，见表22-14。

表22-14 普通（后置）类时空词素与"时空"的连锁关系的时空分析

词汇序号	首用时间	普通（后置）类词汇	词汇序号	首用时间	普通（后置）类词汇
1	1989-07	结构	16	1998-04	范围
2	1990-06	观	17	1998-05	序列
4	1994-06	特征	20	1998-07	差异
5	1994-07	关系	23	1999-01	模式
8	1995-05	变迁	26	1999-02	演变
9	1995-09	推移	27	1999-03	特性
10	1996-01	变化	30	1999-07	微化
12	1996-10	理论	35	2000-10	顺序
14	1998-02	经济	36	2001-04	分异

续表

词汇序号	首用时间	普通（后置）类词汇	词汇序号	首用时间	普通（后置）类词汇
38	2001-05	相对	143	2008-01	机理
39	2001-09	变换	156	2008-10	变动
40	2001-09	形态	160	2008-10	曲率
42	2002-03	演进	175	2009-02	演替
43	2002-03	相对性	182	2009-04	配置
51	2002-12	管理	186	2009-06	适宜性
52	2003-01	趋势	200	2010-03	思维
53	2003-01	相关性	201	2010-03	匹配
54	2003-02	分布	203	2010-04	分流
56	2003-05	压缩	221	2010-10	拓展
57	2003-06	动态	236	2011-04	相关
61	2004-01	现状	238	2011-04	范畴
64	2004-03	视角	239	2011-04	交融
70	2004-09	演替	251	2011-10	一体化
72	2004-09	背景	253	2011-12	价值
73	2004-09	重构	255	2011-12	滞后
78	2005-01	功能	258	2012-01	影响
80	2005-01	边界	261	2012-01	相依
81	2005-01	变异	265	2012-02	扩张
83	2005-02	耦合	276	2012-04	协调
85	2005-02	演化	298	2012-12	尺度
93	2005-04	格局	300	2013-01	机制
96	2005-07	发展	301	2013-01	接近
97	2005-10	过程	307	2013-03	差距
99	2005-12	收敛	312	2013-05	轨迹
105	2006-02	构建	313	2013-05	约束
110	2006-07	协同	330	2013-09	扩散
115	2006-11	协调性	331	2013-09	行为
116	2006-12	维度	332	2013-09	分化
119	2007-01	观念	337	2013-11	异质性
120	2007-02	缩减	342	2014-01	依赖
130	2007-03	规律	351	2014-03	因素

续表

词汇序号	首用时间	普通（后置）类词汇	词汇序号	首用时间	普通（后置）类词汇
358	2014－04	形成	528	2017－01	智慧
371	2014－07	路径	533	2017－02	可达性
372	2014－07	平稳性	535	2017－02	脉冲
384	2014－11	战略	538	2017－03	分解
387	2014－12	弹性	544	2017－03	涉入
388	2014－12	分离	546	2017－03	扩展
393	2015－01	分区	554	2017－04	构造
401	2015－02	关联	569	2017－05	引力
404	2015－03	复杂性	575	2017－05	锥
411	2015－04	修复	578	2017－06	地理
414	2015－04	集聚	579	2017－06	非平稳性
419	2015－05	双重	582	2017－07	溢出
424	2015－07	转换	592	2017－07	解构
436	2015－09	有限性	595	2017－07	调控
437	2015－09	驱动	604	2017－09	提升
438	2015－10	效应	613	2017－09	布局
463	2015－12	经济学	630	2017－10	流变
466	2016－01	传导	632	2017－10	秩序
468	2016－01	收敛性	644	2017－11	动力
473	2016－03	规训	647	2017－11	类型
474	2016－03	政治	651	2017－12	制约
475	2016－03	境遇	667	2018－02	β收敛
479	2016－03	契合	673	2018－03	聚类
482	2016－04	对比	677	2018－03	联系
489	2016－05	抽离	687	2018－03	关
493	2016－06	合作	700	2018－04	转移
498	2016－07	图	711	2018－05	排斥
502	2016－07	交互	726	2018－07	视域
503	2016－07	跃迁	740	2018－10	响应
519	2016－11	异质	756	2018－11	社会学
524	2017－01	供	759	2018－11	传染
526	2017－01	领导力	766	2018－12	途径
527	2017－01	系统	767	2018－12	异步性

22.2.2 时空词汇词素层次连锁关系时空分析

前置类时空词素与"时空"的连锁关系的时空分析,见表22-15。

表22-15 前置类时空词素与"时空"的连锁关系的时空分析

词汇序号	首用时间	前置类词汇	词汇序号	首用时间	前置类词汇
3	1990-11	价值	492	2016-06	错
9	1995-09	经济	509	2016-08	旅行者
12	1996-10	市场	513	2016-09	旅游
29	1999-07	会计	525	2017-01	特征
41	2002-01	劳动	532	2017-02	结构
46	2002-07	科学性	544	2017-03	休闲
58	2003-06	利用	590	2017-07	居住
59	2003-07	钱纳利	611	2017-09	工业
74	2004-10	区域	612	2017-09	虚拟
76	2004-11	社会	623	2017-10	需求
87	2005-03	流	657	2018-01	局部
121	2007-02	关系	658	2018-01	全局
123	2007-02	自然	686	2018-03	游客
161	2008-10	知识	688	2018-03	国家
237	2011-04	马克思	714	2018-05	层次
271	2012-03	流通	715	2018-05	贝叶斯
353	2014-03	旅游者	723	2018-06	权籍
388	2014-12	权责	729	2018-07	跨
402	2015-02	投资	734	2018-09	多源
485	2016-05	演变			

研究类词素层次的词素之间的连锁关系的时空分析,见表22-16。

表22-16 研究类时空词素层次的连锁关系的时空分析

词汇序号	首用时间	研究类词汇	连锁词素	连锁特点	频次
44	2002-04	集成优化模型	集成	单向连锁	1
136	2007-06	定量分析	定量	单向连锁	1
140	2007-12	战略性思考	战略性时空	双向连锁	1

续表

词汇序号	首用时间	研究类词汇	连锁词素	连锁特点	频次
174	2009-02	优化策略探析	策略	单向连锁	1
191	2009-08	集中指数	集中指数	双向连锁	1
226	2010-12	数列模型探讨	数列	单向连锁	1
348	2014-02	定量化研究	定量化	单向连锁	1
407	2015-03	加权马尔科夫链	马尔科夫链	双向连锁	2
462	2015-12	矩阵模型	矩阵	单向连锁	2
725	2018-07	自回归模型	自回归	单向连锁	2
734	2018-09	大数据	大	单向连锁	2

普通（后置）类词素层次的词素之间的连锁关系的时空分析，见表22-17。

表22-17 普通（后置）类时空词素层次的连锁关系的时空分析

词汇序号	首用时间	常规词汇	词素	特点
19	1998-05	系统辩证论	辩证论	单向
126	2007-03	演变区位决策因素	区位决策	双向
134	2007-04	审视战略取向	取向	单向
196	2010-01	分流导航	分流导航	双向
222	2010-10	拓展引申含义	引申含义	双向
424	2015-07	转换能力	能力	单向
463	2015-12	经济学意义	经济学意义	双向
466	2016-01	传导效应	传导	单向
473	2016-03	规训技术	规训技术	双向
515	2016-09	路径可视化	可视化	单向
524	2017-01	供求因素影响	供求	双向
567	2017-05	匹配保障制度	保障制度	双向
741	2018-10	演化俱乐部趋同	俱乐部	单向
749	2018-11	复杂性生长机制	生长	单向
759	2018-11	传染效应	传染	单向

前置类词素层次的词素之间的连锁关系的时空分析，见表22-18。

表22-18　　前置类时空词素层次的连锁关系的时空分析

词汇序号	首用时间	前置词素	连锁词素	连锁特点
714	2018-05	贝叶斯层次	层次	单向
46	2002-07	经济学科学性	经济学科学性	双向
485	2016-05	工业空间演变	空间	单向
654	2017-12	人地权籍	人地	双向
58	2003-06	土地利用	土地	单向
532	2017-02	网络结构	网络	单向
648	2017-12	消费结构	消费	单向
623	2017-10	旅游需求	需求	单向

22.3　本章小结

词素之间的连锁关系是时空词汇分析的重要内容。

通过定量分析，本章把与"时空"这一核心词素具有连锁关系的研究类词素、普通（后置）类词素和前置类词素都确定了下来。

如果将连锁关系的搜寻范围扩大到三类"时空"之外的词素的层次，本章也将这三类词素间的连锁关系确定了下来。

本章还对两个层次的连锁关系的频次进行了定量分析。

最后，本章对时空词汇体系中的两个层次的连锁关系的时空演变进行了简要的分析。

第 23 章

本篇总结

通过数量、位置、结构、要素、词性、层次、词汇间语义关系、词汇间连锁关系这 8 个维度的客观时空分析,本书主观时空分析篇所提出的问题均以定量分析方式予以了准确回答。

23.1 第 15 章时空词汇数量客观时空分析的总结

23.1.1 关于时空词汇数量的定量分析与历史分析

截至 2018 年年底,1485 篇时空分析论文共采用了 770 条不同的时空词汇。

依据这 770 条时空词汇,完全可以编纂一部小型的时空词汇词典。

这 770 条时空词汇,在 1989~2018 年首次被采用的数量呈现出按时间不断增长的态势。在 2017 年和 2018 年都突破了 100 条。

这表明在经济管理领域,新时空词汇依然处于不断被创造出来的进程中。从时空角度的更深层次看,中文时空分析依然处于具有广阔可拓展空间(空间视角)的发展阶段(时间视角)。

23.1.2 关于论文标题中时空词汇数量的时空分析

通过对标题中时空词汇数量的时空分析,可以得到如下结果。

(1) 在时空分析论文标题中,时空词汇的数量最多有四种可能,分别是 0、1、2、3,最大数量是 3 条。

(2) 时空分析论文中,标题中采用了 3 条时空词汇的论文仅有两篇,均发表于 2018 年。

(3) 标题中有唯一时空词汇的论文是主体,论文篇数接近 1000 篇,比重在 70% 左右。

（4）从历史分析看，除 3 条时空词汇情况外，其余 3 种情况，在 30 年间，也是随着年份增加而不断递增，与时空词汇总量增长态势相仿。

23.1.3 关于论文关键词中时空词汇数量的时空分析

通过对关键词中时空词汇数量的时空分析，可以得到如下结果。

（1）在时空分析论文关键词中，时空词汇的数量也最多有四种可能，分别是 0、1、2、3，最大数量是 3 条。

（2）时空分析论文中，关键词中采用了 3 条时空词汇的论文仅有 2 篇，分别发表于 2007 年和 2017 年。

（3）关键词中有唯一时空词汇的论文是主体，论文篇数超过 900 篇，比重超过 60% 左右。

（4）从历史分析看，除 3 条时空词汇情况外，其余 3 种情况，在 30 年间，也是随着年份增加而不断递增，与时空词汇总量增长态势相仿。

23.1.4 关于论文标题中连词数量的定量分析

通过对关键词中连词数量的定量分析，可以得到如下结果。

（1）在这些论文的标题中，确认五种连词，包括"和""与""与其""及""及其"均被采用过。

（2）在 1485 篇论文种，标题中采用了这五种连词的论文篇数达到了 871 篇，比重将近 60%。

因工作量过大，对这五种连词在时空分析论文标题中使用的情况，没有采用时空分析。

23.2 第 16 章时空词汇位置客观时空分析的总结

23.2.1 时空词汇位置总体时空分析

在 770 条时空词汇中，扣除"时空"自身，有 769 条词汇，其中，符合基本词汇表达式 b7-1 的时空词汇（时空 A）是 720 条，符合表达式 b7-2 的时空词汇（B 时空）是 12 条，符合表达式 b7-3 的时空词汇（B 时空 A）

是37条，可以知道，符合表达式b7-1的时空词汇占据绝对主导的地位。

在30年间，出现过新词汇的26年中（不含1991年、1992年、1993年和1997年），每年都有符合表达式b7-1的词汇（时空A）出现，而新出现符合表达式b7-2的词汇（B时空）的年份仅7个，新出现符合表达式b7-2的词汇（B时空）的年份仅16个。在这26年，符合表达式b7-1的时空词汇（时空A）均占据绝对主导地位。

23.2.2 表达式b7-2的时空分析

对12条符合表达式b7-2的词汇（B时空）进行了前置词汇的分析与历史分析。

23.2.3 表达式b7-3的时空分析

对37条符合表达式b7-3的词汇（B时空A）进行了前置词汇和后置词汇的分析，并进行了历史分析。

23.2.4 标题中表达式b7-2词汇复合词汇表达式的时空分析

仅有3条符合表达式b7-2的词汇（B时空）出现在时空分析论文的标题中，2条在句首，1条在句中。

本项研究内容的历史分析，与表达式b7-2的历史分析合并进行。

23.2.5 标题中表达式b7-3词汇复合词汇表达式的时空分析

仅有16条符合表达式b7-3的词汇（B时空A）出现在论文标题中，7条在句尾，4条在句首，5条在句中。

本项研究内容的历史分析，与表达式b7-3的历史分析合并进行。

23.3 第17章时空词汇格式客观时空分析的总结

23.3.1 复合时空词汇中研究类词素的时空分析

在770条时空词汇中，有428条（比例=55.58%）中含有研究类词素，而且存在着大量"分析"和"研究"之外的其他研究类词素。对这些研究类词素的研究，客观上也构成了本篇后续各章的重要研究内容。

从时空分析视角看，含有研究类词素的复合词汇的比例呈长期的稳定性，这表明研究类词素是复合词汇极为重要的组成部分。这说明超过半数的复合词汇存在着至少三个规格，"时空"居于最高规格，研究类词素具有次高规格，其他词素居于第三层次规格。

23.3.2 "分析"与"研究"的频次的时空分析

"分析"这一词素的频次是434次，"研究"这一词素的频次是423次。在频次这项指标看，"分析"胜过"研究"。从历史发展趋势看，自2015年起，"研究"的频次就连年超过"分析"的频次。这表明，这两条词素关于时空词汇首席研究类词素的竞争将非常激烈，而且也将长期化。

23.4　第18章时空词汇结构客观时空分析的总结

23.4.1　词素情况的时空分析

通过定量分析，发现共有312条词素，分为四类："时空"自身，1条词素；研究类词素，65条；普通（后置）类词素199条；前置类词素47条。

这30年间，"时空"之外三类词素均在大部分年份不断出现新词素，而且大体上出现逐年增加的态势。

23.4.2　词素汉字数量的时空分析

研究类词素和普通（后置）类词素的汉字宽度都是从1个汉字到4个汉字，前置类词素则仅是从1个汉字到3个汉字。2个汉字的词素占据主导地位，在研究类词素中占90%以上，在普通（后置）类词素中，占80%略多，而在前置类词素中，则仅在70%略多。

对这些非2个汉字的词素的出现年份进行了历史分析。

23.4.3　词素频次的空间分析

"时空"自身频次达到了2689次。"分析"和"研究"的频次也都超过400次。

23.5 第19章时空词汇词性客观时空分析的总结

23.5.1 时空词汇词素词性总体时空分析总结

312条词素中，总共出现过五种词性，分别是：名词、动词、形容词、量词和副词。从总体看，名词是最重要词性，"时空"自身就是名词。

这30年间，基本上每年都有名词和动词的时空词汇的词素出现。

23.5.2 时空词汇词素词性数量时空分析总结

研究类词素包括三种词性，分别是名词、动词和形容词，其中动词比例最高，超过一半。研究类词素中的动词，最早出现在1994年，词素中的名词，最早出现在2002年，随后年份，这两种词性大部分年份都有新词素出现。

普通（后置）类词素包括五种词性，分别是名词、动词、形容词、量词和副词，其中名词比例最高，超过一半，动词比例次之，也超过了1/3。普通（后置）类词素中的名词，最早出现在1989年，词素中的动词，最早出现在1999年，随后几乎每年都有这两种词性的新词素出现。

前置类词素包括两种词性，分别是名词、动词，其中名词比例最高，超过了3/4。前置词素中的名词，最早出现在1990年，词素中的动词，最早出现在2002年。由于前置类词素数量相对较少，还可以在大多数年份有新的名词性词素出现，但超过一半的年份没有新的动词性词素出现。

23.5.3 时空词汇词素词性频次分析总结

研究类词素中，动词主导地位突出，总频次超过1000条，而名词和形容词的频次均未超过100条。在普通（后置）类词素中，名词的频次依然最高，超过1800条，但动词的频次也非常接近，超过了1600条，其余三种词性的频次则均未超过100条。在前置类词素中，虽然名次的频次远远超过动词的频次，但两者的频次均未超过100条。

23.6　第20章时空词汇层次客观时空分析的总结

23.6.1　结构11-1（A1A2A3…An）时空词汇时空分析总结

在普通（后置）类词素组合中，依然存在着复杂的词素组合。

通过定量分析，可以确定418条符合词素组合结构11-1（A1A2A3…An）时空词汇。

符合结构11-1（A1A2A3…An）时空词汇包括三种类型，分别是：A1A2、A1A2A3和A1A2A3A4。在这三种词素组合类型中，数量最多的是A1A2类型，达到了250条，比例占到非常接近60%，数量最少的A1A2A3A4类型，数量仅有38条，比例不足10%。

从历史发展看，在26个C刊发表经济管理领域时空论文的年份中，有22个年份有A1A2类型的普通（后置）类时空词汇或词素。

23.6.2　结构11-1（A1A2A3…An）时空词汇比例时空分析总结

在770条时空词汇中，418条结构11-1（A1A2A3…An）时空词汇比例占到了54.29%。

自2000年以后，每年均有这种结构的新词汇出现，且比例逐年上升，2009~2018年比例大体稳定在50%~60%。

23.6.3　结构11-1（A1A2A3…An）时空词汇频次定量分析总结

418条符合结构11-1（A1A2A3…An）词汇中，绝大部分频次仅为一次，属于特定研究者针对特定时空研究对象而专门采用的时空词汇。

23.6.4　时空词汇间层次定量分析总结

通过定量分析，"分析"至少有18条细分的时空词汇，"研究"至少有13条细分的时空词汇。

23.7 第21章时空词汇间语义关系客观时空分析的总结

23.7.1 时空词汇同义词时空分析总结

"时空"可以有至少11条同义词。为了避免同义词过多对时空分析的影响,本书主张将统一到"时空"上来。

通过定量分析,"分析"或"研究"就至少有14条同义词。普通(后置)类时空词汇的词素中,竟然有多达38组同义词,涉及119条词素。

研究类时空词汇体系中,有至少10组同义词,涉及30条词素与复合词素。普通(后置)类时空词汇体系中,有至少7组同义词,涉及45条词素与复合词素。

前置类时空词汇,由于数量极少,没有出现同义词。

通过时空分析,可以发现同义词和反义词的出现的年份几乎遍布全部年份,这既表明同义词是时空词汇极为重要的现象,实际上也表明,时空词汇的规范化迫在眉睫。

23.7.2 时空词汇反义词时空分析总结

关于反义词,"时空"、研究类时空词汇也没有发现反义词。

普通(后置)类时空词汇体系中,有至少七组反义词,涉及43条词素与复合词素。

前置类时空词汇,由于数量极少,也没有出现反义词。

通过时空分析,发现反义词出现的年份远远少于同义词出现的年份。这可能源于反义词本身就比较少,但更可能源于相关研究并不深入。

23.7.3 时空词汇语义关系频次分析总结

频次分析对于最终在众多同义词中确立主导地位的时空词汇意义重大,本书第21章就完成了这项工作。

23.8　第22章时空词汇间连锁关系客观时空分析的总结

23.8.1　时空词汇与"时空"的连锁关系时空分析

通过定量分析，可以确定研究类词素、普通（后置）类词素和前置类词素这三种词素与"时空"的连锁关系，见表23-1和图23-1。

表23-1　三种词素与"时空"的连锁关系

词素	与"时空"这一核心词素连锁的词素的数量	比例（％）
研究类	53	22.08
普通（后置）类	148	61.67
前置类	39	16.25
合计	240	100.00

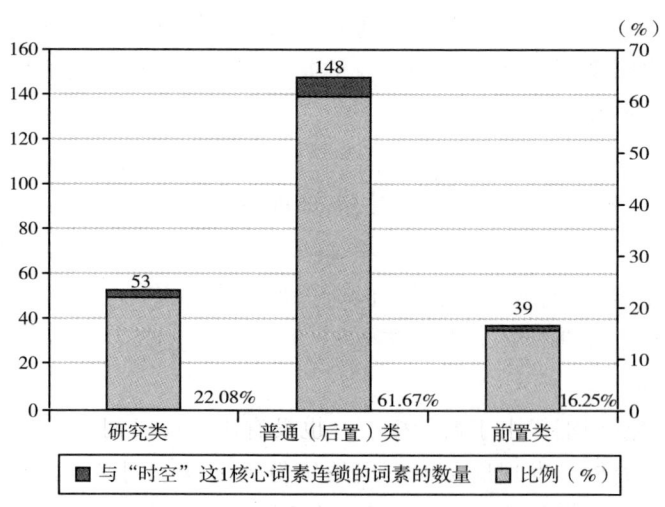

图23-1　三种词素与"时空"的连锁关系

从表23-1和图23-1看出，研究类词素有53条与"时空"具有连锁关系，普通（后置）类词素有148条，而前置类词素仅有39条与"时空"连锁的词素。

通过时空分析，可以知道，与"时空"连锁的这53条研究类词素，最早出现于1994年，且自2001—2018年每年又有出现。

与"时空"连锁的这148条普通（后置）类词素，最早出现在1989年，贯穿了 C 刊发表时空分析论文的全部 26 个年份。

与"时空"连锁的这 39 条前置类词素，最早出现在 1990 年，随后又在 16 个年份出现过。

23.8.2 时空词汇词素层次连锁关系时空分析

关于三种词素层次的连锁关系，本书又有了新的发现，见表 23 - 2。

表 23 - 2　　　　　　　　　两种连锁关系

连锁关系	连锁特点
单向连锁	词素 A 与词素 B 连锁，但词素 B 可以与其他词素自由组合
双向连锁	词素 A 与词素相互连锁

三种词素层次的连锁关系见表 23 - 3 和图 23 - 2。

表 23 - 3　　　　　　　　三种词素层次的连锁关系

词素层次	连锁的词素的数量	比例（%）
研究类	11	32.35
普通（后置）类	15	44.12
前置类	8	23.53
合计	34	100.00

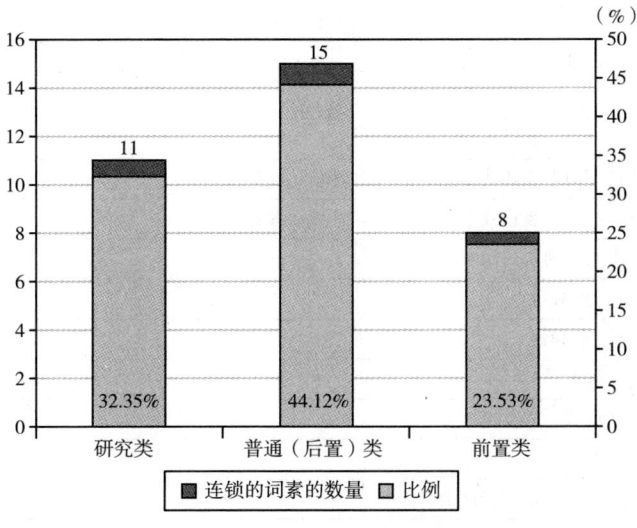

图 23 - 2　三种词素层次的连锁关系

从表 23-3 和图 23-2 看出，研究类词素层次有 11 条词素具有连锁关系，普通（后置）类词素有 15 条与"时空"连锁，而前置类词素仅有 8 条与"时空"连锁的词素。

三种词素层次的连锁关系，都既有单向连锁关系，也有双向连锁关系。

由于这三种词素层次的连锁关系，数量比较少，远不如与"时空"的连锁关系那样，几乎遍布在 C 刊发表经济管理领域时空论文的年份。

23.8.3 时空词汇连锁关系频次分析

本书第 21 章完成了时空词素连锁关系的频次分析工作。

23.9 本篇研究综述

本篇取得了相对丰硕的成果。

23.9.1 本篇的研究成果汇总

本篇研究成果见表 23-4。

表 23-4 本篇研究成果汇总

成果序号	成果内容	数量
1	1989~2018 年中国经济管理领域研究者在 C 刊发表时空分析论文所采用的时空词汇	770
2	符合基本词汇表达式 b7-1 的时空词汇（时空 A）	720
3	符合基本词汇表达式 b7-2 的时空词汇（（B时空））	12
4	符合基本词汇表达式 b7-3 的时空词汇（（B时空）A）	37
5	含有研究类词素的时空词汇	428
6	"分析"的频次	434
7	"研究"的频次	423
8	研究类词素	65
9	普通（后置）类词素	199
10	前者词素	47
11	研究类时空词素的词性的种类	3
12	普通（后置）类词素的词性的种类	5

续表

成果序号	成果内容	数量
13	前置类词素的词性的种类	2
14	符合组合结构 11-1（A1A2A3…An）的时空词汇	418
15	"分析"和"研究"的同义词	14
16	普通（后置）类词素中的同义词组数	38
17	研究类时空词汇跨词素的同义词组数	10
18	普通（后置）类词素跨词素的同义词组数	7
19	普通（后置）类词素中的反义词组数	7
20	与"时空"连锁的研究类词素	53
21	与"时空"连锁的普通（后置）类词素	148
22	与"时空"连锁的前置类词素	39
23	词素层次的研究类词素的连锁关系	11
24	词素层次的普通（后置）类词素的连锁关系	15
25	词素层次的前置类词素的连锁关系	8

23.9.2 关于成果的简要评述

从表 23-4 可以看出，通过定量分析，得到了 1989~2018 年在 C 刊发表的 1485 篇经济管理领域时空论文所采用的时空词汇的各种数据。

从表 23-4 可以知道，时空词汇共 770 条（含"时空"自身）。在不含"时空"的 769 条中，符合基本词汇表达式 b7-1 的时空词汇（时空 A）的词汇的数量达到 720 条，占据绝对主导地位。

如果进入到词素层次，这可以知道这 770 条经济管理是由 312 条词素构成的，包括 65 条研究类词素、199 条普通（后置）类词素和 47 条前置类词素。

在时空词汇中，"时空"有最高规格，研究类词素居于次高规格。

研究类词素包括名词、动词和形容词这三种词性，普通（后置）类词素包括名词、动词、形容词、量词和副词这五种词性，前置类词素只有名词和动词这两种词性。

除去"时空"和研究类词素，依然有 418 条符合组合结构 11-1（A1A2A3…An）的时空词汇。

此外，关于同义词、反义词、与"时空"连锁的词素、词素层次的连锁关系，本篇都进行了定量分析。

附　　录

本书附录包括两个部分。

第一部分是研究素材。研究素材是本书所搜集的 1989~2018 年中国学者在 C 刊发表的经济管理领域的研究主题包括时空词汇的学术论文。

本书研究素材共计 1485 篇。

第二部分是参考文献。参考文献既不包括中国经济管理领域的学者在 C 刊发表的研究主题含有时空词汇（指标题和关键词中含有"时空"这一词汇的复合词汇）的学术论文（这些论文属于研究素材），也不包括国内外学者在 SCI/SSCI 检索期刊发表的同类型学术论文（这些论文在本书专门研究英文时空词汇学术专著中作为研究素材）。

本书参考文献共计 259 篇。

本书研究素材

本书研究素材见表 m-1。

表 m-1　截至 2018 年年底的 C 刊经济管理领域时空论文

序号	标题	期刊编号	年份	时空关键词
1	我国社会主义商品经济新秩序的时空结构	141	1989	
2	谈谈应用时空观提高商品流通质量的问题	126	1990	
3	价值时空观和成本相对论：兼论重置成本会计	131	1990	
4	城乡居民收入差距的时空特征分析	110	1994	
5	西环太平洋地带经济性特区发展的时空关系及其类型	2	1994	~关系
6	中国经济台阶式发展的时空结构与运行机制——学习邓小平经济发展思想的体会	72	1995	
7	改革开放以来广东省利用外资的时空差异特征	22	1995	
8	中国城镇居民消费的恩格尔系数时空变迁与可比性问题	155	1995	~变迁
9	论交通运输在经济时空推移和结构演变中的宏观作用	22	1995	
10	省级区域对外商品联系的时空特征	73	1996	~特征
11	广东城乡居民消费储蓄时空变化分析	73	1996	~变化
12	市场时空理论研究的新进展	83	1996	市场~理论
13	试论时空经济的效应与对策	171	1998	~经济
14	从更大时空范围认识东亚金融危机——金融开放要有历史观、谋略观和文化观	71	1998	
15	乡村城市化的要素聚集与时空序列	7	1998	
16	市场的起源、发展与历史场的时空系统辩证论	107	1998	~
17	90 年代广东省产业结构变动趋向时空差异分析	73	1998	~差异
18	北京旅馆业的时空结构解析	101	1998	
19	哈大交通经济带形成与演化的时空模式研究	73	1999	~模式
20	南京城市游憩者时空分布规律与活动频率分析	73	1999	~演变

续表

序号	标题	期刊编号	年份	时空关键词
21	试论领导决策的时空特性	99	1999	
22	贵州织金洞客流时空分布规律与旅游者行为特征	23	1999	~分布规律
23	论会计时空观	124	1999	~微化
24	川南旅游地域开发时空模式探讨	26	2000	~模式
25	网络时代，会计的时空观	64	2000	会计~观
26	山东省人均粮食变化的时空差异研究	119	2000	
27	杭州市游客流量的时空分析及旅游交通对策	23	2000	
28	深圳市民迁居特征的时空分析	119	2000	~
29	1994~1999年北京市住宅出让地价时空分布研究	196	2000	~分析
30	宗教旅游论析	122	2000	~
31	推进小城镇发展的时空顺序	190	2000	~顺序
32	山东省20世纪90年代产业结构变动研究	23	2001	~差异
33	中国区域可持续发展水平的时空分异初探	191	2001	~分异
34	时空相对：经济学及其发展的基本特征	18	2001	~相对
35	新经济周期特征假说——基于时空变换的思想实验结果	17	2001	~变换
36	旅游规划三元论——中国现代旅游规划的定向·定性·定位·定型	101	2001	~形态格局
37	劳动价值理论：时代发展的思考	17	2002	劳动~
38	区域特色工业及其作用——以浙江省为例	26	2002	~演进
39	经济人理性行为假定的时空相对性	84	2002	~相对性
40	实施大批量定制的基本思路及其时空集成优化模型	35	2002	
41	区域经济发展差异的时空变化特征分析——浙江区域经济发展研究	83	2002	~变化
42	基于空间信息技术的巫山县土地利用时空变化分析	178	2002	~变化
43	经济学科学性的时空相对性	8	2002	经济学科学性的~相对性
44	时空理论与我国区域结构性调控的时效性研究	132	2002	~
45	时空相对：理解经济学及其发展的精髓所在	157	2002	~相对
46	人口统计的时空分析	191	2002	~分析
47	空间信息技术支持下的三峡库区土地利用时空变化分析	201	2002	~变化
48	高新技术产业带的性质、类型与时空演化机理	77	2002	
49	最近10年鄱阳湖区土地利用格局的时空变化	178	2002	

续表

序号	标题	期刊编号	年份	时空关键词
50	我国县域经济系统动态演变机制及时空演化结构和规律	119	2002	
51	带时间维土地信息系统的时空数据管理	196	2002	
52	无锡城市用地扩展的时空特征与趋势分析	201	2003	~相关性
53	黄土丘陵小流域土地利用的时空分布及其与地形因子的关系	204	2003	
54	试析经济时空压缩下的发展战略	161	2003	~压缩
55	西部大开发战略与武汉城市功能的发挥	197	2003	~结构
56	CLUE-S模型及其在奈曼旗土地利用时空动态变化模拟中的应用	204	2003	土地利用~动态变化
57	西安市土地利用的时空变化分析	34	2003	
58	天津滨海新区与上海浦东新区三次产业结构特征及其变迁的比较	92	2003	钱纳利~
59	沈阳浑南新区土地利用基本战略研究	12	2003	~序列
60	珠江三角洲三次产业演变及广州区域地位的变化	73	2003	~差异
61	经济学研究方法中的时空相对性	84	2003	~相对性
62	一种适用于产权地籍管理的时空数据模型	25	2003	~数据模型
63	中国大陆上市公司的时空现状及其可持续发展研究	73	2004	
64	数字地价模型在城市地价时空分析中的应用	201	2004	
65	近期天山北坡经济带土地利用变化时空特征分析	34	2004	土地利用~变化
66	南京国内旅游流时空演变研究	101	2004	~演变
67	时空视角下的可持续发展	139	2004	
68	珠江三角洲产业结构演变与城镇发展的时空差异分析——兼论广州与深圳区域地位的变化	26	2004	~差异
69	江苏省县域经济差异及时空特征分析	73	2004	
70	吉林省耕地动态变化及其对粮食生产的影响	201	2004	~变化
71	保定市城市用地扩展的时空演变分析	201	2004	
72	上海城市土地利用转变类型及其空间关联分析	204	2004	~变化
73	中国区域经济差异的时空变化：市场化、全球化与城市化	38	2004	
74	四川省入境旅游客流时空动态模式研究	178	2004	~动态模式
75	改革开放以来中国工业化与城市化协调发展分析	73	2004	~分析
76	中国高技术产业成长的时空演变特征及其空间布局研究	73	2004	~演变特征

续表

序号	标题	期刊编号	年份	时空关键词
77	桂林国际客源市场时空演替规律研究	73	2004	~演替规律
78	东北经济区的区域演化特征及振兴方略	73	2004	~背景
79	资本支配下的技术控制：时空重构	203	2004	~重构
80	100多年来中国城市空间分布格局的时空演变研究	26	2004	区域~差异
81	区域相对资源承载力时空动态研究——以陕西省为例	34	2004	
82	城市化过程中土地利用结构变化的时空动态研究——以杭州市为例	73	2004	
83	社会时空的解析——衡量人类的活动效率与生活质量的尺度	193	2004	
84	武汉市耕地资源非农化过程的时空变化特征分析	191	2004	~变化特征
85	就业人口与非农生产分布不均衡问题实证研究——上海大都市经济发展的时空及功能特征	8	2005	
86	中国对非贸易时空分异研究	73	2005	~分异
87	超越时空边界产品创新的全球视野——全球产品开发团队的管理	89	2005	
88	中国城市土地利用集约度时空变异分析	201	2005	~变异
89	中国城市化与生态环境耦合度分析	204	2005	~分析
90	旅游开发与管理的时空耦合规律初探	119	2005	~耦合
91	长江三角洲空间运输联系与经济结构的时空演化特征分析	191	2005	~演化
92	中国城市土地利用集约度时空变异分析	196	2005	~变异
93	天柱山旅游产品组合与客流时空分布分析	25	2005	客流~分布
94	土地利用的时空结构分异研究	73	2005	~结构
95	沪苏边缘区经济合作的时空关系及其对策——以南通和苏州为例	178	2005	
96	江苏省沿江市（县）利用外资时空差异及其影响因素	178	2005	~差异
97	快速城市化地区的土地利用时空动态变化研究——以南京市为例	178	2005	
98	20世纪90年代以来中国能源消费的时空格局及其影响因素	191	2005	
99	改革开放以来长江三角洲经济结构变迁与城际联系特征分析	73	2005	~演化
100	江苏省区域经济发展差异的时空格局研究	104	2005	
101	中国城市形状的时空变化	201	2005	

续表

序号	标题	期刊编号	年份	时空关键词
102	信息熵在产业结构演变研究中的应用——兼论我国制造业结构演变的时空分异	12	2005	
103	我国土地储备机构发展状况分析	73	2005	~发展
104	泾河流域土地利用格局的时空变化分析	201	2005	~变化
105	历史时期内蒙古LUCC时空过程及其驱动机制	119	2005	
106	荆江分洪区土地利用时空动态变化研究	178	2005	
107	高速公路网络化的时空收敛效应研究——以河南省为例	119	2005	~收敛
108	中国地区差距的时空演变特点及启示	18	2006	
109	中国地区差距时空演变特征的实证分析：1978-2003	31	2006	
110	内蒙古蒙中经济区大城市边缘带LUCC时空过程分析	73	2006	
111	基于遥感技术的圩田时空特征分析——以皖东南及其相邻地域为例	178	2006	~结构特征
112	三峡文物考古成果的旅游转化途径与三峡遗产廊道的时空构建	100	2006	
113	大城市边缘区土地利用时空格局模拟——以武汉市洪山区为例	178	2006	
114	固始县农民工流动时空变化研究	26	2006	~变化
115	长江三角洲地区旅游资源时空结构分析	191	2006	~结构
116	浅谈科技成果转化中的"时空"观	88	2006	~观
117	产业地理集中的时空特征分析——以中国28个两位数制造业为例	152	2006	~变化
118	库尔勒市土地利用变化的时空特征分析	34	2006	~特征
119	旅游开发对社区居民经济影响的时空分异特征研究——以丹霞山、世外桃源景区为例	73	2006	~分异
120	时空协同视角下的义乌中国小商品城演进历程分析	127	2006	~协同
121	税收优惠与FDI的时空分析——基于税收优惠信号理论的实证研究	8	2006	
122	西安旅游区入境旅游流时空演变及系统调控	119	2006	
123	大都市边缘区域耕地数量变化的时空特征及动力机制——以广州市花都区为例	201	2006	~特征
124	基于ESDA的河南省区域经济差异的时空演变研究	121	2006	
125	中国区域工业化与城市化的时空耦合协调机制分析	12	2006	~协调性
126	山东省耕地利用效益的时空差异	73	2006	~差异
127	新疆粮食生产的时空变化研究	139	2006	~变化

续表

序号	标题	期刊编号	年份	时空关键词
128	我国耕地资源数量安全的时空差异分析	191	2006	~差异
129	新时期中国经济运行轨迹的时空维度研究——兼论形势判断与政策分析的认知方法	7	2006	~维度
130	半干旱农牧交错区小城镇发展及其对土地利用时空格局的影响分析	34	2007	~变化
131	1988-2003年中国制造业地理集中的时空演变特点	78	2007	
132	中国旅游研究应突破现有时空观念	101	2007	
133	中国土地市场化进程的时空特征分析	201	2007	~变化特征
134	时空缩减背景下客源市场空间分布及演变趋势分析	119	2007	~缩减
135	河南省城镇发展演化的时空格局研究	119	2007	~格局
136	论不同时空下企业技术创新的三维伦理边界	203	2007	自然~、关系~、价值~
137	我国区域经济差异的时空分析——基于全国与三大都市圈的对比研究	8	2007	
138	城市商圈的时空动态性述评与分析	9	2007	
139	江苏省外商直接投资（FDI）时空演变及区位决策因素	73	2007	~演变
140	闽东南地区相对资源承载力的时空动态	73	2007	
141	黑龙江省城市土地集约利用潜力时空变异规律	73	2007	~差异评价
142	中国耕地压力指数时空规律分析	201	2007	~规律
143	山东省耕地利用综合效益的时空分异特征	201	2007	
144	新疆旅游经济非均衡演变的时空特征分析	34	2007	
145	上海都市旅游规划的时空审视及其战略取向	101	2007	~
146	中国海洋主题公园的时空分析与影响因素	101	2007	
147	区域经济时空观中的二元经济结构转化与区域经济发展	78	2007	
148	基于指数法的陕西省耕地和粮食时空变化分析	201	2007	~变化
149	中国入境旅游业时空变异机制的定量分析	119	2007	~变异
150	北京耕地流失的时空特征与驱动机制	201	2007	~特征
151	资源型城镇土地退化时空特征分析——以黑龙江省大庆市为例	201	2007	~特征
152	新疆和田地区土地利用时空变化特征分析	34	2007	~变化
153	黄山风景区国际旅游市场时空演替特征研究	101	2007	
154	中国区域旅游合作时空演化特征分析	101	2007	

续表

序号	标题	期刊编号	年份	时空关键词
155	国家级园区用地相对集约度及其时空分异研究	196	2007	~分异
156	陕西省农产品虚拟水的时空变异分析	34	2007	
157	洛伦兹曲线及其在中国耕地、粮食、人口时空演变格局研究中的应用	34	2007	~格局
158	我国耕地资源生态安全的时空差异分析	178	2007	~差异
159	信息化与城市化——变革西部社会时空模式的战略性思考	90	2007	
160	高技术产业演化的时空分异测度研究	91	2007	~分异
161	基于Markov链的县域收入分布时空演进分析——以广西为例	153	2007	
162	城市群竞争与共生的时空机理分析	178	2008	
163	湖南省区域经济差异及时空格局特征	178	2008	~格局
164	基于非参数方法的中国棉花产出规模效率时空特征	178	2008	
165	中国一级城市入境旅游流时空演变模式分析	15	2008	~演变
166	云南南部地区耕地变化时空特征及成因分析	196	2008	
167	河南省百强镇时空演化特征及其影响环境	73	2008	~演化
168	韩城水资源利用变化的时空特征分析	183	2008	~特征
169	新疆天山北坡经济带土地利用时空变化特征研究	26	2008	~变化
170	新休假制度对国内旅游流时空结构及旅游开发的影响分析	101	2008	~结构
171	广州市土地利用时空变化研究	26	2008	土地利用~变化
172	关于社会主义新农村建设时空定位问题的探讨	134	2008	~定位
173	城市用地综合效益评价及其时空变异分析——以浙江省为例	196	2008	~变异
174	快速城市化背景下深圳土地利用时空变化的人文因素分析	201	2008	
175	工业发展对村域经济影响的时空演化——基于巩义市回郭镇21个村的调查分析	73	2008	~演化
176	财政支出、电力消费与农民收入的时空特征分析	145	2008	~数据
177	中部地级及以上城市用地扩张的时空演变	26	2008	~演变
178	中国土地经济密度分布的时空特征及规律——来自省际面板数据的分析	73	2008	~特征
179	1998~2006年中国耕地资源的时空变化特征	201	2008	

续表

序号	标题	期刊编号	年份	时空关键词
180	中国入境旅游外国市场时空特征研究	82	2008	~特征
181	社会主义新农村建设的时空定位	96	2008	
182	国内专业性展览会时空与产业特征分析	101	2008	
183	废灶兴垦与江苏沿海城镇形成及时空演化	12	2008	~演变
184	基于旅游需求的甘肃省国际旅游时空变动研究	26	2008	
185	区域土地集约利用水平时空比较研究——以中部地区为例	26	2008	~比较
186	基于规范场理论的技术创新网络知识时空测度	36	2008	知识~、~曲率
187	人民币汇率影响就业传导机制的计量检验——基于改革开放以来时空及功能耦合演化的统计分析	8	2008	
188	中国边际能源消耗的时空分异研究	26	2008	~分异
189	中国投资环境时空差异演化实证研究	127	2008	~差异
190	时空压缩的双重效应与我国的人力资源开发	130	2008	~压缩
191	陕西省海外旅游客源市场时空演替规律研究	153	2008	~演替规律
192	城镇化驱动下的威海市区土地利用时空动态	201	2008	
193	村域生态经济位的时空演化及其调控——河南省巩义市292个行政村的实证研究	201	2008	~演化
194	长三角区域的经济全球化进程的时空演化格局	14	2009	
195	辽宁省旅游经济的时空差异演变分析	73	2009	~差异演变
196	近30年来广东省城市发展特征的时空演变	73	2009	
197	中国区域高技术产业竞争力的时空演化特征分析	91	2009	
198	古代新疆屯垦的时空分布特征与动力机制分析	158	2009	~分布
199	江苏省13城市土地利用集约度时空变异及驱动因素	178	2009	~变异
200	中国农产品虚拟水——耕地资源区域时空差异演变	201	2009	
201	中国粮食生产时空格局动态及其优化策略探析	26	2009	
202	基于集群理论的佛山禅城陶瓷产业转移时空演替机理研究	119	2009	~演替
203	基于GeoDa-GIS的山东省农民人均收入水平时空分异研究	153	2009	~分异
204	快速城市化背景下的西安市工业用地时空演变分析	191	2009	~演变
205	东北三省耕地非农化时空特征及其与粮食生产能力的关系	201	2009	~特征

续表

序号	标题	期刊编号	年份	时空关键词
206	近30年来我国农村经济发展水平的时空演变特征	73	2009	~演变
207	时空压缩与客源市场空间结构演变——以江苏国际旅游客源市场为例	73	2009	~压缩
208	环渤海区入境旅游流西向扩散时空演变规律分析	153	2009	~演变
209	基于DPSIR模型的城市土地集约利用时空差异的实证研究——以湖北省为例	196	2009	~差异
210	城市经济区位时空变异分析——以河南省为例	15	2009	
211	1996年以来苏锡常地区土地利用结构时空演变研究	26	2009	~演变
212	城市成长的时空演化模式研究——基于生态学的种群动态和繁殖策略	89	2009	
213	经济快速发展地区土地利用结构的时空演变——以苏锡常地区为例	178	2009	
214	中国建设用地增量时空配置分析——基于耕地资源损失计量反演下的考察	190	2009	~配置
215	江西省土地利用可持续性评价与时空特征研究	196	2009	~特征
216	中国西部地区煤炭供应的时空变化分析	201	2009	~变化
217	基于时间地理学的景区旅游者时空行为模式研究——以北京颐和园为例	101	2009	~行为模式
218	农业文化遗产资源旅游开发的时空适宜性评价——以贵州从江"稻田养鱼"为例	201	2009	~适宜性
219	自然正交函数在区域经济时空演变中的实证分析——以河南省县域经济为例	73	2009	~演变
220	中国星级饭店经营效益的时空差异及其形成机理	82	2009	~差异
221	装备产业演化的时空分异测度研究	145	2009	~分异
222	广东入境旅游流西向扩散时空动态演变研究	119	2009	~分布集中指数
223	城市轴向扩展时空过程模型与测度——以东莞市城市发展为例	12	2009	
224	2010年上海世博会参观者时空分布模拟分析	14	2009	~模拟
225	基于地统计学的佛山市土地利用变化驱动力时空分异	73	2009	
226	欠发达平原区村域特色种植销售市场的时空变化	73	2009	~变化
227	专利战略变化:内涵、时空范围与类型化	92	2009	
228	基于九寨沟景点负荷均衡的时空分流导航研究	201	2010	
229	近50年全球粮食贸易的时空格局与地域差异	201	2010	~格局

续表

序号	标题	期刊编号	年份	时空关键词
230	基于 RS 与 GIS 的珠江口养殖用地时空变化分析	201	2010	~变化
231	河南省耕地利用效益时空分异及驱动因素研究	26	2010	
232	珠海市建设用地变化时空特征及其驱动力分析	73	2010	~特征
233	黑龙江省煤炭城市土地利用综合效益时空变异分析	73	2010	~变异
234	中国区域创新发展时空演化的测度分析	16	2010	
235	产业结构变动对经济增长贡献的时空差异研究——以江苏省为例	26	2010	~差异
236	成渝经济区县域经济实力的时空差异分析	73	2010	~差异
237	重庆旅游经济发展时空分异研究	73	2010	
238	时空思维与山地型景区旅游项目策划——以重庆金佛山景区为例	73	2010	~思维
239	常熟市耕地资源时空演变特征	178	2010	~演变
240	中国农产品虚拟水与资源环境经济要素的时空匹配分析	201	2010	~匹配
241	我国东中西三大区域经济差距的时空演变特征	73	2010	
242	1995~2007年中国三大城市群入境旅游发展时空特征分析——基于 Theil 系数的差异研究	82	2010	~差异
243	基于管理熵与 RFID 的九寨沟游客高峰期"时空分流"导航管理模式研究	100	2010	~分流
244	京津冀区域经济协调发展的时空差异分析	12	2010	~差异
245	西北民族地区入境旅游目的地市场竞争态时空动态演化分析	33	2010	
246	东北地区经济综合发展能力时空差异分析	73	2010	
247	中国交通线路密度与城市化的时空关系研究	153	2010	~关系
248	技术创新、贸易开放度与市场化的区域经济增长效应——基于时空维度上的效应分析	175	2010	~维度
249	1961~2007年全球粮食生产的时空演变特征与地域格局	201	2010	~格局
250	城市土地经济密度的时空差异及其影响机理——基于湖南省城市面板数据的实证分析	12	2010	~特征
251	张家界入境旅游市场时空演替规律研究	26	2010	
252	成渝经济区经济发展差异的时空演变分析	73	2010	~演变
253	广东省高技术产业演化的时空差异研究	175	2010	~差异
254	我国区域经济发展效率的时空变化及影响因素分析——基于超效率 DEA 模型的实证分析	127	2010	

续表

序号	标题	期刊编号	年份	时空关键词
255	成都都市圈县域经济时空差异及空间结构演变	178	2010	~模型
256	北京市农村居民点整理时空配置综合评价	196	2010	~配置
257	江苏省入境旅游市场时空动态变化研究	26	2010	~特征
258	中国旅游热点城市入境客流与收入时空动态演化与错位——重力模型的实证	73	2010	~动态优化
259	中国三大区经济运行效率对比分析（1988~2009年）——基于多层面时空耦合的全要素生产率的测算和分解	8	2010	
260	近15年来新疆耕地开垦时空特征分析	34	2010	
261	边疆民族省份区域系统协调时空格局及发展机制——以云南省为例	73	2010	~格局
262	中国区域农村人力资本的估算及其时空特征	191	2010	~特征
263	新疆耕地开发流失模式时空特征分析	201	2010	
264	中国制造业地理集聚的时空演变特征分析：1980~2008年	8	2010	
265	进入21世纪以来中国互联网发展的时空差异及其影响因素分析	26	2010	~差异
266	陕西旅游经济的时空发展演变研究	34	2010	~差异变动
267	马克思经济危机理论的时空拓展及其引申含义	70	2010	
268	深圳市龙岗区土地利用时空变化特征研究	73	2010	~变化
269	广东省旅游收入时空差异变动分析	73	2010	~差异变动
270	我国世界文化遗产的时空分布——兼论我国世界文化遗产的申报	100	2010	~分布
271	营销的时空范式：质量营销	104	2010	
272	广东省土地利用变化时空分异及其与城市化和工业化的耦合关系	196	2010	
273	我国区域经济发展潜力的时空差异研究	146	2010	
274	基于时空模型的中国房价收入关系研究	188	2010	~模型
275	黑龙江省东部垦区耕地利用效益时空分异特征	73	2010	~分异
276	我国劳动收入占比时空特征研究：基于结构分析的视角	84	2010	
277	CUSTA与NAFTA的贸易增长效应分析——基于时空数列模型的探讨	146	2010	~数列模型
278	低碳经济背景下的福建省能源效率时空演化研究	29	2011	~演化
279	50多年来甘肃省产业结构时空演变研究	34	2011	~演变
280	鄱阳湖生态经济区外商直接投资时空格局研究	73	2011	~格局

续表

序号	标题	期刊编号	年份	时空关键词
281	气候舒适度对热点城市入境游客时空变化的影响	101	2011	
282	财政金融支农政策的总体效应与时空差异——基于中国省际面板数据的研究	109	2011	~差异
283	中国地区经济差距时空演变：基于Dagum基尼系数分解	153	2011	
284	基于扩展CA模型的土地利用变化时空模拟研究——以深圳市为例	201	2011	~模拟
285	东江流域近20年土地利用变化的时空差异特征分析	201	2011	
286	昆明市县区收入差距的时空演进及其成因分析	26	2011	~演进
287	陇南市建设用地集约利用时空差异评价研究	34	2011	~差异
288	我国文物旅游资源的时空特征及保护开发策略	73	2011	
289	转型期上海城市化时空格局演化及驱动力分析	194	2011	~格局
290	中国八个重要农业区土地利用结构及时空变化分析	201	2011	~变化
291	基于超效率DEA模型的中国省际生态效率时空差异研究	39	2011	~差异
292	改革开放以来中国乡镇企业全要素生产率增长的时空差异	73	2011	~格局
293	安徽省区域城市化格局时空演变研究	73	2011	~演变
294	北京市城区住宅地价的时空变化规律	73	2011	~分布
295	城市国内客流量与游客网络关注度时空相关分析	73	2011	~分布
296	论资本主义生产方式的时空范畴——《资本论》的哲学观解读	135	2011	马克思~观
297	时空交融下的中国"农民工"的流动行为——以广东珠江三角洲为个案	141	2011	
298	江汉平原建设用地扩张的时空特征与驱动力分析	178	2011	~特征
299	川东平行岭谷区土地利用变化时空分异特征	178	2011	
300	中国区域发展与生态压力时空差异分析	191	2011	~差异
301	基于马尔可夫链的四川省产业结构时空演变	191	2011	~演变
302	甘肃省土地集约利用与经济发展的时空差异分析	201	2011	~差异
303	辽宁省14市经济与环境协调度的时空演变研究	34	2011	~演变
304	中国区域技术相对效率的时空演变分析	73	2011	~格局
305	基于ESDA的城市住宅地价时空分异研究——以南京市为例	73	2011	~分异
306	我国农业生产效率的时空特征：基于DEA模型分析	80	2011	

续表

序号	标题	期刊编号	年份	时空关键词
307	浙江省城市化对耕地影响的时空特征研究	196	2011	
308	中国城市建设用地扩张驱动力的时空差异分析	201	2011	
309	中原城市群城市规模等级的时空演变分析	26	2011	
310	区域旅游网络关注度与客流量时空动态比较分析——以四川为例	26	2011	
311	1990年以来江苏省区域经济差异时空格局演化及其成因分析	73	2011	
312	西部大开发10年来四川省经济差异时空变化分析	73	2011	
313	河南省农区经济的时空演化研究	73	2011	~演化
314	时空相关面板数据模型估计方法研究	127	2011	
315	长江三角洲城市群城镇体系演化时空特征	178	2011	
316	资源基础型城市群城镇体系规模结构的时空演变研究	201	2011	~演变
317	宁波市三江片区工业用地时空演变分析	13	2011	~演变
318	对乡土时空观念的改造：集体化时期农业"现代化"改造的再思考	87	2011	~观念
319	1994~2008年西部入境旅游典型省份客流集散时空动态研究——以陕西、四川、云南为例	101	2011	~差异
320	中国省域工业结构的聚类与时空演化	74	2011	
321	交通—物流时间价值及其在经济时空分析中的作用	85	2011	~分析
322	时空思维之旅游研究应用与启示	101	2011	~思维
323	中国绿色食品产业地区结构差异及其时空演变分析	189	2011	~分异规律
324	山东省建设用地扩展时空动态及驱动力分析	191	2011	
325	中国国内游客满意度的内在机理和时空特征	101	2011	~特征
326	基于复杂系统控制的景区游客时空分流导航管理研究	121	2011	~分流导航
327	中国自驾车旅游网络空间关注度的时空演变——基于Google搜索解析的分析	26	2011	~演变
328	基于SPOTNDVI的陕西省耕地复种指数时空变化	34	2011	~变化
329	中原经济区经济发展水平综合评价及时空格局演变	73	2011	
330	改革开放以来广东省经济发展不平衡时空演变	73	2011	~演变
331	关中—天水经济区县域经济差异及时空演变的空间统计分析	73	2011	~演变
332	辽宁城市人居环境竞争力的时空演变与综合评价	73	2011	~演变
333	农民纯收入地域差异时空特征分析——以河南省为例	81	2011	

续表

序号	标题	期刊编号	年份	时空关键词
334	北京间接入境聚集旅游流流势时空演化规律研究	101	2011	~演化规律
335	旅游个性化推介服务的未来发展：时空一体化	101	2011	~一体化
336	我国铁路运输发展建设的时空差异研究——基于"十一五"和"十二五"时期面板数据的分析	129	2011	~差异
337	长江三角洲城市群综合承载力的时空分异研究	194	2011	
338	京津冀地区乡村经济类型的时空格局演变研究	26	2011	
339	基于四类空间权重的河南省县域农民人均收入时空演变研究	26	2011	~演变
340	新疆人口、经济、资源、环境和谐发展的时空分析	34	2011	
341	民族民俗旅游的时空维度与文化场域	43	2011	~维度
342	中国煤炭资源供应的时空格局演变及区域经济效益分析	73	2011	~格局演变
343	吉峰农机发展模式的时空视角解析	86	2011	~价值
344	中部地市经济增长的时空滞后分析：1990~2008年	153	2011	~滞后
345	社会时空与生产方式	28	2012	社会~
346	北京市商业土地出让的时空演变与影响	73	2012	~格局
347	时空视角下中国旅游饭店经营效能研究	159	2012	
348	中国FDI区位选择的时空格局演进及影响因素分析	178	2012	
349	基于三次成本函数和时空相依的城市土地供应经济性评价——以282个地级及以上城市为例	201	2012	
350	四川省区域经济差异的时空演化——基于Theil指数的分解	5	2012	~演化
351	环渤海城镇建成区时空动态特征分析	26	2012	~动态
352	基于Theil指数的广东省入境旅游经济时空差异研究	26	2012	~差异
353	基于专利指标的中国区域创新趋同的时空演变特征分析	37	2012	~演变特征
354	中国高新区绩效的时空演化及贸易溢出效应研究	73	2012	~演化
355	区域城市化与社会经济耦合协调发展度的时空特征分析——以安徽省为例	73	2012	~特征
356	我国区域旅游产业发展潜力的时空差异研究	101	2012	
357	基于剩余价值时空扩张视角的资本主义金融危机分析	102	2012	
358	2000-2009年广东省入境游客时空分布格局及其变化研究	119	2012	~分布
359	广州跨国机构的时空过程及其动力因素研究	119	2012	~过程
360	大都市区工业重心时空变动轨迹分析：以天津市为例	73	2012	

续表

序号	标题	期刊编号	年份	时空关键词
361	大流通背景下北京外埠蔬菜供应时空格局及效应分析	73	2012	流通~格局
362	中国城市化的时空演变及因素分析	12	2012	~演变
363	河南省县域经济实力时空差异研究	26	2012	~差异
364	长沙市土地利用结构信息熵时空变化研究	73	2012	~分析
365	伊犁地区农业生态经济系统的时空分异规律与可持续发展	73	2012	
366	新疆绿洲城市综合规模与基础设施灰色关联时空分析	73	2012	
367	欠发达区特色种植型村域经济发展时空变化——以河南省十里铺村为例	119	2012	~变化
368	中国农产品虚拟耕地与资源环境经济要素的时空匹配分析	178	2012	~匹配
369	城镇建设用地经济密度时空分异的实证分析	196	2012	
370	国家能源供应时空协调——基本概念、理论与方法	204	2012	~协调
371	我国生态城市建设的时空演化格局及其驱动机理分析	12	2012	~演化格局
372	我国制造业与物流业联动发展的时空分异探析——基于灰色关联模型的实证研究	30	2012	~分异
373	江西省农村居民收入时空差异及其影响因素	73	2012	~差异
374	山东省县域经济发展的时空动态研究	73	2012	~动态
375	基于知识时空的技术创新研究范式的构建	93	2012	知识~
376	运用时空模型厘定湖北省县级水稻产量保险的纯费率	145	2012	~模型
377	近年来江苏省海岸带土地利用/覆被变化时空动态研究	178	2012	~动态
378	中国种植业地理集聚：时空特征、变化趋势及影响因素	190	2012	
379	中国31省市旅游竞争力时空演变分析	73	2012	~演变
380	明清湘江中下游城市形态的时空特征研究	114	2012	~特征
381	武汉城市圈经济—资源—环境系统发展的时空特征	121	2012	~结构
382	中国农业全要素生产率增长的时空变异：基于文献的再研究	73	2012	~差异
383	中国高技术产业时空演变、集聚适宜度及要素优化配置	92	2012	
384	全球化浸入中国城市的时空演化过程及影响因素分析——以8家大型跨国零售企业为例	119	2012	~演化
385	近代东北港埠经济区的时空格局与其成因	140	2012	
386	山东省城市土地集约利用评价及其时空差异研究	191	2012	~差异
387	城市流强度时空动态研究——以陕西省为例	15	2012	

续表

序号	标题	期刊编号	年份	时空关键词
388	安徽省区域经济格局时空演变研究	26	2012	~演变
389	环渤海地区县域经济发展时空分异研究	26	2012	
390	基于县域单元的河南农民收入区域分异时空格局	26	2012	~格局
391	我国农民收入时空差异的地域与因子结构双重解析	26	2012	~差异
392	中国地市旅游经济差异的时空演变特征	26	2012	~演变
393	快速转型时期城市工业用地置换时空特征及驱动力分析——以福州市城区为例	29	2012	
394	呼包鄂榆经济区县域经济的时空变化	73	2012	
395	基于PCA-ESDA的中国省域旅游经济时空差异分析	73	2012	~差异
396	自然保护区旅游高峰期时空分流导航管理的模型构建与分析	100	2012	~分流导航
397	基于动态实时调度的主题公园游客时空分流导航管理研究	100	2012	~分流导航
398	基于遥感数据的中亚五国城市时空扩展变化研究	119	2012	~变化
399	城市低碳竞争力时空规律和调控策略研究	166	2012	~规律
400	基于锡尔指数的区域土地利用时空分布特征——以常州市为例	178	2012	~分布特征
401	中国水资源与经济发展要素的时空匹配分析	201	2012	~匹配
402	信息化对经济增长贡献的时空变化研究	9	2012	
403	环渤海经济区服务业差异时空演变及影响因素分析	73	2012	
404	中国区域税负差异的时空演化特征	166	2012	
405	我国地方政府公共服务均等化的时空分布与演进逻辑	168	2012	
406	武汉城市群城镇用地空间扩展时空特征分析	204	2012	
407	风沙化土地典型区滑县土地利用时空变化研究	26	2012	
408	城市化效率的时空测度与省际差异研究	73	2012	~测度
409	陇海—兰新—北疆铁路沿线城市建设用地时空差异分析	73	2012	~差异
410	中部地区城乡收入两极分化程度分析及其时空特征变化	119	2012	~变化特征
411	江苏省城市化质量的区域差异时空分析	119	2012	
412	近十年长三角地区陆地净第一性生产力时空变化	178	2012	
413	城乡居民收入差距的时空演化与区域差异——基于收入结构的视角	19	2012	~演化
414	我国能源效率区域差异的时空格局动态演化研究	37	2012	

续表

序号	标题	期刊编号	年份	时空关键词
415	基于县域单元的江苏省农民收入区域格局时空演变	73	2012	
416	1993~2010年中国入境旅游与进口贸易耦合关系时空分异研究	73	2012	~差异
417	TPP扩张过程中的福利收益分配趋势分析——基于时空数列模型的探讨	78	2012	~数列模型
418	中国省域旅游经济发展的时空分异特征及其影响因素研究	82	2012	
419	中国税收增长方式转变的时空特征分析	147	2012	
420	近20年来珠江三角洲区域经济时空差异的演变	177	2012	
421	中国经济发展与居民收入的时空变化的统计考量	153	2012	~耦合
422	1994~2006年上海市土地利用时空变化特征及驱动力分析	178	2012	~变化
423	中国土地市场化程度的时空差异特征研究	196	2012	~差异
424	考虑"非意欲"产出的农业土地生产效率评价及其时空特征分析	201	2012	
425	旅游景区网络关注度时空分布特征分析	201	2012	~分布
426	基于时空尺度的中国省级区域能源消费碳排放公平性分析	204	2012	
427	基于地形梯度的土地利用格局与时空变化分析——以北京市平谷区为例	73	2013	
428	基于旅游目的的特殊时段旅流时空分布特征研究——以武汉市为例	73	2013	
429	基于交通改善的湘西旅游城镇化响应时空分异与机制研究	73	2013	~分异
430	基于"时空接近"的区域经济差异、格局和潜力研究——以呼包鄂榆经济区为例	73	2013	
431	近10年来山东省区域经济发展差异时空演变及驱动力分析	73	2013	~演变
432	论从时空差异认识经济发展问题的重要性——兼对若干中国经济发展问题的看法	136	2013	~差异
433	公共投资的经济增长动态效应及时空差异的实证检验	153	2013	
434	呼包鄂榆综合城市化水平的时空变化及差异	15	2013	~变化
435	金融霸权、次贷危机与量化宽松——时空批判视角	61	2013	~维度
436	西南少数民族地区贫困的时空演化——基于110个少数民族贫困县的实证分析	160	2013	~演化

续表

序号	标题	期刊编号	年份	时空关键词
437	广东省粮食供需时空格局	204	2013	
438	安徽区域经济差异时空演变：基于 Theil 指数的研究	66	2013	
439	我国沙漠旅游景区客流时空特征与影响因素——以鸣沙山、沙坡头、巴丹吉林为例	73	2013	
440	我国高技术产业创新能力时空差距研究	80	2013	
441	平谷区农村居民点用地的时空特征及优化布局研究	201	2013	
442	国内旅游流流量与流质的时空演化分析	73	2013	
443	基于地理溢出的我国研发效率的时空演化特征	93	2013	
444	行政区划调整背景下芜湖市岸线资源的时空演变与优化	178	2013	
445	江苏省粮食生产时空变化的耕地利用因素分解	201	2013	
446	东北三省经济发展差异的时空演变分析	27	2013	
447	我国中部地区经济密度的时空分异研究	73	2013	~分析
448	福建省入境旅游市场时空动态变化及其拓展对策	73	2013	~格局
449	城市专业批发市场区位演化与城市空间的时空耦合——以芜湖市为例	73	2013	
450	旅游产业结构水平与城市发展水平耦合协调发展度的时空特征分析——以山东省为例	74	2013	
451	地理集聚与空间依赖——中国区域创新的时空演进模式	91	2013	
452	需求引致增长：三大结构效应的时空演化	146	2013	
453	旅游数字足迹：在线揭示游客的时空轨迹	148	2013	
454	基于时空约束的大规模农产品生产计划网络优化研究	153	2013	~约束
455	中国区域经济时空演变的加权空间马尔可夫链分析	185	2013	~演变
456	中国沿海地区海陆产业系统时空耦合分析	201	2013	~耦合
457	中国中心城市的外向功能联系与时空格局	26	2013	
458	丹江口库区 1990~2010 年土地利用时空动态变化研究	26	2013	
459	中原经济区"三化"协调发展水平的时空特征研究	26	2013	~特征
460	中原经济区城镇化区域差异时空演化研究	26	2013	
461	山西省县域经济发展差异的时空演化分析	26	2013	
462	长株潭城市群地区耕地数量时空变化及其驱动力分析	73	2013	~变化
463	中国区域经济差异与极化的时空分析	73	2013	~分析
464	我国区域创新差异时空格局演化及其影响因素分析	73	2013	~演化
465	中原经济区城市经济联系时空变化分析——基于城市流强度的视角	73	2013	~演变

续表

序号	标题	期刊编号	年份	时空关键词
466	中心镇推进城乡一体化的时空演进模式研究：理论与实证	73	2013	~演进
467	中国区域环保投资的时空差异化研究	153	2013	~差异
468	沪苏通三角区产业经济一体化时空演变及其影响机制	178	2013	~演变
469	中国土地用途管制绩效的时空差异性分析	201	2013	
470	太湖流域粮食生产时空格局演变与粮食安全评价	204	2013	
471	中国经济格局时空演化趋势	12	2013	~演化
472	时空维度下上海高技术产业创新能力评价研究	58	2013	~维度
473	城市化推动我国国内旅游发展的时空动态分析	73	2013	~分析
474	山东省旅游经济的时空演变格局探究	73	2013	~差异
475	长江经济带经济演进的时空分析	178	2013	~分析
476	绿洲城镇发展与水土资源开发的耦合效应及其时空分异	201	2013	
477	中国耕地利用投入的时空差异	204	2013	
478	中国沿海省份旅游产业发展水平综合评价及时空格局演变	26	2013	~格局
479	1991－2011 年湖北农业机械化发展时空分异研究	73	2013	~格局演变
480	江苏省 A 级旅游景区时空演变特征及其动力机制	73	2013	~演变
481	中国自主创新政策的效应及其时空差异——基于省际面板数据的实证检验	73	2013	~差异
482	基于脱钩理论的城市扩张速度与经济发展的时空耦合研究——以重庆市为例	73	2013	~演变
483	湖南省县域城镇化时空格局及其经济发展相关性研究	73	2013	~格局
484	中国水果产业地理集聚研究：时空特征与影响因素	73	2013	~特征
485	大连市建成区土地利用时空演变与动力机制分析	119	2013	~特征
486	河南省城乡统筹发展的时空特征与定位推进	119	2013	~特征
487	长江三角洲地区就业人口分布及其时空变化研究	192	2013	
488	经济驱动结构的时空过程及其耦合特征分析——基于省际面板数据的实证	26	2013	
489	基于 GIS 的湖南省耕地利用效益时空变异研究	73	2013	~变异
490	微博营销信息的时空扩散模式研究——以曲江文旅为例	73	2013	
491	基于时空行为研究的旅游时间规划理论思考	101	2013	
492	中国城镇化对经济增长的影响及其时空分化	116	2013	~分化

续表

序号	标题	期刊编号	年份	时空关键词
493	中国城市化效率的时空分异与作用机理	7	2013	
494	河南省农村最低生活保障制度救助强度：时空差异与政策调整	10	2013	
495	长三角服务业劳动生产率的时空演变及动因分析	12	2013	
496	基于参与式制图的村域土地利用时空格局分析——以北京平谷区大庄户村为例	26	2013	
497	时空约束对电煤配置契约选择的影响	54	2013	~约束
498	中国农村居民生活水平的时空变化过程及其影响因素	73	2013	~变化
499	供需视角下西部入境旅游流与目的地耦合协调度及其时空分异研究	73	2013	~差异
500	基于地理参考照片的景区游客时空行为研究	101	2013	
501	中国特殊时段旅游流时空分布特征研究——以"十一"黄金周为例	101	2013	~分布
502	我国农村转移人口市民化的财政支出测算与时空分布研究	198	2013	~分布
503	中国农村水贫困和经济贫困的时空耦合关系研究	201	2013	~耦合分析
504	多主体系统理论在鄱阳湖区土地利用时空变化过程研究中的应用	201	2013	
505	环长株潭城市群区域经济时空差异演变	15	2013	~差异
506	转型期城市旅游经济时空变异及其异质性模拟——以泛长三角地区为例	101	2013	~变异
507	武汉城市圈旅游景区时空差异研究	178	2013	~差异
508	江苏省县域创新产出的空间关联与时空演化	26	2013	~演化
509	中国国际旅游市场时空演变及其影响因素	26	2013	
510	入境旅游发展效率时空格局演化及驱动因素——以浙江为例	58	2013	~格局
511	新疆绿洲城市土地利用景观格局时空演化及驱动力研究	73	2013	
512	中心城市形成前南通市域城镇的形成与时空演变特征	119	2013	
513	经济思想发展的时空相对性、困境与趋势	166	2013	~相对
514	环境污染、时空依赖与经济增长	11	2014	~依赖
515	基于耕地利用效用的粮食生产时空变化分析——以江西省为例	68	2014	~变化
516	中国城市土地利用效率：时空特征、地区差距与影响因素	73	2014	

续表

序号	标题	期刊编号	年份	时空关键词
517	江苏省外商投资与区域经济发展的时空关系	73	2014	~关系
518	京沪高铁对主要站点旅游流时空分布影响	101	2014	~分布
519	山东半岛蓝色经济区碳排放的时空特征及差异分析	153	2014	~差异
520	道路交通网络与城市土地利用时空耦合关系——以南京市为例	178	2014	~耦合异质性
521	重庆主城区建设用地扩展的时空特征及驱动因子分析	178	2014	~动态
522	中国农业生产率的时空特征研究——基于序列DEA的非参数测度框架	56	2014	
523	中国入境旅游发展的时空差异演变分析：1991~2010年	119	2014	~变化
524	我国劳动密集型产业集聚与扩散的时空分析	152	2014	~演变
525	非洲粮食产量波动时空格局的定量化研究	201	2014	
526	山东省乡村转型发展时空格局	24	2014	~格局
527	区域旅游发展协调度的时空差异研究	24	2014	~差异
528	新疆城市土地利用与城市发展和谐度及时空分异	34	2014	~分异
529	浙江省县域经济发展差异时空演变分析	58	2014	
530	2000年以来我国东部地区市域经济时空分异研究	58	2014	~分异
531	中国化肥消费强度变化驱动效应时空差异与影响因素解析	73	2014	~差异
532	中国八大沿海经济区经济空间差异性时空变化研究	73	2014	~变化
533	山东半岛人口城市化与土地城市化时空耦合协调关系研究	73	2014	
534	时空因素与我国旅游突发事件的关联影响——基于最优尺度分析	74	2014	~因素
535	基于GPS与日志调查的旅游者时空行为数据质量对比	101	2014	旅游者~行为、~行为数据
536	干旱区水资源与经济发展要素时空匹配实证——以新疆地区为例	114	2014	
537	清代晋北地区土地垦殖时空特征分析	125	2014	~特征
538	农业地域功能的时空格局与演进特征——以106国道沿线典型样带区为例	196	2014	~格局
539	环渤海经济圈区域技术创新差异及其时空演化研究	58	2014	~演化
540	农业型专业村发展的时空演化——以河南省南阳市专业村为例	73	2014	~演化
541	省域旅游化水平、测度与时空演变特征	73	2014	~演变

续表

序号	标题	期刊编号	年份	时空关键词
542	长江中游经济区县域经济差异时空演变	73	2014	
543	珠三角新型城市化水平驱动因子的时空演变	88	2014	
544	转型期城市旅游关联网络结构的时空演变——以广东为例	101	2014	
545	武汉市城乡建设用地时空演变及驱动机制研究——基于城乡统筹视角	178	2014	~演变
546	环渤海地区陆海统筹度评价与时空差异分析	201	2014	~差异分析
547	南通市城乡建设用地演变时空特征与形成机理	201	2014	~特征
548	近35a西藏拉萨河流域耕地时空变化趋势	204	2014	
549	2000年以来中国东部四大沿海城市群城市旅游业发展效率的综合测度与时空特征	24	2014	
550	医疗卫生财政支出对经济增长贡献的时空差异——基于1997~2012年30个省级地区面板数据分析	58	2014	~差异
551	武汉城市圈土地利用效率评价及时空差异分析	58	2014	~差异
552	省际边缘区区域经济差异的时空格局与形成机理——以鄂豫皖赣为例	73	2014	~格局
553	泛长三角城市发展效率时空格局演化与驱动机制	73	2014	~格局演化
554	武汉市人口扩散与就业扩散的时空关系研究	73	2014	
555	1991~2011年山东省工业经济增长的能源效应及其时空格局	73	2014	~格局
556	基于时空视角的区域EES系统协调发展评价研究——以榆林市为例	157	2014	~视角
557	武汉城市圈社会经济与资源环境系统耦合作用的时空结构	191	2014	~结构
558	1990年以来上海半城市化地区土地利用变化——时空特征和影响因素研究	13	2014	
559	新时期中国动画产业的"双重怪圈"——基于"时空压缩"的视角	29	2014	~压缩
560	中国地级及以上城市宜居度时空特征及关联分析	34	2014	
561	区域入境旅游流质量时空演变及特征研究	34	2014	~演变
562	中国外资区位优势动态调整研究——基于地理加权回归的时空数据分析	46	2014	
563	中国地级及以上城市城乡收入差距时空分异格局	73	2014	~分异
564	中国技术经济及管理学科的时空演化研究——基于动态演进及空间集聚的视角	91	2014	

续表

序号	标题	期刊编号	年份	时空关键词
565	2.0版中国旅游恩格尔系数构建及时空变化研究	119	2014	
566	无锡就业人口时空格局演变之测度	178	2014	
567	中国陆地边境地区入境旅游市场的时空特征研究	201	2014	~特征
568	快速城市化地区耕地流失的时空特征及其驱动机制综合分析——以江苏省苏锡常地区为例	201	2014	
569	淮河流域粮食生产与化肥消费时空变化及对水环境影响	204	2014	
570	中国粮食生产时空变化及其耕地利用效应	204	2014	
571	2000年以来中国城市空间扩张的时空平稳性	24	2014	~路径
572	基于EOF和GWR模型的中原经济区经济增长的时空分析	24	2014	
573	基于DEA-Malmquist模型的高新技术产业发展效率的时空测度与省际差异研究	73	2014	~测度
574	近15年来杭州市土地利用结构的时空演变	73	2014	~演变
575	我国城市群"两化"融合水平时空变化分析	73	2014	
576	时空压缩与致敬传统：后现代旅游消费行为特征	101	2014	~压缩
577	县域农业综合竞争力的时空演化特征与提升策略——基于江苏省的实证分析	166	2014	~演化特征
578	1990年以来上海"大都市阴影区"的时空演替——基于县域尺度单元的分析	178	2014	~演替
579	能源富集区内部经济发展时空演进格局特征——以陕西省榆林市为例	201	2014	~演进
580	交通技术革新与时空压缩——以沪宁交通走廊为例	12	2014	~压缩
581	人口—土地—经济城镇化的时空耦合协调性分析——基于中国省际面板数据的实证研究	12	2014	
582	农村劳动力转移就业的时空路径——以安徽省4个样本村为例	24	2014	~路径
583	缅老泰交界地区刀耕火种农业的时空变化格局	24	2014	
584	长三角城市物流发展效率的时空格局演化特征与机制	73	2014	
585	江苏省服务业发展时空格局演变	73	2014	~格局
586	云南省区域经济差异时空演变特征	73	2014	~演变
587	洞庭湖区两型社会发展水平时空分异	73	2014	~分异
588	东北地区城市功能联系演进的时空格局分析	73	2014	
589	中国会展业时空分布特征	73	2014	~分布

续表

序号	标题	期刊编号	年份	时空关键词
590	交通基础设施应急疏散管理机制研究——前景理论与时空分析的融合视角	86	2014	~价值
591	山东省旅游化发展水平的测度及时空差异分析	119	2014	~差异
592	新型城镇化的经济增长效应:时空分异与传导路径分析	127	2014	~分异
593	山东省栖霞市土地利用时空格局的垂直梯度研究	196	2014	~格局
594	中国城乡人口与建设用地的时空变化及其耦合特征研究	204	2014	
595	旅游网络舆情危机事件的时空分布规律研究	7	2014	~分布
596	广西区域经济发展差异时空变化分析	15	2014	~变化
597	泰国入境旅游市场时空结构研究——基于2008~2013年数据的分析	42	2014	
598	2000年以来天山北坡经济带县市经济差异时空特征分析	167	2014	~特征
599	基于ESDA-GIS中国入境旅游流质时空演进模式及影响因素研究	201	2014	~变化
600	北京市东二环商务区服务功能需求的时空特征	15	2014	
601	中国工业结构演变及其环境效应时空分异	24	2014	~分异
602	中国东部沿海城市旅游发展的时空演变	24	2014	~演变
603	江西入境旅游客源国市场时空变化特征研究	69	2014	
604	中国肉牛产业发展的阶段识别及时空分异特征	73	2014	
605	县域生态环境与经济协调发展的时空演替分析——以陕西省榆林市为例	119	2014	
606	时空维度下的我国农村信息化建设研究	138	2014	~维度
607	中国省域工业用地利用效率时空差异及影响因素研究	201	2014	~差异
608	基于RS的多数据源的700多年来贵阳城市扩展时空特征研究	204	2014	
609	新型城镇化与土地集约利用的时空演变及关系	24	2014	~演变
610	经济发展差距时空演变分析	50	2014	
611	辽宁省城市土地利用集约度测定及其时空差异	73	2014	
612	武陵源风景区旅游客流量时空变化与调控对策	73	2014	
613	基于GIS技术的江苏省乡村旅游景点类型与时空特征研究	73	2014	~特征
614	中部地区新型城镇化发展协调度时空变化及形成机制	73	2014	~变化
615	长春市工业空间格局时空演变特征	73	2014	~演变

续表

序号	标题	期刊编号	年份	时空关键词
616	集群企业有效时空战略研究	89	2014	~战略
617	地方政府财政赤字与经济增长关系的时空分析——基于分税制后省级财政的经验观察	95	2014	~演变
618	FDI对经济增长贡献绩效的时空差异研究	143	2014	
619	长江中游城市群综合发展水平时空分异研究	178	2014	~分异
620	青藏高原旅游气候舒适性与气候风险的时空动态分析	201	2014	~测评
621	基于DEA—ESDA的中国省际能源效率及其时空分异研究	204	2014	
622	中国耕地利用投入要素集约度的时空差异及其影响因素分析	204	2014	
623	通勤时空弹性对居民通勤出发时间决策的影响——以北京上地—清河地区为例	12	2014	~弹性
624	生态经济效率评价及时空差异研究	73	2014	~差异
625	景区类上市公司经营业绩的时空差异及影响因素	73	2014	~差异
626	我国农区城镇化时空格局及其影响因素——以河南省为例	73	2014	~格局
627	东北振兴以来东北地区城市脆弱性时空格局演变	73	2014	~格局演变
628	西南地区旅游产业与城镇化耦合协调度的时空特征分析	74	2014	~特征
629	地方政府债务权责时空分离：理论与现实——兼论防范我国地方政府债务风险的瓶颈与出路	83	2014	权责~分离
630	我国省域渔业可持续发展水平测度及时空演变特征分析	109	2014	~演变
631	城市土地可持续集约利用的时空特征及影响因素研究——对传统土地集约利用的修正	196	2014	~特征
632	圈层结构、时空差异与能源强度——以十大城市群为例	12	2015	
633	环渤海地区城镇化与农村协调发展的时空特征	24	2015	~格局
634	中原地区多尺度城乡收入的时空分异	24	2015	~分异
635	长江经济带经济实力的时空差异：沿线城市比较	32	2015	
636	中国电力能源碳排放强度的时空演变及省际间差异性	34	2015	~演变
637	中国农业现代化发展水平时空格局及趋同演变	60	2015	
638	黄土丘陵区乡村聚落时空演变特征及格局优化——以七里河区为例	73	2015	~演变
639	中原经济区居民国内出游力综合评价及时空演变	73	2015	~格局
640	京津冀地区蔬菜生产的时空分异及分区研究	73	2015	~分异

续表

序号	标题	期刊编号	年份	时空关键词
641	中国工业化、信息化、城镇化和农业现代化协调发展的时空格局与动态演进	83	2015	
642	丝绸之路经济带城市经济联系的时空变化分析——基于城市流强度的视角	94	2015	
643	京津冀地区市场分割与整合的时空演化	105	2015	
644	解释"时空压缩"现象需要"空间转向"吗——一种基于扩展马克思剩余价值论的透视	173	2015	~压缩
645	武汉市土地集约利用时空分异及障碍因素诊断	178	2015	~分异
646	中国省际旅游发展的多指标综合相似性及时空聚类特征	204	2015	
647	我国水资源"农转非"驱动因素的时空尺度效应	204	2015	
648	面向旅游者与居民的城市——"时空压缩"背景下城市旅游与休闲的趋势、影响及对策	13	2015	~压缩
649	2000年以来中国区域经济差异的时空演变	24	2015	~演变
650	基于循环经济的黑龙江省耕地利用集约度时空差异	24	2015	~差异
651	发展与差距：西部职业结构变迁的时空维度及特征分析	44	2015	~维度
652	浙江省县域福利水平的时空变化	58	2015	
653	基于DMSP/OLS夜间灯光数据的土地城镇化水平时空测度研究——以环渤海地区为例	73	2015	~测度
654	欠发达省域经济差异的时空演变分析	73	2015	~演变
655	近50年湖南省耕地利用绩效时空分异特征	73	2015	
656	中国沿海省份船舶工业差异演化研究	82	2015	~差异演化
657	旅游安全网络关注度时空特征及其影响因素	101	2015	~差异
658	扎根理论下"90后"旅游者行为TGM模型构建与分析	101	2015	~变化
659	改革开放以来中国经济增长动力转换的时空特征	146	2015	~特征
660	中部六省生态效率评价及其与产业结构的时空关联分析	153	2015	
661	城镇化影响城乡收入差距的时空差异分析	153	2015	~差异
662	基于地学信息图谱的合肥市城市扩展时空特征及驱动力分析	178	2015	~特征
663	湖北省土地整治项目投资的时空分异及地域分区研究	196	2015	投资~分异
664	1991~2010年内蒙古耕地转出时空格局及分布规律	201	2015	
665	成都平原城市群城镇化时空格局——基于DMSP/OLS夜间灯光数据的研究	12	2015	~格局
666	中国城市尺度科学知识网络与技术知识网络结构的时空复杂性	24	2015	

续表

序号	标题	期刊编号	年份	时空关键词
667	基于GIS的清代内蒙古地区城镇时空演变特征研究	34	2015	
668	中国对外贸易内部空间格局的演变——基于1994~2012年面板数据的实证研究	45	2015	~变迁
669	山东半岛蓝色经济区城市经济的时间和空间差异性分析	58	2015	~差异
670	长三角港口体系主要货类结构时空演变分析	73	2015	~演变
671	中国人均粮食占有量时空演变及驱动因素	73	2015	~演变
672	东北地区基本公共服务失配度时空格局演化与形成机理	73	2015	~格局
673	中国三大城市群多中心网络的时空演化	73	2015	
674	基于ESDA的长三角城市群研发投入空间分异特征及时空演化	73	2015	
675	中国区域经济增长俱乐部趋同及其演变分析——基于时空加权马尔科夫链的预测	81	2015	~加权马尔科夫链
676	中国"四化"同步发展时空分异及其影响因素研究	82	2015	~分异
677	我国沿海地区旅游经济预警评价时空差异研究	127	2015	
678	湖北省新型城镇化质量时空特征分析	153	2015	
679	连片特困民族地区旅游经济差异分析——以四省藏区为例	160	2015	~差异
680	中国城市紧凑度与城市效率关系的时空特征	191	2015	~特征
681	黑龙江省粮食生产的时空格局及动因分析	204	2015	
682	江苏省工业转型的时空分异特征与机理	24	2015	~分异
683	时空修复、积累模式与欧洲主权债务危机	45	2015	~修复
684	浙江服务业发展的时空演化和行业集聚特征	73	2015	~演化
685	交通要素驱动下的长春市土地利用时空变化	73	2015	
686	产学研合作创新网络时空演化模型及实证研究——基于广西2000~2013年的专利数据分析	92	2015	~演化
687	出行时间价值视角下交通拥堵收费可行性研究	121	2015	~集聚
688	基于城市腹地的乡镇通达性的时空格局及其演化——以湖北荆州市112个乡镇为例	178	2015	~格局
689	基于时空约束的大规模农产品时间柔性生产计划网络优化研究	186	2015	
690	基于DEA-ESDA模型的辽宁省能源效率测度及时空格局演化分析	201	2015	~格局
691	低碳知识的时空扩散与演变特征研究	6	2015	
692	区域要素市场分割与要素配置效率的时空演变及关系	24	2015	~演变

续表

序号	标题	期刊编号	年份	时空关键词
693	北京市土地利用变化特征及驱动机制	73	2015	~特征
694	长江经济带市域经济格局演变及其影响因素	73	2015	~演变
695	基于ESDA和GWR的中国地级及以上城市四化协调发展时空分异格局	73	2015	~分异格局
696	重庆市"土地、人口、产业"城镇化质量的时空分异及耦合协调性	73	2015	
697	中国内资工业企业全要素生产率时空测度及收敛性分析	88	2015	
698	中国农业全要素生产率增长及其时空分异	93	2015	
699	我国省际出游市场潜力时空差异与反季开发策略研究	100	2015	
700	基于旅游数字足迹的城市入境游客时空行为研究——以成都市为例	100	2015	~行为
701	辽宁省城市基本公共服务质量差异的时空分析	119	2015	
702	改革开放以来芜湖市城市空间扩展及驱动力分析	119	2015	~特征
703	公交站点可达性测度及其在停车分区中的应用	119	2015	~约束
704	中国区域信贷顺周期效应的异质性成因分解与时空特征研究——基于面板VAR模型	132	2015	
705	区域城乡统筹发展评价与时空分析	153	2015	~分布
706	时空双重维度的中国影子银行系统性风险模型建构与测算	168	2015	
707	我国物流业与信息业耦合关联的时空分异分析——基于我国内地31个省(市)、自治区的面板数据	174	2015	
708	论产业园区与城市互动发展的时空关系及其路径	176	2015	
709	中心城市创意竞争力综合评价及时空演变	189	2015	~演变
710	中国蓝色牧场发展潜力的省际时空差异分析	190	2015	
711	江苏省建设用地利用效率和全要素生产率的时空差异分析	196	2015	
712	基于格网的农村居民点用地时空特征及空间指向性的地理要素识别——以环渤海地区为例	24	2015	
713	1985~2010年中国省际人口迁移时空格局特征	24	2015	~格局
714	我国入境旅游流季节性特征及其时空演变研究——基于22个热点旅游城市面板数据的实证分析	58	2015	~演变
715	全球港口间集装箱运输贸易网络的时空分异	73	2015	~演化格局
716	我国养猪业碳排放时空特征及因素分解研究	88	2015	~特征

续表

序号	标题	期刊编号	年份	时空关键词
717	基于时空路径的旅游情感体验过程研究——以香港海洋公园为例	101	2015	~路径
718	杭州乡村旅游产业集聚的时空演化与机理研究——基于社会资本视角	110	2015	
719	中国省域R&D投入的区域差异及时空格局演变	178	2015	~格局
720	基于能值分析的武穴市耕地利用效益时空特征分析	178	2015	~规律
721	中国创新水平区域趋同时空演变	189	2015	
722	南昌市住房限购政策效果的时空特征及土地溢出效应	196	2015	
723	2000~2012年中国出口贸易的碳排放效率时空演变	201	2015	
724	中国农村居民收入分配差距的时空演变——基于Dagum基尼系数分解	9	2015	
725	东京大都市区轨道通勤体系的演进与功能分析	12	2015	~转换能力
726	中三角城市群城市经济联系的时空演变特征	15	2015	~演变
727	文化产业生命周期的时空特征研究——以西安市为例	34	2015	~特征
728	浙江旅游经济时空差异的多尺度研究	73	2015	
729	中国社会经济综合发展水平时空格局演化及驱动因素	73	2015	~格局演化
730	中国入境旅游流的收敛与空间溢出效应分析	100	2015	~格局
731	南京农事节庆活动与旅游业发展的时空耦合研究	119	2015	~耦合
732	吉林省中部城市群城市流强度的时空演变及影响因素分析	177	2015	~格局
733	珠三角地区建设用地扩张与经济、人口变化之间相互作用的时空演变特征分析	201	2015	
734	东北地区土地市场化进程的时空差异特征研究——基于东北振兴前后的视角	34	2015	~差异
735	国际海运贸易能力结构关系的时空分异	45	2015	
736	我国耕地压力指数时空变化测度研究	65	2015	
737	中国省域旅游业发展效率测度及其时空演化	73	2015	~演化
738	山东省城市化效率与经济发展水平的时空耦合关系	73	2015	
739	中国人均GDP区域趋同性时空演变分析	153	2015	~演变
740	藏彝走廊多民族经济共生时空演进模式及其优化路径	160	2015	
741	中国城市效率评析	15	2015	~格局演变
742	安徽省区域旅游经济发展的时空格局演变	24	2015	~差异

续表

序号	标题	期刊编号	年份	时空关键词
743	高技术知识转移的耦合体系与网络变迁：基于虚拟产业集群的仿真分析	37	2015	~耦合
744	互联网时代电子商务发展规律及其路径探析——基于时空分析视角	51	2015	~经济
745	中国环境规制效率时空演化及其影响因素分析	58	2015	
746	中印城市规模、城市化时空变迁及其动力机制的对比研究	59	2015	
747	杭州生产性服务业的时空格局演变	73	2015	
748	我国蔬菜生产地理集聚的时空特征及影响因素	73	2015	~特征
749	宁夏耕地集约利用的时空格局演化	73	2015	~格局
750	2003年以来东北地区人口城镇化与土地城镇化时空耦合特征	73	2015	
751	城市经济承载力的综合评价及其时空差异研究——以我国15个副省级城市为例	73	2015	~差异
752	长株潭网络城市内部关联的时空机制研究	73	2015	~格局
753	地方政府实际支出的时空结构分异性研究	81	2015	~差异
754	中国区域资源环境承载力的时空特征研究	82	2015	
755	土地财政"饮鸩止渴"了吗——基于中国地级市的时空动态空间面板分析	84	2015	~动态空间面板模型
756	时空压缩与中国社会建设	94	2015	~压缩、~有限性
757	中国人口—经济—空间—社会城市化耦合协调的时空演变分析	94	2015	~演变
758	张家界旅游竞争力时空演化及结构协调性与合理性	154	2015	~演化
759	长江经济带城镇化发展的时空格局与驱动机制研究——基于九大城市群2004~2013年数据的实证分析	156	2015	~格局
760	长江沿岸中心城市土地扩张时空演化特征——以宁汉渝三市为例	178	2015	
761	城市化背景下喀斯特流域生态服务价值时空分异特征——以贵阳市南明河流域为例	178	2015	~分异
762	财政支出对区域经济差异变动的时空效应研究——基于动态空间面板模型的实证分析	6	2015	~效应
763	金融集聚对中国城镇化的影响	15	2015	~分异
764	中国外商直接投资区位分布的时空格局演变	17	2015	~格局

续表

序号	标题	期刊编号	年份	时空关键词
765	我国县域农业与乡村经济发展的时空特征研究	34	2015	~特征
766	从线下到线上：移动互联网的时空分区效应研究	48	2015	~分区
767	土地资源生态效率时空差异及影响因素研究	56	2015	~差异
768	我国省域服务业创新水平的时空演变及其动力机制——基于空间计量模型的实证研究	73	2015	~差异
769	我国工业化、城镇化与环境经济集聚的时空演化	73	2015	
770	山东省"新五化"协调发展时空演变	73	2015	~演变
771	东北地区城市效率与开发程度的时空耦合	73	2015	~演变
772	丝绸之路经济带贸易便利化时空差异及其贸易效应——基于空间引力模型的实证研究	82	2015	
773	高校科技创新与高技术产业创新耦合协调发展的时空特征及驱动机制研究	92	2015	
774	中国边疆地区包容性增长的时空演变——对我国中、东、西部地区经济发展差距的阶段性评价	132	2015	
775	城市化和城乡收入差距的时空演变	132	2015	
776	湖北省县域投资环境差异及时空演变特征研究	153	2015	
777	长江经济带城市对外服务能力时空演变分析	178	2015	~演变
778	1989~2015年武汉市城市格局时空演变分析	178	2015	~演变
779	基于圈层建设用地密度分析的中国主要城市扩张的时空特征	178	2015	
780	基于DEA与ESDA的中国国家级贫困县发展效率的测度与时空演化研究	191	2015	~演化
781	成都平原经济区耕地生态系统涵养水源价值时空演变特征	196	2015	~变化
782	2000~2010年北京市人口分布格局的时空演变分析	13	2015	~演变
783	中国金融产业结构的时空演绎分析	24	2015	~演绎分析
784	我国FDI与入境旅游的时空耦合关系研究	45	2015	~耦合
785	浙江省对外开放度的时空格局演化研究	58	2015	~格局
786	京津冀地区经济的时空特征及对协同发展的思考	65	2015	
787	鄱阳湖生态经济区粮食生产技术效率时空演变及环境协调性探究	73	2015	~演变
788	中国县际经济差异的时空演变趋势：1997~2010年	73	2015	~差异
789	基于内外联系的双核型区域交通可达性研究——以辽宁省为例	73	2015	~演化

续表

序号	标题	期刊编号	年份	时空关键词
790	省域交通运输业碳排放时空分布特征	162	2015	~分布
791	长江经济带全要素碳生产率的时空演化及提升潜力	178	2015	
792	长江中游城市群经济与生态成本空间演化模式分析	178	2015	~格局
793	南方丘陵地区河谷城市用地时空演变与驱动分析——以上饶市城区为例	178	2015	~演变
794	浙江省工业经济时空差异演变特征及其成因分析	189	2015	
795	新型城镇化发展的时空差异及协调度分析	5	2015	~分异
796	中国农业现代化水平时空格局	34	2015	
797	内蒙古入境旅游流流量与流质的时空分布研究	34	2015	~分布
798	中国农业科研投资结构的时空分异特征及其驱动因素	73	2015	~分异
799	洞庭湖区生态—经济—社会系统耦合协调发展的时空分异	73	2015	
800	安徽省"四化"协调发展的时空格局和动态演进	73	2015	
801	东北地区人口分布的时空演变特征及影响因素	73	2015	~演变
802	中国对外直接投资的绿色生产率增长效应——基于时空异质性视角的经验分析	84	2015	~异质性
803	基于数字足迹的自驾车旅游客流时空特征研究——以云南省为例	101	2015	~特征
804	时空耦合视角下中国新能源产业集聚的演变模式研究	121	2015	
805	碳约束下长江经济带区域节能减排效率时空分异研究	121	2015	
806	中国 IFDI 的时空格局演进及影响因素研究：三维驱动视角	142	2015	
807	我国沿海省市海陆产业协同发展时空差异分析	153	2015	
808	长三角地区旅游业外向度的时空结构与驱动因素分析	153	2015	~结构
809	中国生产性服务业 TFP 的时空差异与影响因素分析	154	2015	
810	信息传播的时空矩阵模型及其经济学意义	165	2015	
811	中国区域高技术产业发展差异的时空演变	189	2015	~格局
812	中国经济增长与能源消耗的脱钩——东部地区的时空分异研究	191	2015	~分异
813	基于 VW 模型的上地可持续利用评价及时空特征分析——以安徽省市域为例	196	2015	~格局
814	基于 DEA-Malmquist 模型的中国沿海地区旅游产业效率时空演化、影响因素与形成机理	201	2015	~演化

续表

序号	标题	期刊编号	年份	时空关键词
815	东北地区经济发展与环境协调关系的实证分析	58	2016	~演变
816	丝绸之路经济带经济差异时空格局演变特征	73	2016	~格局
817	中国东部地带欠发达地区经济发展的时空演化及机制研究	75	2016	~演化
818	江苏省经济社会发展中农业依存度的时空特征	106	2016	
819	经济增长、fdi 与环境污染的时空传导效应研究——基于半参数空间面板 var 模型的分析	121	2016	
820	人口城镇化进程中的驱动因素研究——基于地级市的时空计量模型分析	121	2016	
821	中国城市土地消耗强度的时空格局与收敛性分析	178	2016	~格局
822	北京城中轴线时空演化与旅游发展研究——基于廊道遗产视角	34	2016	~演化
823	金融产业集聚与新型城镇化耦合协调关系时空分异研究——以江浙沪为例	58	2016	
824	福建省县域经济差异的时空动态与变迁机制	73	2016	~动态
825	区域高速公路交通流时空特征解析——以江苏省为例	73	2016	~特征
826	山东半岛蓝色经济区生态安全预警时空格局研究	88	2016	
827	基于时空特征的我国蔬菜流通及影响因素分析	127	2016	~效应
828	农业科研要素投入的时空差异及其影响因素	189	2016	
829	基于 ESDA 的城市可持续发展能力时空分异格局研究	191	2016	~分异
830	目的地旅游安全度评价及时空格局——基于全国 31 个省会城市的统计数据	194	2016	~格局
831	2000~2010 年长三角地区参与全球劳动分工的时空演化格局——以财富 500 强外资制造业企业为例	12	2016	
832	经济社会综合发展水平的时空差异及其相互作用——来自省会城市的证据	12	2016	~差异
833	内蒙古入境旅游目的地客流集散时空动态研究	34	2016	
834	时空规训技术中新生代农民工劳动的异化——基于上海市 S 厂的研究	59	2016	~政治
835	对中国城市更新的困境与挑战的再解读——以时空为视角	62	2016	~境遇、~视角
836	湖北省农产品主产区耕地资源功能的时空演变	73	2016	
837	中国大陆入境旅游产业结构时空格局演化及类型划分	73	2016	~格局
838	河南省经济增长质量的时空格局	73	2016	~格局

续表

序号	标题	期刊编号	年份	时空关键词
839	中国现代海洋产业体系成熟度时空格局演变	73	2016	
840	我国粮食主产区粮食全要素生产率时空演变及驱动因素	73	2016	~演变
841	省域中心城市经济发展时空演化与影响因子分析——以山东省为例	75	2016	~演化
842	中国城市化行为与环境耦合协调关系的时空分析	82	2016	~分析
843	中国省域创新差异的时空演变特征研究	88	2016	
844	上海城市旅游休闲公共空间的时空演化模式	100	2016	~演化
845	人口素质影响中国经济发展的时空差异分析	153	2016	
846	中国房价波动影响居民收入差距的时空差异分析	153	2016	
847	民族地区金融反贫困效率的时空差异及影响因素研究	167	2016	~差异
848	平台商业模式创新研究——基于互联网环境下的时空契合分析	185	2016	~契合
849	2000~2013年长三角地区产业价值区段的时空演化：从地级市到区市县空间单元	73	2016	
850	江苏省耕地占补过程的时空特征及驱动机理	73	2016	~特征
851	中国"四化同步区"圈层结构时空演化与聚集经济圈优序组织	73	2016	~演化
852	边疆山地城市群交通网络的时空演化——以滇中城市群为例	73	2016	~演化
853	安徽省县域城镇化质量的时空演变	73	2016	
854	山地民族地区城镇化的非均衡性与时空分异研究	109	2016	~分异
855	中国科技创新重心与经济重心的时空演变与对比分析	121	2016	~演变
856	民营经济增长驱动要素特征及其时空演变轨迹——基于供给侧要素配置视角	127	2016	
857	保障房挤出效应的存在性及其时空异质性：基于省级面板门限模型的证据	152	2016	~异质性
858	中国林业全要素生产率的时空格局演化研究	153	2016	
859	青藏铁路在西藏交通时空结构演变中的作用	182	2016	~结构演变
860	中国农业净碳汇时空演化特征分析	204	2016	
861	碳约束下中国县域尺度农业全要素生产率比较研究	24	2016	~演变
862	快速城市化地区的城市工业空间演变与空间再生研究——以深圳旧工业区升级改造为例	41	2016	工业空间演变 ~路径
863	我国省域休闲产业竞争力时空动态演变研究——基于ESDA-GWR模型的实证	55	2016	

续表

序号	标题	期刊编号	年份	时空关键词
864	中国工业技术创新空间扩散效应的时空演化	73	2016	
865	吉中低山丘陵区农村居民点时空演变	73	2016	~演变
866	新疆旅游产业全要素生产率的时空演变	73	2016	
867	中国欠发达省际边缘区公路网时空变化特征及原因分析——以皖北地区为例	73	2016	~变化
868	武汉城市群城市用地结构时空演变特征及其机理	73	2016	
869	人口—经济—空间视角下山东省城镇化时空演变	73	2016	~演变
870	中国区域创新差异的时空格局演变	93	2016	~格局
871	集中连片特困地区多维贫困测度与时空演进	105	2016	~演化
872	农村金融功能效率时空演进与区域分布——基于中国1992~2013年31个省市的经验验证	108	2016	
873	我国粮食安全时空格局与安全形势预测研究	115	2016	~格局
874	模块化视角下大陆台资电子信息产业价值链的时空演变	150	2016	
875	汉江流域中心城市竞争力的评价及时空演变	153	2016	~演变
876	长江经济带新型城镇化协调性的空间差异与时空演化	178	2016	~演化
877	云南省耕地生产效率的时空差异及影响因素	178	2016	~差异
878	中国ICT产业对美国直接投资的空间分异及时空演化	189	2016	
879	长江经济带人口城镇化与土地城镇化协调发展时空差异研究	191	2016	
880	时空抽离与流动人口的文化认同	195	2016	~抽离
881	中国城市工业用地利用效率时空差异及地方政府竞争影响	196	2016	
882	高技术产业空间差距及分布时空演进	5	2016	~演进
883	财政环境保护支出效应分析——基于2007~2015年中国30个省份的面板数据	5	2016	~异质性
884	四川省城镇化、工业化对城乡收入差距影响的时空异质性	5	2016	~异质性
885	基于交通通达性的关中—天水经济区县际经济联系测度及时空动态分析	24	2016	
886	青海省土地利用结构信息熵时空分异规律及驱动因素分析	34	2016	~变化
887	旅游信息微博传播网络结构及时空特征	73	2016	
888	黄土高原区县域发展指数综合评价	73	2016	~变化

续表

序号	标题	期刊编号	年份	时空关键词
889	隐性知识流转网成员错时空合作的知识损失研究	89	2016	错~
890	新型城镇化、交通网络化与服务业集聚——基于时空耦合的视阈	121	2016	
891	省域"能源—经济—环境"（3E）系统协调度的时空差异与趋势预测	124	2016	~差异
892	新型城镇化与经济发展的时空耦合协调研究	153	2016	~耦合协调
893	山东省区域经济发展差异的时空特征分析	153	2016	
894	连片特困区贫困县农村基本公共服务与县域经济时空格局演变关系研究	24	2016	~演变格局
895	国际有色金属价格向我国通胀传递的时空特征及影响因素研究	46	2016	~特征
896	1978年以来中国省际全要素生产率时空演变特征研究	58	2016	~演变
897	华东地区区域旅游经济差异时空特征研究	58	2016	
898	中国房地产投资驱动力时空特征	73	2016	~差异
899	2000年以来江苏省农业转型发展的时空演变及问题区识别——基于全要素生产率的视角	73	2016	
900	古城旅游地网络关注度时空特征及其影响因素——以平遥古城为例	73	2016	~特征
901	可视化交通可达性时空压缩格局的新方法——以京津冀城市群为例	73	2016	~压缩、~图
902	河西走廊绿洲型城镇空间相互作用时空演变	73	2016	
903	物流企业全要素生产率的时空异质性——基于DEA-Malmquist指数的测算	88	2016	~异质性
904	区域人力资源开发与经济发展的时空耦合分析——以环渤海地区为例	115	2016	
905	经济转型视角下广东省流动人口的时空格局响应	117	2016	~演变
906	城市内部不同所有制制造业区位时空演变研究——以无锡为例	119	2016	
907	时空交互视角下的中国入境客流分布动态分析	119	2016	~跃迁
908	浙江非物质文化遗产时空分布演变及影响因素	149	2016	~分布演变
909	旅游产业集聚度时空演变研究	153	2016	
910	新疆城镇化的时空特征与动力因素研究——基于核密度与分位数模型的实证分析	169	2016	~分布
911	我国全要素能源效率时空分异特征研究——基于能源供给侧改革视角	176	2016	

续表

序号	标题	期刊编号	年份	时空关键词
912	中国人口老龄化时空变化及成因探析——基于县域尺度的考察	192	2016	~变化
913	土地财政构成要素时空差异与调控政策研究	196	2016	~差异
914	2000~2010年杭州市人口分布格局时空演变	73	2016	~演变
915	基于自媒体平台的"旅游者"时空行为研究——以W教授的微信"朋友圈"为例	101	2016	旅行者~行为
916	清代民国西北茶叶运营体系的时空变迁	120	2016	~结构
917	上海市人口老龄化的空间分布及演化特征研究	132	2016	~演变
918	基于Bayesian层次时空模型的我国老龄化分析与预测	152	2016	~统计分析
919	近代新疆南北疆中心城市的时空演变及原因探析	160	2016	
920	产业集群创新的时空分异特征及其动力演化——以浙江省为例	73	2016	~分异
921	北京市批发企业区位分布演化与驱动力分析	73	2016	~演化
922	轨道交通引导用地密度与地价的时空效应——以深圳市为例	73	2016	~效应
923	松花江生态经济走廊流域经济时空分异与驱动机制	73	2016	~分异
924	长三角城市群产业结构的时空演变研究	82	2016	~演变
925	完整运输产品的理论基础与实现机制研究	82	2016	~分析
926	江苏省入境旅游流的时空演变及影响因素分析	100	2016	~演化
927	中国城市休闲时空行为研究前沿	101	2016	~行为
928	基于GPS数据的旅游时空行为评价研究	101	2016	旅游~行为、~路径可视化
929	黄河流域区域经济差异的时空动态分析	119	2016	
930	交通基础设施、时空依赖与区域经济增长	121	2016	~依赖
931	丝路经济带沿省生产性服务业发展差异的时空演变分析	153	2016	
932	中部地区城乡统筹的测度与时空差异分析	153	2016	~差异
933	长江经济带新型城镇化水平评价与时空演变分析	153	2016	
934	湖北省粮食生产的时空特征演变研究——基于耕地因素分解的视角	178	2016	~特征
935	重庆市农用地整治项目时空分异特征研究	178	2016	~分异
936	1990~2010年湘江流域城镇化过程时空分异特征	201	2016	~演化
937	北京水文化遗产的时空分布特征研究	12	2016	~分布
938	泛长三角地区城市效益时空格局演变	15	2016	~格局

续表

序号	标题	期刊编号	年份	时空关键词
939	高新区与区域经济耦合协调发展时空格局评价研究	89	2016	~格局
940	中国城市治理研究的时空发展——基于基金资助论文的文献计量分析	12	2016	~发展
941	金融发展与技术创新系统耦合的时空分异特征研究	50	2016	~分异
942	碳约束下江苏省节能减排效率时空演化及分异研究	52	2016	
943	农村转移人口外出务工的时空路径——基于河南省的调查数据	53	2016	~路径
944	中国产业绿色发展的时空特征分析	88	2016	~特征
945	丝绸之路经济带人类发展指数差异的时空演变透视	94	2016	
946	金融资本迁移与区域金融生态环境的时空格局演变研究——以山东省为例	98	2016	
947	旅游业碳排放强度分布及其驱动因子的时空异质研究——基于30个省（市、区）2005~2014年的面板数据分析	119	2016	
948	广东省创意阶层集聚的时空演变及其影响因素分析	119	2016	
949	长江中游城市群区域经济差异的时空演变及影响因子分析	153	2016	~分异
950	中国蔬菜出口竞争力时空动态研究	153	2016	
951	中国城乡协调发展的时空特征	158	2016	
952	地方政府土地出让时空模式变迁——基于厦门市的微观考察	12	2016	
953	河南承接制造业转移的时空格局研究	20	2017	
954	京津冀城市群创业风险投资的时空分布特征及影响机制	21	2017	~分布特征
955	哈尔滨市城乡结合部不透水面时空变化及驱动力分析	22	2017	~变化
956	京津冀地区经济发展冷热点格局演化及其影响因素	24	2017	~模式挖掘
957	中国旅游投资与旅游经济发展的时空演变与差异分析	34	2017	
958	新型城镇化背景下老工业基地城镇化的综合测度与时空演化——以吉林省为例	34	2017	
959	中国农产品贸易隐含碳排放测度与时空分析	63	2017	~分析
960	河南承接产业转移城市综合承载力的时空演变	73	2017	
961	中国城镇化质量时空演变研究	73	2017	~演变
962	时空供求因素对OTO企业交易成功率的影响——基于打车软件的实证研究	76	2017	特征~
963	主要客源国对中国入境旅游市场的贡献分析	101	2017	~演变

续表

序号	标题	期刊编号	年份	时空关键词
964	基于不同尺度的关天经济区人口格局时空变化特征与差异	119	2017	~格局
965	金融集聚的时空差异与省域生态效率关系研究	145	2017	
966	中国星级酒店投资的时空差异及其影响因素研究	153	2017	
967	中部地区碳承载力预警及时空差异分析	153	2017	
968	领导和管理的时空理论	187	2017	~系统、~智慧、~领导力
969	吉林省城市紧凑度与城市效率的时空演变及相关性	191	2017	
970	甘肃省生态资产价值和生态——经济协调度时空变化格局	204	2017	
971	东北三省创新全要素生产率增长的时空特征及其发展趋势预测	20	2017	
972	我国城市整体交通运输流发展的时空演化及其空间关联性分析	34	2017	~演化
973	中国智慧产业发展水平综合评价与时空特征	73	2017	
974	京津冀地区县域农业发展与农民收入的时空耦合特征	73	2017	
975	基于网络关注度的湖南省居民旅游需求时空特征	73	2017	~特征
976	长三角城市群网络结构时空演变分析	73	2017	~演变
977	基于互联网地图服务的长春市商业中心可达性分析	73	2017	~可达性
978	非均衡发展条件下地级市经济差距时空特征	73	2017	~变动
979	中国"五化"协同发展的效率测度与时空特征	121	2017	
980	中国"时空修复"语境下城市群空间生产转型研究	134	2017	~修复
981	中国能源消费与经济增长关系的实证分析	153	2017	~动态分析
982	FDI，自主创新与经济增长的时空脉冲分析	163	2017	
983	长三角地区社会福利与经济增长耦合协调时空分异	178	2017	
984	长江中游经济带城镇建设用地转型的时空特征	201	2017	~特征
985	中国木材产业发展的阶段识别及时空分异特征	204	2017	
986	金融发展与经济增长的时空耦合度测度——以长三角城市群为例	15	2017	~耦合
987	中国人力资本与物质资本的匹配及其时空演变	18	2017	~演变
988	中国三次产业生产用水消耗的时空演绎分解——基于LMDI-I模型的经验分析	18	2017	~演绎
989	中国三大旅游行业效率时空差异分析	20	2017	~差异

续表

序号	标题	期刊编号	年份	时空关键词
990	1970～2015年长春市城市扩张过程时空动态分析	34	2017	
991	中国林业生产效率的时空差异及其影响因素研究	34	2017	~差异
992	高技术产业集聚模式与创新产出的时空效应研究	36	2017	~效应
993	我国OFDI与出口贸易关系及其时空差异分析	47	2017	
994	从夜间灯光看中国区域经济发展时空格局	54	2017	
995	互联网消费传染的时空扩散——基于空间计量的实证研究	58	2017	
996	新型城镇化与农业技术进步的时空耦合关系	60	2017	
997	社会保障促进了区域经济增长吗——基于时空效应及分解的动态空间面板模型分析	62	2017	
998	人口半城镇化与产业非农化的时空耦合分析——以浙江省67县市为例	73	2017	
999	农业经济增长的农业化学化效应及时空格局变化——以山东省为例	73	2017	~格局
1000	中国省域旅游生态安全时空格局与空间效应	73	2017	~格局
1001	长江经济带市域人口城镇化的时空特征及影响因素	73	2017	
1002	河南区域经济差异的时空演变及影响机制研究	75	2017	
1003	中国海陆经济一体化的时空分异研究	75	2017	
1004	基于休闲时空涉入的地方认同模型之研究	101	2017	休闲~涉入
1005	福建省县域经济差异的时空格局演化分析	119	2017	~格局演化
1006	南京都市圈空间相互作用时空演变分析	119	2017	~演变
1007	湖北科技创新资源集聚能力的时空演变分析	153	2017	~演变
1008	长江中游城市群创新能力的时空动态演化规律研究	153	2017	~演化
1009	网络外卖的时空压缩与时空扩展	170	2017	~压缩、~扩展
1010	中国县域人均粮食占有量的时空差异及驱动因素	178	2017	
1011	基于DEA模型的城市建设用地利用效率时空格局演变及驱动因素	201	2017	~格局
1012	长江经济带创新产出的时空演化特征及其成因	20	2017	~演化
1013	长江流域土地利用时空变化特征及其径流效应	21	2017	
1014	基于住宅价格视角的居住分异耦合机制与时空特征——以南京为例	22	2017	
1015	广州市零售商业中心的居民消费时空行为及其机制	22	2017	~行为

续表

序号	标题	期刊编号	年份	时空关键词
1016	中国地级及以上城市城镇化与农村发展的协调度时空格局演变	34	2017	~格局
1017	松嫩高平原土地利用类型变化特征及时空格局研究	34	2017	~格局
1018	中国省域工业绿色技术创新产出的时空演化及影响因素：基于30个省域数据的实证研究	35	2017	~演化
1019	我国战略性新兴产业与传统产业耦合协调发展及时空分异	73	2017	~分异
1020	黄金周旅游景区拥挤的时空动态分析	73	2017	~特征
1021	城镇化背景下城乡收入差距的时空演化	73	2017	
1022	新长三角城市群创新空间格局演化与机理	73	2017	~分异
1023	时空压缩下的风险投资——高铁通车与风险投资区域变化	85	2017	
1024	作为意向性的旅游：兼论旅游世界的时空构造	101	2017	~构造
1025	中国装备制造业全要素生产率时空特征——基于三种空间权重矩阵的分析	128	2017	~特征
1026	长江经济带城市创新能力差异的时空格局演变	178	2017	~格局
1027	湖北省各市（州）资源环境承载力评价与时空差异研究	189	2017	~差异
1028	外商直接投资对中国城市雾霾（$PM_{2.5}$）污染的时空效应检验	191	2017	
1029	时空锥理论研究	196	2017	~锥理论、~系统
1030	山东省耕地利用集约度时空变化及政策启示	196	2017	~变化
1031	论马克思的社会时空观与精准扶贫	199	2017	社会~观
1032	中国粮食主产区耕地利用效率时空格局演变及影响因素——基于180个地级市的实证研究	201	2017	~格局
1033	中国省域交通运输全要素碳排放效率时空变化及影响因素研究	201	2017	
1034	物流业发展的时空演化、驱动因素及溢出效应研究——基于中国省域面板数据的空间计量分析	9	2017	
1035	基于空间杜宾模型的山东省制造业时空分异研究	20	2017	
1036	合肥经济圈空间关联时空演进研究	20	2017	
1037	山东省旅游消费增长差异时空演化特征及影响因素	58	2017	~差异
1038	城市绿色发展评价体系及空间效应研究——基于山东省17地市时空面板数据的实证分析	58	2017	

续表

序号	标题	期刊编号	年份	时空关键词
1039	我国三大主粮单产水平的时空演进与地区收敛	60	2017	
1040	土地财政与城镇化关系时空差异研究	63	2017	~差异
1041	省域视角下中国保险业市场的时空特征	73	2017	
1042	东北老工业基地绿色经济效率的时空演变及影响机制——以辽宁省为例	73	2017	
1043	新型城镇化与土地集约利用耦合协调性及其时空分异——以黑龙江省12个地级市为例	73	2017	
1044	泛珠江—西江经济带经济差异时空演变及其驱动因素	73	2017	
1045	中国制造业集聚程度演变趋势及时空特征研究	82	2017	~演变
1046	我国城市群与区域铁路的时空匹配及保障制度	82	2017	~匹配
1047	基于新浪微博大数据的旅游流时空特征研究——以兰州市为例	101	2017	旅游流~特征
1048	西江苗寨景区组织冲突的时空分异研究	148	2017	~分异
1049	台商对大陆投资区位分布的时空格局演变	150	2017	~格局演变
1050	基于时空引力模型的环保商品贸易影响因素实证分析	153	2017	~引力模型
1051	经济—社会—科技—资源耦合协调发展的时空分析	153	2017	
1052	中国与"一路"中东盟成员国经济增长时空依赖关系研究——基于时间与空间效应的视角	156	2017	
1053	入世十五年中国在全球经济格局中的时空变迁研究	168	2017	~变迁
1054	中国城市全要素生产率的时空演变与影响因素研究——来自35个主要城市2000~2014年的经验证据	172	2017	
1055	1990~2015年世界能源时空演变特征研究	191	2017	~特征
1056	中国经济发展的时空格局及分布动态演变——基于城市DMSP/OLS夜间灯光数据的研究	192	2017	
1057	基于时空锥理论的"多规冲突"和"多规合一"机理研究	196	2017	~锥
1058	中国农业生态文明发展水平的时空差异与变动趋势	9	2017	
1059	基于非期望产出的城市发展效率时空差异探讨——以中国东部沿海地区城市为例	20	2017	~格局
1060	我国地级及以上城市基础设施投入效率的时空差异研究——基于DEA和Malmquist指数模型	37	2017	
1061	中国城镇公共投资的区域差异与时空演进：2003~2015年	69	2017	
1062	中国省域创新投入—创新产出—创新效益的时空耦合研究	73	2017	

续表

序号	标题	期刊编号	年份	时空关键词
1063	我国最低工资增长机制时空非平稳性测度研究	152	2017	~非平稳性、~地理加权回归模型
1064	长江中游城市群人口—空间—产业城镇化的时空耦合特征分析	153	2017	
1065	中国-东盟自由贸易区粮食生产与贸易的时空格局演变	204	2017	
1066	成渝城市群商品住房价格时空溢出机理研究	7	2017	
1067	中国地级以上城市创新能力的时空格局演变及影响因素分析	20	2017	~格局
1068	山东省旅游城镇化响应的时空分异特征与类型研究	20	2017	~分异
1069	山西省非物质文化遗产时空分布特征及旅游响应	20	2017	~分布
1070	中国地级以上城市"五化"协调发展时空格局及影响因素	21	2017	~分异格局
1071	中国"三生空间"分类评价与时空格局分析	22	2017	
1072	城市产业结构与土地利用效率的时空演变及交互影响	24	2017	
1073	中国城市群绿色发展水平综合测度与时空演化	24	2017	~演化
1074	城市人居环境的时空分异特征及其机制研究——以辽宁省为例	24	2017	~分异
1075	面向时空发展的组织学习理论	39	2017	~发展
1076	中国沿海城市群城镇化效率测度及其障碍因子诊断	58	2017	~特征
1077	时空观视角:国家治理体系和治理能力现代化的阐释	67	2017	社会~观
1078	居住时空、心理所有权与生态补偿意愿——以赣江流域为例	69	2017	居住~
1079	我国三次产业融合发展的时空分异特征	73	2017	~分异
1080	基于DSR模型的三峡库区贫困的时空演变分析——生态减贫视角	73	2017	
1081	中国规模生猪养殖全要素生产率的时空分异及收敛性——基于环境约束的视角	73	2017	~分异
1082	中国海洋经济发展时空特征与地理集聚驱动因素	73	2017	~特征
1083	一带一路背景下民族地区入境旅游时空特征	73	2017	~特征
1084	新型城镇化背景下产城融合的时空格局分析——来自中国285个地级市的实际考察	73	2017	~格局
1085	中国农业经济增长质量的时空差异研究	84	2017	
1086	长三角生产性服务业的时空演变及其特征	104	2017	~演变

续表

序号	标题	期刊编号	年份	时空关键词
1087	我国大宗农产品市场时空差异及影响因素	109	2017	~差异
1088	地租的时空解构与权利再生产——农村土地"非农化"增值收益分配机制探索	137	2017	~解构
1089	知识密集型制造业专利创新运营绩效研究	163	2017	~异质性
1090	金融发展与经济增长的时空演进特征研究——基于长三角的实证分析	166	2017	
1091	京津冀区域公路客运交通碳排放时空特征与调控预测	201	2017	
1092	玉米生产环境成本及全要素生产率的时空研究	204	2017	
1093	基于遥感数据的建三江垦区城镇用地扩张时空特征及驱动力分析	20	2017	~特征
1094	德国在华知识密集制造业投资进入方式的时空特征及区位影响因素	22	2017	~特征
1095	1990~2015年长江中游地区耕地利用转型时空特征	24	2017	~特征
1096	京津冀地区城市化效率与生态效率时空耦合关系研究	34	2017	
1097	湖北省水稻种植模式结构和比较优势时空变化	73	2017	~变化
1098	基于三维景观格局指数的张家界市土地利用格局时空演化	73	2017	~演化
1099	基于大数据的洛阳市旅游流时空分布特征	73	2017	~分布特征
1100	长江经济带城乡协调发展评价及其时空格局	73	2017	~格局
1101	基于Super-DEA模型的厦深高铁可达性效应综合评估与空间分异	73	2017	~压缩效应
1102	山东半岛城市群新型城镇化综合水平的时空变化	73	2017	~动态
1103	创新驱动视角下中国城市经济增长质量时空演变研究	82	2017	
1104	中国工业技术创新资源配置时空分异格局研究——以经济新常态为视角	91	2017	~分异格局
1105	单位社区居民日常活动模式比较研究——以西宁市为例	136	2017	~模式
1106	中国海洋经济发展差异及影响因素分析	153	2017	~差异
1107	中国区域高等教育对经济增长贡献率的时空特征研究——基于中国省域面板数据的实证分析	184	2017	
1108	产学研合作创新效率、影响因素及时空差异	189	2017	
1109	长江经济带工业绿色水资源效率的时空分异与影响因素——基于EBM-Tobit模型的两阶段分析	201	2017	~分异
1110	旅游地乡村聚落产业集聚的时空演化及其驱动机制研究——野三坡旅游地苟各庄村案例实证	201	2017	~演化

续表

序号	标题	期刊编号	年份	时空关键词
1111	广东省城市旅游效率的时空特征及其增长机制	201	2017	~特征
1112	天津市半城市化地区建设用地时空分异特征及形成机制	12	2017	~分异特征
1113	中国城市经济效率的时空分异及其影响因素研究	12	2017	~演变
1114	长江经济带"4E"协调发展时空格局研究	20	2017	~格局
1115	广交会对星级酒店房价影响的时空分异研究——以第117和118届广交会为例	20	2017	~分异
1116	中国省际高校科研成果转化效率时空格局与影响因素——基于网络SBM模型的评价	24	2017	~格局
1117	外商直接投资对雾霾污染的时空传导效应——基于Sp-VAR模型的实证分析	46	2017	
1118	产学研协同创新效率的时空演变及提升对策——基于空间杜宾模型的研究	57	2017	
1119	江苏省环境竞争力时空演变研究——基于静态和动态双重评价分析	58	2017	
1120	河南省县域城乡收入差异及演化格局	58	2017	~差异
1121	中国高技术产业及其细分行业发展时空演变特征	73	2017	
1122	多维邻近下新型城镇化的时空分异特征和驱动机制——以长江经济带为实证	73	2017	~分异
1123	湖南省城市土地利用全要素生产率时空演变及影响因素	73	2017	~演变
1124	一带一路国家绿色全要素生产率的时空演变及影响机制	74	2017	
1125	中国软件和信息技术服务业发展水平格局时空演变研究	75	2017	
1126	加入WTO后中国制造业FDI时空格局变迁研究	97	2017	~格局变迁
1127	浙江省旅游业发展与经济增长关系的时空格局及影响机理	100	2017	~格局
1128	中国县域农村人口空心化程度的测度及时空分异特征	115	2017	~分异
1129	中国城市的企业家精神——时空分布与影响因素	119	2017	~分布
1130	民营经济与区域经济协调发展的时空特征及驱动机制研究	128	2017	
1131	长江经济带省际贸易网络结构时空特征及其影响因素研究	132	2017	
1132	1991年来台商对大陆装备制造业直接投资时空格局演变	150	2017	~格局
1133	互联网+的技术红利与非预期后果	151	2017	工业~、虚拟~

续表

序号	标题	期刊编号	年份	时空关键词
1134	中国马铃薯种植的时空布局演化研究	153	2017	~布局
1135	中国产业结构高度化的时空差距及其分布动态演进	176	2017	
1136	长江经济带土地城镇化时空格局及其驱动力研究	178	2017	~格局演变
1137	应对气候变化关键技术创新差异的时空格局——以"一带一路"沿线国家为例	191	2017	~格局
1138	山东省城乡建设用地转型的时空格局	204	2017	
1139	中国海洋生态效率时空分异及其与海洋产业结构响应关系识别	20	2017	
1140	中国省域旅游经济增长的时空跃迁及其趋同研究	20	2017	~跃迁
1141	中国水—能源—粮食压力时空变动及驱动力分析	20	2017	~变异
1142	长江中游城市群要素集聚能力的时空演变	22	2017	~演变
1143	基于网络关注度的北京市居民对5A级景区旅游需求时空特征分析	34	2017	~特征
1144	西安城市贫困阶层的空间聚居研究	34	2017	~演化
1145	中国绿色创新能力的时空分异与收敛性研究	39	2017	~分异
1146	基于动态复杂网络的世界棉花贸易时空分异特征与贸易格局分析	45	2017	~分异特征
1147	榆林市农业现代化发展水平与效率的时空演变	73	2017	
1148	技术内生下的中国区域能源强度时空演化研究	82	2017	~演化
1149	新型城镇化建设对绿色经济效率影响的时空效应分析	82	2017	
1150	京津冀产学研专利合作网络时空演化研究	112	2017	~演化
1151	基于偏离份额法的中国污染产业转移时空演变及其环境效应	121	2017	~演变
1152	可持续生计视阈下县域多维贫困测度与时空演化研究——以四川藏区行政区划县为例	121	2017	
1153	安徽省"五化"协调发展效率的时空动态演进	154	2017	
1154	长江经济带区域发展差异时空格局研究	178	2017	~格局
1155	长江经济带入境旅游经济时空格局动态性——基于ESDA&GWR法	178	2017	
1156	中部三省城市建设用地功能时空演化特征	178	2017	~演化特征
1157	差序信任机制的时空流变及其类型分化——以转型中国加速网络化为分析背景	181	2017	~秩序
1158	中国建设用地集约利用与碳排放效率的时空演变与影响机制	201	2017	

续表

序号	标题	期刊编号	年份	时空关键词
1159	中国社会经济系统资源环境压力的时空差异	201	2017	~差异
1160	1997~2013年中国绿色GDP核算及时空格局研究	204	2017	
1161	我国民航运输企业区位选择的时空演化及其成因分析	17	2017	
1162	中国公路运输全要素生产率时空演化及区域竞争——基于Hicks-Moorsteen指数框架	20	2017	
1163	长江经济带工业废水排放的时空格局演化及驱动因素	20	2017	~格局
1164	东北振兴以来吉林省区域经济差异的时空演变研究	20	2017	
1165	浙江省A级物流企业时空格局特征研究	20	2017	~格局
1166	长江三角洲地区物流供应链时空演化及其影响因素——基于国际货代企业数据的分析	24	2017	~演化
1167	全要素福利绩效的时空演化与影响因素研究——以长江经济带11省市为例	28	2017	
1168	中国农业增长质量的时空特征与动态演进：2000~2015年	40	2017	
1169	安徽省新型城镇化质量时空特征及其驱动因子	58	2017	~特征
1170	天猫平台入驻店铺时空格局及变化特征	73	2017	
1171	中国14个集中连片特困地区自我发展能力测算及时空演变分析	73	2017	
1172	长江中游经济带土地利用转型时空格局及其生态服务功能影响	73	2017	~格局
1173	中国对非直接投资时空演化及其影响因素	73	2017	~演化
1174	旅游业驱动的区域航空网络时空演化特征	73	2017	~演化特征
1175	连片特困地区旅游扶贫效率评价及时空分异——以武陵山湖南片区20个县（市、区）为例	73	2017	~分异
1176	中国区域资本时空演变特征及其对经济增长影响	73	2017	~演变
1177	中国民航机场结构的时空演变特征及优化选择	73	2017	~演变
1178	中国人口半城镇化率时空分异特征及影响因素	73	2017	~分异
1179	1990年以来中国经济重心和人口重心时空轨迹及其耦合趋势研究	82	2017	~演变
1180	1970~2015年上海环城游憩带时空演变与动力机制研究	101	2017	~演变
1181	农业科研投资的经济效益测算、时空特征与影响因素——基于空间计量经济模型及中国的实证	121	2017	~特征
1182	时空修复视域中资本金融化的背反属性	151	2017	~修复

续表

序号	标题	期刊编号	年份	时空关键词
1183	西部地区自然资源与产业结构耦合度的时空演变分析	153	2017	
1184	青海藏区县域多维贫困测度与时空演进分析	153	2017	
1185	我国农产品生产集聚的时空格局及影响因素——以蔬菜生产为例	158	2017	
1186	产业结构、能源消费与我国雾霾的时空分布	172	2017	
1187	江苏城镇化发展质量时空差异分析及新型城镇化发展分类导引	178	2017	~差异
1188	武汉城市圈城市空间相互作用时空演变分析	178	2017	
1189	中国区域生态经济投入效益测度及其时空演化分析	191	2017	~演化
1190	中国技术进步实现路径及其时空分异规律	191	2017	~分异
1191	中国集中连片特困地区农民收入的时空演变及影响因素	191	2017	~演变
1192	基于行业分类的工业用地演变研究——以北京市为例	196	2017	~分异
1193	中国土地利用空间均衡度时空特征分析	196	2017	~特征
1194	基于非期望产出的中国海洋渔业经济效率评价与时空分异	201	2017	
1195	环渤海地区海洋经济增长质量时空分异与类型划分	201	2017	~分异
1196	武汉城市群消费结构时空演变特征	15	2017	
1197	中国地级以上城市土地经济密度差异的时空演化分析	20	2017	~演化
1198	云南省县域城镇化与交通优势度的时空协同性演化分析	20	2017	~演化
1199	纳入气候要素的重庆市农业全要素生产率增长时空分布分析	20	2017	~分布
1200	基于性别比较的北京城市居民活动的时空弹性研究	22	2017	~制约、~弹性
1201	1980~2015年宁夏农作物种植结构时空变化特征分析	34	2017	~变化
1202	长江经济带城乡收入差距时空演变及影响因素（2000~2015年）	58	2017	~差异
1203	粮食主产区粮食生产技术效率时空特征分析	58	2017	~差异
1204	河南省产业转移承接力时空格局与优化路径分析	73	2017	~格局
1205	互联网对中国区域创新的作用机理与效应	73	2017	~演化
1206	环境约束下的粮食主产区耕地利用效率时空演变特征	73	2017	
1207	武汉城市圈路网通达性与经济联系时空演变及关联分析	73	2017	~演变
1208	北极通航背景下中欧海运航线的时空格局	73	2017	
1209	主题公园演艺项目对旅游者活动空间的影响——基于时空可达性的分析	101	2017	~可达性

续表

序号	标题	期刊编号	年份	时空关键词
1210	中国信息社会发展水平的时空分异研究：2007~2016年	111	2017	~分异
1211	农业专利技术扩散的时空规律——以水稻抛秧技术为例	112	2017	~模型
1212	系统性金融风险：测度与时空格局演化分析	154	2017	~格局
1213	基于时空分析模型的城市房地产政策区域扩散效应	162	2017	~模型
1214	长江经济带区域创新绩效时空特征分析	178	2017	
1215	长江经济带城市生态承载力时空格局研究	178	2017	~格局
1216	中国旅游经济增长源泉分解及其时空演化特征	178	2017	
1217	中国省域森林公园旅游发展效率测度及其时空格局演化	178	2017	~格局
1218	中国耕地非农化压力时空格局的演变分析	178	2017	~格局演变
1219	中国耕地休耕制度基本框架构建	191	2017	~配置
1220	长江中游城市群土地利用效率测算：现实机理与时空分异	191	2017	~分异
1221	土地利用动态规划研究	196	2017	~锥理论、人地权籍~系统理论
1222	中国省际土地利用隐性形态时空格局、驱动力与转型模式	196	2017	~格局
1223	中国能源消费结构地域分布的时空分异及影响因素	201	2017	~分异
1224	国际制造业转移与碳转移的时空耦合效应	201	2017	~耦合效应
1225	长三角珠三角城市人口和经济规模分布特征比较研究——基于齐普夫定律的视角	15	2018	~动态
1226	中国省域消费水平及影响因素的时空异质性分析	20	2018	~异质性
1227	邻里建成环境对居民外出型休闲活动时空差异的影响——以广州市为例	20	2018	
1228	新型城镇化对城市生态环境质量的影响及时空效应	37	2018	
1229	安徽省绿色经济增长时空变化及影响因素研究	58	2018	
1230	中国地市经济发展不平等的时空关联结构演变	58	2018	全局~关联、局部~关联
1231	中国肉羊产业时空演变的特征分析	64	2018	~演变
1232	长三角城市群产业生态效率及其时空跃迁特征	73	2018	~跃迁
1233	1984~2013年中国PPP发展的时空格局与影响因素	73	2018	~格局
1234	全面二孩背景下我国省际人口分布时空演变	73	2018	

续表

序号	标题	期刊编号	年份	时空关键词
1235	辽中南城市群城市用地结构的时空演变分析	73	2018	
1236	中国高技术产业转移趋势时空分析——基于 1995～2015 年中国高技术产业相关数据	89	2018	
1237	论地权的基本内涵与地权模式的时空差异	103	2018	
1238	中国县域农村人口空心化——内涵、格局与机理	118	2018	~分异
1239	黑龙江省旅游经济与生态环境时空耦合研究——基于"坚持人与自然和谐共生"的视角	128	2018	~特征
1240	长江经济带城镇化发展质量测度及时空差异分析	153	2018	
1241	基于 Markov - MCMC 估计的金融支持效率时空演变分析	153	2018	~演变
1242	长江三角洲典型城市工业用地价格偏离时空差异及影响因素研究	178	2018	
1243	基于 DEA - Malmquist 指数二次分解模型的江苏省旅游产业效率时空演变及影响因素	178	2018	
1244	中国省域工资水平演变寻踪	15	2018	~演变
1245	山东省城镇化包容性发展的时空格局	24	2018	
1246	中国林业全要素生产率的时空演变及集聚特征分析	58	2018	~演变
1247	皖江城市带经济增速空间相关结构的时空演化特点——基于 Sampson - Guttorp 方法的实证研究	58	2018	
1248	中国省域科技与金融耦合效率的时空演进	73	2018	
1249	干旱区内陆河流域农村多维贫困的时空格局及影响因素——以石羊河流域为例	73	2018	~格局
1250	鄱阳湖生态经济区粮食单产时空格局演变及驱动因素探究	73	2018	~格局演变
1251	1996～2015 年我国经济重心的时空演变轨迹——基于 291 个地级市数据	73	2018	~演变
1252	21 世纪以来中国高新技术企业的时空分布和影响机制	73	2018	~演变
1253	时空动态半参数变系数随机效应面板模型的估计	146	2018	~动态
1254	β 收敛、空间依赖与中国制造业发展	146	2018	~β 收敛
1255	特大城市群污染密集型产业转移与决定因素——以京津冀为例	160	2018	~演进
1256	武汉城市圈城镇用地扩展的时空格局与规模等级模式分异研究	178	2018	~格局
1257	重心转移视角下新型城镇化与生态足迹时空差异及其耦合关系研究——以四川省为例	178	2018	~差异

续表

序号	标题	期刊编号	年份	时空关键词
1258	中国重点生态功能区生态用地时空格局变化研究	196	2018	
1259	江苏省城乡建设用地经济密度的时空格局演变研究	196	2018	
1260	中部地区资源型城市质量与规模时空差异演化研究——以山西省为例	204	2018	~差异
1261	中国经济增长中水资源消耗的时空变化分解研究	16	2018	~演绎
1262	中国科技创新与可持续发展耦合协调及时空分异研究	20	2018	
1263	广东省"人口—经济—土地—社会—生态"城市化协调度时空变化及其聚类模式	21	2018	~聚类模式
1264	黄淮海平原耕地功能演变的时空特征及其驱动机制	22	2018	~特征
1265	1985~2015年全球贸易网络格局的时空演化及对中国地缘战略的启示	24	2018	
1266	中国铁路运输效率时空演化特征及机理研究	24	2018	~演化
1267	跨界道路交通对同城化地区时空联系影响研究：广佛案例	24	2018	
1268	近25年横断山区国土空间格局与时空变化研究	24	2018	~格局
1269	住房价格分异、公共基础设施与城市空间重构——基于西安市的时空演化视角	38	2018	~演化
1270	海上丝绸之路沿线国家投资贸易便利化时空特征及对贸易的影响	73	2018	~特征
1271	中国港口业与区域经济增长的时空关联模式演变	73	2018	~关联
1272	湖南文化产业发展的时空特征与影响因素分析	73	2018	
1273	中国沿海地区海洋生态经济系统脆弱性与协调性时空演变	73	2018	~演变
1274	我国旅游公共服务质量时空演化及形成机理分析	73	2018	~优化
1275	节假日旅游流时空分异及其形成机制——以云南省为例	73	2018	~分异
1276	中原经济区省际边界区域经济格局时空演化	73	2018	~格局
1277	基于GWR和sDNA模型的广州市路网形态对住宅价格影响的时空分析	73	2018	
1278	中国高技术产业研发补贴的时空分异研究	91	2018	
1279	基于管理熵的景区游客时空分布优化仿真研究	100	2018	游客~分布
1280	人口结构与经济耦合发展空间演化特征研究——以江苏省县域尺度为例	117	2018	~演化
1281	2001~2015年全球健康产业贸易网络特征研究	119	2018	~特征

续表

序号	标题	期刊编号	年份	时空关键词
1282	长江三角洲船舶代理服务业空间组织网络时空演化——基于两省一市分析	119	2018	~演化
1283	互联网+与体育旅游商业模式创新：基于"时空关"的概念性框架	133	2018	~关
1284	省域金融集聚、经济发展与生态效率的时空耦合特征分析	153	2018	~耦合
1285	农村居民收入差异时空演变及其影响因素分析	153	2018	
1286	贝叶斯层次时空模型在省际人口流入分析中的应用	153	2018	~统计分析
1287	中国与中亚贸易的质量研究——基于国家时空视角	174	2018	
1288	杭州湾南岸城乡建设用地时空演化特征分析	178	2018	~特征
1289	安徽省公路交通与经济发展水平测度及协调性研究	178	2018	~格局
1290	全域旅游背景下中国省域旅游产业与区域发展时空耦合及驱动力	191	2018	
1291	极化理论视角下城市建设用地利用效率的时空异质性	191	2018	
1292	中国产业结构与就业结构协调性时空演变研究	192	2018	~演变
1293	中国农地利用结构变化的碳效应及时空演进趋势研究	196	2018	~耦合
1294	科技企业孵化器与企业孵化器的联系与区别——基于时空背景转换的分析及启示	202	2018	~背景
1295	1990~2014年中国煤炭运输网络的时空特征研究	204	2018	
1296	基于时空经济理念的城市交通枢纽发展对策	12	2018	~分析
1297	快速交通对大都市郊区居住空间发展的作用机制——基于时空经济属性视角的分析	12	2018	
1298	2005~2015年耕地多功能时空演变及其协同与权衡研究——以重庆市沙坪坝区为例	20	2018	~演变
1299	基于梯度推移理论的石家庄市城区住宅地价时空演变研究	34	2018	
1300	互联网共享出行的物信关系与时空经济分析	38	2018	~经济分析
1301	城镇化进程中我国粮食生产系统多功能转型时空格局研究——以黄淮海地区为例	73	2018	
1302	中国城市规模分布时空演化特征——基于"五普"和"六普"人口统计数据的实证研究	73	2018	
1303	中国城市群金融联系网络时空格局演化及影响因素	73	2018	
1304	中国城市科技研发效率的时空演变与影响因素	92	2018	
1305	中国物流业绿色全要素生产率的时空演化及动因分析	121	2018	

续表

序号	标题	期刊编号	年份	时空关键词
1306	中国八大综合经济区科技创新能力的区域差距及其影响因素研究	146	2018	~转移
1307	长江经济带全要素生态效率的时空分异与演变	178	2018	
1308	中国城乡收入不平等的时空演进及影响因素分析——基于收入两极分化视角	3	2018	~演进
1309	中国城镇化对建筑业碳排放影响的时空差异	4	2018	~差异分析
1310	长株潭地区农业功能的时空变化特征及发展策略研究	20	2018	~变化
1311	2005~2014年中国农村水贫困与农业现代化的时空耦合研究	20	2018	~格局
1312	时空压缩下的中国乡村空间生产——以广州市域乡村投资为例	21	2018	~压缩
1313	基于引力模型的经济空间结构时空演变分析——以河南省为例	24	2018	~分布特征
1314	基于专利转移网络视角的长三角城市群城际技术流动的时空演化	24	2018	~演化
1315	绩效视角下区域旅游发展格局的时空动态及耦合关系——以泛长江三角洲为例	24	2018	~动态
1316	中国城镇居民消费结构的时空演变规律及其在需求拉动模型中的应用	37	2018	
1317	中国省际户籍匹配工业偏离的时空演变及驱动因素	49	2018	
1318	城市竞争力与房地产业耦合协调发展的时空特征分析——基于我国35个大中型城市的实证研究	58	2018	
1319	中国战略性新兴产业空间格局演变与优化	73	2018	~演变
1320	长江中游地区制造业企业时空演化格局	73	2018	~演化
1321	中国县域粮食产量时空演变及影响因素变化	73	2018	~格局
1322	中国沿海城市开发强度与资源环境承载力时空耦合协调关系	73	2018	
1323	江西省城镇化效率与经济发展水平的时空耦合关系	73	2018	
1324	中国高技术制造业集聚水平的时空演变特征——基于空间统计标准差椭圆方法的实证研究	89	2018	~演变
1325	中国人口老龄化时空演化特征的比较分析——基于固定年龄与动态年龄指标的测算	116	2018	
1326	欧美旅游者在秦始皇帝陵博物院的情感体验时空变化	119	2018	~变化
1327	南京市住宅价格时空分异格局及其影响因素分析——基于地理加权回归模型的实证研究	119	2018	~分异

续表

序号	标题	期刊编号	年份	时空关键词
1328	广州市低收入群体户外活动的时空排斥及其影响机制	119	2018	~排斥
1329	城市空间生产关系的集聚—扩散效应：时空修复与空间正义	134	2018	~修复
1330	我国双创能力的时空差异及其耦合效应分析	146	2018	~差异
1331	新常态下区域经济增长贝叶斯时空统计分析	153	2018	贝叶斯层次~模型
1332	基于ESDA-GWR的浙江县域生产性服务业时空特征及影响因素分析	178	2018	~演变
1333	世界遗产视野下的"一带一路"时空解读	179	2018	~解读
1334	货币一体化政策的时空分异研究——基于欧元区国家异质性的实证分析	180	2018	
1335	明清太湖流域植棉业的时空分布——基于环境"应对"之分析	187	2018	~分布
1336	中国城乡一体化与经济发展水平的协调发展研究	194	2018	区域~差异
1337	基于地理探测器的城市建设用地规模时空差异及影响因素分析	196	2018	~差异
1338	长江经济带生态效率时空格局演化及影响因素研究	200	2018	~格局
1339	江苏省县域农业温室气体排放：时空差异与趋势演进	201	2018	~差异
1340	中国城镇家庭住房质量时空差异分析	15	2018	~差异
1341	供给侧改革驱动中国工业绿色发展的动力结构及时空效应	20	2018	~效应
1342	东北地区旅游经济影响因素时空特征研究	20	2018	
1343	基于重心-GTWR模型的京津冀城市群城镇扩展格局与驱动力多维解析	22	2018	~地理加权回归
1344	环渤海地区人海经济系统环境适应性时空差异及影响因素	22	2018	~差异
1345	广州市产业生态化时空演变特征及驱动因素	24	2018	~演变
1346	2000~2015年中国农村能源贫困的时空变化与影响因素	24	2018	~变化
1347	中国省域科技创新模式及其时空演变	24	2018	~演变
1348	长江经济带绿色创新效率的时空分异及影响因素研究	54	2018	
1349	中国省域农业保险发展水平的时空格局及影响因素	73	2018	~格局
1350	基于修正碳计量的区域农业碳补偿时空格局	73	2018	~格局
1351	环京津贫困带的时空演变与形成机理	73	2018	~演变

续表

序号	标题	期刊编号	年份	时空关键词
1352	长江中游城市群高速铁路可达性格局及演变	73	2018	~压缩
1353	中国经济失衡的国际时空特征考察	82	2018	~特征
1354	中国生猪养殖生产效率的时空特征差异研究	110	2018	~差异
1355	中国农业绿色全要素生产率时空分异与演化研究	166	2018	
1356	自然资源科学研究和利用管理改革的基本思路与主要任务	196	2018	人地关系权籍~系统
1357	湘鄂赣三省多级城镇用地扩张时空特征	201	2018	~统计模型、~特征
1358	中原经济区城镇居民消费间接碳排放时空格局及其影响因素	201	2018	~格局
1359	我国稻谷供给与消费平衡的时空格局	204	2018	
1360	中国地级市绿色城镇化时空格局演变	15	2018	~格局
1361	珠江三角洲地区服务业与城镇化协调关系的时空演变	20	2018	
1362	中国东部地区国内旅游消费与城镇化协调关系研究	20	2018	~分异
1363	中国省域绿色发展效率的时空格局及其影响因素	33	2018	~格局
1364	TPP进程中亚太国家直接投资的变动趋势——基于STAR模型的分析	47	2018	~自回归模型
1365	长三角城市群产业结构转型城镇空间响应的时空分异	58	2018	
1366	趋同还是趋异：时空视域下的中国社会保障水平	68	2018	
1367	耕地多功能权衡与协同时空格局的动态分析——以湖北省为例	73	2018	
1368	中国－东盟旅游流网络结构特征与重心轨迹演变	73	2018	~演变
1369	江苏省水利风景区时空演变及其影响因素	73	2018	~演变
1370	2003年以来东北地区城乡协调发展的时空演化	73	2018	
1371	文化距离对北京入境游客时空行为的影响研究	119	2018	~行为
1372	跨地区生计视角下流动人口在流出地住房投资行为的时空特征	119	2018	~特征
1373	中国普惠金融耦合协调关系及时空分异研究——来自省际面板数据的证据	121	2018	~分异
1374	长江经济带城市化与生态环境耦合、协调特征及时空演化规律研究	149	2018	~演化规律
1375	新常态下经济增长质量测度与时空格局演化分析	153	2018	

续表

序号	标题	期刊编号	年份	时空关键词
1376	时空维度视角下的统计指数公理化检验方法演化研究	154	2018	
1377	民营经济发展的跨时空特征——基于前后金融危机时期的对照研究	189	2018	
1378	区域国土开发强度与资源环境承载力时空耦合关系研究——以沈阳经济区为例	196	2018	~耦合
1379	中国科技金融投入的经济增长质量效应——基于时空异质性视角的研究	5	2018	~异质性
1380	长江经济带城市绿色创新效率时空分异及其影响因素	15	2018	
1381	基于时序NDVI的山西六大煤田土地利用变化研究	34	2018	~变化
1382	长江经济带物流产业效率的时空演化及其影响因素	73	2018	~演化
1383	振兴以来东北限制开发区绿色发展水平时空分异与影响因素	73	2018	~分异
1384	基于预警平台大数据的事件旅游客流时空分布研究	144	2018	~分布
1385	基于投影寻踪模型的湖南省土地多功能时空演变分析	178	2018	~格局
1386	海南省少数民族地区旅游扶贫效率测度与时空演化分析	194	2018	~演进
1387	敦煌市夜晚经济时空变化规律研究——以敦煌夜市为例	12	2018	~变化
1388	中国城市脆弱性的时空变化及其内在机理——基于"五普""六普"及《中国城市统计年鉴》数据的分析	15	2018	
1389	中国邻避冲突的设施类型、时空分布与动员结构——基于531起邻避个案的实证分析	15	2018	
1390	基于土地利用角度的镇域乡村性时空变化研究——以广州市番禺区和从化区为例	20	2018	
1391	中国化肥投入管制的时空演化及影响因素分析	20	2018	
1392	珠三角制造业集聚特征及基于增量的演变分析	21	2018	~演变
1393	京津冀人口时空变化特征及其影响因素	24	2018	~格局
1394	2002~2015年中国社会保障水平时空分异及驱动机制	24	2018	~分异
1395	中国流通产业与城镇化耦合协调发展的时空演进分析	28	2018	
1396	我国主要入境客源地游客的时空特征及影响因素	73	2018	~变化
1397	我国制造业"四链"协同升级的一个现实途径：服务化转型	79	2018	~分异
1398	多源时空大数据视角的城市商圈空间结构及影响因素研究——基于核密度与空间面板模型的实证	81	2018	多源~大数据
1399	科技创新、金融发展对区域出口贸易技术水平的影响——基于长江经济带2001~2016年数据的时空模型	89	2018	

续表

序号	标题	期刊编号	年份	时空关键词
1400	供给侧结构性改革背景下中国旅游供需耦合协调度及其时空特征	100	2018	~特征
1401	时空压缩下的经济趋同	113	2018	~压缩
1402	中国外商投资区位选择的时空格局与影响因素	119	2018	
1403	中国城市房价时空特征与影响机制研究——基于贝叶斯分域时空模型的实证	145	2018	~演变
1404	中国城市制造业与生产性服务业规模分布的空间特征研究	146	2018	~演进
1405	基于时空经济理论的共享经济理论内涵解析	176	2018	~经济理论
1406	1980年以来南京市建设用地扩张阶段性特征	178	2018	~特征
1407	中国海洋产业生态化水平综合评价	191	2018	~分异
1408	中国城市化质量综合评价及其时空特征	191	2018	~特征
1409	中国省域PM2.5浓度行业驱动因素的时空异质性研究	191	2018	~异质性
1410	产业一体化与城市土地利用效率的时空耦合效应——以长江中游城市群为例	196	2018	~计量分析
1411	高铁对京津冀城市群时空格局的影响	15	2018	
1412	东北地区城市土地经济密度格局演变	15	2018	~格局演变
1413	基于三维生态足迹的中国自然资本利用时空演变及驱动力分析	21	2018	~演变
1414	长沙都市区生境质量对城市扩张的时空响应	21	2018	
1415	城市住宅地价影响因素的定量识别与时空异质性——以武汉市为例	21	2018	~分异
1416	全球贫困国家旅游竞争力与经济发展的耦合协调度及时空变化	21	2018	~变化
1417	中国大陆省际旅游效率时空演化及其俱乐部趋同研究	21	2018	
1418	中国人口与土地城镇化时空耦合特征及驱动机制	22	2018	
1419	京津冀地区经济增长的时空分异与影响因素	22	2018	~分异
1420	空间数据统计分析的思想起源与应用演化	24	2018	~大数据
1421	杭州文化创意产业集聚特征与时空格局演变	73	2018	
1422	基于GIS-DEA的大城市周边小城镇发展效率评价——以武汉为例	73	2018	~分异
1423	人口城镇化发展与城乡人口老龄化的互动关系	73	2018	~异质性
1424	我国城镇化发展与土地集约利用的时空耦合及调控格局	77	2018	~演变

续表

序号	标题	期刊编号	年份	时空关键词
1425	国家科技创新能力时空差异性评价——中国与全球十国对比分析	89	2018	~差异性
1426	中国开发区发展阶段与时空分布特征研究	93	2018	
1427	长江经济带物流全要素生产率测度及时空演变	153	2018	~差异
1428	绿色金融发展及影响因素时空维度分析	153	2018	
1429	京津冀能源强度及其影响因素重心演变时空特征分析	154	2018	
1430	长江经济带城市扩张的时空特征与生态响应	178	2018	
1431	高铁背景下城市铁路可达性与空间相互作用格局——以江西省为例	178	2018	~格局
1432	中国省域森林公园旅游产业竞争力的时空演化特征及影响因素	178	2018	~演变
1433	基于生态足迹—服务价值法的生态承载力时空演化	178	2018	~演化
1434	基于ESDA-GIS的成渝城市群人居环境质量测度与时空格局分异研究	194	2018	
1435	中国沿海地区海洋经济效率时空演化及影响因素分析	201	2018	
1436	长江经济带城市土地利用效率评价	201	2018	~变化
1437	中国入境旅游的时空演化及收敛特征	1	2018	~演化
1438	中国物流产业效率的时空演化	3	2018	
1439	区域旅游业碳排放的时空差异——以山东省为例	4	2018	~差异
1440	财政分权体制下的城市创新水平提升——基于时空异质性的分析	11	2018	
1441	中国城市创新网络的时空复杂性及生长机制研究	20	2018	~演化
1442	中国对"一带一路"沿线国家出口增长的边际特征时空变化	20	2018	
1443	公众参与型环境规制的时空格局及驱动因子研究——以长江经济带为例	20	2018	~演变
1444	东北地区可持续生计安全时空分异格局及障碍因子诊断	20	2018	
1445	专业村集聚时空演化特征——以河南太行山麓为例	24	2018	
1446	长江经济带绿色全要素生产率的时空分异特征研究	38	2018	
1447	当代资本主义发展的空间隔离及其危机变化——兼论中美贸易摩擦	40	2018	~特征
1448	四川藏区贫困地区旅游经济差异及其影响因素	42	2018	~差异
1449	民族八省区旅游扶贫效应的时空分异、成因及优化对策研究	42	2018	~分异

续表

序号	标题	期刊编号	年份	时空关键词
1450	中国网络社会的发展历程与时空扩展	67	2018	~拓展
1451	演变与重塑：中国农民生活空间的变迁	67	2018	~社会学
1452	1978~2015年中国糖料作物生产集中化水平变迁	73	2018	~分异格局
1453	珠三角区域城市房价泡沫时空传染效应及其防范研究	75	2018	~传染效应
1454	人口老龄化抑制中国经济增长了吗？	78	2018	~特征
1455	文化资本与创新影响经济增长的时空差异性研究	123	2018	~效应
1456	电力行业区域环境效率时空差异及其影响因素研究	153	2018	~差异
1457	省际教育行业资本存量及其时空特征研究	154	2018	
1458	基于时空观的绿色创业生态系统共生演化仿真研究	173	2018	~模型
1459	基于地理探测器的土地开发度时空差异及其驱动因素	178	2018	~差异
1460	重庆市2000~2015年土地利用变化时空特征分析	178	2018	
1461	中国生态文明建设与科技创新耦合协调时空演变	189	2018	
1462	长三角城市群生态宜居宜业水平的时空差异与分布特征	191	2018	~差异
1463	农户机械化服务支出的时空演变与驱动因素——基于2004~2016年湖北省县级面板数据的实证分析	197	2018	
1464	中国土地流转价格时空演化与宏观机制研究	201	2018	~演化
1465	2007~2015年中国农村居民点用地与农村人口时空耦合关系	204	2018	
1466	中国省际市场分割程度的时空格局及影响因素	20	2018	~格局
1467	1998~2013年中国地级单元制造业规模与结构高级度协调发展的时空特征	20	2018	
1468	南京城市住宅"租售比"时空格局与分异机理	20	2018	
1469	中国县域农业劳动力变化与农业经济发展的时空耦合及其对乡村振兴的启示	22	2018	~耦合
1470	消费转型背景下度假型旅游地时空修复——基于三亚海棠湾的案例研究	22	2018	~修复
1471	中国沿海三大城市群企业创新时空格局与影响因素	73	2018	~格局
1472	中国猪肉价格变动的时空效应	73	2018	~效应
1473	中国对美国高新技术产业直接投资的时空演变和驱动机制分析	73	2018	
1474	江苏省粮食生产时空格局及其驱动因素	73	2018	
1475	基于数字足迹的游客时空行为特征分析——以南京市为例	73	2018	~特征

续表

序号	标题	期刊编号	年份	时空关键词
1476	中国星级酒店业 TFP 时空特征与影响因素研究	101	2018	
1477	大数据支持下的酒店业空间格局演进与预测：武汉案例	101	2018	~演化
1478	时空经济视角下高新产业资本配置路径分析	153	2018	~途径
1479	信息技术、所有制结构与电子商务产业集聚——产业集聚力影响因素的实证检验	164	2018	~异步性
1480	长江中游经济带交通区位条件变化与建设用地扩张时空耦合规律	178	2018	~耦合关系
1481	浙江省土地利用格局时空变化及生态风险评价	178	2018	
1482	基于 DEA 模型的西南地区耕地利用效率时空格局演变及影响因素分析	178	2018	~格局
1483	中关村产学研合作创新网络的时空演化	189	2018	~演化
1484	人口信息化与人口城镇化协调性及其时空演变	191	2018	
1485	中国土地流转的时空演变特征及影响因素研究	204	2018	

备注：序号是依据发表时间等信息确定的论文序号，期刊编号对应期刊名称见表 m-2，时空关键词是指论文关键词中的时空词汇。~表示时空。

本书期刊编号与期刊名称见表 m-2。

表 m-2　　　　　　　期刊编号与期刊名称

编号	名称
1	安徽大学学报（哲学社会科学版）
2	北京大学学报（哲学社会科学版）
3	北京工商大学学报（社会科学版）
4	北京理工大学学报（社会科学版）
5	财经科学
6	财经理论与实践
7	财经问题研究
8	财经研究
9	财贸经济
10	财政研究
11	产业经济研究
12	城市发展研究
13	城市规划

续表

编号	名称
14	城市规划学刊
15	城市问题
16	大连理工大学学报（社会科学版）
17	当代财经
18	当代经济科学
19	当代经济研究
20	地理科学
21	地理科学进展
22	地理学报
23	地理学与国土研究
24	地理研究
25	地理与地理信息科学
26	地域研究与开发
27	东北大学学报（社会科学版）
28	东南学术
29	福建论坛（人文社会科学版）
30	福建师范大学学报（哲学社会科学版）
31	复旦学报（社会科学版）
32	改革
33	甘肃社会科学
34	干旱区资源与环境
35	管理工程学报
36	管理科学
37	管理评论
38	管理世界
39	管理学报
40	广东财经大学学报
41	广东社会科学
42	广西民族大学学报（哲学社会科学版）
43	广西民族研究
44	贵州社会科学
45	国际经贸探索

续表

编号	名称
46	国际贸易问题
47	国际商务（对外经济贸易大学学报）
48	国际新闻界
49	海南大学学报（人文社会科学版）
50	河北经贸大学学报
51	河北学刊
52	河海大学学报（哲学社会科学版）
53	河南大学学报（社会科学版）
54	宏观经济研究
55	湖北大学学报（哲学社会科学版）
56	湖北社会科学
57	湖湘论坛
58	华东经济管理
59	华东理工大学学报（社会科学版）
60	华南农业大学学报（社会科学版）
61	华南师范大学学报（社会科学版）
62	华中科技大学学报（社会科学版）
63	华中农业大学学报（社会科学版）
64	会计研究
65	价格理论与实践
66	江淮论坛
67	江苏社会科学
68	江西财经大学学报
69	江西社会科学
70	教学与研究
71	金融研究
72	晋阳学刊
73	经济地理
74	经济管理
75	经济经纬
76	经济科学
77	经济理论与经济管理

续表

编号	名称
78	经济评论
79	经济社会体制比较
80	经济体制改革
81	经济问题
82	经济问题探索
83	经济学动态
84	经济学家
85	经济研究
86	经济与管理研究
87	开放时代
88	科技管理研究
89	科技进步与对策
90	科学技术与辩证法
91	科学学研究
92	科学学与科学技术管理
93	科研管理
94	兰州大学学报（社会科学版）
95	兰州学刊
96	理论前沿
97	理论探讨
98	理论学刊
99	理论与改革
100	旅游科学
101	旅游学刊
102	马克思主义研究
103	南京农业大学学报（社会科学版）
104	南京社会科学
105	南开学报（哲学社会科学版）
106	南通大学学报（社会科学版）
107	内蒙古大学学报（人文社会科学版）
108	农村经济
109	农业技术经济

续表

编号	名称
110	农业经济问题
111	情报科学
112	情报杂志
113	求是学刊
114	求索
115	人口学刊
116	人口研究
117	人口与发展
118	人口与经济
119	人文地理
120	人文杂志
121	软科学
122	厦门大学学报（哲学社会科学版）
123	山东大学学报（哲学社会科学版）
124	山西财经大学学报
125	陕西师范大学学报（哲学社会科学版）
126	商业经济研究
127	商业经济与管理
128	商业研究
129	上海财经大学学报
130	上海行政学院学报
131	上海会计
132	上海经济研究
133	上海体育学院学报
134	社会科学
135	社会科学家
136	社会科学战线
137	社会学研究
138	社会主义研究
139	生产力研究
140	史学月刊
141	世界经济文汇

续表

编号	名称
142	世界经济研究
143	世界经济与政治论坛
144	数据分析与知识发现
145	数理统计与管理
146	数量经济技术经济研究
147	税务研究
148	思想战线
149	四川师范大学学报（社会科学版）
150	台湾研究集刊
151	天津社会科学
152	统计研究
153	统计与决策
154	统计与信息论坛
155	统计与预测
156	武汉大学学报（哲学社会科学版）
157	西北大学学报（哲学社会科学版）
158	西北农林科技大学学报（社会科学版）
159	西南大学学报（社会科学版）
160	西南民族大学学报（人文社会科学版）
161	西南师范大学学报（人文社会科学版）
162	系统工程
163	系统工程理论与实践
164	现代财经（天津财经大学学报）
165	现代传播（中国传媒大学学报）
166	现代经济探讨
167	新疆大学学报（哲学·人文社会科学版）
168	新疆社会科学
169	新疆师范大学学报（哲学社会科学版）
170	学术界
171	学术月刊
172	学习与实践
173	学习与探索

续表

编号	名称
174	亚太经济
175	研究与发展管理
176	云南财经大学学报
177	云南师范大学学报（哲学社会科学版）
178	长江流域资源与环境
179	浙江大学学报（人文社会科学版）
180	浙江工商大学学报
181	浙江社会科学
182	中国藏学
183	中国地质大学学报（社会科学版）
184	中国高教研究
185	中国工业经济
186	中国管理科学
187	中国经济史研究
188	中国经济问题
189	中国科技论坛
190	中国农村经济
191	中国人口·资源与环境
192	中国人口科学
193	中国人民大学学报
194	中国软科学
195	中国社会科学院研究生院学报
196	中国土地科学
197	中南财经政法大学学报
198	中央财经大学学报
199	中州学刊
200	重庆大学学报（社会科学版）
201	资源科学
202	自然辩证法通讯
203	自然辩证法研究
204	自然资源学报

参考文献

[1] 北京大学中国教育财政科学研究所. 中外学科划分情况比较研究[EB]. 北京大学中国教育财政科学研究所网站, 2012年9月11日, 网址: http://ciefr.pku.edu.cn/cbw/kyjb/2016/kyjb_8167.shtml.

[2] 国家技术监督局. 中华人民共和国国家标准学科分类与代码表[S]. 百度网站.

[3] 国家质量监督检验检疫总局, 国家标准化管理委员会. 中华人民共和国学科分类与代码国家标准[S]. 百度网站百度百科频道.

[4] 樊晓杰. 中国研究生学科专业目录建设的历史[EB]. 中国教育在线网站考研频道, 2018年5月3日, 网址: http://kaoyan.eol.cn/bao_kao/jing_yan_jiao_liu/201805/t20180503_1598219_1.shtml.

[5] 国务院学位委员会, 国家教育委员会. 国务院学位委员会、国家教委关于施行《授予博士、硕士学位和培养研究生的学科、专业目录》的通知[EB]. 法律图书馆网站, 1990年11月28日, 网址: http://www.law-lib.com/law/law_view.asp?id=52560.

[6] 国务院学位委员会, 国家教育委员会.《授予博士、硕士学位和培养研究生的学科、专业目录》(1997颁布)[EB]. 中华人民共和国教育部网站, 2005年12月23日, 网址: http://www.moe.gov.cn/srcsite/A22/moe_833/200512/t20051223_88437.html.

[7] 国务院学位委员会, 教育部. 学位授予和人才培养学科目录(2011年)[EB]. 中国学位与研究生教育信息网, 2011年3月22日, 网址: http://www.law-lib.com/law/law_view.asp?id=52560.

[8] 教育部. 学位授予和人才培养学科目录(2018年4月更新)[EB]. 中华人民共和国教育部网站, 网址: http://www.moe.gov.cn/s78/A22/xwb_left/moe_833/201804/t20180419_333655.html.

[9] 百度网站. 中国图书馆图书分类法[EB].

[10] 国家自然科学基金委员会. 申请代码[EB]. 国家自然科学基金

官网，网址：http：//www. nsfc. gov. cn/publish/portal0/tab550/.

[11] 国家自然科学基金委员会. 管理科学部［EB］. 国家自然科学基金官网，网址：http：//www. nsfc. gov. cn/publish/portal0/tab557/.

[12] 全国哲学社会科学工作办公室. 国家社会科学基金项目申报代码表［EB］. 国家社会科学基金官网，网址：http：//www. npopss－cn. gov. cn/n1/2017/0324/c220871－29167714. html.

[13] United Nations Educational, Scientific and Cultural Organization. International Standard Classification of Education（ISCED1997）［S］. Homepage of UNESCO，Website：http：//www. unesco. org/education/information/nfsunesco/doc/isced_1997. htm.

[14] United Nations Educational, Scientific and Cultural Organization. International Standard Classification of Education，ISCED 2011［S］. Homepage of UNESCO，Website：https：//unesdoc. unesco. org/ark：/48223/pf0000219109_chi.

[15] National Center for Education Statistics. What is the CIP?［EB］. Homepage of NCES，Website：https：//nces. ed. gov/ipeds/cipcode/default. aspx? y=55.

[16] 刘少雪，程莹，杨颉，刘念才. 美国学科门类设置情况［EB］. 长安大学中国人文社科科学评价中心网站，网址：http：//evaluation. chd. edu. cn/info/1009/1118. htm.

[17] National Center for Education Statistics. Classification of Instructional Programs（CIP 2000）［EB］. Homepage of NCES，Website：https：//nces. ed. gov/pubs2002/cip2000/cipsearch. asp.

[18] 教育部."双一流"建设高校名单［EB］. 教育部网站，网址：http：//www. moe. cn/s78/A22/A22_ztzl/ztzl_tjsylpt/sylpt_jsgx/201712/t20171206_320667. html.

[19] 中国学位与研究生教育信息网. 985工程［EB］. 中国学位与研究生教育信息网，网址：http：//www. cdgdc. edu. cn/xwyyjsjyxx/xwbl/zdjs/985gc/.

[20] 教育部."985工程"一期重点共建［EB］. 教育部网站，网址：http：//old. moe. gov. cn/publicfiles/business/htmlfiles/moe/moe_648/200506/10003. html.

[21] 北京大学. 学部与院系［EB］. 北京大学网站，网址：https：//www. pku. edu. cn/academics/index. htm.

[22] 清华大学. 院系设置［EB］. 清华大学网站，网址：https：//

www.tsinghua.edu.cn/publish/newthu/newthu_cnt/faculties/index.html.

[23] 南京大学商学院. 学院一览[EB]. 南京大学商学院网站, 网址: https://nubs.nju.edu.cn/8877/list.htm.

[24] 南京大学. 院系部门[EB]. 南京大学网站, 网址: https://www.nju.edu.cn/yxbm2/list.htm.

[25] 复旦大学. 机构设置[EB]. 复旦大学网站, 网址: http://www.fudan.edu.cn/2016/channels/view/61/.

[26] 复旦大学管理学院. 关于学院[EB]. 复旦大学管理学院网站, 网址: https://www.fdsm.fudan.edu.cn/AboutUs/college.html#block2.

[27] 复旦大学经济学院. 历史沿革[EB]. 复旦大学经济学院网站, 网址: http://www.fudan.edu.cn/2016/channels/view/61/.

[28] 上海交通大学. 院系设置[EB]. 上海交通大学网站, 网址: https://www.sjtu.edu.cn/.

[29] 中国科学技术大学. 院系介绍[EB]. 中国科学技术大学网站, 网址: http://www.ustc.edu.cn/2018/0622/c2061a266526/page.htm.

[30] 西安交通大学. 院系设置[EB]. 西安交通大学网站, 网址: http://www.xjtu.edu.cn/yxsz.htm.

[31] 浙江大学. 学院（系）[EB]. 浙江大学网站, 网址: http://www.zju.edu.cn/599/list.htm.

[32] 哈尔滨工业大学. 院系部门[EB]. 哈尔滨工业大学网站, 网址: http://www.zju.edu.cn/599/list.htm.

[33] 中国科学院大学. 院系中心[EB]. 中国科学院大学网站, 网址: http://www.ucas.ac.cn/site/18.

[34] 中国科学院. 机构简介[EB]. 中国科学院网站, 网址: http://www.casisd.cn/jggk/jgjj/.

[35] 中国工程院. 工程院机构[EB]. 中国工程院网站, 网址: http://www.cae.cn/cae/html/main/col8/column_8_1.html.

[36] 中国社会科学院. 组织机构[EB]. 中国社会科学院网站, 网址: http://cass.cssn.cn/zuzhijigou/.

[37] 中国知识基础设施工程数据库. 学术期刊[EB]. 中国知网学术期刊频道, 网址: https://kns.cnki.net/kns/brief/result.aspx?dbprefix=CJFQ.

[38] 万方数据知识服务平台. 高级检索/专业检索[EB]. 万方数据库网站, 网址: http://www.wanfangdata.com.cn/searchResult/getAdvancedSearch.do?searchType=perio.

［39］维普资讯中文期刊服务平台. 高级检索［EB］. 维普资讯网站，网址：http：//qikan. cqvip. com/Qikan/Search/Advance？from＝index.

［40］搜狐网. 最新世界公认的四大权威世界大学排名［EB］. 搜狐网，2019年6月14日，网址：http：//www. sohu. com/a/320460023_120119110.

［41］百度网站. 软科世界大学学术排名［EB］.

［42］百度网站. usnews世界大学排名［EB］.

［43］百度网站. 泰晤士高等教育世界大学排名［EB］.

［44］百度网站. QS世界大学排名［EB］.

［45］上海软科教育信息咨询有限公司. 世界大学学术排名2018［EB］. 上海软科教育信息咨询有限公司网站，网址：http：//www. zuihaodaxue. com/ARWU2018. html.

［46］U. S. News & World Report. Global Universities Ranking［EB］. Homepage of U. S. News & World Report，Website：https：//www. usnews. com/education/best－global－universities/rankings.

［47］Times Higher Education. World University Rankings 2019［EB］. Homepage of Times Higher Education，Website：https：//www. timeshighereducation. com/world－university－rankings/2019/world－ranking.

［48］Quacquarelli Symonds Company. https：//www. topuniversities. com/university－rankings/world－university－rankings/2020［EB］. Homepage of Quacquarelli Symonds Company，Website：https：//www. topuniversities. com/university－rankings/world－university－rankings/2020.

［49］Harvard University. Schools［EB］. Homepage of Harvard University，Website：https：//www. harvard. edu/schools.

［50］Harvard Faculty of Arts and Sciences. Departments and Areas［EB］. Homepage of Harvard Faculty of Arts and Sciences，Website：https：//www. fas. harvard. edu/pages/departments－and－areas.

［51］Stanford University. About［EB］. Homepage of Stanford University，Website：https：//www. stanford. edu/about/.

［52］Stanford Engineering School. Departments［EB］. Homepage of Stanford Engineering School，Website：https：//engineering. stanford. edu/faculty－research/departments.

［53］Stanford School of Humanities and Sciences. Academics and Research［EB］. Homepage of Stanford School of Humanities and Sciences，Website：https：//humsci. stanford. edu/academics－and－research.

［54］Massachusetts Institute of Technology（MIT）. Departments［EB］. Homepage of Massachusetts Institute of Technology（MIT），Website：https：// www. topuniversities. com/university－rankings/world－university－rankings/2020.

［55］Division of the Humanities and Social Sciences of California Institute of Technology（Caltech）. HSS Research［EB］. Homepage of Division of the Humanities and Social Sciences of California Institute of Technology（Caltech），Website：http：//www. hss. caltech. edu/research.

［56］University of Oxford. Divisions and Departments［EB］. Homepage of University of Oxford，Website：http：//www. ox. ac. uk/about/divisions－and－departments.

［57］百度网站. 剑桥大学［EB］.

［58］University of Cambridge. School of Technology［EB］. Homepage of University of Cambridge，Website：https：//www. tech. cam. ac. uk/.

［59］University of Cambridge. School of the Humanities and Social Sciences［EB］. Homepage of University of Cambridge，Website：https：//www. cshss. cam. ac. uk/students/postgraduate－courses－in－the－humanities－and－social－sciences.

［60］The National Academies of Sciences，Engineering，and Medicine. Who We Are［EB］. Homepage of the National Academies of Sciences，Engineering，and Medicine，Website：http：//www. nationalacademies. org/about/whoweare/index. html.

［61］The National Academies of Sciences，Engineering，and Medicine. Division of Behavioral and Social Sciences and Education［EB］. Homepage of the National Academies of Sciences，Engineering，and Medicine，Website：http：// sites. nationalacademies. org/DBASSE/index. htm?_ga = 2. 243601281. 562950443. 1569919085 － 1477882219. 1569919085.

［62］The National Academy of Engineering. Engineering Sections［EB］. Homepage of the National Academy of Engineering，Website：https：//www. nae. edu/166166/Sections.

［63］The Royal Society. History of the Royal Society［EB］. Homepage of the Royal Society，Website：https：//royalsociety. org/about－us/history/.

［64］李振兴. 英国皇家学会院士制度概述及其启示［J］. 全球科技经济瞭望，2014，29（6）：68 － 76.

［65］The British Academy. About us［EB］. Homepage of the British Academy, Website: https://www.thebritishacademy.ac.uk/about.

［66］百度网站. 英国国家学术院［EB］.

［67］Royal Academy of Engineering. Membership Committee［EB］. Homepage of Royal Academy of Engineering, Website: https://www.raeng.org.uk/about-us/staff-council-committees/council-and-committees/governance-committees/membership-committee.

［68］Naveen Jindal School of Management of the University of Texas at Dallas. Rankings by Journal［EB］. Homepage of Naveen Jindal School of Management of the University of Texas at Dallas, Website: https://jindal.utdallas.edu/the-utd-top-100-business-school-research-rankings/search#rankingsByJournal.

［69］Financial Times. 50 Journals used in FT Research Rank［EB］. Homepage of Financial Times, Website: https://www.ft.com/content/3405a512-5cbb-11e1-8f1f-00144feabdc0.

［70］Clarivate Analytics. Research Domains［EB］. Homepage of Web of Science, Website: http://apps.webofknowledge.com/summary.do?locale=en_US&errorKey=&viewType=summary&product=UA&product=UA&search_mode=GeneralSearch&search_mode=GeneralSearch&qid=4&SID=8EGZ3juQcIpzTDuHlJm&SID=8EGZ3juQcIpzTDuHlJm.

［71］Clarivate Analytics. Research Areas［EB］. Homepage of Web of Science, Website: http://apps.webofknowledge.com/RAMore.do?product=UA&search_mode=GeneralSearch&SID=8EGZ3juQcIpzTDuHlJm&qid=5&ra_mode=more&ra_name=ResearchArea&colName=&viewType=raMore.

［72］《现代汉语大词典》编辑委员会. "时空"词条, 现代汉语大词典［M］. 上海: 上海世纪出版股份有限公司, 上海辞书出版社, 2009, 2199.

［73］《汉英大词典》(第3版) 修订委员会. "时空"词条, 汉英大词典 (第3版)［M］. 上海: 上海译文出版社, 2010: 1475.

［74］杜瑞清 (主编). "时空"词条, 新世纪汉英大词典 (第2版)［M］. 北京: 外语教学与研究出版社, 2016: 1522.

［75］潘绍中 (主编). "时空"词条, 新时代汉英大词典 (第2版)［M］. 北京: 商务印书馆, 2017: 1654.

［76］Albert Sidney Hornby. "Space-Time"词条, 牛津高阶英语词典 (第9版)［M］. 北京: 商务印书馆, 香港: 牛津大学出版社 (中国) 有限公司, 2016: 1495.

［77］《现代汉语大词典》编辑委员会. "世"词条, 现代汉语大词典

[M]. 上海：上海世纪出版股份有限公司，上海辞书出版社，2009：93.

[78]《现代汉语大词典》编辑委员会."界"词条，现代汉语大词典[M]. 上海：上海世纪出版股份有限公司，上海辞书出版社，2009：2631.

[79]《现代汉语大词典》编辑委员会."世界"词条，现代汉语大词典[M]. 上海：上海世纪出版股份有限公司，上海辞书出版社，2009：94.

[80] 汉语大字典编纂处."世"词条，中华大词典[M]. 成都：四川辞书出版社，2018：836.

[81] 汉语大字典编纂处."界"词条，中华大词典[M]. 成都：四川辞书出版社，2018：465.

[82] 汉语大字典编纂处."世界"词条，中华大词典[M]. 成都：四川辞书出版社，2018：837.

[83] 辞海编辑委员会."世"词条，辞海（第6版）[M]. 上海：上海世纪出版股份有限公司，上海辞书出版社，2009：2069.

[84] 辞海编辑委员会."界"词条，辞海（第6版）[M]. 上海：上海世纪出版股份有限公司，上海辞书出版社，2009：1117.

[85] 辞海编辑委员会."世界"词条，辞海（第6版）[M]. 上海：上海世纪出版股份有限公司，上海辞书出版社，2009：2070.

[86]《汉英大词典》（第3版）修订委员会."世"词条，汉英大词典（第3版）[M]. 上海：上海译文出版社，2010：1483.

[87]《汉英大词典》（第3版）修订委员会."界"词条，汉英大词典（第3版）[M]. 上海：上海译文出版社，2010：864.

[88]《汉英大词典》（第3版）修订委员会."世界"词条，汉英大词典（第3版）[M]. 上海：上海译文出版社，2010：1483.

[89] 杜瑞清（主编）."世"词条，新世纪汉英大词典（第2版）[M]. 北京：外语教学与研究出版社，2016：1532.

[90] 杜瑞清（主编）."界"词条，新世纪汉英大词典（第2版）[M]. 北京：外语教学与研究出版社，2016：839.

[91] 杜瑞清（主编）."世界"词条，新世纪汉英大词典（第2版）[M]. 北京：外语教学与研究出版社，2016：1533.

[92] 潘绍中（主编）."世"词条，新时代汉英大词典（第2版）[M]. 北京：商务印书馆，2017：1662.

[93] 潘绍中（主编）."界"词条，新时代汉英大词典（第2版）[M]. 北京：商务印书馆，2017：931.

[94] 潘绍中（主编）."世界"词条，新时代汉英大词典（第2版）

[M].北京：商务印书馆，2017：1663.

[95] 新浪网.现在所讲的世界一词最早是什么时候出现的[EB].新浪网爱问知识人频道，网址：https：//iask.sina.com.cn/b/iRmCmN4l2adf.html.

[96]《古代汉语词典》编写组编."世界"词条，古代汉语词典（第2版）[M].北京：商务印书馆，2014：1430.

[97] 楞严经原文[EB].学佛网，网址：http：//www.xuefo.net/nr/article25/253240.html.

[98] Albert Sidney Hornby."world"词条，牛津高阶英语词典（第9版）[M].北京：商务印书馆，香港：牛津大学出版社（中国）有限公司，2016：1801.

[99] Stenphen J. Perrault."world"词条，韦氏高阶英语词典[M].北京：中国大百科全书出版社，2010：1890.

[100] Stenphen Bullon."world"词条，朗文当代高级英语词典（第4版）[M].北京：外语教学与研究出版社，2009：2662.

[101]《现代汉语大词典》编辑委员会."宇"词条，现代汉语大词典[M].上海：上海世纪出版股份有限公司，上海辞书出版社，2009：1652.

[102]《现代汉语大词典》编辑委员会."宙"词条，现代汉语大词典[M].上海：上海世纪出版股份有限公司，上海辞书出版社，2009：1668.

[103]《现代汉语大词典》编辑委员会."宇宙"词条，现代汉语大词典[M].上海：上海世纪出版股份有限公司，上海辞书出版社，2009：1652.

[104] 汉语大字典编纂处."宇"词条，中华大词典[M].成都：四川辞书出版社，2018：1141.

[105] 汉语大字典编纂处."宙"词条，中华大词典[M].成都：四川辞书出版社，2018：1228.

[106] 汉语大字典编纂处."宇宙"词条，中华大词典[M].成都：四川辞书出版社，2018：1141.

[107] 辞海编辑委员会."宇"词条，辞海（第6版）[M].上海：上海世纪出版股份有限公司，上海辞书出版社，2009：2791.

[108] 辞海编辑委员会."宙"词条，辞海（第6版）[M].上海：上海世纪出版股份有限公司，上海辞书出版社，2009：3012.

[109] 辞海编辑委员会."宇宙"词条，辞海（第6版）[M].上海：上海世纪出版股份有限公司，上海辞书出版社，2009：2792.

[110]《汉英大词典》（第3版）修订委员会."宇"词条，汉英大词典（第3版）[M].上海：上海译文出版社，2010：2001.

[111]《汉英大词典》(第3版) 修订委员会."宙"词条,汉英大词典(第3版) [M]. 上海:上海译文出版社,2010:2145.

[112]《汉英大词典》(第3版) 修订委员会."宇宙"词条,汉英大词典(第3版) [M]. 上海:上海译文出版社,2010:2001.

[113] 杜瑞清(主编)."宇"词条,新世纪汉英大词典(第2版) [M]. 北京:外语教学与研究出版社,2016:2136.

[114] 杜瑞清(主编)."宙"词条,新世纪汉英大词典(第2版) [M]. 北京:外语教学与研究出版社,2016:2279.

[115] 杜瑞清(主编)."宇宙"词条,新世纪汉英大词典(第2版) [M]. 北京:外语教学与研究出版社,2016:2136.

[116] 潘绍中(主编)."宇"词条,新时代汉英大词典(第2版) [M]. 北京:商务印书馆,2017:2248.

[117] 潘绍中(主编)."宙"词条,新时代汉英大词典(第2版) [M]. 北京:商务印书馆,2017:2394.

[118] 潘绍中(主编)."宇宙"词条,新时代汉英大词典(第2版) [M]. 北京:商务印书馆,2017:2248.

[119] 庄周(周朝). 庄子 [M]. 北京:北京联合出版公司,2014:41.

[120] 文子(周朝). 文子·自然 [EB]. 中国古典文学网,网址:http://www.zggdwx.com/wenzi/8.html.

[121] 尸佼(周朝). 尸子《全文》[EB]. 天中人文网,网址:http://m.rwyjy.com/qita/shiyi/17759.html.

[122] 庄周(周朝). 庄子·杂篇·庚桑楚 [EB]. 古诗文网,网址:https://so.gushiwen.org/guwen/bookv_3276.aspx.

[123] 刘安(汉朝). 淮南子·齐俗训 [EB]. 古诗文网,网址:https://so.gushiwen.org/guwen/bookv_3567.aspx.

[124] 百度网站. 文子 [EB].

[125] 百度网站. 孔子 [EB].

[126] 百度网站. 尸佼 [EB].

[127] 百度网站. 庄子 [EB].

[128] 百度网站. 淮南子 [EB].

[129] 百度网站. 刘安 [EB].

[130] Albert Sidney Hornby. "universe"词条,牛津高阶英语词典(第9版) [M]. 北京:商务印书馆,香港:牛津大学出版社(中国)有限公司,2016:1711.

[131] Stenphen J. Perrault. "universe" 词条, 韦氏高阶英语词典 [M]. 北京: 中国大百科全书出版社, 2010: 1795.

[132] Stenphen Bullon. "universe" 词条, 朗文当代高级英语词典 (第4版) [M]. 北京: 外语教学与研究出版社, 2009: 2528.

[133] 百度网站. 属概念 [EB].

[134] 百度网站. 种概念 [EB].

[135] 百度网站百度翻译频道. "space–time" 英译汉 [EB].

[136] Homepage of Google Translation. "space–time" 英译汉 [EB].

[137] 《现代汉语大词典》编辑委员会. "词汇" 词条, 现代汉语大词典 [M]. 上海: 上海世纪出版股份有限公司, 上海辞书出版社, 2009: 524.

[138] 汉语大字典编纂处. "词汇" 词条, 中华大词典 [M]. 成都: 四川辞书出版社, 2018: 137.

[139] 辞海编辑委员会. "词汇" 词条, 辞海 (第6版) [M]. 上海: 上海世纪出版股份有限公司, 上海辞书出版社, 2009: 334.

[140] 《汉英大词典》(第3版) 修订委员会. "词汇" 词条, 汉英大词典 (第3版) [M]. 上海: 上海译文出版社, 2010: 252.

[141] 杜瑞清 (主编). "词汇" 词条, 新世纪汉英大词典 (第2版) [M]. 北京: 外语教学与研究出版社, 2016: 279.

[142] 潘绍中 (主编). "词汇" 词条, 新时代汉英大词典 (第2版) [M]. 北京: 商务印书馆, 2017: 285.

[143] Albert Sidney Hornby. "vocabulary" 词条, 牛津高阶英语词典 (第9版) [M]. 北京: 商务印书馆, 香港: 牛津大学出版社 (中国) 有限公司, 2016: 1744.

[144] Albert Sidney Hornby. "word" 词条, 牛津高阶英语词典 (第9版) [M]. 北京: 商务印书馆, 香港: 牛津大学出版社 (中国) 有限公司, 2016: 1797.

[145] Albert Sidney Hornby. "phrase" 词条, 牛津高阶英语词典 (第9版) [M]. 北京: 商务印书馆, 香港: 牛津大学出版社 (中国) 有限公司, 2016: 1154.

[146] Stenphen J. Perrault. "vocabulary" 词条, 韦氏高阶英语词典 [M]. 北京: 中国大百科全书出版社, 2010: 1829.

[147] Stenphen J. Perrault. "word" 词条, 韦氏高阶英语词典 [M]. 北京: 中国大百科全书出版社, 2010: 1886.

[148] Stenphen J. Perrault. "phrase" 词条, 韦氏高阶英语词典 [M].

北京：中国大百科全书出版社，2010：1213.

[149] Stenphen Bullon. "vocabulary" 词条，朗文当代高级英语词典（第4版）[M]. 北京：外语教学与研究出版社，2009：2574.

[150] Stenphen Bullon. "word" 词条，朗文当代高级英语词典（第4版）[M]. 北京：外语教学与研究出版社，2009：2654.

[151] Stenphen Bullon. "phrase" 词条，朗文当代高级英语词典（第4版）[M]. 北京：外语教学与研究出版社，2009：1712.

[152] 百度网站. 数学发展史 [EB].

[153] 百度网站. 常量与变量 [EB].

[154] 百度网站. 无机化学 [EB].

[155] 百度网站. 有机化学 [EB].

[156] 百度网站. 生命力学说 [EB].

[157] 中国知识基础设施工程数据库. 文献 [EB]. 中国知网学术期刊频道，网址：https：//kns. cnki. net/kns/brief/result. aspx？dbprefix＝SCDB.

[158] 中国知识基础设施工程数据库. 期刊 [EB]. 中国知网学术期刊频道，网址：https：//kns. cnki. net/kns/brief/result. aspx？dbprefix＝CJFQ.

[159] 百度网站. 中文社会科学引文索引 [EB].

[160] 百度网站. 中文核心期刊要目总览 [EB].

[161] 南京大学中国社会科学研究评价中心. 中文社会科学引文索引 [EB]. 南京大学中国社会科学研究评价中心网站，网址：http：//cssrac. nju. edu. cn/a/cpzx/zwshkxwsy/20190329/7295. html.

[162] 北京大学图书馆. 核心期刊要目 [EB]. 北京大学图书馆网站，网址：https：//www. lib. pku. edu. cn/portal/cn/bggk/dtjj/qikanyaomu.

[163] 360期刊网站. 中文核心期刊和c刊的区别览 [EB]. 360期刊网站论文指导写作频道，网址：http：//www. 360qikan. com/c/zhyx/0110344T2019. html.

[164] 中国知识基础设施工程数据库. 期刊 [EB]. 中国知网学术期刊频道，网址：https：//kns. cnki. net/kns/brief/result. aspx？dbprefix＝CJFQ.

[165] 万方数据知识服务平台. 期刊 [EB]. 万方数据库网站，网址：http：//www. wanfangdata. com. cn/searchResult/getAdvancedSearch. do？ searchType＝perio.

[166] 维普资讯中文期刊服务平台. 高级检索 [EB]. 维普资讯网站，网址：http：//qikan. cqvip. com/Qikan/Search/Advance？from＝index.

[167] 南京大学中国社会科学研究评价中心. CSSCI来源期刊目录

(1998)[EB]. 南京大学中国社会科学研究评价中心网站,网址:http://cssrac.nju.edu.cn/a/cpzx/zwshkxwsy/20190329/7295.html.

[168] 南京大学中国社会科学研究评价中心. CSSCI 来源期刊目录(1999)[EB]. 南京大学中国社会科学研究评价中心网站,网址同[167].

[169] 南京大学中国社会科学研究评价中心. CSSCI 来源期刊目录(2000~2002)[EB]. 南京大学中国社会科学研究评价中心网站,网址同[167].

[170] 南京大学中国社会科学研究评价中心. CSSCI 来源期刊目录(2003)[EB]. 南京大学中国社会科学研究评价中心网站,网址同[167].

[171] 南京大学中国社会科学研究评价中心. CSSCI 来源期刊目录(2004~2005)[EB]. 南京大学中国社会科学研究评价中心网站,网址同[167].

[172] 南京大学中国社会科学研究评价中心. CSSCI 来源期刊目录(2006~2007)[EB]. 南京大学中国社会科学研究评价中心网站,网址同[167].

[173] 南京大学中国社会科学研究评价中心. CSSCI 来源期刊目录(2008~2009)[EB]. 南京大学中国社会科学研究评价中心网站,网址同[167].

[174] 南京大学中国社会科学研究评价中心. CSSCI 来源期刊目录(2010~2011)[EB]. 南京大学中国社会科学研究评价中心网站,网址同[167].

[175] 南京大学中国社会科学研究评价中心. CSSCI 来源期刊目录(2012~2013)[EB]. 南京大学中国社会科学研究评价中心网站,网址同[167].

[176] 南京大学中国社会科学研究评价中心. CSSCI 来源期刊目录(2014~2016)[EB]. 南京大学中国社会科学研究评价中心网站,网址同[167].

[177] 南京大学中国社会科学研究评价中心. CSSCI 来源期刊目录(2017~2018)[EB]. 南京大学中国社会科学研究评价中心网站,网址同[167].

[178] 南京大学中国社会科学研究评价中心. CSSCI 来源期刊目录(2019~2020)[EB]. 南京大学中国社会科学研究评价中心网站,网址同[167].

[179] 百度网站. 屈原[EB].

[180] 屈原(周朝). 天问[M]. 古诗文网,网址:https://so.gushi-

wen. org/shiwenv_12f82c602c43. aspx.

[181] 百度网站. 天问 [EB].

[182] 百度网站. 遂古之初, 谁传道之? 上下未形, 何由考之? [EB].

[183] 百度网站. 陈子昂 [EB].

[184] 陈子昂 (唐朝). 登幽州台歌 [EB]. 古诗文网, 网址: https://so.gushiwen.org/shiwenv_4083a01ac833. aspx.

[185] 百度网站. 李之仪 [EB].

[186] 李之仪 (宋朝). 卜算子·我住长江头 [EB]. 古诗文网, 网址: https://so.gushiwen.org/shiwenv_d096804a25ff.aspx

[187] 杨毓辉 (清朝).《盛世危言》跋 [EB]. 作业帮, 网址: https://www.zybang.com/question/493559330da095c812a87c71da560225.html.

[188] 搜狐网站. 这个世界上纵横八万里上下五千年谁能比过毛泽东? [EB]. 网址: https://www.sohu.com/a/117126488_182248.

[189] 搜狐网站.《先生·南怀瑾》——上下五千年, 纵横十万里 [EB]. 网址: http://www.sohu.com/a/196524164_275534.

[190] 百度网站. "上下五千年 纵横八万里" [EB].

[191] 百度网站. "上下五千年 纵横九万里" [EB].

[192] 百度网站. "上下五千年 纵横十万里" [EB].

[193] 陈澹然 (清朝). 寤言二·迁都建藩议 [EB]. 百度网站。

[194] 毛泽东. 毛泽东提出的"古为今用、洋为中用"的方针 [EB]. 中国历史大事记网站, 网址: http://www.dsj365.cn/front/article/16293.html.

[195] Homepage of Wikipedia, the free encyclopedia. Abraham Lincoln [EB].

[196] Homepage of Wikipedia, the free encyclopedia. Lincoln – Douglas debates [EB].

[197] David B. Parker. "You Can Fool All the People": Did Lincoln Say It? [EB]. Homepage of History News Network, website: https://historynewsnetwork.org/article/161924.

[198] Homepage of Wikipedia, the free encyclopedia. Cyberspace [EB].

[199] Homepage of Wikipedia, the free encyclopedia. Real space [EB].

[200] Homepage of Wikipedia, the free encyclopedia. Space [EB].

[201] Homepage of Wikipedia, the free encyclopedia. Time geography [EB].

[202] Hägerstrand, Torsten. What about people in regional science? [J]. Regional Science Association, 1970, 24 (1): 6–21.

[203] 百度网站. "美国的今天 中国的明天" [EB].

[204] 百度网站. 主观 [EB].

[205] 百度网站. 客观 [EB].

[206] 百度网站百度翻译频道. "研究基础" 汉译英 [EB].

[207] Homepage of Google Translation. "研究基础" 汉译英 [EB].

[208] 百度网站. 基础 [EB].

[209] Homepage of Wikipedia, the free encyclopedia. Foundation (engineering) [EB].

[210] 百度网站百度翻译频道. "研究分析" 汉译英 [EB].

[211] Homepage of Google Translation. "研究分析" 汉译英 [EB].

[212] 百度网站. 可持续发展 [EB].

[213] 百度网站百度翻译频道. "研究范式" 汉译英 [EB].

[214] Homepage of Google Translation. "研究范式" 汉译英 [EB].

[215] Homepage of Wikipedia, the free encyclopedia. Paradigm [EB].

[216] Homepage of Wikipedia, the free encyclopedia. Thomas Kuhn [EB].

[217] Kuhn, T. S. The Structure of Scientific Revolutions (3rd edition) [M]. Chicago: University of Chicago Press, 1996: 10.

[218] 百度网站百度翻译频道. "研究体系" 汉译英 [EB].

[219] Homepage of Google Translation. "研究体系" 汉译英 [EB].

[220] 百度网站. "马尔科夫链" [EB].

[221] 百度网站. "马尔可夫链" [EB].

[222] 百度网站. "马氏链" [EB].

[223] 百度网站百度翻译频道. "马尔科夫链" 汉译英 [EB].

[224] Homepage of Google Translation. "马尔科夫链" 汉译英 [EB].

[225] 百度网站百度图片频道. 三维坐标系 [EB].

[226] 百度网站. 词性 [EB].

[227] 百度网站百度翻译频道. "语义关系" 汉译英 [EB].

[228] Homepage of Google Translation. "语义关系" 汉译英 [EB].

[229] 百度网站百度翻译频道. "连锁关系" 汉译英 [EB].

[230] Homepage of Google Translation. "连锁关系" 汉译英 [EB].

[231] 黄伯荣, 廖序东. 现代汉语 [M]. 北京: 高等教育出版社, 2011 (2015 重印): 7-43.

[232] 百度网站. 现代汉语词性 [EB].

[233] 百度网站. 层次 [EB].

[234] 百度网站. 偏正词组 [EB].

［235］百度网站. 短语结构类型［EB］.

［236］百度网站. 词组［EB］.

［237］百度网站百度翻译频道."差异特征"汉译英［EB］.

［238］Homepage of Google Translation."差异特征"汉译英［EB］.

［239］百度网站. 逻辑学中的矛盾关系和反对关系怎么区分［EB］.

［240］百度网站. 第三性别［EB］.

［241］百度网站. 同义词［EB］.

［242］百度网站. 近义词［EB］.

［243］百度网站. 反义词［EB］.

［244］百度网站. 分析［EB］.

［245］百度网站. 研究［EB］.

［246］百度网站. 分析的近义词是什么？［EB］.

［247］百度网站."研究"的近义词是什么？［EB］.

［248］百度网站百度翻译频道."分析"汉译英［EB］.

［249］Homepage of Google Translation."分析"汉译英［EB］.

［250］百度网站百度翻译频道."研究"汉译英［EB］.

［251］Homepage of Google Translation."研究"汉译英［EB］.

［252］百度网站. 基因，染色体，DNA 三者之间的关系［EB］.

［253］Homepage of Wikipedia, the free encyclopedia. Gregor Mendel［EB］.

［254］Homepage of Wikipedia, the free encyclopedia. Mendelian inheritance［EB］.

［255］Mendel, J. G. Versuche über Pflanzenhybriden［J］. Verhandlungen des naturforschenden Vereines in Brünn, Bd. IV für das Jahr, 1865, Abhandlungen: 3~47. For the English translation, see: Druery, C. T.; Bateson, William. Experiments in plant hybridization［J］. 1901. Journal of the Royal Horticultural Society, 26: 1~32. Retrieved 9 October 2009.

［256］Bateson, W., Saunders, E. R. Punnett, R. C. 1904. Reports to the Evolution committee of the Royal Society［R］. London: Harrison and Sons, Printers. Retrieved 2017.

［257］Lobo, I., Shaw. Discovery and Types of Genetic Linkage［M］. Scitable, Nature Education. Retrieved 2017.

［258］Homepage of Wikipedia, the free encyclopedia. Thomas Hunt Morgan［EB］.

［259］Homepage of Wikipedia, the free encyclopedia. Genetic linkage［EB］.